实际施工人

法律实务难点解析

SHIJI SHIGONGREN
FALU SHIWU NANDIAN JIEXI

陆金才　应旭升　骆忠红／主编
方刚成　金成福　倪振涛　严文明　王画／副主编

法律出版社 | LAW PRESS
北京

图书在版编目（CIP）数据

实际施工人法律实务难点解析 / 陆金才，应旭升，骆忠红主编 ；方刚成等副主编. -- 北京 ：法律出版社，2024. -- ISBN 978 – 7 – 5197 – 9655 – 6

Ⅰ. D922.297.5

中国国家版本馆 CIP 数据核字第 2024CQ4771 号

实际施工人法律实务难点解析
SHIJI SHIGONGREN FALÜ SHIWU NANDIAN JIEXI

陆金才　应旭升　骆忠红　主　编
方刚成　金成福　倪振涛　严文明　王　画　副主编

策划编辑　朱轶佳
责任编辑　朱轶佳　周恩惠
装帧设计　汪奇峰

出版发行 法律出版社
编辑统筹 司法实务出版分社
责任校对 王语童
责任印制 胡晓雅
经　　销 新华书店

开本 710 毫米×1000 毫米　1/16
印张 26.5　　**字数** 410 千
版本 2024 年 12 月第 1 版
印次 2024 年 12 月第 1 次印刷
印刷 天津嘉恒印务有限公司

地址：北京市丰台区莲花池西里 7 号(100073)
网址：www.lawpress.com.cn
投稿邮箱：info@lawpress.com.cn
举报盗版邮箱：jbwq@lawpress.com.cn
销售电话：010 – 83938349
客服电话：010 – 83938350
咨询电话：010 – 63939796

书号：ISBN 978 – 7 – 5197 – 9655 – 6　　**定价**：98.00 元

凡购买本社图书，如有印装错误，我社负责退换。电话：010 – 83938349

编撰委员会

顾　问： 应秀良

主　编： 陆金才　应旭升　骆忠红

副主编： 方刚成　金成福　倪振涛　严文明　王　画

撰写人： 应旭升　骆忠红　陆金才　方刚成　金成福
倪振涛　严文明　王　画　朱方磊　成　奕
柯梦琳　柯炜康　黄宇翔　朱艳芬　高　寒
陈一洲　张文睿　蔡梦媛　季天智　应忻彤
邢伊涵　程欣欣　林　峥　田灵哲　刘清清
蒋剑莉　陈锦春　熊小斌　王延军　许正军
龚贺胜　应兰瑶　胡海泉　陈　明　杨　扬
陈　剑　罗　斌　胡晓燕

编写说明

一、法律、法规、规章和规范性文件名称中的"中华人民共和国"省略。

二、叙述法律、法规、规章和规范性文件，没有特别说明的，一般为制定法的最新版本。

三、问答部分引用法律条文时，条文的款、项之间不另分行、分段。

四、基于说理完整性，也为有助于读者全面了解法律文件的时代变迁，剖析法律文件的价值追求，本书在具体问题解析时的法律依据和相关规定也引用了一些已失效文件。

五、以每个具体问题为单位，典型判决中适用的法律规定已失效或已修改，但在现行法律有对应规定的，已加脚注说明；未加脚注的表示已无对应规定（针对已失效规定）或现行规定无变化（无论条码序号还是具体规定内容）。

六、本书出现较多的司法解释和司法文件、行政文件，使用如下简称：

（一）最高人民法院司法解释、司法文件

序号	文件全称	本书简称	文号
1	最高人民法院《关于审理建设工程施工合同纠纷案件适用法律问题的解释》（已失效）	原《最高院施工合同解释》	法释〔2004〕14号
2	最高人民法院《关于审理建设工程施工合同纠纷案件适用法律问题的解释（二）》（已失效）	原《最高院施工合同解释二》	法释〔2018〕20号
3	最高人民法院《关于审理建设工程施工合同纠纷案件适用法律问题的解释（一）》	《最高院施工合同解释一》	法释〔2020〕25号
4	最高人民法院《关于审理民事案件适用诉讼时效制度若干问题的规定》	《最高院诉讼时效规定》	法释〔2020〕17号

续表

序号	文件全称	本书简称	文号
5	最高人民法院《关于审理涉及金融不良债权转让案件工作座谈会纪要》	《最高院不良债权转让纪要》	法发〔2009〕19 号
6	最高人民法院《对十二届全国人大四次会议第 9594 号建议的答复》	《最高院对第 9594 号建议的答复》	
7	最高人民法院《第八次全国法院民事商事审判工作会议(民事部分)纪要》	《八民纪要》	法〔2016〕399 号
8	最高人民法院《全国法院民商事审判工作会议纪要》	《九民纪要》	法〔2019〕254 号
9	最高人民法院《民事案件案由规定》	《最高院民事案由规定》	法〔2020〕347 号
10	最高人民法院民一庭《关于实际施工的人能否向与其无合同关系的转包人、违法分包人主张工程款问题的电话答复》	《最高院实际施工人能否向无关转包人主张工程款的答复》	〔2021〕最高法民他 103 号
11	最高人民法院《关于加强司法建议工作的意见》	《最高院司法建议工作意见》	法〔2012〕74 号
12	最高人民法院《关于适用〈中华人民共和国合同法〉若干问题的解释(一)》(已失效)	原《最高院合同法解释一》	法释〔1999〕19 号
13	最高人民法院《关于适用〈中华人民共和国担保法〉若干问题的解释》(已失效)	原《最高院担保法解释》	法释〔2000〕44 号
14	最高人民法院《关于审理民间借贷案件适用法律若干问题的规定》	《最高院民间借贷解释》	法释〔2020〕17 号
15	最高人民法院《关于适用〈中华人民共和国民事诉讼法〉的解释》	《最高院民诉法解释》	法释〔2022〕11 号
16	最高人民法院《关于适用〈中华人民共和国民法典〉总则编若干问题的解释》	《最高院民法典总则编解释》	法释〔2022〕6 号
17	最高人民法院《关于民事诉讼证据的若干规定》	《最高院民事证据规定》	法释〔2019〕19 号

续表

序号	文件全称	本书简称	文号
18	最高人民法院《关于适用〈中华人民共和国企业破产法〉若干问题的规定(三)》	《最高院破产法规定三》	法释〔2020〕18号
19	最高人民法院《关于适用〈中华人民共和国仲裁法〉若干问题的解释》	《最高院仲裁法解释》	法释〔2006〕7号
20	最高人民法院《关于人民法院民事执行中查封、扣押、冻结财产的规定》	《最高院查封、扣押、冻结财产规定》	法释〔2020〕21号
21	最高人民法院、最高人民检察院《关于办理虚假诉讼刑事案件适用法律若干问题的解释》	《虚假诉讼刑事案件解释》	法释〔2018〕17号
22	最高人民法院《关于当前形势下审理民商事合同纠纷案件若干问题的指导意见》	《最高院民商事指导意见》	法发〔2009〕40号
23	最高人民法院《关于审理工伤保险行政案件若干问题的规定》	《最高院工伤保险行政案件规定》	法释〔2014〕9号
24	最高人民法院《关于适用〈中华人民共和国民法典〉合同编通则若干问题的解释》	《最高院民法典合同编解释》	法释〔2023〕13号
25	最高人民法院《关于在民事诉讼中防范与惩治虚假诉讼工作指引(一)》	《最高院惩治虚假诉讼指引一》	法〔2021〕287号
26	最高人民法院《关于建设工程承包合同案件中双方当事人已确认的工程决算价款与审计部门审计的工程决算价款不一致时如何适用法律问题的电话答复意见》	《最高院双方确认结算价款与审计结算价款不一致适用法律答复意见》	〔2001〕民一他字第2号
27	最高人民法院《关于审理拒不支付劳动报酬刑事案件适用法律若干问题的解释》	《最高院劳动报酬刑事案件解释》	法释〔2013〕3号
28	最高人民法院《关于防范和制裁虚假诉讼的指导意见》	《最高院制裁虚假诉讼指导意见》	法发〔2016〕13号
29	最高人民法院《关于大型企业与中小企业约定以第三方支付款项为付款前提条款效力问题的批复》	《最高院以第三方支付款项为付款前提条款效力批复》	法释〔2024〕11号

续表

序号	文件全称	本书简称	文号
30	最高人民法院《关于在审理经济纠纷案件中涉及经济犯罪嫌疑若干问题的规定》	《最高院经济纠纷涉及犯罪嫌疑问题的规定》	法释〔2020〕17号
31	最高人民法院民事审判第一庭《2022年第22次专业法官会议纪要》	《最高院2022年第22次专业法官纪要》	
32	最高人民法院第二巡回法庭《2020年第7次法官会议纪要》	《最高院二巡2020年第7次法官会议纪要》	
33	最高人民法院民事审判第一庭《2021年第20次专业法官会议纪要》	《最高院2021年第20次专业法官纪要》	
34	最高人民法院民事审判第一庭《2021年第21次专业法官会议纪要》	《最高院2021年第21次专业法官纪要》	

（二）行政规定

序号	文件全称	本书简称	文号
1	住房和城乡建设部《建筑工程施工发包与承包违法行为认定查处管理办法》	《发包承包违法行为管理办法》	建市规〔2019〕1号
2	国务院《保障农民工工资支付条例》	《农民工工资支付条例》	国务院令第724号
3	住房和城乡建设部、财政部《建设工程质量保证金管理办法(2017修订)》	《质量保证金管理办法》	建质〔2017〕138号
4	原建设部《房屋建筑工程质量保修办法》	《工程质量保修办法》	建设部令第80号
5	原建设部《建筑施工企业项目经理资质管理办法》(已失效)	原《项目经理资质管理办法》	建建字〔1995〕1号
6	住房和城乡建设部、财政部《关于印发〈建筑安装工程费用项目组成〉的通知》	《建安工程费用组成》	建标〔2013〕44号
7	人力资源和社会保障部、最高人民法院、中华全国总工会、中华全国工商业联合会、中国企业联合会/中国企业家协会《关于实施"护薪"行动全力做好拖欠农民工工资争议处理工作的通知》	《农民工工资争议处理》	人社部发〔2019〕80号

续表

序号	文件全称	本书简称	文号
8	人力资源和社会保障部《关于执行〈工伤保险条例〉若干问题的意见》	《执行工伤保险条例意见》	人社部发〔2013〕34号
9	原劳动和社会保障部《关于确立劳动关系有关事项的通知》	《劳动部确立劳动关系的通知》	劳社部发〔2005〕12号
10	山西省住房和城乡建设厅、山西省发展和改革委员会、山西省财政厅、山西省人力资源和社会保障厅、中国人民银行山西省分行、国家金融监督管理总局山西监管局《建设工程担保实施办法》	《山西建设工程担保实施办法》	晋建市规字〔2023〕244号
11	山西省人民政府《山西省保障农民工工资支付办法》	《山西农民工工资支付办法》	山西省人民政府令第295号
12	山西省人民政府办公厅《关于进一步做好根治拖欠农民工工资工作的通知》	《山西根治拖欠民工工资通知》	晋政办发〔2021〕44号
13	河北省企业破产管理人协会《破产债权申报登记与审查工作指引》(2019版)	《河北破产债权申报审查工作指引》	冀管协〔2019〕05号
14	浙江省劳动争议仲裁委员会《关于劳动争议案件处理若干问题的指导意见(试行)》	《浙江劳动争议处理意见》	浙仲〔2009〕2号

(三)各地司法审判意见

序号	文件全称	本书简称	文号
1	浙江省高级人民法院民事审判第一庭《关于审理建设工程施工合同纠纷案件若干疑难问题的解答》	《浙江高院施工合同解答》	
2	浙江省高级人民法院民事审判第二庭《关于审理涉建筑施工企业项目部纠纷的疑难问题解答》	《浙江高院施工项目疑难问题解答》	
3	浙江省高级人民法院民事审判第一庭、浙江省劳动人事争议仲裁院《关于审理劳动争议案件若干问题的解答(二)》	《浙江高院劳动争议案件解答二》	浙高法民一〔2014〕7号
4	浙江省高级人民法院、浙江省人民检察院、浙江省公安厅《关于办理建筑施工企业从业人员犯罪案件若干法律适用问题的会议纪要》	《浙江高院施工企业人员犯罪纪要》	浙高法〔2017〕228号

续表

序号	文件全称	本书简称	文号
5	重庆市高级人民法院、四川省高级人民法院《关于审理建设工程施工合同纠纷案件若干问题的解答》	《重庆高院四川高院施工合同解答》	
6	重庆市高级人民法院《关于当前民事审判若干法律问题的指导意见》	《重庆高院民事审判指导意见》	
7	四川省高级人民法院《关于审理建设工程施工合同纠纷案件若干疑难问题的解答》	《四川高院施工合同解答》	川高法民一〔2015〕3 号
8	四川省高级人民法院《关于审理破产案件若干问题的解答》	《四川高院破产案件解答》	川高法〔2019〕90 号
9	北京市高级人民法院《关于审理建设工程施工合同纠纷案件若干疑难问题的解答》	《北京高院施工合同解答》	京高法〔2012〕245 号
10	北京市高级人民法院《审理民商事案件若干问题的解答之五(试行)》	《北京高院民商事解答五》	京高法发〔2007〕168 号
11	北京市高级人民法院《审理民商事案件若干问题的解答(之三)》	《北京高院民商事解答三》	京高法发〔2002〕51 号
12	北京市高级人民法院《企业破产案件审理规程》	《北京高院破产案件审理规程》	京高法发〔2013〕242 号
13	广东省高级人民法院《关于审理建设工程合同纠纷案件疑难问题的解答》(已失效)	原《广东高院工程合同解答》	粤高法〔2017〕151 号
14	广东省高级人民法院《关于审理建设工程合同纠纷案件的暂行规定》(已失效)	原《广东高院工程合同暂行规定》	粤高法发〔2000〕31 号
15	广东省高级人民法院《全省民事审判工作会议纪要》(已失效)	原《广东高院民事审判纪要》	粤高法〔2012〕240 号
16	广东省高级人民法院《关于审理建设工程施工合同纠纷案件若干问题的指导意见》(已失效)	原《广东高院施工合同指导意见》	粤高法发〔2011〕37 号
17	广东省高级人民法院民事审判第二庭《关于民商事审判实践中有关疑难法律问题的解答意见》	《广东高院民商事疑难问题解答》	

续表

序号	文件全称	本书简称	文号
18	广东省高级人民法院《关于审理企业破产案件若干问题的指引》	《广东高院破产案件指引》	粤高法发〔2019〕6号
19	江苏省高级人民法院《关于审理建设工程施工合同纠纷案件若干问题的意见》(已失效)	原《江苏高院施工合同意见》	苏高法审委〔2008〕26号
20	江苏省高级人民法院《关于审理建设工程施工合同纠纷案件若干问题的解答》(已失效)	原《江苏高院施工合同解答》	审委会会议纪要〔2018〕3号
21	江苏省高级人民法院《建设工程施工合同案件审理指南》	《江苏高院施工合同审理指南》	
22	江苏省高级人民法院、江苏省住房和城乡建设厅《关于建立化解建设工程合同纠纷案件联动机制的意见》	《江苏化解工程合同纠纷联动机制意见》	
23	江苏省高级人民法院审判委员会《关于妥善审理破产案件、维护经济社会稳定若干问题的讨论纪要》	《江苏高院审理破产案件问题纪要》	
24	江苏省高级人民法院民事审判第二庭《破产案件审理指南(修订版)》	《江苏高院破产案件审理指南》	苏高法电〔2017〕794号
25	江苏省高级人民法院《执行异议及执行异议之诉案件办理工作指引(二)》	《江苏高院执行异议案件指引二》	
26	江苏省高级人民法院《执行异议及执行异议之诉案件办理工作指引(三)》	《江苏高院执行异议案件指引三》	
27	江苏省高级人民法院《关于在扫黑除恶专项斗争中打击与防范"套路贷"虚假诉讼工作指南》	《江苏高院打击"套路贷"虚假诉讼指南》	苏高法〔2019〕274号
28	江苏省高级人民法院审判委员会《关于买卖合同纠纷案中当事人行为是否构成表见代理认定问题的纪要》	《江苏高院买卖合同纠纷表见代理认定纪要》	审判委员会会议纪要〔2013〕3号
29	山东省高级人民法院民事审判第一庭《关于审理建设工程施工合同纠纷案件若干问题的解答》	《山东高院民一庭施工合同解答》	
30	山东省高级人民法院《关于审理建设工程施工合同纠纷案件若干问题的解答》	《山东高院施工合同解答》	

续表

序号	文件全称	本书简称	文号
31	山东省高级人民法院《全省民事审判工作会议纪要》	《山东高院 2011 年民事审判会议纪要》	鲁高法〔2011〕297 号
32	山东省高级人民法院《关于全流程解决执行难若干问题规定》	《山东高院解决执行难的通知》	鲁高法〔2019〕11 号
33	山东省高级人民法院民事审判第一庭《关于审理执行异议之诉案件若干问题的解答》	《山东高院执行异议之诉案件解答》	
34	山东省高级人民法院《全省民事审判工作座谈会纪要》	《山东高院 2005 年民事审判会议纪要》	鲁高法〔2005〕201 号
35	山东省高级人民法院《关于企业破产案件审理规范指引(试行)》	《山东高院破产案件审理指引》	鲁高法〔2019〕50 号
36	黑龙江省高级人民法院《关于审理执行异议之诉案件若干问题的解答》(2019 修订)	《黑龙江高院执行异议案件解答》	
37	河北省高级人民法院《建设工程施工合同案件审理指南》	《河北高院施工合同审理指南》(2018 版)	冀高法〔2018〕44 号
38	河北省高级人民法院《建设工程施工合同案件审理指南》	《河北高院施工合同审理指南》(2023 版)	冀高法〔2023〕30 号
39	福建省高级人民法院《关于审理建设工程施工合同纠纷案件疑难问题的解答》	《福建高院施工合同解答》	
40	安徽省高级人民法院《关于审理建设工程施工合同纠纷案件适用法律问题的指导意见》	《安徽高院施工合同指导意见》	
41	安徽省高级人民法院《关于加强涉及农民工权益案件审理工作的意见》	《安徽高院民工权益案件审理意见》	
42	安徽省高级人民法院《关于审理建设工程施工合同纠纷案件适用法律问题的指导意见(二)》	《安徽高院施工合同指导意见二》	
43	湖南省高级人民法院《关于审理建设工程施工合同纠纷案件若干问题的解答》	《湖南高院施工合同解答》	湘高法〔2022〕102 号

续表

序号	文件全称	本书简称	文号
44	湖北省高级人民法院《民事审判工作座谈会会议纪要》	《湖北高院民事审判纪要》	
45	河南省高级人民法院《关于建设工程合同纠纷案件疑难问题的解答》	《河南高院工程合同解答》	
46	河南省高级人民法院民事审判第二庭《关于审理建设工程领域买卖、租赁合同纠纷案件若干疑难问题解答》	《河南高院工程领域买卖租赁疑难问题解答》	
47	陕西省高级人民法院《关于审理劳动争议案件若干问题的解答》	《陕西高院劳动争议解答》	陕高法〔2020〕118 号
48	江西省高级人民法院《关于执行异议之诉案件的审理指南》	《江西高院执行异议案件指南》	
49	天津市高级人民法院《天津法院劳动争议案件审理指南》	《天津高院劳动争议指南》	津高法〔2017〕246 号
50	上海市高级人民法院民事审判第二庭《关于当前商事审判若干问题的意见》	《上海高院商事审判意见》	沪高法民二〔2009〕14 号
51	深圳市中级人民法院《关于建设工程合同若干问题的指导意见》(2010 修订)	《深圳中院工程合同指导意见》	
52	深圳市中级人民法院《关于建设工程施工合同纠纷案件的裁判指引》(2014 修订)	《深圳中院施工合同裁判指引》	
53	深圳市中级人民法院《关于审理劳动争议案件的裁判指引》	《深圳中院劳动争议裁判指引》	深中法发〔2015〕13 号
54	绍兴市中级人民法院《关于审理建筑领域民商事纠纷案件若干问题的纪要》	《绍兴中院建筑领域民商事纠纷纪要》	
55	泉州市中级人民法院《关于审理建设工程合同纠纷案件的审判长联席会议纪要(试行)》	《泉州中院工程合同会议纪要》	
56	杭州市中级人民法院民事审判第一庭《关于审理建设工程及房屋相关纠纷案件若干实务问题的解答》	《杭州中院建设工程解答》	

续表

序号	文件全称	本书简称	文号
57	宣城市中级人民法院《关于审理建设工程施工合同纠纷案件若干问题的指导意见(试行)》	《宣城中院施工合同意见》	宣中法〔2013〕19号
58	昆明市中级人民法院《关于规范全市法院房地产企业破产案件审理相关问题的指引(试行)》	《昆明中院房产破产审理指引》	

(四)各级律协操作指引

序号	文件全称	本书简称
1	中华全国律师协会《律师担任破产管理人业务操作指引》	《全国律协破产业务操作指引》
2	浙江省律师协会《律师参与建设工程造价司法鉴定操作指引》	《浙江律协造价鉴定操作指引》
3	上海市律师协会《律师办理建设工程法律业务操作指引(2007)》	《上海律协工程业务操作指引》

前　　言

2005年1月1日起施行的原《最高院施工合同解释》创造性地提出“实际施工人”概念，一定程度上缓解了工程款拖欠引发的农民工讨薪现象。但“实际施工人”的法律地位一直饱受诟病，其先天具有法律上的缺陷，无法与合同相关法规兼容。而《民法典》出台也并未赋予“实际施工人”准确的法律地位。

作为司法实务工作者，我们应对实际施工人现象进行系统分析。

其一，实际施工人相关纠纷越来越多，逐渐成为当前司法审判的重点难点。

司法实践中，在合同无效情形下，有关实际施工人的认定以及合同无效后的工程质保、停工损失、工期责任认定等问题，工程转包、违法分包、借用资质纠纷中的相关责任承担问题，表见代理、职务行为认定等，已然成了审判焦点和重点，更是律师办案的难点和热点。笔者希望通过本书梳理整合主流观点 促进相关工作人员专业能力的提升。

其二，实际施工人相关裁判规则不断变化，需要我们及时梳理和总结。

当前该制度表现为不完善也不系统，似乎有些“散乱”，给律师实践工作造成了很多困惑。具体而言，“散”主要表现在其书面规定比较分散。具体形式多样，既包括最高人民法院司法解释，又有各省高级人民法院司法审判文件；既有最高人民法院权威法官的主流观点，又有专家学者的学理解释等，不一而足。“乱”主要表现在对于同一个法律现象，不同法院的裁判观点是不同的。例如，在《最高院2021年第21次专业法官纪要》出台前，有关实际施工人管理费约定应否支持的问题，曾出现了管理费应收缴、无须支付、酌情支付、按约支付等多种裁判观点；又如，有关发包人要求对实际施工人预支款项进行抵扣时，不同法院的裁判观点并不相同。

据此，作为法务工作者，更有必要就实际施工人制度进行系统研究，梳理出实际施工人的权利及民事责任等实务要点，以确保法律能得到正确的适用，弱势群体的权益能得到准确的保障。

本书编写组

2024 年 7 月 30 日

目录 Contents

第一章 实际施工人的概念

第二章 无效合同的结算

第五章 工程挂靠

第六章 表见代理

第八章 质量与工期

第九章 劳动用工与材料支付

第十章 付款抗辩

第十一章　诉讼程序

第一章　实际施工人的概念

第一节　建设工程施工合同的效力认定

1. 建设工程施工合同必备的有效要件是什么?

确认建设工程施工合同的效力是法院审理施工合同纠纷需要解决的首要课题,即使当事人对合同的效力未产生争议,法院也应当就合同效力进行强制审查,不受当事人请求的影响。

建设工程施工合同必备的有效要件包括以下五点:

(1)合同当事人应当符合法律和行政法规规定的条件,具备相应的民事行为能力。如在南通四建公司、岚世纪公司建设工程施工合同纠纷案中,法院认为,双方之间的真实合同关系因违反原《最高院施工合同解释》第1条[①]"建设工程施工合同具有下列情形之一的……认定无效:……(二)没有资质的实际施工人借用有资质的建筑施工企业名义的"的规定,亦应作无效评价。[②]

(2)合同当事人就合同内容协商一致。要明确当事人之间签订的是单份施工合同还是多份施工合同;若部分施工合同并非双方协商后的真实意思表示,仅作为办理备案或其他用途使用,并非实际履行的合同,应当以实际履行的合同作为当事人之间的结算依据。

(3)合同当事人应当履行法定程序。建设工程往往涉及国计民生而且投资规模较大,所以国家对建设行为通过法律、行政法规和部门规章及地方性法规进行了更多约束和规范。《招标投标法》第4条即规定:"任何单位和个人不得将依法必须进行招标的项目化整为零或者以其他任何方式规避招标。"如在水电十四局、

---

① 相关规定参见《最高院施工合同解释一》第1条。

② 参见最高人民法院民事判决书,(2020)最高法民终1269号。

中外建公司建设工程施工合同纠纷案中，法院认为，关系社会公共利益的大型基础设施项目，项目的施工必须依法进行招标。[①]

（4）建设工程施工合同应当符合法律规定的形式要件。建设工程施工合同系要式合同，应当采用书面形式，当事人对合同价款等重大内容的变更应以书面形式确认；一方履行主要义务，对方接受的除外。

（5）合同内容合法，不违反法律或社会公共利益。如在福建水木清华公司、中铁公司、中发公司建设工程施工合同纠纷案中，法院判决指出：由于案涉《工程项目合作合同》《工程项目施工合作协议》《协议书》因通谋虚伪意思表示而无效，故其中关于管理费和相关费用的约定均属无效，中发公司将其作为标的予以转让，缺乏依据。[②]

法律依据

《民法典》

第一百四十三条 具备下列条件的民事法律行为有效：

（一）行为人具有相应的民事行为能力；

（二）意思表示真实；

（三）不违反法律、行政法规的强制性规定，不违背公序良俗。

第四百九十七条 有下列情形之一的，该格式条款无效：

（一）具有本法第一编第六章第三节和本法第五百零六条规定的无效情形；

（二）提供格式条款一方不合理地免除或者减轻其责任、加重对方责任、限制对方主要权利；

（三）提供格式条款一方排除对方主要权利。

第五百零六条 合同中的下列免责条款无效：

（一）造成对方人身损害的；

（二）因故意或者重大过失造成对方财产损失的。

第七百八十九条 建设工程合同应当采用书面形式。

《最高院施工合同解释一》

第一条 建设工程施工合同具有下列情形之一的，应当依据民法典第一百五十三条第一款的规定，认定无效：

① 参见最高人民法院民事判决书，(2021)最高法民终383号。
② 参见最高人民法院民事裁定书，(2021)最高法民申7145号。

(一)承包人未取得建筑业企业资质或者超越资质等级的;

(二)没有资质的实际施工人借用有资质的建筑施工企业名义的;

(三)建设工程必须进行招标而未招标或者中标无效的。

承包人因转包、违法分包建设工程与他人签订的建设工程施工合同,应当依据民法典第一百五十三条第一款及第七百九十一条第二款、第三款的规定,认定无效。

审判意见

《浙江高院施工合同解答》

二、如何认定未取得"四证"而签订的建设工程施工合同的效力?

发包人未取得建设用地规划许可证或建设工程规划许可证,与承包人签订建设工程施工合同的,应认定合同无效;但在一审庭审辩论终结前取得建设用地规划许可证和建设工程规划许可证或者经主管部门予以竣工核实的,可认定有效。

发包人未取得建设用地使用权证或建筑工程施工许可证的,不影响建设工程施工合同的效力。

典型判决 水电十四局、中外建公司建设工程施工合同纠纷案①

【裁判要旨】

对于必须依法招标的工程,承包人未经招标程序并中标,将工程通过肢解分包形式转包给施工单位,所签订的施工合同无效。

【裁判观点】

法院认为,南佛公路工程项目是关系社会公共利益大型基础设施项目,项目的施工必须依法进行招标,水电十四局在未经招投标程序,未中标取得总承包资格的情况下,以肢解分包的形式将其向三峡集团承包的南佛公路工程项目中约43.39公里的公路工程转包给中外建公司施工,并与中外建公司签订《建设工程施工协议》及《施工合作协议》,该两份协议因违反《招标投标法》、原《最高院施工合同解释》的相关规定而无效。对水电十四局、中外建公司主张确认上述两份协议无效的诉讼请求,法院予以支持。

---

① 最高人民法院民事判决书,(2021)最高法民终383号。

2. 一方当事人提起确认建设工程合同无效诉讼，对方提出诉讼时效抗辩的，能否得到支持？

建设工程合同确认无效诉讼并不适用诉讼时效制度。其一，民事诉讼根据诉讼标的的性质和内容可以分成给付之诉、确认之诉、形成之诉三类，分别对应实体法上的请求权、支配权和形成权。确认合同无效请求权虽在形式上被称为“请求权”，但在实质上，确认合同效力的请求属于形成权，应受除斥期间制度的约束，而不受诉讼时效限制。其二，合同无效的原因主要在于其违法性，时间的经过不能改变无效合同的法律性质，合同的违法性将一直存在，不能因为其已经“履行”多年就因超过诉讼时效而转变为有效合同。其三，对确认合同无效适用诉讼时效，不符合法律设立诉讼时效制度的目的。法律设立诉讼时效制度旨在督促权利人行使权利，但是无效合同的当事人可能不会积极主张无效，此时适用诉讼时效制度，违背了社会公共利益。

法律依据

《最高院诉讼时效规定》

第五条 享有撤销权的当事人一方请求撤销合同的，应适用民法典关于除斥期间的规定。对方当事人对撤销合同请求权提出诉讼时效抗辩的，人民法院不予支持。

合同被撤销，返还财产、赔偿损失请求权的诉讼时效期间从合同被撤销之日起计算。

《最高院不良债权转让纪要》

七、关于不良债权转让无效合同的处理

会议认为，人民法院认定金融不良债权转让合同无效后，对于受让人直接从金融资产管理公司受让不良债权的，人民法院应当判决金融资产管理公司与受让人之间的债权转让合同无效；受让人通过再次转让而取得债权的，人民法院应当判决金融资产管理公司与转让人、转让人与后手受让人之间的系列债权转让合同无效。债权转让合同被认定无效后，人民法院应当按照合同法的相关规定处理；受让人要求转让人赔偿损失，赔偿损失数额应以受让人实际支付的价金之利息损失为限。相关不良债权的诉讼时效自金融不良债权转让合同被认定无效之日起重新计算。

典型判决　陈某康、刘某清与陈某、陈某建、黄某笑房屋买卖合同纠纷案[①]

【裁判要旨】

无效购房协议的出卖人有关返还房屋的请求并不适用诉讼时效期间的规定。

【裁判观点】

再审法院认为，从陈某康、刘某清和陈某、陈某建、黄某笑签订的案涉协议书的主要条款内容来看，虽然当事人并未明确约定买卖案涉房屋所有权，但是结合办理房产手续和征地补偿等内容，一审、二审判决认定案涉协议书系房屋买卖协议并无不当。本案中，陈某康、刘某清并非陈某、陈某建和黄某笑所在村的村民，因此，案涉房屋买卖协议违反了行政法规的强制性规定，应属无效。一审、二审判决对案涉协议书效力的认定是正确的。至于陈某康、刘某清所称陈某、陈某建和黄某笑的起诉已经超过2年诉讼时效期间的问题，只有债权请求权适用诉讼时效期间的规定，而本案中，陈某、陈某建和黄某笑起诉的主要请求是确认协议书无效以及返还房屋，该请求并不适用诉讼时效期间的规定。因此，陈某康、刘某清关于起诉已过诉讼时效期间的理由亦不能成立。

第二节　实际施工人认定

3. 实际施工人的概念是什么？

2005年1月1日施行的原《最高院施工合同解释》第4条、第25条、第26条首次提出了“实际施工人”一词。

《最高院对第9594号建议的答复》指出，“实际施工人”是指依照法律规定被认定为无效的施工合同中实际完成工程建设的主体，包括施工企业、施工企业分支机构、工头等法人、非法人团体、公民个人等，是原《最高院施工合同解释》确定的概念，目的是区分有效施工合同的承包人、施工人、建筑施工企业等法定概念。

据此，实际施工人应具备如下几个条件：

其一，基于无效施工合同进行施工。根据现行法律和司法解释的规定，施工

① 参见最高人民法院民事裁定书，(2011)民监字第809号。根据《民法典》的规定，法律对建设工程合同没有规定的，可以参照适用买卖合同和承揽合同的有关规定，故此处以一房屋买卖合同为例，说明实务中对无效合同并不适用时效制度的裁判意见。

合同常见无效情形包括因违反招标投标领域法律、行政法规而无效;因违反建筑领域资质管理规定而无效;因转包、违法分包而无效;因违反工程建设审批手续而无效等。

其二,是实际完成工程建设的主体。对此项条件的实质要求是实际投入了资金、材料与劳力并最终承担成本。在工程存在多次转包的情况下,各环节中未投入资金、材料与劳力的主体不属于实际施工人。

其三,形式上包括施工企业、施工企业分支机构、工头等法人,及非法人团体,公民个人等。

法律依据

原《最高院施工合同解释》

第四条 承包人非法转包、违法分包建设工程或者没有资质的实际施工人借用有资质的建筑施工企业名义与他人签订建设工程施工合同的行为无效。人民法院可以根据民法通则第一百三十四条规定,收缴当事人已经取得的非法所得。

第二十五条 因建设工程质量发生争议的,发包人可以以总承包人、分包人和实际施工人为共同被告提起诉讼。

第二十六条 实际施工人以转包人、违法分包人为被告起诉的,人民法院应当依法受理。实际施工人以发包人为被告主张权利的,人民法院可以追加转包人或者违法分包人为本案当事人。发包人只在欠付工程价款范围内对实际施工人承担责任。

《最高院施工合同解释一》

第四十三条 实际施工人以转包人、违法分包人为被告起诉的,人民法院应当依法受理。

实际施工人以发包人为被告主张权利的,人民法院应当追加转包人或者违法分包人为本案第三人,在查明发包人欠付转包人或者违法分包人建设工程价款的数额后,判决发包人在欠付建设工程价款范围内对实际施工人承担责任。

第四十四条 实际施工人依据民法典第五百三十五条规定,以转包人或者违法分包人怠于向发包人行使到期债权或者与该债权有关的从权利,影响其到期债权实现,提起代位权诉讼的,人民法院应予支持。

《最高院对第9594号建议的答复》

您提出的关于统一建设工程施工合同纠纷中"实际施工人"的司法认定条件的建议收悉,现答复如下:

"实际施工人"是指依照法律规定被认定为无效的施工合同中实际完成工程建设的主

体，包括施工企业、施工企业分支机构、工头等法人、非法人团体、公民个人等，是《最高人民法院关于审理建设工程施工合同纠纷案件适用法律问题的解释》（以下简称《解释》）确定的概念，目的是为了区分有效施工合同的承包人、施工人、建筑施工企业等法定概念。为保障农民工合法权益和维护社会大局稳定，该司法解释第二十六条第二款规定，在欠付劳务分包工程款，进而欠付农民工工资情形下，实际施工人可突破合同相对性向与其没有合同关系的发包人、总承包人提起偿还劳务分包工程欠款的诉讼；该条第一款同时规定，原则不能突破合同相对性，应当按照合同顺位主张权利。《解释》施行十余年来，该条规定对保护农民工权益切实起到积极作用，为实际施工人主张劳务分包工程欠款提供了便捷通道，最高人民法院向全国人大常委会所作工作报告也报告了此条立意；同时，不可否认，实践中也出现大量突破司法解释原意滥用此条规定的情形，损害了发包人、总承包人合法权益。

审判意见

《重庆高院四川高院施工合同解答》

九、建设工程施工合同纠纷中实际施工人范围如何确定？

答：实际施工人是指依照法律规定被认定无效的施工合同中，实际完成工程建设的主体。实际施工人身份的界定，应当结合最终实际投入资金、材料，组织工程施工等因素综合予以认定。仅从事建筑业劳务作业的农民工、劳务班组不属于实际施工人范畴，其依据《最高人民法院关于审理建设工程施工合同纠纷案件适用法律问题的解释（一）》第四十三条的规定向发包人、转包人、违法分包人主张权利的，人民法院不予支持。

《山东高院施工合同解答》

1、建设工程施工合同纠纷案件中，实际施工人如何认定？

实际施工人是指依照法律规定被认定为无效的施工合同中实际完成工程建设的施工主体，包括转承包人、违法分包的承包人等。当事人以实际施工人身份主张权利的，应当对其实际投入工程的资金、设备、材料、人工等事实进行举证。

《四川高院施工合同解答》

12. “实际施工人”的范围如何确定？

《建工司法解释》中的“实际施工人”是指转包、违法分包以及借用资质的无效建设工程施工合同的承包人。建设工程经数次转包或分包的，实际施工人应当是实际投入资金、材料和劳力进行工程施工的企业或个人。对于不属于前述范围的当事人依据《建工司法解释》第二十六条第二款规定以发包人为被告主张欠付工程款的，应当不予受理，已经受理的，应当裁定驳回起诉。

建筑工人追索欠付工资或劳务报酬的，按照劳动关系或雇佣关系妥善处理。

《北京高院施工合同解答》

18、《解释》中"实际施工人"的范围如何确定？

《解释》中的"实际施工人"是指无效建设工程施工合同的承包人，即违法的专业工程分包和劳务作业分包合同的承包人、转承包人、借用资质的施工人（挂靠施工人）；建设工程经数次转包的，实际施工人应当是最终实际投入资金、材料和劳力进行工程施工的法人、非法人企业、个人合伙、包工头等民事主体。法院应当严格实际施工人的认定标准，不得随意扩大《解释》第二十六条第二款的适用范围。对于不属于前述范围的当事人依据该规定以发包人为被告主张欠付工程款的，应当不予受理，已经受理的，应当裁定驳回起诉。

建筑工人追索欠付工资或劳务报酬的，按照工资支付的相关法律、法规规定及《北京市高级人民法院关于依法快速处理建设领域拖欠农民工工资相关案件的意见》妥善处理。

典型判决 郑某某、临高城投公司建设工程施工合同纠纷案①

【裁判要旨】

当事人以实际施工人身份主张权利的，应当对其实际投入的人工、设备、材料等事实进行举证。

【裁判观点】

再审法院经审查认为，本案争议焦点为郑某某是否为案涉工程的实际施工人。判断实际施工人应从其是否签订转包、挂靠或者其他形式的合同承接工程施工，是否对施工工程的人工、机器设备、材料等投入物化为相应成本，并最终承担该成本等综合因素确定。本案中，郑某某提交了《施工项目经营、管理责任承包合同》、《项目安全生产目标责任书》及河南高速公司出具的情况说明来证实其为实际施工人。经审查，郑某某提交的证据仅能证明其与河南高速公司存在合同关系，并不能证明其在签订合同后就案涉工程自行组织施工、购买材料、发放工人工资等事实，其亦未提供证据证明其与河南高速公司之间关于案涉工程款的资金往来情况。本案案涉工程的施工资料及工程签证中也未出现郑某某的姓名，故一审认定现有证据尚不足以证实郑某某系案涉工程的实际施工人，并无不当，再审法院予以维持。

---

① 参见最高人民法院民事裁定书，（2021）最高法民申1676号。

4. 区分"实际施工人"的主要意义是什么？

《最高院施工合同解释一》吸收并整合了原《最高院施工合同解释》、原《最高院施工合同解释二》关于实际施工人的规定，主要内容基本沿用此前司法解释内容。

其一，实际施工人可依据合同向其合同相对人即转包人（违法分包人）主张工程款，也可以根据《最高院施工合同解释一》第43条的规定突破合同相对性，请求发包人在欠付工程款范围内承担责任。

其二，转包人（违法分包人）怠于向发包人行使到期债权或者与该债权有关的从权利，影响其到期债权实现的，实际施工人有权根据《民法典》第535条、《最高院施工合同解释一》第44条的规定，提出代位权诉讼。

其三，根据《最高院2021年第20次专业法官会议纪要》的精神，发包人明知挂靠的，按发包人与实际施工人之间形成事实的施工合同关系处理，实际施工人可以基于该合同关系诉请发包人支付工程款；但不能依据《最高院施工合同解释一》第43条的规定要求发包人在欠付工程款范围内承担责任。

法律依据

《民法典》

第五百三十五条　因债务人怠于行使其债权或者与该债权有关的从权利，影响债权人的到期债权实现的，债权人可以向人民法院请求以自己的名义代位行使债务人对相对人的权利，但该权利专属于债务人自身的除外。

代位权的行使范围以债权人的到期债权为限。债权人行使代位权的必要费用，由债务人负担。

《最高院施工合同解释一》

第十五条　因建设工程质量发生争议的，发包人可以以总承包人、分包人和实际施工人为共同被告提起诉讼。

第四十三条　实际施工人以转包人、违法分包人为被告起诉的，人民法院应当依法受理。

实际施工人以发包人为被告主张权利的，人民法院应当追加转包人或者违法分包人为本案第三人，在查明发包人欠付转包人或者违法分包人建设工程价款的数额后，判决发包人在欠付建设工程价款范围内对实际施工人承担责任。

第四十四条　实际施工人依据民法典第五百三十五条规定，以转包人或者违法分包人怠于向发包人行使到期债权或者与该债权有关的从权利，影响其到期债权实现，提起代位权诉讼的，人民法院应予支持。

典型判决 兴金公司、凤冈县交通运输局债权人代位权纠纷案①

【裁判要旨】

债务人对特定次债务人存在合法、有效、到期的债权是债权人提起代位权诉讼应当符合的条件之一。另案相关当事人之间施工合同关系尚未实质审理的，相关执行裁定不能作为实体权利义务的直接依据。

【裁判观点】

再审法院认为，所谓债权人的代位权，是指债务人应当行使却不行使其对第三人(次债务人)享有的权利而有害于债权人的债权时，债权人为保全自己的债权，可以自己的名义代位行使债务人的权利。根据原《最高院合同法解释一》第11条的规定，债权人提起代位权诉讼应当符合的条件之一为债务人怠于行使其到期债权，对债权人造成损害，而符合该条件的前提为债务人对特定次债务人存在合法、有效、到期的债权，否则债权人不得针对特定次债务人行使债权人代位权。经案涉工程实际施工人秦某某主张，贵州省高级人民法院另案审理，兴金公司关于债务人华海公司因建设工程施工合同关系对次债务人凤冈县交通运输局享有工程价款债权的主张已不能成立。因执行程序并未就华海公司、秦某某及凤冈县交通运输局之间的建设工程施工合同关系产生的权利义务进行实质审理，相关执行裁定虽对债权产生控制力，但并不能作为认定相关主体间实体权利义务的直接依据。因此，兴金公司请求行使债权人代位权不符合法律规定的条件，一审、二审法院未予支持并无不当。

5. 实际施工人裁判规则存在哪些问题？

原《最高院施工合同解释》第26条规定了特殊情况下，准许实际施工人突破合同相对性向发包人主张工程款欠款。而原《最高院施工合同解释二》第25条规定，实际施工人有权依法向发包人提起代位权诉讼。《最高院施工合同解释一》中对于实际施工人制度的规定则是对前述两个司法解释中实际施工人制度的承继

---

① 参见最高人民法院民事裁定书，(2020)最高法民申1325号。

和完善。此规定为实际施工人主张工程欠款提供了便捷通道，对保护农民工权益切实起到积极作用，但其也在客观上突破了合同相对性，司法实践中存在被不遵守规范的实际施工人滥用的情况，导致施工合同无效，实际施工人却可以获得比合同有效更多的保障。以至于司法实践中出现有的施工人主动积极追求合同无效的反常现象。不同司法解释对实际施工人裁判规则的规定见表1－1。

表1－1　不同司法解释对实际施工人裁判规则的规定

文件名称	具体规定
原《最高院施工合同解释》	**第26条**　实际施工人以转包人、违法分包人为被告起诉的，人民法院应当依法受理。 实际施工人以发包人为被告主张权利的，人民法院可以追加转包人或者违法分包人为本案当事人。发包人只在欠付工程价款范围内对实际施工人承担责任。
原《最高院施工合同解释二》	**第25条**　实际施工人根据合同法第七十三条规定，以转包人或者违法分包人怠于向发包人行使到期债权，对其造成损害为由，提起代位权诉讼的，人民法院应予支持。
《最高院施工合同解释一》	**第43条**　实际施工人以转包人、违法分包人为被告起诉的，人民法院应当依法受理。 实际施工人以发包人为被告主张权利的，人民法院应当追加转包人或者违法分包人为本案第三人，在查明发包人欠付转包人或者违法分包人建设工程价款的数额后，判决发包人在欠付建设工程价款范围内对实际施工人承担责任。 **第44条**　实际施工人依据民法典第五百三十五条规定，以转包人或者违法分包人怠于向发包人行使到期债权或者与该债权有关的从权利，影响其到期债权实现，提起代位权诉讼的，人民法院应予支持。

司法实践中，实际施工人裁判规则主要存在裁判标准不统一的问题，既表现为不同法院对同一类案件的裁判持不同意见，又表现为同一法院在不同阶段裁判规则的变化。具体说明如下。

（1）不同法院对同一类案件的裁判持不同意见。以发包人要求将实际施工人领款予以抵扣问题为例，因司法实践中尚未形成统一的裁判规则，当承包人向发包人主张价款，发包人要求对已向实际施工人支付的部分予以抵扣，不同法院持不同意见。

重庆市高级人民法院等支持发包人抵扣主张。《重庆高院民事审判指导意见》认为实际施工人可以直接向发包人主张工程款，发包人直接支付给实际施工人的工程款，即使未征得承包人同意，也应当予以扣除。

广东省高级人民法院等并不支持发包人抵扣的主张。原《广东高院工程合同解答》认为，发包人不应突破合同相对性，发包人的付款行为未取得承包人同意的，其法律后果不能约束承包人。

（2）同一法院的裁判规则变化。以没有合同关联的转包人（违法分包人）是否向实际施工人承担责任为例，各地司法审判纪要也在不断地与时俱进。江苏省高级人民法院较早的司法文件原《江苏高院施工合同意见》从严惩违法转包（违法分包）的角度判决转包人（违法分包人）对实际施工人的工程款请求承担连带责任；其之后又在原《江苏高院施工合同解答》中作了修正，明确如转包人（违法分包人）已向相对人付清工程款的除外。司法实践中，对于缺乏明确裁判规则的纠纷，当事人可主动提供最高人民法院发布的指导性案例、典型案例等检索报告，为法院提供裁判参考。

审判意见

原《江苏高院施工合同意见》

第十四条 承包人根据建设工程施工合同要求发包人支付工程款，发包人要求对已经向实际施工人支付的部分进行抵扣的，人民法院应予支持，但承包人有证据证明发包人与实际施工人恶意串通的除外。

第二十三条 实际施工人以发包人为被告要求支付工程款的，人民法院一般应当追加转包人或者违法分包人为被告参加诉讼。

建设工程因转包、违法分包导致建设工程施工合同无效的，实际施工人要求转包人、违法分包人和发包人对工程欠款承担连带责任的，人民法院应予支持，但发包人只在欠付的工程款范围内承担连带责任。

实际施工人要求发包人给付工程款，发包人以实际施工人要求给付的工程款高于其欠付的工程款进行抗辩的，应当由发包人承担举证责任。

原《江苏高院施工合同解答》

23、层层转包中，实际施工人要求所有转包人、违法分包人均承担责任的，如何处理？

建设工程因转包、违法分包导致建设工程施工合同无效的，实际施工人要求转包人、违法分包人对工程欠款承担连带责任的，应予支持。前手转包人、违法分包人举证证明其已付清工程款的，可以相应免除其给付义务。发包人在欠付的工程款范围内承担连带责任。

《重庆高院民事审判指导意见》

14、挂靠施工的结算。根据最高人民法院《关于审理建设工程施工合同纠纷案件适用法律问题的解释》第二十六条的规定，实际施工人可以直接起诉发包人，请求发包人在拖欠工程款的范围内承担清偿工程款的责任，并追加承包人、转包人或者违法分包人为共同被告或者第三人。此种保护实际施工人的规定在实践中不应过于泛化。如实际施工人未向发包人主张权利，被挂靠的施工企业基于合同关系向发包人请求支付工程款，发包人以施工企业不是实际施工人为由提出抗辩并拒绝支付工程款的，人民法院不必然追加实际施工人为第三人，但应将诉讼情况通知实际施工人；发包人要求扣除其向实际施工人的已付款，经审查确已支付且付款正当的，可以支持。

《北京高院施工合同解答》

21、发包人主张将其已向合法分包人、实际施工人支付的工程款予以抵扣的，如何处理？

承包人依据建设工程施工合同要求发包人支付工程款，发包人主张将其已向合法分包人、实际施工人支付的工程款予以抵扣的，不予支持，但当事人另有约定、生效判决、仲裁裁决予以确认或发包人有证据证明其有正当理由向合法分包人、实际施工人支付的除外。

原《广东高院工程合同解答》

28. 发包人向实际施工人支付的工程款能否在与承包人结算工程时予以抵扣

承包人请求发包人支付工程款，发包人主张对其已向实际施工人支付的工程款进行抵扣的，不予支持，但合同另有约定、承包人予以授权、生效裁决予以确定或者发包人有证据证明其有正当理由向实际施工人支付工程款的除外。

典型判决　杨某、联合建工公司等建设工程施工合同纠纷案[①]

【裁判要旨】

实际施工人突破合同相对性向与其没有合同关系的转包人（违法分包人）主张工程价款，不予支持。

【裁判观点】

再审法院认为，关于杨某向联合建工公司、玫基公司主张工程款是否有依据的问题，根据合同相对性的一般原则，杨某在实际施工工程完工后有向其转包或分包的相对人主张结算并支付相应工程款的权利，鉴于杨某与联合建工公司并未签订任何合同，联合建工公司既不认可其与杨某存在直接合同关系，也不认可存在挂靠的情形，二审判决据此认定杨某向联合建工公司主张工程款缺乏合同依据，并无不当。

---

① 参见最高人民法院民事裁定书，（2021）最高法民申3586号。

6. 实际施工人有哪些类型？

根据实际施工人产生的原因，可以将实际施工人分为三类。

（1）转包合同的实际施工人。转包，是指承包单位承包工程后，不履行合同约定的责任和义务，将其承包的全部工程转给其他单位或个人施工或者将其承包的全部工程肢解后以分包的名义分别转给其他单位或个人施工的行为。

（2）违法分包合同的实际施工人。违法分包，是指承包单位承包工程后违反法律法规规定，把单位工程或分部分项工程分包给其他单位或个人施工的行为。

（3）挂靠合同的实际施工人。挂靠，是指单位或个人以其他有资质的施工单位的名义承揽工程的行为。承揽工程包括参与投标、订立合同、办理有关施工手续、从事施工等活动。

行政规定

《发包承包违法行为管理办法》

第八条　存在下列情形之一的，应当认定为转包，但有证据证明属于挂靠或者其他违法行为的除外：

（一）承包单位将其承包的全部工程转给其他单位（包括母公司承接建筑工程后将所承接工程交由具有独立法人资格的子公司施工的情形）或个人施工的；

（二）承包单位将其承包的全部工程肢解以后，以分包的名义分别转给其他单位或个人施工的；

（三）施工总承包单位或专业承包单位未派驻项目负责人、技术负责人、质量管理负责人、安全管理负责人等主要管理人员，或派驻的项目负责人、技术负责人、质量管理负责人、安全管理负责人中一人及以上与施工单位没有订立劳动合同且没有建立劳动工资和社会养老保险关系，或派驻的项目负责人未对该工程的施工活动进行组织管理，又不能进行合理解释并提供相应证明的；

（四）合同约定由承包单位负责采购的主要建筑材料、构配件及工程设备或租赁的施工机械设备，由其他单位或个人采购、租赁，或施工单位不能提供有关采购、租赁合同及发票等证明，又不能进行合理解释并提供相应证明的；

（五）专业作业承包人承包的范围是承包单位承包的全部工程，专业作业承包人计取的是除上缴给承包单位“管理费”之外的全部工程价款的；

（六）承包单位通过采取合作、联营、个人承包等形式或名义，直接或变相将其承包的全部工程转给其他单位或个人施工的；

（七）专业工程的发包单位不是该工程的施工总承包或专业承包单位的，但建设单位依约作为发包单位的除外；

（八）专业作业的发包单位不是该工程承包单位的；

（九）施工合同主体之间没有工程款收付关系，或者承包单位收到款项后又将款项转拨给其他单位和个人，又不能进行合理解释并提供材料证明的。

两个以上的单位组成联合体承包工程，在联合体分工协议中约定或者在项目实际实施过程中，联合体一方不进行施工也未对施工活动进行组织管理的，并且向联合体其他方收取管理费或者其他类似费用的，视为联合体一方将承包的工程转包给联合体其他方。

第十条　存在下列情形之一的，属于挂靠：

（一）没有资质的单位或个人借用其他施工单位的资质承揽工程的；

（二）有资质的施工单位相互借用资质承揽工程的，包括资质等级低的借用资质等级高的，资质等级高的借用资质等级低的，相同资质等级相互借用的；

（三）本办法第八条第一款第（三）至（九）项规定的情形，有证据证明属于挂靠的。

第十二条　存在下列情形之一的，属于违法分包：

（一）承包单位将其承包的工程分包给个人的；

（二）施工总承包单位或专业承包单位将工程分包给不具备相应资质单位的；

（三）施工总承包单位将施工总承包合同范围内工程主体结构的施工分包给其他单位的，钢结构工程除外；

（四）专业分包单位将其承包的专业工程中非劳务作业部分再分包的；

（五）专业作业承包人将其承包的劳务再分包的；

（六）专业作业承包人除计取劳务作业费用外，还计取主要建筑材料款和大中型施工机械设备、主要周转材料费用的。

7. 哪些主体不属于实际施工人范围？

单纯从主体上来讲，实际施工人可以是法人、其他组织、个人合伙，也可以是自然人（俗称“包工头”）。司法实践中不属于“实际施工人”的通常有：

（1）承包人的内部职工。承包人与内部职工签订合同，将其承包的全部或部分工程承包给其下属分支机构或职工施工，并在资金、技术、设备、人力等方面给予支持的，可认定为企业内部承包合同。

（2）与转包人（违法分包人）无合同关系的农民工。

（3）只负责招工和管理的“包工头”（施工队、班组成员）等。

审判意见

《重庆高院四川高院施工合同解答》

九、建设工程施工合同纠纷中实际施工人范围如何确定?

答:实际施工人是指依照法律规定被认定无效的施工合同中,实际完成工程建设的主体。实际施工人身份的界定,应当结合最终实际投入资金、材料,组织工程施工等因素综合予以认定。仅从事建筑业劳务作业的农民工、劳务班组不属于实际施工人范畴,其依据《最高人民法院关于审理建设工程施工合同纠纷案件适用法律问题的解释(一)》第四十三条的规定向发包人、转包人、违法分包人主张权利的,人民法院不予支持。

《山东高院民一庭施工合同解答》

7. 施工班组以实际施工人身份主张权利,如何处理?

建设工程承包人与其雇佣的施工班组之间是劳务合同法律关系,施工班组不属于法律意义上的实际施工人。

典型判决 华安公司、××建设工程施工合同纠纷案[①]

【裁判要旨】

工程多重转包的,实际施工人应当是最终实际投入资金、材料和劳力进行工程施工的民事主体。

【裁判观点】

再审法院认为,"实际施工人"是指违法的专业工程分包或劳务作业分包合同的承包人、转承包人、借用资质的施工人或挂靠施工人;如果建设工程经数次转包的,实际施工人应当是最终实际投入资金、材料和劳力进行工程施工的法人、非法人企业、个人合伙、包工头等民事主体。本案中,××与华安公司虽未签订书面的挂靠协议或借用资质协议,且华安公司主张其三分公司参与了施工管理,但未否认××对案涉工程实际投入了资金、材料和劳力。因××不具备建设工程施工资质,即使存在华安公司主张的几方以合伙、合作等方式进行施工的情形,也属于华安公司变相允许没有资质的人员以本企业的名义承揽工程进行施工的情形,此种情形仍应认定为建设工程施工合同中违法分包的挂靠关系。

从一审、二审查明的事实看,××以华安公司名义就案涉工程对外签订了大

① 参见最高人民法院民事裁定书,(2019)最高法民申126号。

量安装施工合同，××就案涉工程的施工实际投入了资金、材料和劳力，华安公司也认可已向××单独支付工程款6000余万元。据此，二审认定××系案涉工程实际施工人，并无不妥。

8. 班组长（农民工）可以构成"实际施工人"吗？

实际施工人与名义上的承包人相对，一般情况下，转包合同、违法分包合同、挂靠合同等无效合同中，最终实际投入资金、材料和劳力进行工程施工的企业或个人，将构成"实际施工人"。具有下列情形的可认定为实际施工人：(1)存在实际施工行为，包括在施工过程中购买材料、支付工人工资、支付水电费等行为；(2)参与建设工程承包合同的签订与履行过程；(3)存在投资或收款行为。

班组长与转包人（违法分包人）签订劳务合同，主要约定按时间（日/月）发放酬劳。施工中，班组成员接受转包人（违法分包人）的日常管理和工作安排，班组与转包人（违法分包人）之间存在隶属关系的，一般认为两者属于劳务（劳动）关系。班组长仅为班组成员代表，不是实际施工人。施工班组不能依据《最高院施工合同解释一》第43条的规定起诉发包人；其追索欠付工资或劳务报酬的，应按照工资支付的相关规定处理。

法律依据

《农民工工资支付条例》

第二条　保障农民工工资支付，适用本条例。

本条例所称农民工，是指为用人单位提供劳动的农村居民。

本条例所称工资，是指农民工为用人单位提供劳动后应当获得的劳动报酬。

第三十六条　建设单位或者施工总承包单位将建设工程发包或者分包给个人或者不具备合法经营资格的单位，导致拖欠农民工工资的，由建设单位或者施工总承包单位清偿。

施工单位允许其他单位和个人以施工单位的名义对外承揽建设工程，导致拖欠农民工工资的，由施工单位清偿。

《最高院施工合同解释一》

第四十三条　实际施工人以转包人、违法分包人为被告起诉的，人民法院应当依法受理。

实际施工人以发包人为被告主张权利的，人民法院应当追加转包人或者违法分包人为本案第三人，在查明发包人欠付转包人或者违法分包人建设工程价款的数额后，判决发包人在欠付建设工程价款范围内对实际施工人承担责任。

行政规定

《农民工工资争议处理》

四、进一步强化拖欠农民工工资争议案件审判执行工作

……

（三）落实拖欠农民工工资争议案件保全规定。切实落实最高人民法院有关办理财产保全案件的司法解释规定，对农民工追索工资案件申请财产保全的，一般不应要求担保；对当事人没有提出申请，但存在因用人单位转移、隐匿财产等可能导致仲裁裁决、判决等难以执行的，人民法院可依职权采取保全措施；对农民工在仲裁阶段提出财产保全申请的，人民法院要依法快速审查并及时作出裁定。

……

审判意见

《山东高院2011年民事审判会议纪要》

三、关于建设工程施工合同纠纷案件

……

（六）关于实际施工人的诉讼地位和发包人责任的性质问题

最高人民法院《关于审理建设工程施工合同纠纷案件适用法律问题的解释》第26条规定的实际施工人，是指工程转包合同的转承包人、违法分包合同的承包人、借用资质（资质挂靠）的承包人。司法实务中应当严格实际施工人的认定标准，不得随意扩大实际施工人的适用范围。实际施工人可以是法人、其他组织、个人合伙，也可以是自然人（俗称“包工头”），但从事建筑业劳务作业的农民工不属于实际施工人。

依据最高人民法院《关于审理建设工程施工合同纠纷案件适用法律问题的解释》第26条的规定，实际施工人直接起诉发包人请求支付欠付工程价款的，为查明案件事实，应当追加转包人、违法分包人为共同被告；实际施工人直接起诉转包人或者违法分包人请求支付工程价款的，不得追加发包人为诉讼当事人。

依据最高人民法院《关于审理建设工程施工合同纠纷案件适用法律问题的解释》第26条的规定，实际施工人起诉发包人请求支付欠付工程价款的，发包人在欠付工程价款的范围内对实际施工人承担直接支付欠付工程价款的责任，发包人与转包人或者违法分包人承担支付工程价款的连带责任没有法律依据。

……

典型判决　乐某某、四海公司劳务合同纠纷案①

【裁判要旨】

劳务班组人员不是实际施工人，无权要求发包人在欠付款范围内承担责任。

【裁判观点】

再审法院认为，鉴于乐某某与彭某某之间系劳务法律关系，乐某某（班组）作为受彭某某雇用从事泥水劳务的人员，并非法律意义上的实际施工人，二审判决认定本案不具备适用原《最高院施工合同解释》第26条规定的前提条件，有相应的事实依据，不属于法律适用错误。乐某某以该规定为由请求案涉工程项目发包人淮安明发公司在欠付工程款范围内承担偿付责任，缺乏相应的事实基础和法律依据，二审判决未予支持，并无不当。

9. 劳务分包人是否属于实际施工人？

劳务分包，是指施工总承包企业或者专业承包企业将其承揽工程中的劳务作业发包给具有相应资质的劳务分包企业完成的活动。劳务作业承包人应取得相应的劳务分包企业资质等级标准；分包作业的范围是建设工程中的劳务作业（包括木工、砌筑、抹灰、石制作、油漆、钢筋、混凝土、脚手架、模板、焊接、水暖、钣金、架线）；承包方式为提供劳务及小型机具和辅料。如合同约定劳务作业承包人负责与工程有关的大型机械、周转性材料租赁和主要材料、设备采购等内容的，不属于劳务分包。

对建设工程进行劳务作业的，只能被认定为劳务分包人，不能被认定为实际施工人。通常来说，劳务分包人仅提供劳务，是纯粹的劳动力使用，仅负责建设工程人、材、机中“人”的部分。

法律依据

《最高院施工合同解释一》

第五条　具有劳务作业法定资质的承包人与总承包人、分包人签订的劳务分包合同，当事人请求确认无效的，人民法院依法不予支持。

① 参见最高人民法院民事裁定书，(2019)最高法民申5594号。

审判意见

《北京高院施工合同解答》

4、劳务分包合同的效力如何认定?

同时符合下列情形的,所签订的劳务分包合同有效:

(1)劳务作业承包人取得相应的劳务分包企业资质等级标准;

(2)分包作业的范围是建设工程中的劳务作业(包括木工、砌筑、抹灰、石制作、油漆、钢筋、混凝土、脚手架、模板、焊接、水暖、钣金、架线);

(3)承包方式为提供劳务及小型机具和辅料。

合同约定劳务作业承包人负责与工程有关的大型机械、周转性材料租赁和主要材料、设备采购等内容的,不属于劳务分包。

18、《解释》中"实际施工人"的范围如何确定?

《解释》中的"实际施工人"是指无效建设工程施工合同的承包人,即违法的专业工程分包和劳务作业分包合同的承包人、转承包人、借用资质的施工人(挂靠施工人);建设工程经数次转包的,实际施工人应当是最终实际投入资金、材料和劳力进行工程施工的法人、非法人企业、个人合伙、包工头等民事主体。法院应当严格实际施工人的认定标准,不得随意扩大《解释》第二十六条第二款的适用范围。对于不属于前述范围的当事人依据该规定以发包人为被告主张欠付工程款的,应当不予受理,已经受理的,应当裁定驳回起诉。

建筑工人追索欠付工资或劳务报酬的,按照工资支付的相关法律、法规规定及《北京市高级人民法院关于依法快速处理建设领域拖欠农民工工资相关案件的意见》妥善处理。

《深圳中院工程合同指导意见》

35、劳务分包人不属于实际施工人,劳务分包人以建设工程的发包人为被告主张劳务报酬的,不予支持。

《河北高院施工合同审理指南》(2023版)

22.实际施工人与名义上的承包人相对,一般是指转包合同、违法分包合同、没有资质借用有资质的建筑施工企业的名义签订建筑工程施工合同的承包人。具有下列情形可认定为实际施工人:(一)存在实际施工行为,包括在施工过程中购买材料、支付工人工资、支付水电费等行为;(二)参与建设工程承包合同的签订与履行过程;(三)存在投资或收款行为。

具有下列情形的,不能认定为实际施工人:(一)属于施工企业的内部职工;(二)与转包人、违法分包人无施工合同关系的农民工、建筑工人或者施工队、班组成员。上述人员不能直接向发包人主张权利,只能依据劳动关系或劳务关系向实际施工人(承包人)主张权利。

《四川高院施工合同解答》

12."实际施工人"的范围如何确定?

《建工司法解释》中的"实际施工人"是指转包、违法分包以及借用资质的无效建设工程施工合同的承包人。建设工程经数次转包或分包的,实际施工人应当是实际投入资金、材料和劳力进行工程施工的企业或个人。对于不属于前述范围的当事人依据《建工司法解释》第二十六条第二款规定以发包人为被告主张欠付工程款的,应当不予受理,已经受理的,应当裁定驳回起诉。

建筑工人追索欠付工资或劳务报酬的,按照劳动关系或雇佣关系妥善处理。

典型判决 欧某等与兵团六建等劳务派遣合同纠纷案①

【裁判要旨】

包工不包料的分包合同承包人并非实际施工人,无权起诉发包人。

【裁判观点】

再审法院认为,本案中,欧某签订的是案涉部分工程的劳务分包合同,承包方式为包工不包料,其并非案涉工程的实际施工人,原《最高院施工合同解释》第26条②的规定对其并不适用。因此,欧某、彭某主张兵团六建、同达公司、木森公司应承担支付劳务费的责任,缺乏事实和法律依据,一审、二审法院不予支持,并无不当。

10. 司法实践当中,如何判断实际施工人的身份?

在审理建设工程施工合同纠纷案件时,判断实际施工人主体地位应综合下列因素:

(1)实际施工人与承包人(转包人、违法分包人)之间存有书面或口头施工合同关系,该施工合同系无效合同。

(2)实际进行了工程施工。实际施工人参与合同签订、费用支付、施工资料等施工管理工作。

(3)对本工程项目施工自负盈亏。其与承包人(转包人、违法分包人)约定按照工程造价的一定比例支付管理费,并对工程自主经营、自负盈亏。

---

① 参见最高人民法院再审裁定书,(2018)最高法民申5741号。

② 相关规定参见《最高院施工合同解释一》第43条。

法律依据

《最高院施工合同解释一》

第四十三条 实际施工人以转包人、违法分包人为被告起诉的，人民法院应当依法受理。

实际施工人以发包人为被告主张权利的，人民法院应当追加转包人或者违法分包人为本案第三人，在查明发包人欠付转包人或者违法分包人建设工程价款的数额后，判决发包人在欠付建设工程价款范围内对实际施工人承担责任。

典型判决 1 蔡某、玉兰公司建设工程施工合同纠纷案①

【裁判要旨】

当事人以实际施工人身份主张权利的，应当对其实际资金投入等合同履行事实进行举证。

【裁判观点】

再审法院认为，玉兰公司与金颐公司就曲沂社区综合服务楼建设项目签订了《建设工程施工合同》，案涉工程的合同相对人为玉兰公司与金颐公司。首先，蔡某主张其与金颐公司签订了书面的转包合同，但未提交证据予以证实，蔡某以其签订合同为由主张其系实际施工人，依据不足。其次，蔡某主张其在案涉工程中投入资金43,561,336.38元，并通过大量现金往来向案涉工程投入资金，但未提交充分证据予以证实，故一审、二审法院认为蔡某仅以现有的250余万元银行转账证据证实其已经投入资金完成了5000余万元工程依据不足，符合本案客观情况。最后，蔡某在申请再审程序中提交的证人证言等证据未满足“足以推翻原判决、裁定的”条件。综上所述，蔡某主张其为案涉全部工程的实际施工人证据不足，原审法院适用法律并无不当，故对蔡某的再审申请不予支持。

典型判决 2 杨某、韶山市政府等建设工程施工合同纠纷案②

【裁判要旨】

承包人的法定代表人在施工中的身份究竟是承包人的代表还是实际施工人，

---

① 参见最高人民法院民事裁定书，(2021)最高法民申1156号。

② 参见最高人民法院再审裁定书，(2021)最高法民申1724号。

应结合合同履行过程中的资金投入等情况进行确认。

【裁判观点】

再审法院认为，根据原审法院查明的事实，杨某与金房集团共同出资设立润泽公司，杨某曾担任该公司法定代表人；杨某亦陈述其与金房集团共享润泽公司融资平台、案涉工程施工合同系借用森鑫公司建筑资质签订以及与森鑫公司签订协议书的合同一方是“杨某”、案涉工程施工期间均是以项目部的名义进行的组织管理、森鑫公司项目部是经由“杨某”负责组建成立、“杨某”任项目部经理、项目部主要工作人员的劳务合同由“杨某”代表项目部签订并加盖项目部印章等。原审法院据此认为，杨某具有自然人和润泽公司股东兼法定代表人的双重身份，其既可以以自然人身份也可以以润泽公司法定代表人身份签订资质借用合同，并组织施工。故原审法院认为在此情形下不能仅依据以上证据及事实的表面特征当然地判定杨某就是案涉工程的实际施工人，并无不当。

事实上，案涉工程项目施工需要大量资金，这些资金是杨某个人投入还是其任法定代表人的润泽公司或其关联公司投入，是判断杨某签订并履行合同的身份性质的关键。经查，杨某没有提供从其个人账户转款给项目部账户的银行转账凭证等直接证据，无法证明其对案涉工程实际投入了资金，其虽主张提供现金用于项目部发放工资，却未提供相应的银行取款凭证予以证明。

另外，杨某主张其个人实际承包案涉工程施工，却又称将个人资金出借给公司后再用于工程项目，而不是将自有资金直接转入工程项目部使用，其于本案中所述内容，逻辑难以自洽。而金房集团提供证据证明案涉工程的投标保证金1050万元均是其支付的，其中1000万元转作了案涉施工合同约定的履约保证金，杨某对此并无异议，金房集团亦提供案涉项目费用报销单据以证明案涉项目的相关费用在金房集团的财务上进行了报销等案件事实。杨某虽主张金房集团向案涉项目工程的资金支付实际系其与金房公司的借款，与案涉项目无关，但其未提交证据予以证明。因此，原审法院根据《最高院民诉法解释》(2020年)第108条的规定认为，杨某对“其系案涉工程项目实际施工人”的待证事实提供的证据没有达到高度可能性的证明标准，而金房集团提供的反驳证据令该部分待证事实处于真伪不明状态，故对杨某主张其是案涉工程实际施工人的事实不予认定，判定由杨某承担举证不能的不利后果，理据充分，再审法院予以认可。

11. 什么是项目经理?

根据原《项目经理资质管理办法》第2条的规定,项目经理是指受企业法定代表人委托对工程项目施工过程全面负责的项目管理者,是建筑施工企业法定代表人在工程项目上的代表人。可见,项目经理作为建筑施工企业内部的重要岗位和企业法定代表人在具体工程项目中的代表,对工程项目施工负有全面管理的责任,是具体施工项目的最高领导者、组织者和责任人,在工程项目施工中处于中心的地位。

根据住房和城乡建设部、原国家工商行政管理总局制定的《建设工程施工合同(示范文本)》(GF—2017—0201)第二部分"通用合同条款"第1.1.2.8条的规定,项目经理是指由承包人任命并派驻施工现场,在承包人授权范围内负责合同履行,且按照法律规定具有相应资格的项目负责人。可见,在法律层面上,项目经理是建设工程承包人在履行建设工程施工合同中的全权代理人,在建设工程施工中,项目经理的行为视为承包人的行为。

但在司法实践中,涌现出更多广义的"项目经理",这些"项目经理"多是实际施工人,通常存在借用资质或转包关系,与承包人之间不存在劳动合同关系和隶属关系,享有人、财、物支配权,独自享有工程款利益的问题。不能简单依据通常意义上项目经理的概念认定这些"项目经理"的行为是否构成职务行为,否则与基本事实不符,且会导致当事人利益失衡。

法律依据

《建设工程质量管理条例》

第二十六条 施工单位对建设工程的施工质量负责。

施工单位应当建立质量责任制,确定工程项目的项目经理、技术负责人和施工管理负责人。

建设工程实行总承包的,总承包单位应当对全部建设工程质量负责;建设工程勘察、设计、施工、设备采购的一项或者多项实行总承包的,总承包单位应当对其承包的建设工程或者采购的设备的质量负责。

《最高院民商事指导意见》

12、当前在国家重大项目和承包租赁行业等受到全球性金融危机冲击和国内宏观经济形势变化影响比较明显的行业领域,由于合同当事人采用转包、分包、转租方式,出现了大量以单位部门、项目经理乃至个人名义签订或实际履行合同的情形,并因合同主体和效力认定问题引发表见代理纠纷案件。对此，人民法院应当正确适用合同法第四十九条关于表见代理制度的规定，严格认定表见代理行为。

14、人民法院在判断合同相对人主观上是否属于善意且无过失时，应当结合合同缔结与履行过程中的各种因素综合判断合同相对人是否尽到合理注意义务，此外还要考虑合同的缔结时间、以谁的名义签字、是否盖有相关印章及印章真伪、标的物的交付方式与地点、购买的材料、租赁的器材、所借款项的用途、建筑单位是否知道项目经理的行为、是否参与合同履行等各种因素，作出综合分析判断。

行政规定

原《项目经理资质管理办法》

第2条 本办法所称建筑施工企业项目经理（以下简称项目经理），是指受企业法定代表人委托对工程项目施工过程全面负责的项目管理者，是建筑施工企业法定代表人在工程项目上的代表人。

审判意见

《山东高院2011年民事审判会议纪要》

三、关于建设工程施工合同纠纷案件

（一）关于项目经理的法律地位问题

根据建设部《建筑施工企业项目经理资质管理办法》第2条的规定，建筑施工企业项目经理是指受企业法定代表人委托对工程项目施工过程全面负责的项目管理者，是建筑施工企业法定代表人在工程项目上的代表人。按照建设部、国家工商行政管理总局制定的《建设工程施工合同（示范文本）》（GF—1999—02011）第1.5款的规定，项目经理是指承包人在专用条款中指定的负责施工管理和合同履行的代表。根据上述规定，在法律层面上，项目经理是建设工程承包人在履行建设工程施工合同中的全权代理人，项目经理部是承包人履行建设工程施工合同的肢解责任部门，不属于承包人的分支机构，不具有独立的法人资格，也无需办理工商登记，领取营业执照。在建设工程施工中，项目经理的行为视为承包人的行为，项目经理在建设工程施工中与发包人、分包人或者实际施工人发生的争议，应当由承包人作为诉讼主体并承担相应的责任。

……

典型判决 天泽公司、陕二建等建设工程施工合同纠纷案[①]

【裁判要旨】

相对方与承包人签订了劳动合同并办理社保手续被承包人任命为项目经理，且在一定时期担任承包人的法定代表人对案涉工程组织施工，据此认定两者系管理与被管理的隶属关系，并无不当。

【裁判观点】

再审法院认为，根据一审、二审法院查明的事实，2012 年 10 月 31 日，陕二建与天泽公司签订案涉建设工程施工合同。在该合同签订前，卞某以陕二建项目经理的身份出具了投标承诺书并交纳了保证金。2012 年 11 月 16 日，陕二建又书面任命卞某为案涉工程的项目经理。此外，自 1995 年以来卞某的社保长期由陕二建缴纳，自 2007 年起陕二建与卞某签订无固定期限劳动合同。2015 年 7 月 22 日，汉中市汉台区地方税务局出具税务登记证，载明陕二建法定代表人（负责人）为卞某。2017 年 10 月 23 日，汉中市汉台区地方税务局出具证明载明陕二建法定代表人为卞某。二审法院由此认定卞某系陕二建员工，并作为陕二建项目经理对案涉工程组织施工，其与陕二建之间系管理与被管理的隶属关系，并无不当。

---

① 参见最高人民法院民事裁定书，(2021)最高法民申 2940 号。

第二章　无效合同的结算

第一节　无效合同认定

12. 如何认定内部承包合同?

笔者认为，可以参照浙江省高级人民法院、北京市高级人民法院等的司法审判意见中的相关要素进行把握。依据上述司法审判意见，快速区分真假内部承包的关键在于双方是否存在劳动合同关系，包括劳动合同、社保关系、工资发放关系等。该具体认定指标体系如下：

(1)核心指标是项目经理是否为承包人在册职工。承包人应证明项目经理为公司员工，从是否存在劳动合同、社保关系、发放工资来把握，同时具备的认定为在职员工。

(2)重要指标是资金、技术、设备、人力等方面的支持。承包人可以提出下列证据予以证明：

①资金方面的证据：本工程项目主要材料系承包人直接与材料供应商签订合同，并由承包人直接转账支付给材料商。

②技术方面的证据：项目部技术负责人系承包人员工，且有到岗考勤记录；承包人技术负责人定期到项目部检查工作且有书面检查记录。

③人力方面证据：承包人工程主管部门日常检查记录、三级安全检查记录等。

④设备方面证据：以承包人名义购买或承租了塔吊等大型施工设备，且有企业银行付款记录。

如施工合同被确认为内部承包合同，该内部承包合同有效，内部承包人系履行职务行为，不能向发包人依据《最高院施工合同解释一》第 43 条的规定要求其在欠付款项范围内承担责任。内部承包人的相对人即承包人应当负有将收到的工程款按照约定支付给内部承包人的义务。

法律依据

《建筑法》

第六十七条 承包单位将承包的工程转包的,或者违反本法规定进行分包的,责令改正,没收违法所得,并处罚款,可以责令停业整顿,降低资质等级;情节严重的,吊销资质证书。

承包单位有前款规定的违法行为的,对因转包工程或者违法分包的工程不符合规定的质量标准造成的损失,与接受转包或者分包的单位承担连带赔偿责任。

审判意见

《浙江高院施工合同解答》

一、如何认定内部承包合同?如何认定其效力?

建设工程施工合同的承包人与其下属分支机构或在册职工签订合同,将其承包的全部或部分工程承包给其下属分支机构或职工施工,并在资金、技术、设备、人力等方面给予支持的,可认定为企业内部承包合同;当事人以内部承包合同的承包方无施工资质为由,主张该内部承包合同无效的,不予支持。

《北京高院施工合同解答》

5、如何认定建筑企业的内部承包行为?

建设工程施工合同的承包人将其承包的全部或部分工程交由其下属的分支机构或在册的项目经理等企业职工个人承包施工,承包人对工程施工过程及质量进行管理,对外承担施工合同权利义务的,属于企业内部承包行为;发包人以内部承包人缺乏施工资质为由主张施工合同无效的,不予支持。

典型判决 严某、中兴公司、中兴分公司等建设工程施工合同纠纷案①

【裁判要旨】

因承包人未能提供个人劳动合同、缴纳社保证明等劳动关系证据,承包人与该个人签订的合同不能被认定为内部承包合同。

---

① 参见最高人民法院民事裁定书,(2021)最高法民申 6504 号。

【裁判观点】

法院认为，中兴公司未提供劳动合同、缴纳社保证明等能够证明与严某存在劳动合同关系的证据。且严某个人无工程施工资质，其与中兴公司签订的《内部承包施工合同》《承包协议》明确约定中兴公司只收取固定管理费，严某承担工程所需的人工、材料采购、机械、管理费等，承担一切风险，中兴公司实际不参与案涉工程的施工以及管理。从《内部承包施工合同》《承包协议》约定及履行情况看，严某不是中兴公司职工，《内部承包施工合同》《承包协议》不具有企业内部承包经营性质，而是严某借用中兴公司资质的挂靠行为。

13. 如何区别内部承包和转包？

内部承包系当前建筑企业普遍采用的合法承包方式，是指建筑施工企业将其承包的全部或部分工程交由其下属分支机构或在册的项目经理等本企业职工个人承包施工，建筑施工企业对工程施工过程及质量进行管理，并在资金、技术、设备、人力等方面给予支持的活动。内部承包合同在司法实践中被认定为有效。

转包是承包单位承包建设工程后，不履行合同约定的责任和义务，将其承包的全部建设工程转给他人或者将其承包的全部建设工程肢解以后以分包的名义分别转给其他单位承包的行为。根据《最高院施工合同解释一》第1条第2款的规定，承包人因转包、违法分包建设工程与他人签订的建设工程施工合同，应当认定无效。

内部承包与转包的主要区别在于内部承包人的身份是承包人员工，其与承包人签订了劳动合同，并存在社保、工资发放关系。

法律依据

《最高院施工合同解释一》

第一条　建设工程施工合同具有下列情形之一的，应当依据民法典第一百五十三条第一款的规定，认定无效：

（一）承包人未取得建筑业企业资质或者超越资质等级的；

（二）没有资质的实际施工人借用有资质的建筑施工企业名义的；

（三）建设工程必须进行招标而未招标或者中标无效的。

承包人因转包、违法分包建设工程与他人签订的建设工程施工合同，应当依据民法典第一百五十三条第一款及第七百九十一条第二款、第三款的规定，认定无效。

审判意见

《浙江高院施工合同解答》

一、如何认定内部承包合同？如何认定其效力？

建设工程施工合同的承包人与其下属分支机构或在册职工签订合同，将其承包的全部或部分工程承包给其下属分支机构或职工施工，并在资金、技术、设备、人力等方面给予支持的，可认定为企业内部承包合同；当事人以内部承包合同的承包方无施工资质为由，主张该内部承包合同无效的，不予支持。

《杭州中院建设工程解答》

第一部分　建设工程纠纷案件

一、合同效力认定

……

2、如何区分建设工程施工过程中的挂靠与内部承包？

对于建设单位内部承包合同，应当认定为是工程承包人就其承包的全部或部分工程与其下属分支机构或职工签订的工程承包合同，属建筑施工企业的一种内部经营方式，法律和行政法规对此并不禁止，该承包人应对工程施工过程及质量等进行管理，对外承担施工合同的权利义务。当事人一方以内部承包合同中的承包方无施工资质为由主张该内部承包合同无效的，不予支持。而挂靠则是指实际施工主体借用有资质的建筑施工企业名义承揽建设工程，该实际施工主体与被挂靠企业间并不存在隶属或管理关系，构成独立主体间的承包合同关系，如果挂靠单位并无相应施工资质的，应认定该承包合同关系无效。因此，二者区分主要应从合同当事人间是否有劳动或隶属管理关系，承包工程所需资金、材料、技术是否由对方当事人提供等进行判断。

《北京高院施工合同解答》

5、如何认定建筑企业的内部承包行为？

建设工程施工合同的承包人将其承包的全部或部分工程交由其下属的分支机构或在册的项目经理等企业职工个人承包施工，承包人对工程施工过程及质量进行管理，对外承担施工合同权利义务的，属于企业内部承包行为；发包人以内部承包人缺乏施工资质为由主张施工合同无效的，不予支持。

《宣城中院施工合同意见》

第五条　建设工程施工合同的承包人与其下属的分支机构或职工就所承包的工程施工所签订的承包合同为企业内部承包合同，当事人以内部承包合同的承包方无施工资质为由主张合同无效的，人民法院不予支持，但名为内部承包，实为挂靠的除外。

《福建高院施工合同解答》

1、问：如何认定施工企业内部承包合同的性质与效力？

答：建设工程施工合同的承包人与其下属分支机构或职工就所承包的全部或部分工程施工所签订的承包合同为企业内部承包合同，属建筑施工企业的一种内部经营方式，法律和行政法规对此并不禁止，承包人仍应对工程施工过程及质量等进行管理，对外承担施工合同的权利义务。当事人以内部承包合同的承包方无施工资质为由主张合同无效的，不予支持。

《泉州中院工程合同会议纪要》

11.【内部承包的认定】

内部承包是一种合法的生产组织形式，建设工程内部承包是指建筑施工企业作为承包人承接工程后，将施工任务分包给其分支机构、职工进行建设的行为。建筑施工企业仍应对工程施工过程及质量等进行管理，对外承担施工合同的权利义务。当事人以内部承包合同的承包方无施工资质为由主张合同无效的，不予支持。

建设工程领域内一部分挂靠行为也是以内部承包协议的形式进行。应当注意区分内部承包与挂靠关系。认定内部承包关系应当审查以下重点：1. 建筑企业与内部承包人是否存在产权联系及劳动关系。合法的内部承包一般是建筑企业的下属分支机构或在册的项目经理等企业职工个人，两者存在管理与被管理的关系，同时，承包机构与建筑企业应有产权关系，即内部承包机构性质上属于建筑企业的分支机构；2. 建筑企业有无对施工过程及质量进行必要的管理和支持，二者并非简单的进行转包及收取管理费，一般应对建设工程承担一定的管理义务，内部承包人组织施工所需的人、财、物等由建筑企业协调解决 3. 承包人使用建筑施工企业的建筑资质、商标及企业名称等是履行职责行为，在建筑施工企业的管理和监督下进行项目施工，承包人根据承包合同约定向建筑施工企业交纳承包合同保证金，施工现场的项目经理或其他现场管理人员接受建筑施工企业的任免，调动和聘用的；4. 承包人在建筑施工企业统一管理和监督下独立核算、自负盈亏，承包人与建筑施工企业按照承包合同约定对经营利润进行分配。

《重庆高院四川高院施工合同解答》

八、如何认定内部承包合同关系及其效力？

答：建筑施工企业将其自身承包的工程交由与其建立了劳动关系的企业职工或者下属分支机构经营管理，利用建筑施工企业特定的生产资料完成工程施工，对相关经营管理权以及利润分配、风险承担等事项达成合意的，属于内部承包。当事人以《最高人民法院关于审理建设工程施工合同纠纷案件适用法律问题的解释（一）》第一条第一、二项规定主张合同无效的，人民法院不予支持。

审判实践中，可以结合下列情形综合判断是否属于内部承包：

（一）内部承包人为建筑施工企业下属分支机构，其与建筑施工企业之间是否存在管理与被管理的隶属关系；

（二）内部承包人为个人的，如本企业职工或在册项目经理等，其与建筑施工企业之间是否存在劳动关系；

（三）内部承包人是否在建筑施工企业的管理和监督下进行项目施工，使用建筑施工企业的建筑资质、商标及企业名称等是否属于职务行为；

（四）施工现场的项目经理或其他现场管理人员是否接受建筑施工企业的任免、调动和聘用；

（五）承包人组织项目施工所需的资金、技术、设备和人力等方面是否由建筑施工企业予以支持；

（六）承包人与建筑施工企业是否共享利润、共担风险。

《四川高院施工合同解答》

6. 如何认定内部承包？

建筑施工企业将其承包的全部或部分工程交由其下届分支机构或在册的项目经理等本企业职工个人承包施工，建筑施工企业对工程施工过程及质量进行管理，并在资金、技术、设备、人力等方面给予支持的，属于内部承包。

审判实践中，可以结合下列情形综合认定是否属于内部承包：

（一）合同的发包人为建筑施工企业，承包人为建筑施工企业下属分支机构或在册的项目经理等本企业职工，两者之间存在管理与被管理的行政隶属关系的；

（二）发包给个人的，发、承包人之间有合法的劳动关系以及社会保险关系的；

（三）承包人使用建筑施工企业的建筑资质、商标及企业名称等是履行职责行为，在建筑施工企业的管理和监督下进行项目施工，承包人根据承包合同约定向建筑施工企业交纳承包合同保证金的；

（四）施工现场的项目经理或其他现场管理人员接受建筑施工企业的任免，调动和聘用的；

（五）承包人组织项目施工所需的人、财、物及资金，由建筑施工企业予以协调支持的；

（六）承包人在建筑施工企业统一管理和监督下独立核算、自负盈亏，承包人与建筑施工企业按照承包合同约定对经营利润进行分配的。

内部承包的对外民事权利义务主体为该合同发包人建筑施工企业。

《河北高院施工合同审理指南》（2018 版）

4. 建筑施工企业与其下属分支机构或在册职工签订合同，将其承包的全部或者部分工程分包给其下属分支机构或职工施工，并在资金、技术、设备、人力等方面给予支持的，可以认定为企业内部承包合同。判断是否为企业的在册职工应以书面劳动合同、社保缴纳凭证、工资发放证明等证据综合予以认定。企业内部职工和下属分支机构不得单独主张工程款。

建筑施工企业与无施工资质的承包人签订的合同名为企业内部承包实为借用资质，当事人主张合同有效的，人民法院不予支持。

《江苏高院施工合同审理指南》

六、建设工程施工合同条款

……

（二）关于项目经理

……

2、项目经理行为的法律责任

……

（2）内部责任

……

②内部承包产生的内部责任。实际生活中，内部承包也是施工企业的重要经营方式，内部承包合同通常设定项目经理应当达到的绩效指标，按绩效指标的完成情况，施工企业给予项目经理一定比例的提成，或者规定项目经理上缴利润，给企业造成损失的给予一定的惩罚。签订内部承包合同纠纷是否具有可诉性，理论和实务中存在争议。有观点认为，企业内部承包是企业实行内部劳动管理、考核的一种方式，内部承包合同争议应属劳动争议。也有观点认为，内部承包合同的主体具有隶属性，而非平等主体之间的财产或人身关系，内部承包合同纠纷不属人民法院民事诉讼受理范围。还有观点认为，内部承包合同一般涉及个人参与企业经营方面的权利义务、责任风险承担及利益归属，应系平等主体之间的民事法律关系。

我们认为，内部承包经营是一种生产经营的激励机制，合理使用好内部承包经营有利于增进企业员工的生产经营积极性、责任性，促进企业生产经营水平的提升。如果将内部承包合同纠纷一概拒之诉讼之外，不利于促进内部承包经营制度的健康发展，也不利于双方的权利得到救济。但是，在处理内部承包合同纠纷时，应当贯彻权利与义务相一致以及充分保护劳动者的原则，总体而言，应由承包人享有的权益应予充分保护，对企业要求承包人承担的义务明显不失当、责任过重的应予否定或调整。

典型判决1 川越公司与水利水电八局建设工程施工合同纠纷案①

【裁判要旨】

承包人与分包人签订分包合同约定由分包人交纳管理费并实际施工，无证据

① 参见最高人民法院民事判决书，(2020)最高法民终912号。

表明分包人参与工程招投标,将该分包合同认定为转包关系,并无不当。

【裁判观点】

二审法院认为,长江设计公司与扶贫移民局、昭化区政府签订委托代建合同后组织招标,水利水电八局中标后,长江设计公司作为发包人与水利水电八局签订施工合同,水利水电八局又以自己的名义与川越公司签订分包合同,约定由川越公司交纳管理费,将案涉工程交由川越公司施工。并无证据表明川越公司介入了长江设计公司的招投标或是向长江设计公司支付相关费用,水利水电八局主张川越公司参与了项目招投标的运作,双方签订的分包协议与补充协议未实际履行,亦未提供相应的证据予以证实。原审认定水利水电八局与川越公司之间系转包关系,并无不当。

典型判决 2 维泰公司、罗某建设工程施工合同纠纷案[①]

【裁判要旨】

承包人将工程交付个人施工,承包人无法证明双方存在劳动关系的,可认定为转包合同关系。

【裁判观点】

再审法院认为,内部承包区别于转包合同的关键在于双方是否存在劳动合同关系。维泰公司将其承包的案涉工程以签订《责任书》的形式全部由罗某施工,在维泰公司不能证明其与罗某存在劳动合同关系的情况下,原判决将《责任书》认定为转包合同,并无不当。《责任书》违反《建筑法》第 28 条"禁止承包单位将其承包的全部建筑工程转包给他人"的规定,故原判决依据原《最高院施工合同解释》第 4 条[②]"承包人非法转包、违法分包建设工程或者没有资质的实际施工人借用有资质的建筑施工企业名义与他人签订建设工程施工合同的行为无效"的规定,认定《责任书》无效正确。维泰公司关于《责任书》合法有效的再审申请事由不能成立,再审法院不予支持。

---

① 参见最高人民法院民事裁定书,(2021)最高法民申 142 号。

② 相关规定参见《最高院施工合同解释一》第 1 条。

14. 如何区分挂靠与转包？

《发包承包违法行为管理办法》虽规定了转包和挂靠，但对于如何判断哪些情形属于挂靠（借用资质）未作规定，操作性并不强。实践中，挂靠现象普遍且长期存在，其表现形式比较隐蔽，大多表述为内部承包合同。加上很多挂靠的实际施工人常以工程转包的形式出现，因此有必要对挂靠与转包进行鉴别。一般而言，有明确证据证明属于挂靠的，认定为挂靠；除此之外，原则上认定为转包。换言之，没有明确证据表明属于挂靠的情况下，难以区分挂靠与转包的，应认定为转包。认定挂靠应当综合考虑下列因素：

（1）实际施工人的施工合同参与度。挂靠的实际施工人一般参与前期工程投标、施工合同磋商和订立等；转包的实际施工人一般不参与前期工程投标、施工合同磋商和订立等，往往是承包人承接工程后再将工程的权利义务概括转移给实际施工人。

（2）实际施工人的经营决策权利。如实际施工人负责决策，建筑企业依据实际施工人的决策对外实施相关行为，一般优先认定为挂靠。

（3）有关"缔结施工合同"的合意。从挂靠合同"借用资质"的合同目的角度看，实际施工人与建筑企业之间仅有"借用资质"的合意而无"缔结施工合同"的合意，故实际施工人一般无权直接向建筑企业主张工程款。挂靠的实际施工人不属于《最高院施工合同解释一》第43条规定的"实际施工人"，亦无权据此向发包人主张"发包人欠付工程款责任"，仅有权参照挂靠合同的约定，向被挂靠人主张转付其从发包人处收到的工程款。

据此，笔者认为，具有下列情形之一的，应当认定为"挂靠"行为：（1）不具有从事建筑活动主体资格的个人、合伙组织或企业以具备从事建筑活动资格的建筑施工企业的名义承揽工程；（2）资质等级低的建筑施工企业以资质等级高的建筑施工企业的名义承揽工程；（3）不具有施工总承包资质的建筑施工企业以具有施工总承包资质的建筑施工企业的名义承揽工程；（4）有资质的建筑施工企业通过名义上的联营、合作、内部承包等其他方式变相允许他人以本企业的名义承揽工程。

审判意见

《江苏高院施工合同审理指南》

二、建设工程施工合同的效力

……

（三）建设工程施工合同的无效情形

……

2、没有资质的实际施工人借用有资质的建筑施工企业名义的。

这种行为在实务中常被称为“挂靠行为”。其特征为：第一，挂靠人没有从事建筑活动的主体资格，或者虽有从事建筑活动的主体资格但没有具备其承揽的建设工程项目所要求的相应的资质等级。第二，挂靠人向被挂靠企业交纳一定数额的“管理费”，这是挂靠的最重要的特征。第三，被挂靠人对挂靠人和其所承揽的工程不实施任何管理行为。第四，形式上合法，容易逃避建设行政主管部门和发包人的审查和监督。实践中判断是否是挂靠行为，可以从三个方面考察：(1)有无产权联系，即其资产是否以入股或合并等方式转入现单位；(2)有无统一的财务管理，不能以承包等名义搞变相的独立核算；(3)有无严格、规范的人事任免、调动聘用手续等。

具体说来，有下列情形之一，应当认定为没有资质的实际施工人借用有资质的建筑施工企业名义承揽建设工程，其签订的建设工程施工合同应当属于无效合同：(1)不具有从事建筑活动主体资格的个人、合伙组织或企业以具备从事建筑活动资格的建筑企业的名义承揽工程；(2)资质等级低的建筑企业以资质等级高的建筑企业的名义承揽工程；(3)不具有工程总包资格的建筑企业以具有总包资格的建筑企业的名义承揽工程；(4)有资质的建筑企业通过其他违法方式允许他人以本企业的名义承揽工程的情形。

《安徽高院施工合同指导意见》

4、同时符合下列情形的，应认定为挂靠经营，所签订的建设工程施工合同无效：

(1)实际施工人未取得建筑施工企业资质或者超越资质等级；

(2)实际施工人以建筑施工企业的分支机构、施工队或者项目部等形式对外开展经营活动，但与建筑施工企业之间没有产权联系，没有统一的财务管理，没有规范的人事任免、调动或聘用手续；

(3)实际施工人自筹资金，自行组织施工，建筑施工企业只收取管理费，不参与工程施工、管理，不承担技术、质量和经济责任。

典型判决 1　成森公司与盛名公司建设工程施工合同纠纷案①

【裁判要旨】

实际施工人在签订《内部承包合同》当天即已向发包人交纳履约保证金并参与施工合同前期洽谈，发包人对此知晓的，应认定实际施工人与承包人之间为挂靠关系。

【裁判观点】

一审法院查明，成森公司以其分公司的名义分别于2013年3月17日、3月27日与张某、彭某、谭某、侯某四人签订《内部承包合同》，将《建设工程施工合同》约定的案涉工程内容分栋转包给张某等四人施工，且该四人也已按照《内部承包合同》的约定完成案涉《建设工程施工合同》的施工任务，表明张某等四人是实际施工人。综合张某等四人与成森郴州分公司签订《内部承包合同》的时间、该四人在签订《内部承包合同》当天即已向盛名公司交纳履约保证金以及该四人参与合同前期洽谈等事实来看，张某等四人实质在成森公司与盛名公司签订案涉《建设工程施工合同》时已经参与案涉工程，盛名公司对此是知晓的，亦与盛名公司在二审中的陈述相对应。在案证据亦表明，张某等四人与成森公司或成森郴州分公司未形成正式的劳动雇佣关系，故一审判决综合认定张某等四人借用成森公司资质承揽盛名公司开发的案涉工程，理据充足，二审法院予以维持。

典型判决 2　新鹏都公司、乔某装饰装修合同纠纷案②

【裁判要旨】

区分转包和挂靠的标准应从实际施工人（挂靠人）有没有参与投标和合同订立等缔约磋商阶段的活动及合同实际履行情况加以判断。

【裁判观点】

再审法院认为，一般而言，区分转包和挂靠的标准应从实际施工人（挂靠人）有没有参与投标和合同订立等缔约磋商阶段的活动及合同实际履行情况加以判断。转包是承包人承接工程后将工程的权利义务概括转移给实际施工人，转包中的实际施工人一般并未参与招投标和订立总承包合同，实际施工人承接工程的意愿一般是在总承包合同签订之后体现；而挂靠是承包人出借资质给实际施工人，

① 参见最高人民法院民事判决书，(2022)最高法民终345号。

② 参见最高人民法院民事判决书，(2020)最高法民再357号。

挂靠关系中的挂靠人在投标和合同订立阶段一般就已经参与，甚至就是其以被挂靠人的代理人或代表的名义与发包人签订建设工程施工合同，并实际履行施工合同。本案中，一是从《大理中民大酒店室内装饰施工合同》（A2、A3标段）及《补充协议》的缔约情况来看，案涉工程项目系由乔某磋商洽谈，并最终由乔某代表新鹏都公司与中民公司签订合同。二是从乔某与新鹏都公司签订的三份《内部单项工程承包合同》约定的内容来看，双方所约定的合同价款与施工合同约定的合同价款一致，同时约定乔某履行新鹏都公司与中民公司签订的合同条款，维护新鹏都公司利益和信誉，乔某自行组织项目部并组织施工班组进行施工，新鹏都公司则负责协调项目部办理施工手续、协调项目部与建设方关系等工作，乔某需按工程结算总造价的一定比例向新鹏都公司缴纳管理费。三是从实际履行行为来看，新鹏都公司未参与工程施工、管理，而是由乔某投入资金、实际施工，施工合同发包方中民公司的工程款亦是直接向乔某进行支付，而在新鹏都公司与中民公司工程款纠纷案中也是乔某作为新鹏都公司特别授权的诉讼代理人参与诉讼和工程造价司法鉴定。四是从身份关系来看，乔某并非新鹏都公司的工作人员，双方不具有身份上的隶属关系。由此可见，新鹏都公司与中民公司之间的装饰施工合同是由乔某借用新鹏都公司的施工资质实际履行，双方之间的法律关系符合挂靠关系的法律特征，而非转包关系。原审法院认定新鹏都公司与乔某之间系转包关系不当，再审法院予以纠正。

典型判决3 熊某、四化建公司建设工程施工合同纠纷案①

【裁判要旨】

实际施工人借用承包人资质与他人签订施工合同的行为无效，但其已与发包人之间就该合同标的产生实质性法律关系和债法上的请求权。

【裁判观点】

再审法院认为，熊某借用湘潭县保温防腐安装公司、岳塘公司的资质和名义与四化建公司签订合同，熊某系真正的缔约人，是案涉建设工程施工合同真实的承包人。根据原《最高院施工合同解释》第4条②的规定，没有资质的实际施工人借用有资质的建筑施工企业名义与他人签订建设工程施工合同的行为无效。

① 参见最高人民法院民事判决书，(2019)最高法民再193号。

② 相关规定参见《最高院施工合同解释一》第1条。

虽然熊某借用湘潭县保温防腐安装公司、岳塘公司名义与四化建公司签订的案涉建设工程施工合同无效，但熊某和四化建公司之间就该合同标的产生了实质性的法律关系，基于这些法律关系可以产生债法上的请求权。具体而言，熊某和四化建公司均在本案庭审中认可案涉工程已经交付，四化建公司未就工程质量提出异议，根据原《最高院施工合同解释》第2条关于“建设工程施工合同无效，但建设工程经竣工验收合格，承包人请求参照合同约定支付工程价款的，应予支持”的规定，熊某向四化建公司请求支付案涉工程价款，应予支持。因此，一审、二审判决认定熊某有权就案涉工程向四化建公司主张权利具有事实和法律依据。

15. 如何从工程承接角度区分挂靠与转包？

区分挂靠和转包最有效的方法是考察名义承包人的合同相对人对工程承接环节的介入，可以称之为工程承接标准。该标准可以细分为三点：

(1)介入工程承接环节的时间。转包是由转包人承接到工程，取得承包权后再转包给转承包人，而挂靠则是挂靠人在工程承接时即已介入，并且通常是挂靠人先行获得工程发包信息，其与发包人初步接洽后，再寻找或联系合适的被挂靠人。多数情况下，转包合同的签订时间晚于总承包合同，而挂靠合同的签订时间可能早于总承包合同也可能晚于总承包合同。

(2)在工程承接工作中的作用与地位。与转包人主导工程承接不同，在挂靠的情况下，是否承接工程、以什么条件承接工程，主要是由挂靠人决定，被挂靠人只负责资质上的配合。挂靠人以被挂靠人委托代理人的身份在总承包合同上签名，是借用资质关系的常见表现形式。

(3)工程承接费用的承担。在转包的情况下，由转包人承担费用；而在挂靠的情况下，费用由挂靠人承担。

法律依据

《农民工工资支付条例》

第四十三条　相关行业工程建设主管部门应当依法规范本领域建设市场秩序，对违法发包、转包、违法分包、挂靠等行为进行查处，并对导致拖欠农民工工资的违法行为及时予以制止、纠正。

行政规定

《发包承包违法行为管理办法》

第七条 本办法所称转包，是指承包单位承包工程后，不履行合同约定的责任和义务，将其承包的全部工程或者将其承包的全部工程肢解后以分包的名义分别转给其他单位或个人施工的行为。

第九条 本办法所称挂靠，是指单位或个人以其他有资质的施工单位的名义承揽工程的行为。

前款所称承揽工程，包括参与投标、订立合同、办理有关施工手续、从事施工等活动。

审判意见

原《广东高院工程合同暂行规定》

9、有下列情形之一，并以被挂靠建筑企业名义签订的建筑工程合同无效：

(1)不具有从事建筑活动主体资格的个人、合伙组织或企业以具备从事建筑活动资格的建筑企业的名义承揽工程；

(2)资质等级低的建筑企业以资质等级高的建筑企业的名义承揽工程；

(3)不具有工程总包资格的建筑企业以具有总包资格的建筑企业的名义承揽工程。

《江苏高院施工合同审理指南》

二、建设工程施工合同的效力

……

(三)建设工程施工合同的无效情形

1、承包人未取得建筑施工企业资质或者超越资质等级的。

比较典型的表现形式主要有以下几种情况：(1)个体施工队伍在没有资质的情况下违法承揽建设工程的；(2)施工单位冒用、盗用营业执照、资质证书承揽工程的；(3)建筑施工企业的分支机构以自己的名义对外承揽工程的；(4)非建筑施工企业超越经营范围对外承揽建设工程的。此外，承包人在工程竣工前未取得相应资质，竣工验收合格后才取得资质的，建设工程施工合同也应认定为无效。

2、没有资质的实际施工人借用有资质的建筑施工企业名义的。

这种行为在实务中常被称为“挂靠行为”。其特征为：第一，挂靠人没有从事建筑活动的主体资格，或者虽有从事建筑活动的主体资格但没有具备其承揽的建设工程项目所要求的相应的资质等级。第二，挂靠人向被挂靠企业交纳一定数额的“管理费”，这是挂靠的最重要的特征。第三，被挂靠人对挂靠人和其所承揽的工程不实施任何管理行为。第四，形式上合法，容易逃避建设行政主管部门和发包人的审查和监督。实践中判断是否是挂靠行为，可以从三个方面考察：(1)有无产权联系，即其资产是否以入股或合并等方式转入现单位；(2)有无统一的财务管理，不能以承包等名义搞变相的独立核算；(3)有无严格、规范的人事任免、调动聘用手续等。

具体说来，有下列情形之一，应当认定为没有资质的实际施工人借用有资质的建筑施工企业名义承揽建设工程，其签订的建设工程施工合同应当属于无效合同：(1)不具有从事建筑活动主体资格的个人、合伙组织或企业以具备从事建筑活动资格的建筑企业的名义承揽工程；(2)资质等级低的建筑企业以资质等级高的建筑企业的名义承揽工程 (3)不具有工程总包资格的建筑企业以具有总包资格的建筑企业的名义承揽工程；(4)有资质的建筑企业通过其他违法方式允许他人以本企业的名义承揽工程的情形。

典型判决1 鑫源公司、单某等建设工程施工合同纠纷案①

【裁判要旨】

实际施工人以承包人名义交纳投标保证金并参与了投标全过程，中标后以承包人委托代理人的身份在施工合同上签字，据此认定为挂靠关系。

【裁判观点】

再审法院认为，关于单某提起本案诉讼是否主体适格的问题。根据原审查明的事实，在鑫源公司参与案涉工程招投标过程中，单某以鑫源公司名义交纳投标保证金并参与了投标全过程，并在中标后以鑫源公司委托代理人的身份在《建设工程施工合同》上签字。次日，单某与鑫源公司签订了《工程施工协议书》，约定鑫源公司将该公司在《建设工程施工合同》中的义务交由单某履行，单某承担工程实际施工内容、全部项目管理工作及所需费用，并向鑫源公司交纳管理费。因此，单某系借用鑫源公司的资质承包案涉工程，其与鑫源公司之间为挂靠关系。单某作为案涉工程的实际施工人，就其施工工程对管委会享有工程款给付请求权，具备提起本案诉讼的主体资格。

典型判决2 西安绿建公司与三星防水公司等建设工程施工合同纠纷案②

【裁判要旨】

承包人承包工程后，将除水电消防安装外的所有工程转给实际施工人施工，

① 参见最高人民法院民事裁定书，(2021)最高法民申6481号。

② 参见最高人民法院民事判决书，(2022)最高法民再177号。

应当认定承包人与实际施工人之间为转包关系。

【裁判观点】

再审法院认为,《建设工程质量管理条例》第78条第3款规定:"本条例所称转包,是指承包单位承包建设工程后,不履行合同约定的责任和义务,将其承包的全部建设工程转给他人或者将其承包的全部建设工程肢解以后以分包的名义分别转给其他单位承包的行为。"而挂靠是承包人出借资质给实际施工人,挂靠关系中的挂靠人在投标和合同订立阶段一般就已经参与,甚至其就是以被挂靠人的代理人或代表的名义与发包人签订建设工程施工合同。

本案中,《建设工程施工合同》系三星房产公司与西安绿建公司签订,三星防水公司没有参与,而是在西安绿建公司依据前述合同承包案涉三星融景城项目工程后介入。西安绿建公司承包案涉工程后,不履行合同约定的义务,将其承包的三星融锦城一期项目中除水、电、消防安装外的所有工程转给三星防水公司,应当认定西安绿建公司与三星防水公司之间为转包关系。

虽然三星防水公司存在借用资质的情形,但其借用资质并非用于承包案涉工程,而是在西安绿建公司已经承包案涉工程的情况下借用西安绿建公司名义用于签订购销合同、租赁合同等,西安绿建公司关于双方系挂靠关系的理由不能成立。

典型判决3 杨某、宜化公司建设工程施工合同纠纷案①

【裁判要旨】

实际施工人并无利用承包人施工资质与发包人进行工程谈判、签约、履行的具体行为,其与承包人之间的关系不能认定为挂靠关系。

【裁判观点】

二审法院认为,挂靠关系,是指实际施工人借用其他企业资质进行建筑工程承包活动。本案中,杨某针对案涉工程并未发生利用荆州公司施工资质与宜化公司进行工程谈判、签约、履行的具体行为,故杨某与荆州公司之间并非挂靠关系。杨某与荆州公司宜昌分公司签订的《项目承包协议》,主要载明"甲方(荆州宜昌分公司)将已中标青海宜化氯碱工程的人工挖孔桩、焦炭堆场、石灰堆场等工程,责任承包给乙方(杨某)操作、施工,其工程内容以甲方与业主方签订的建筑施工合同为准",该协议的双方当事人之间构成实际的工程转包关系。

---

① 参见最高人民法院民事判决书,(2020)最高法民终549号。

典型判决 4　王某、高某与恒昌公司、三合公司等建设工程施工合同纠纷案①

【裁判要旨】

承包人与实际施工人签订合同约定由实际施工人按比例承担承包人资质费及资质年检费用，且工程施工的一切费用均由实际施工人承担的，对该合同认定为挂靠合同并无不当。

【裁判观点】

再审法院认为，根据一审法院的认定事实，各方当事人均认可案涉工程大约于2011年8月开工，王某、高某为实际施工人。2012年3月6日，恒昌公司与三合公司签订建设工程施工合同，同年12月19日，恒昌公司与高某、王某签订合同书，约定高某、王某按该工程审定后的工程总价款的1%付款给恒昌公司，用于承担恒昌公司资质费及资质年检费等费用；与该工程有关的一切费用均由高某、王某承担。一审、二审法院根据上述事实，结合王某、高某关于三合公司指令其借用恒昌公司资质的陈述，认定王某、高某系借用恒昌公司资质进行工程施工，并无不当。

典型判决 5　杨某与东方建筑公司建设工程施工合同纠纷案②

【裁判要旨】

承包人将工程交给实际施工人施工并签订内部承包合同，实际施工人与承包人之间不存在劳动关系的，两者的关系应认定为转包关系。

【裁判观点】

再审法院认为，2002年8月12日，东方开发公司通过招投标方式与东方建筑公司签订《建设工程施工合同》，将欧洲新城二期G区住宅及地下车库发包给东方建筑公司，该协议系双方当事人真实意思表示，符合相关法律规定，应为合法有效。随后杨某及其项目部与东方建筑公司签订的《工程内部承包合同》，是东方建筑公司将从东方开发公司承包的案涉工程交给杨某项目部实际施工，并以东方建筑公司的名义使用该公司资质对外施工，东方建筑公司不履行施工义务，只收取工程造价的10%（含营业税3.4%）的管理费。东方建筑公司提供的证据不足以证明其与杨某之间存在劳动关系，杨某项目部系为了案涉工程临时设立的组织。

---

① 参见最高人民法院民事裁定书，(2018)最高法民申3563号。

② 参见最高人民法院民事判决书，(2016)最高法民再141号。

杨某项目部与东方建筑公司签订的《工程内部承包合同》名为承包，实为转包关系，违反了法律、法规的强制性规定，应认定为无效合同。检察机关和申诉人杨某认为东方建筑公司与杨某之间系非法转包关系，有事实和法律依据，再审法院予以支持。

16. 转包（违法分包）、劳务分包对合同效力有何影响？

转包，是指承包单位承包工程后，不履行合同约定的责任和义务，将其承包的全部工程或者将其承包的全部工程肢解后以分包的名义分别转给其他单位或个人施工的行为。违法分包，是指承包单位承包工程后违反法律法规规定，把单位工程或分部分项工程分包给其他单位或个人施工的行为。与违法分包概念相对应的是合法分包。合法分包应同时具备下列条件：（1）分包单位具有相应资质条件；（2）分包取得发包人的同意或追认；（3）承包范围系非主体结构工程；（4）分包人不得再次分包。

根据《最高院施工合同解释一》第 1 条的规定，承包人因转包、违法分包建设工程与他人签订的建设工程施工合同，应当依据《民法典》第 153 条第 1 款及第 791 条第 2 款、第 3 款的规定，认定无效。

根据《最高院施工合同解释一》第 5 条的规定，具有劳务作业法定资质的承包人与总承包人、分包人签订的劳务分包合同，当事人请求确认无效的，法院依法不予支持。据此，具有劳务作业资质的承包人与总承包人、专业分包人所签订的劳务分包合同，一般认定为有效合同。但需要注意的是，当事人以劳务分包合同之名行肢解工程或专业工程分包之实所签订的劳务分包合同，或以个人名义签订的劳务分包合同均属于无效合同。

法律依据

《民法典》

第一百五十三条 违反法律、行政法规的强制性规定的民事法律行为无效。但是，该强制性规定不导致该民事法律行为无效的除外。

违背公序良俗的民事法律行为无效。

第七百九十一条 发包人可以与总承包人订立建设工程合同，也可以分别与勘察人、设计人、施工人订立勘察、设计、施工承包合同。发包人不得将应当由一个承包人完成的建设工程支解成若干部分发包给数个承包人。

总承包人或者勘察、设计、施工承包人经发包人同意，可以将自己承包的部分工作交由第三人完成。第三人就其完成的工作成果与总承包人或者勘察、设计、施工承包人向发包人承担连带责任。承包人不得将其承包的全部建设工程转包给第三人或者将其承包的全部建设工程支解以后以分包的名义分别转包给第三人。

禁止承包人将工程分包给不具备相应资质条件的单位。禁止分包单位将其承包的工程再分包。建设工程主体结构的施工必须由承包人自行完成。

《最高院施工合同解释一》

第一条　建设工程施工合同具有下列情形之一的，应当依据民法典第一百五十三条第一款的规定，认定无效：

（一）承包人未取得建筑业企业资质或者超越资质等级的；

（二）没有资质的实际施工人借用有资质的建筑施工企业名义的；

（三）建设工程必须进行招标而未招标或者中标无效的。

承包人因转包、违法分包建设工程与他人签订的建设工程施工合同，应当依据民法典第一百五十三条第一款及第七百九十一条第二款、第三款的规定，认定无效。

第五条　具有劳务作业法定资质的承包人与总承包人、分包人签订的劳务分包合同，当事人请求确认无效的，人民法院依法不予支持。

审判意见

《北京高院施工合同解答》

4、劳务分包合同的效力如何认定？

同时符合下列情形的，所签订的劳务分包合同有效：

(1)劳务作业承包人取得相应的劳务分包企业资质等级标准；

(2)分包作业的范围是建设工程中的劳务作业（包括木工、砌筑、抹灰、石制作、油漆、钢筋、混凝土、脚手架、模板、焊接、水暖、钣金、架线）；

(3)承包方式为提供劳务及小型机具和辅料。

合同约定劳务作业承包人负责与工程有关的大型机械、周转性材料租赁和主要材料、设备采购等内容的，不属于劳务分包。

17. 如何区分劳务分包与工程专业分包？

劳务分包，是指建设工程的总承包人或者专业承包人将其工程中的劳务作业发包给具有相应资质的劳务作业承包人完成的行为。劳务分包与工程专业分包的区别如下：

（1）承包范围不同。专业分包以包工包料方式施工并收取工程款，其承包范围包含机械租赁、材料采购和现场管理等事项；劳务分包的对象仅为工程施工中的劳务作业，包工不包料施工并收取劳务报酬。这也是劳务分包与工程专业分包的主要区别。据此，具体承包人负责与工程有关的大型机械、周转性材料租赁和主要材料、设备采购等内容的，不属于劳务分包。

（2）主体不同。专业分包发生在总承包人与专业分包人之间；劳务分包可以发生在总承包人与劳务分包人之间，也可以发生在专业分包人与劳务分包人之间。

（3）责任范围不同。专业工程分包情况下，总承包人和分包人对分包工程及其质量向发包人负责；劳务分包情况下，劳务分包人对发包人不直接承担责任，由总承包人或专业分包人对其负责。

（4）管理的内容不同。专业工程分包情况下，总承包人主要履行对专业分包项目施工过程、施工资料、进场材料设备质量状况的监督检查，即符合性管理；劳务分包情况下，总承包人履行全方位管理，包括但不限于提供临时设施、测量放线、施工技术和安全技术交底、检查施工作业、提供防护材料、机具设备、组织分部分项工程验收等。

审判意见

《北京高院施工合同解答》

4、劳务分包合同的效力如何认定？

同时符合下列情形的，所签订的劳务分包合同有效：

（1）劳务作业承包人取得相应的劳务分包企业资质等级标准；

（2）分包作业的范围是建设工程中的劳务作业（包括木工、砌筑、抹灰、石制作、油漆、钢筋、混凝土、脚手架、模板、焊接、水暖、钣金、架线）；

（3）承包方式为提供劳务及小型机具和辅料。

合同约定劳务作业承包人负责与工程有关的大型机械、周转性材料租赁和主要材料、设备采购等内容的，不属于劳务分包。

《河南高院工程合同解答》

12. 建设工程劳务违法分包人应否对工人工资承担连带责任？

答：建设工程领域的农民工工资纠纷严格意义上属于农民工追索劳动报酬的劳务合同

纠纷,不属于建设工程合同纠纷,可以适用《保障农民工工资支付条例》规定。《保障农民工工资支付条例》规定的建设单位对拖欠农民工工资的先行垫付和清偿责任、施工总承包单位对拖欠农民工工资的(先行)清偿责任及施工单位因出借资质拖欠农民工工资的清偿责任,并非建设工程合同纠纷的连带责任。建设工程劳务违法分包人属于建设工程实际施工人,应按照建设工程合同纠纷处理。因此,建设工程劳务违法分包人不对工人工资承担连带责任。

13. 施工班组长按照劳务合同主张权利,将发包人、总承包人、合同相对人一并起诉,并引用《保障农民工工资支付条例》规定,要求发包人、总承包人先行清偿,如何处理?

答:仅作为工人代表,组织工人进行施工作业,正常领取工资获取报酬的施工班组长,不属于实际施工人,相应的诉讼不属于建设工程施工合同纠纷,而应属于劳务合同纠纷,可以依据《保障农民工工资支付条例》规定要求发包人、总承包人先行清偿。

如果施工班组长在工程中投入和收益不限于劳动及劳动报酬,在工程项目中实际投入资金、少量设备材料和劳力,获取一定的利润,实际上属于劳务分包的实际施工人。该情形下的施工班组长依据劳务合同主张权利,属于建设工程施工合同纠纷,不能依据《保障农民工工资支付条例》规定要求发包人、总承包人先行清偿。

典型判决 西藏三建公司、恒邦劳务公司等建设工程施工合同纠纷案①

【裁判要旨】

劳务分包合同约定承包范围包括人工费、机械费、周转材料费、消耗材料费等费用且劳务公司实际施工管理,该合同应认定为工程承包合同。

【裁判观点】

再审法院认为,根据查明的事实,西藏三建公司与恒邦劳务公司均认可恒邦劳务公司先进场施工,后补签《分包合同》和补充协议,该合同和补充协议中均明确约定恒邦劳务公司承包的范围包括人工费、机械费、周转材料费、消耗材料费等费用,并约定由恒邦劳务公司自行采购图纸上的所有材料。而且,案涉工程项目部由恒邦劳务公司搭建,恒邦劳务公司实际进行施工管理、指派相关施工人员驻守工地,负责核实土石方台班费、联系材料商等,并完成了施工。西藏三建公司与材料商补签《材料采购合同》和付款的行为,不能否定恒邦劳务公司实际完成案涉工程的事实。因此,原审判决认定恒邦劳务公司与西藏三建公司之间形成的是案涉工程的承包合同关系,而非仅是劳务分包合同关系,并无不当。

① 参见最高人民法院民事裁定书,(2021)最高法民申2535号。

第二节 结 算 原 理

18. 实际施工人可否参照合同约定主张工程款?

根据《民法典》第 793 条第 1 款的规定,建设工程施工合同无效,但是建设工程经验收合格的,可以参照合同关于工程价款的约定折价补偿承包人。该规定并非“无效合同按有效处理”,而是合同无效时折价补偿原则,是对施工人投入工程、物化到建筑中的财产进行补偿。据此,建设工程施工合同无效,但工程验收合格,承包人、实际施工人请求参照合同约定支付工程款的,应予支持。根据权利对等原则,作为相对人的发包人也有权请求参照合同约定支付工程价款。

在合同无效,没有更加科学合理、简便有效的补偿标准的情况下,参照合同约定折价补偿具有相当的合理性。折价补偿更契合行为的法律性质,也比较符合当事人的合同预期。《民法典》第 793 条的表述较为严谨,明确了在工程质量合格的前提下,可参照合同约定折价补偿,确保双方均不能从无效合同中获得超出合同有效时可获得的利益,保证裁判的社会效果。

实际施工人请求折价补偿一般应当具备下列条件:(1)工程质量须合格,这是最基本的前提;(2)价款金额明确具体,以便确定起诉的金额;(3)合同约定支付时点已届满。在具备上述条件的情况下,实际施工人工程款请求才可能在具体案件中获得支持。

法律依据

《民法典》

第七百九十三条 建设工程施工合同无效,但是建设工程经验收合格的,可以参照合同关于工程价款的约定折价补偿承包人。

建设工程施工合同无效,且建设工程经验收不合格的,按照以下情形处理:

(一)修复后的建设工程经验收合格的,发包人可以请求承包人承担修复费用;

(二)修复后的建设工程经验收不合格的,承包人无权请求参照合同关于工程价款的约定折价补偿。

发包人对因建设工程不合格造成的损失有过错的,应当承担相应的责任。

原《最高院施工合同解释》

第二条　建设工程施工合同无效，但建设工程经竣工验收合格，承包人请求参照合同约定支付工程价款的，应予支持。

《最高院 2022 年第 22 次专业法官纪要》

建设工程施工合同无效但工程竣工并交付使用的，应当依法参照合同关于工程价款的约定计算折价补偿款

法律问题

建设工程施工合同无效但工程竣工并交付使用的，应以何种标准计算折价补偿款？

法官会议意见

建设工程施工合同是承包人进行工程建设、交付工作成果即建设工程并由发包人支付价款的合同。建设工程竣工后，发包人应当根据合同约定及国家颁发的施工验收规范和质量检验标准及时进行验收。验收合格的，发包人应当按照约定支付价款并接收建设工程。如果发包人不按照合同约定及相应的规范或者标准组织验收，但接收建设工程的，参照《最高人民法院关于审理建设工程施工合同纠纷案件适用法律问题的解释（一）》第九条、第十四条等规定，视为建设工程质量合格。

主要理由

《中华人民共和国民法典》（以下简称《民法典》）第七百九十三条第一款规定："建设工程施工合同无效，但是建设工程经验收合格的，可以参照合同关于工程价款的约定折价补偿承包人。"

根据上述规定，建设工程施工合同无效但工程竣工并交付使用的，应当依法参照合同关于工程价款的约定，计算承包人应得折价补偿款。实务中，之所以出现建设工程施工合同无效但工程竣工并交付使用的情形下以何种标准计算折价补偿款的争议，在于未能准确理解《民法典》第七百九十三第一款的规定。建设工程施工具有一定的周期性和复杂性，双方当事人在合同中的约定一定程度上代表了双方当事人对于合同签订和履行的合理预期以及对于相关合同风险的预先安排，在建设工程施工合同无效，没有更加科学、合理、简便有效的折价补偿标准的情况下，参照建设工程施工合同关于工程价款的约定折价补偿承包人具有相当的合理性。这种方式可以在保证建设工程质量的前提下，确保双方当事人均不能从无效合同中获得超出合同有效时的利益，符合当事人的合理预期和我国建筑市场的实际，能够保证案件裁判的社会效果。《民法典》第七百九十三条第一款虽然使用了"可以参照"的表述，但如果工程建设未发生大规模设计改变，或者合同中有关工程价款约定不存在严重违背当事人真实意思表示等情况，人民法院在具体裁判中，不宜任意将"可以参照"理解为可以参照、也可以不参照。

审判意见

《浙江高院施工合同解答》

十三、建设工程施工合同无效，但工程竣工验收合格的，谁有权利请求参照合同约定确定工程价款？

建设工程施工合同无效，但工程竣工验收合格，按照最高人民法院《关于审理建设工程施工合同纠纷案件适用法律若干问题的解释》第二条的规定精神，承包人或发包人均可以请求参照合同约定确定工程价款。

《北京高院施工合同解答》

17、无效建设工程施工合同中的工程价款如何确定？

建设工程施工合同无效，但工程经竣工验收合格，当事人任何一方依据《解释》第二条的规定要求参照合同约定支付工程折价补偿款的，应予支持。承包人要求发包人按中国人民银行同期贷款利率支付欠付工程款利息的，应予支持。发包人以合同无效为由要求扣除工程折价补偿款中所含利润的，不予支持。

《四川高院施工合同解答》

19. 被确认无效的建设工程施工合同工程价款如何确定？

建设工程施工合同被确认无效，但工程经竣工验收合格，当事人依据《建工司法解释》第二条的规定要求参照合同约定支付工程价款的，应予支持。

实际施工人以转包或违法分包合同无效，主张按照转包人或违法分包人与发包人之间的合同作为结算依据的，不予支持。但实际施工人与转包人或违法分包人另有约定的除外。

《安徽高院民工权益案件审理意见》

4、农民工追讨工资、追索劳动报酬、要求享受工伤待遇，或为维护土地承包权益及其他人身权益、财产权益，向人民法院提起民事诉讼的，人民法院应当及时受理。

农民工以工资欠条为证据直接向人民法院起诉，诉讼请求不涉及劳动关系其他争议的，视为拖欠劳动报酬争议，按照普通民事纠纷受理。

……

6、建设单位拖欠工程款导致实际施工人拖欠农民工工资，实际施工人以拖欠工程款为由向人民法院起诉建设单位的民事诉讼，人民法院应当受理。

19. 实际施工人请求参照合同约定确定工程价款的法理基础是什么？

建设工程合同无效的，承包人行使的是"折价补偿请求权"。通说认为，"折价补偿"构成财产返还不能时的代替责任，在性质上属于不当得利返还请求权。该

"折价补偿"不是真正意义上的不当得利,而是一种具有"打折"功能非给付型的不当得利。

首先,其在性质上属于非给付型不当得利,而不是给付型不当得利,在折价补偿时,应当根据法律规定加以确定。

其次,在学理上,当不能返还原物时,到底应以合同约定的价格作为折价补偿的基础,还是依所受利益的市场价格进行折价补偿,需要进一步明确。

最后,关于如何折价的问题,《九民纪要》第 33 条规定,"折价时,应当以当事人交易时约定的价款为基础,同时考虑当事人在标的物灭失或者转售时的获益情况综合确定补偿标准",此条确立了以合同约定价格为基础的"综合补偿"标准。这意味着,在建设工程中并非只能依据无效合同的约定来确定价格,而是可以有增加或减少的余地。此外,依据该纪要第 32 条的规定,除非增加了合同约定之外新的工程项目,一般不应超出合同约定支付工程款。也就是,当合同约定价格低于鉴定价格时,应当按照约定价格计算工程价款,实质上,就是对市场价格(鉴定价格)进行"打折"处理。

《民法典》制定过程中,吸收了《九民纪要》的相关见解。《民法典》第 793 条第 1 款的规定,确定了建设工程施工合同无效折价补偿规则,该无效折价返还请求权应以建设工程经验收合格为成立要件。

法律依据

《民法典》

第七百九十三条第一款 建设工程施工合同无效,但是建设工程经验收合格的,可以参照合同关于工程价款的约定折价补偿承包人。

《九民纪要》

32.【合同不成立、无效或者被撤销的法律后果】《合同法》第 58 条就合同无效或者被撤销时的财产返还责任和损害赔偿责任作了规定,但未规定合同不成立的法律后果。考虑到合同不成立时也可能发生财产返还和损害赔偿责任问题,故应当参照适用该条的规定。

在确定合同不成立、无效或者被撤销后财产返还或者折价补偿范围时,要根据诚实信用原则的要求,在当事人之间合理分配,不能使不诚信的当事人因合同不成立、无效或者被撤销而获益。合同不成立、无效或者被撤销情况下,当事人所承担的缔约过失责任不应超过合同履行利益。比如,依据《最高人民法院关于审理建设工程施工合同纠纷案件适用法律问题的解释(一)》第 2 条规定,建设工程施工合同无效,在建设工程经竣工验收合格情况下,可以参照合同约定支付工程款，但除非增加了合同约定之外新的工程项目，一般不应超出合同约定支付工程款。

33.【财产返还与折价补偿】合同不成立、无效或者被撤销后，在确定财产返还时，要充分考虑财产增值或者贬值的因素。双务合同不成立、无效或者被撤销后，双方因该合同取得财产的，应当相互返还。应予返还的股权、房屋等财产相对于合同约定价款出现增值或者贬值的，人民法院要综合考虑市场因素、受让人的经营或者添附等行为与财产增值或者贬值之间的关联性，在当事人之间合理分配或者分担，避免一方因合同不成立、无效或者被撤销而获益。在标的物已经灭失、转售他人或者其他无法返还的情况下，当事人主张返还原物的，人民法院不予支持，但其主张折价补偿的，人民法院依法予以支持。折价时，应当以当事人交易时约定的价款为基础，同时考虑当事人在标的物灭失或者转售时的获益情况综合确定补偿标准。标的物灭失时当事人获得的保险金或者其他赔偿金，转售时取得的对价，均属于当事人因标的物而获得的利益。对获益高于或者低于价款的部分，也应当在当事人之间合理分配或者分担。

审判意见

《安徽高院施工合同指导意见》

13、非法转包、违法分包建设工程，实际施工人与承包人约定以承包人与发包人之间的结算价款作为双方结算依据的，应按该约定确定实际施工人应得的工程价款；实际施工人举证证明承包人与发包人之间的结算结果损害其合法权益的，人民法院可根据实际施工人的申请，依据承包人与发包人之间的合同及相关签证确定实际施工人应得的工程价款。

典型判决1 王某与A公司建设工程施工合同纠纷案①

【裁判要旨】

建设工程合同无效，但工程竣工并交付使用的，应当依法参照合同关于工程价款的约定计算折价补偿款。

【裁判观点】

法院认为，该案的法律事实发生于《民法典》施行前，故应当适用当时施行的法律、司法解释的规定。依据原《最高院施工合同解释》第2条的规定，建设工程

① 参见北京市第三中级人民法院《“公正与效率”原则在建设工程合同纠纷案件中适用的典型案例》之典型案例三。

施工合同无效,但建设工程经竣工验收合格,承包人请求参照合同约定支付工程价款的,应予支持。没有资质的实际施工人王某借用有资质的建筑施工企业的名义与A公司签署的多份合同无效。本案中A公司最终实际使用案涉工程,未提出质量异议,A公司应参照双方之间的合同约定向王某支付工程款。王某虽称在其实际施工过程中发生了大量的变更,合同约定图纸施工之外增加了大量弱电施工,但王某没有就此提交充分证据予以证实,且与其自述内容不相符。因此,应当参照合同约定标准确定工程款。

典型判决2 永州建设公司、潇湘综合公司建设工程施工合同纠纷案①

【裁判要旨】

合同被确认无效,工程也未竣工验收,但发包人实际使用多年的,应以合同约定为参照结算价款。

【裁判观点】

二审法院认为,合同被确认无效后,当事人依据该合同所取得的财产应返还给对方,但本案系建设工程施工合同纠纷,其特殊之处在于建设工程的施工过程就是承包人将劳务及建筑材料物化到建设工程的过程。合同无效后,发包人取得的财产形式上是承包人建设的工程,而实际上是承包人对工程建设投入的劳务及建筑材料,通常表现为工程款,故而无法适用恢复原状的返还原则,只能折价补偿。案涉工程虽然至案件审理时仍未进行竣工验收,但考虑到潇湘综合公司已经实际使用多年,一审法院依照原《民法通则》、原《经济合同法》,并参照原《最高院施工合同解释》的相关规定,以《承包施工合同书》的约定为参照结算工程价款并无不当,二审法院予以维持。

20.实际施工人质量合格要求折价补偿所依据的合同是哪一份?

建设工程施工合同无效,但建设工程经验收合格或者修复合格的,实际施工人可以参照合同约定请求支付工程款。但可以要求折价补偿的合同是哪一份,需要区分以下两种情况进行分析:

(1)主体不同的合同选择。

---

① 参见最高人民法院民事判决书,(2019)最高法民终43号。

实际施工人向与其有合同关系的承包人主张工程款，一般参照二者之间的书面合同进行结算。

在单层转包（违法分包）情形下，以发包人 A→转承包人 B→实际施工人 C 为例，实际施工人应参照 B、C 之间的合同约定进行结算。

在多层转包（违法分包）情形下，以发包人 A→承包人 B→转承包人 C→实际施工人 D 为例，A、B 之间的工程总承包合同，B、C 之间的转包合同，C、D 之间的再次转包合同的各手法律关系相对独立存在。根据合同相对性，实际施工人 D 不能依据 A、B 之间的工程总承包合同约定主张工程款；实际施工人 D 与转承包人 C 之间的结算，参照 D、C 之间的再次转包合同。当实际施工人 D 与转承包人 C 没有签订书面合同时，可参照 B、C 之间的转包合同约定结算，但不能简单按定额计价标准结算，避免出现价格倒挂的现象。

（2）主体相同的合同选择。

当事人就同一建设工程签订的数份建设工程施工合同均无效，但工程质量合格的，可以参照实际履行的合同关于工程价款的约定进行折价补偿。实际履行的合同难以确定的，可以根据《最高院施工合同解释一》第 24 条的规定，参照最后签订的合同关于价款的约定进行折价补偿。

法律依据

《最高院施工合同解释一》

第四十三条第二款 实际施工人以发包人为被告主张权利的，人民法院应当追加转包人或者违法分包人为本案第三人，在查明发包人欠付转包人或者违法分包人建设工程价款的数额后，判决发包人在欠付建设工程价款范围内对实际施工人承担责任。

典型判决 1 熊某某与神木发电公司、龙净环保公司等建设工程施工合同纠纷案①

【裁判要旨】

层层转包的实际施工人主张参照发包人与总承包人之间的总包合同进行结算的，违反合同相对性原理，不予支持。

① 参见最高人民法院民事裁定书，（2014）民申字第 1454 号。

【裁判观点】

再审法院认为,原判决认定实际施工人熊某某在案涉烟气脱硫安装工程中所应得的工程款只能以《神木 cds 023 项目安装施工合同》约定的价款,即结算总价 2,813,149 元予以确定,而不能参考神木发电公司与龙净环保公司签订的总价为 4960 万元的《神木发电公司(2×100mw 机组)烟气脱硫项目总承包合同书》确认,并无不当。首先,根据合同相对性原则,神木发电公司与龙净环保公司之间的合同与熊某某没有任何关系;其次,熊某某是以山东一箭公司的名义施工,其与山东一箭公司之间存在事实上的合同转包关系,即使合同有效,其在洽商案涉安装工程实际施工问题时所得到的有关工程款的允诺,不可能超过山东一箭公司自己承包工程所取得的工程款数额。因此,原判决参考《神木 cds 023 项目安装施工合同》约定的价款,即结算总价 2,813,149 元确定熊某某应得工程款的数额,并无不当。

典型判决 2 林州采桑公司诉倪黄庄村委会等建设工程施工合同纠纷案①

【裁判要旨】

层层转包的实际施工人主张参照招投标文件、中标通知书等结算工程款的,不予支持。

【裁判观点】

再审法院认为,实际施工人林州采桑公司主张按照一手合同,即业主与诉争工程总承包人订立的施工合同约定结算工程款,因诉争工程总承包合同、转包合同、再次转包合同各手法律关系相对独立存在,林州采桑公司不是诉争工程总承包合同当事人,无权依此合同主张权利。据此,林州采桑公司主张按照招投标文件、中标通知书等结算工程款,法律依据不足,再审法院不予支持。

典型判决 3 顺吉公司与余某建设工程施工合同纠纷案②

【裁判要旨】

实际施工人主张工程款时,实际施工人与承包人约定的计价标准和业主与承包人约定的计价标准不一致的,应当以实际施工人与承包人约定的为准。

---

① 参见最高人民法院民事裁定书,(2014)民申字第 952 号。
② 参见最高人民法院民事判决书,(2019)最高法民再 115 号。

【裁判观点】

再审法院认为，关于双方当事人对本案工程计价是否进行了约定以及是否应当按照双方约定确定本案工程款的问题，首先，顺吉公司与吴某签订的《建筑安装工程劳务承包》，在第1条“工程概况”和第13条“附则”中，分别约定“承包单价：详见附件一《工程项目单价明细表》”“本合同附件：一、工程项目工程量清单……”其次，顺吉公司提交的《建筑安装工程劳务承包》所附《丽水－龙泉第5合同段工程量清单》中，对路基土石方工程、排水及涵洞工程、防护工程的具体项目名称、单位、数量和单价等都进行了明确约定。最后，吴某与余某签订《工程协议书》，约定吴某将案涉工程委托余某施工，并将其与顺吉公司签订的《建筑安装工程劳务承包》交给余某，以及吴某与余某签订《补充协议书》，吴某与余某、顺吉公司签订《终止合同协议书》，约定吴某终止与顺吉公司之间签订的《建筑安装工程劳务承包》，由余某与顺吉公司重新订立合同等，均表明吴某退出案涉工程的施工后，由余某承接了吴某在《建筑安装工程劳务承包》中的全部权利和义务。余某作为承接《建筑安装工程劳务承包》权利、义务的主体，应受到该合同的约束。而且，顺吉公司提交的有余某签名的《建筑安装工程劳务承包》中虽该公司未加盖公章，但是其持有、保存该份合同，以及余某已实际施工、双方已就部分工程达成《工程劳务结算计价表》等实际履行该份合同的行为，足以表明双方已就该份合同的成立达成了一致的意思表示。由此，顺吉公司关于双方当事人对案涉工程的结算单价进行了约定的主张，有事实依据，法院予以支持。余某否认《建筑安装工程劳务承包》后附有工程量清单，并以顺吉公司提交的有其签名的《建筑安装工程劳务承包》上顺吉公司未加盖公章为由，主张双方未明确约定案涉工程单价，与事实不符，法院不予支持。在余某与顺吉公司双方之间就案涉工程单价有约定的情形下，参照原《最高院施工合同解释》第2条的规定，应当按照双方约定的单价确定本案工程款。原审判决一方面适用上述规定认定余某请求参照《建筑安装工程劳务承包》向顺吉公司主张工程款符合法律规定，另一方面又以双方没有约定工程单价为由，认定应参照顺吉公司与业主方的审核价确定本案工程款，逻辑矛盾，且缺乏法律依据，再审法院予以纠正。

21. 转包(违法分包)合同的工程款约定不明的情况下，实际施工人的计价标准如何确定？

在实际施工人与转包人(违法分包人，下同)没有签订施工合同或工程价款没有约定或约定不明时，如计价标准无法查明，可按工程价款漏洞填补规则(即《民法典》第510条、第511条的规定)处理。

一般情况下，转包人向实际施工人支付的工程款，不会超出其从发包人处应得的工程款。因此，在没有约定或约定不明时，实际施工人与转包人的计价标准可以参照发包人与转包人合同约定的标准。但是，实践中应排除下列特殊情况：(1)发包人与转包人双方串通恶意做低价格损害实际施工人利益；(2)转包人在与发包人签订合同时采取不合理的不平衡报价策略，且实际施工人对其承接的工程部分系转包人低价报价并不知情。

法律依据

《民法典》

第五百一十条　合同生效后，当事人就质量、价款或者报酬、履行地点等内容没有约定或者约定不明确的，可以协议补充；不能达成补充协议的，按照合同相关条款或者交易习惯确定。

第五百一十一条　当事人就有关合同内容约定不明确，依据前条规定仍不能确定的，适用下列规定：

(一)质量要求不明确的，按照强制性国家标准履行；没有强制性国家标准的，按照推荐性国家标准履行；没有推荐性国家标准的，按照行业标准履行；没有国家标准、行业标准的，按照通常标准或者符合合同目的的特定标准履行。

(二)价款或者报酬不明确的，按照订立合同时履行地的市场价格履行；依法应当执行政府定价或者政府指导价的，依照规定履行。

(三)履行地点不明确，给付货币的，在接受货币一方所在地履行；交付不动产的，在不动产所在地履行；其他标的，在履行义务一方所在地履行。

(四)履行期限不明确的，债务人可以随时履行，债权人也可以随时请求履行，但是应当给对方必要的准备时间。

(五)履行方式不明确的，按照有利于实现合同目的的方式履行。

(六)履行费用的负担不明确的，由履行义务一方负担；因债权人原因增加的履行费用，由债权人负担。

第三节 合同关系审查

22. 裁判者应从哪几个方面审查施工合同关系?

建设工程施工合同纠纷属于合同纠纷,原告大部分请求权是依据双方之间的合同约定。常见的原告有建设工程施工合同的承包人、分包人或者实际施工人,查明原告、被告之间为何种法律关系是正确审理此类纠纷的前提,应从以下方面进行审查:

(1)审查当事人之间有无签订书面合同。书面合同一般可以认定当事人之间合同关系成立。若没有书面合同且对方否认合同关系,则原告要证明其实际完成了工程施工的一部分或者全部;如果举证不能,那么原告的主张基本不能成立。如原告能证明确实由其施工,并对承接工程过程能作出合理解释,则发生举证责任转移的后果,即由否认存在合同关系的相对方进行合理解释,包括原告为什么施工,相对方有无将该工程转包、分包给其他人等。

(2)审查当事人的合同地位。即查明当事人是施工过程中的发包人、总承包人、分包人、转包人、实际施工人中的哪一种,进而确定各方的权利义务。一般各方当事人的身份可依据合同载明的主体身份、施工范围、实际履行情况等予以认定。

(3)实际施工人身份的认定。实际施工人是指无效合同下实际完成工程施工,实际投入资金、材料和劳动力违法施工的单位和个人。

(4)审查实际施工人与承包人之间的合同关系如何表述。审查发包人与承包人以及承包人与实际施工人之间签订的合同约定的施工范围。若实际施工人的施工范围小于承包人的施工范围,一般是违法分包关系;若二者施工范围一致,则可能是转包或借用资质。

(5)审查施工合同的效力。施工合同效力是与双方利益密切相关的重大问题,也是法院审理此类纠纷时关注的首要问题。无论当事人是否就此提出主张或抗辩,法院都应当主动审查其效力。法院在司法审判工作中若发现转包(违法分包)、挂靠的行为和线索,可提出司法建议并移送至建设工程所在地和违法行为人登记注册地的建设行政主管部门,建设行政主管部门应依法受理、调查、认定和处理,并将处理结果及时反馈给移送机构。

法律依据

《最高院司法建议工作意见》

7. 对审判执行工作中发现的下列问题，人民法院可以向相关党政机关、企事业单位、社会团体及其他社会组织提出司法建议，必要时可以抄送该单位的上级机关或者主管部门：

（1）涉及经济社会发展重大问题需要相关方面积极加以应对的；

（2）相关行业或者部门工作中存在的普遍性问题，需要有关单位采取措施的；

（3）相关单位的规章制度、工作管理中存在严重漏洞或者重大风险的；

（4）国家利益、社会公共利益受到损害或者威胁，需要有关单位采取措施的；

（5）涉及劳动者权益、消费者权益保护等民生问题，需要有关单位采取措施的；

（6）法律规定的有义务协助调查、执行的单位拒绝或者妨碍人民法院调查、执行，需要有关单位对其依法进行处理的；

（7）拒不履行人民法院生效的判决、裁定，需要有关单位对其依法进行处理的；

（8）发现违法犯罪行为，需要有关单位对其依法进行处理的；

（9）诉讼程序结束后，当事人之间的纠纷尚未彻底解决，或者有其他问题需要有关部门继续关注的；

（10）其他确有必要提出司法建议的情形。

《最高院民事案由规定》

三、关于案由的确定标准

民事案件案由应当依据当事人诉争的民事法律关系的性质来确定。鉴于具体案件中当事人的诉讼请求、争议的焦点可能有多个，争议的标的也可能是多个，为保证案由的高度概括和简洁明了，修改后的《案由规定》仍沿用 2011 年《案由规定》关于案由的确定标准，即对民事案件案由的表述方式原则上确定为"法律关系性质"加"纠纷"，一般不包含争议焦点、标的物、侵权方式等要素。但是，实践中当事人诉争的民事法律关系的性质具有复杂多变性，单纯按照法律关系标准去划分案由体系的做法难以更好地满足民事审判实践的需要，难以更好地满足司法统计的需要。为此，修改后的《案由规定》在坚持以法律关系性质作为确定案由的主要标准的同时，对少部分案由也依据请求权、形成权或者确认之诉、形成之诉等其他标准进行确定，对少部分案由的表述也包含了争议焦点、标的物、侵权方式等要素。另外，为了与行政案件案由进行明显区分，本次修改还对个别案由的表述进行了特殊处理。

……

五、适用修改后的《案由规定》应当注意的问题

1. 在案由横向体系上应当按照由低到高的顺序选择适用个案案由。确定个案案由时，

应当优先适用第四级案由,没有对应的第四级案由的,适用相应的第三级案由;第三级案由中没有规定的,适用相应的第二级案由;第二级案由没有规定的,适用相应的第一级案由。这样处理,有利于更准确地反映当事人诉争的法律关系的性质,有利于促进分类管理科学化和提高司法统计准确性。

2. 关于个案案由的变更。人民法院在民事立案审查阶段,可以根据原告诉讼请求涉及的法律关系性质,确定相应的个案案由;人民法院受理民事案件后,经审理发现当事人起诉的法律关系与实际诉争的法律关系不一致的,人民法院结案时应当根据法庭查明的当事人之间实际存在的法律关系的性质,相应变更个案案由。当事人在诉讼过程中增加或者变更诉讼请求导致当事人诉争的法律关系发生变更的,人民法院应当相应变更个案案由。

3. 存在多个法律关系时个案案由的确定。同一诉讼中涉及两个以上的法律关系的,应当根据当事人诉争的法律关系的性质确定个案案由;均为诉争的法律关系的,则按诉争的两个以上法律关系并列确定相应的案由。

4. 请求权竞合时个案案由的确定。在请求权竞合的情形下,人民法院应当按照当事人自主选择行使的请求权所涉及的诉争的法律关系的性质,确定相应的案由。

……

审判意见

《江苏化解工程合同纠纷联动机制意见》

第十七条 全省各级人民法院在审理建设工程施工合同纠纷的过程中发现建设单位、施工单位和相关人员涉嫌存在以下违法行为的,应当以《江苏省建筑工程施工合同备案管理办法》(苏建规字〔2015〕1 号)备案的合同为依据,并依照住房和城乡建设部《建筑工程施工转包违法分包等违法行为认定查处管理办法(试行)》(建市〔2014〕118 号文)的规定,向工程所在地的同级建设主管部门提出司法建议,并将相关证据或违法线索一并移送:

(一)建设单位存在将工程发包给不具有相应资质的施工单位、应当招标而未招标、与承包单位签订“阴阳合同”、肢解发包等违法发包行为的;

(二)施工单位存在转包、违法分包、围标串标等违法行为的;

(三)不具备相应资质的实际施工人通过签订虚假联营、合作、内部承包合同等方式借用有资质的施工企业名义承揽工程的;

(四)施工单位转让、出借资质证书或者以其他形式允许他人以本单位的名义承揽工程的;

(五)注册执业人员在认定有转包、挂靠行为的项目中担任施工单位项目负责人的。

《河南高院工程合同解答》

6. 建设工程多层转包中，实际施工人能否向与其无合同关系的转包人、违法分包人主张工程款？

答：《最高人民法院关于审理建设工程施工合同纠纷案件适用法律问题的解释（一）》第四十三条规定的可以突破合同相对性原则请求发包人在欠付工程款范围内承担责任的实际施工人仅限于转包和违法分包两种情形，不包括借用资质及多层转包和多层违法分包关系中的实际施工人。即多层转包和多层违法分包关系中的实际施工人不能突破合同相对性原则请求发包人承担责任，更不能向与其没有合同关系的转包人、违法分包人主张工程款。根据合同相对性原则，实际施工人只能向与其有合同关系的转包人、违法分包人主张权利。

典型判决 郭某军、长泓公司等建设工程施工合同纠纷案[①]

【裁判要旨】

法院审理工程合同纠纷过程中发现转包、违法分包事实的，有权向相关部门发出司法建议书。

【裁判观点】

鉴于案涉工程存在多次违法转包、分包及工程价款层层盘剥的事实，二审法院发出司法建议书，建议相关部门对本案案涉工程涉及的违法违纪问题进行查处。

23. 转包（违法分包）情形下，发包人、承包人、实际施工人三方关系中的责任承担如何确定？

转包（违法分包）情形下，发包人、承包人、实际施工人之间存在两个合同关系，其中发包人、承包人之间是总承包合同关系，承包人与实际施工人之间是转包（违法分包）合同关系。

依据《最高院施工合同解释一》第1条第2款的规定，承包人因转包、违法分包建设工程与他人签订的建设工程施工合同，应当认定为无效。据此，转包人（违法分包人）与实际施工人之间的转包合同（违法分包合同）应为无效。但发包人与承包人此前所签订的总承包合同不因承包人转包行为而无效。依据《民法典》第

① 参见吉林省通化市中级人民法院民事判决书，（2022）吉05民终755号。

806条的规定，承包人将建设工程转包、违法分包的，发包人可以解除合同。该规定表明，总承包合同系有效合同，此时承包人存在违约行为，发包人有权解除合同。

根据《民法典》第791条和《建设工程质量管理条例》第78条的规定，主体结构不得分包；主体结构以外的工程分包应经发包人同意。施工合同未约定可以分包，亦未经发包人认可，承包人将主体结构以外的工程发包给有资质的建筑施工企业的，属于违法分包，该分包合同应认定为无效合同。

转包（违法分包）的实际施工人有权依据合同向承包人主张全部付款义务，包括工程款、利息、赔偿损失等；同时有权依据《最高院施工合同解释一》第43条的规定，请求发包人在欠付工程款范围内承担付款责任。

法律依据

《民法典》

第七百九十一条 发包人可以与总承包人订立建设工程合同，也可以分别与勘察人、设计人、施工人订立勘察、设计、施工承包合同。发包人不得将应当由一个承包人完成的建设工程支解成若干部分发包给数个承包人。

总承包人或者勘察、设计、施工承包人经发包人同意，可以将自己承包的部分工作交由第三人完成。第三人就其完成的工作成果与总承包人或者勘察、设计、施工承包人向发包人承担连带责任。承包人不得将其承包的全部建设工程转包给第三人或者将其承包的全部建设工程支解以后以分包的名义分别转包给第三人。

禁止承包人将工程分包给不具备相应资质条件的单位。禁止分包单位将其承包的工程再分包。建设工程主体结构的施工必须由承包人自行完成。

第七百九十三条 建设工程施工合同无效，但是建设工程经验收合格的，可以参照合同关于工程价款的约定折价补偿承包人。

建设工程施工合同无效，且建设工程经验收不合格的，按照以下情形处理：

（一）修复后的建设工程经验收合格的，发包人可以请求承包人承担修复费用；

（二）修复后的建设工程经验收不合格的，承包人无权请求参照合同关于工程价款的约定折价补偿。

发包人对因建设工程不合格造成的损失有过错的，应当承担相应的责任。

《建设工程质量管理条例》

第七十八条 本条例所称肢解发包，是指建设单位将应当由一个承包单位完成的建设工程分解成若干部分发包给不同的承包单位的行为。

本条例所称违法分包，是指下列行为：

（一）总承包单位将建设工程分包给不具备相应资质条件的单位的；

（二）建设工程总承包合同中未有约定，又未经建设单位认可，承包单位将其承包的部分建设工程交由其他单位完成的；

（三）施工总承包单位将建设工程主体结构的施工分包给其他单位的；

（四）分包单位将其承包的建设工程再分包的。

本条例所称转包，是指承包单位承包建设工程后，不履行合同约定的责任和义务，将其承包的全部建设工程转给他人或者将其承包的全部建设工程肢解以后以分包的名义分别转给其他单位承包的行为。

《最高院施工合同解释一》

第一条　建设工程施工合同具有下列情形之一的，应当依据民法典第一百五十三条第一款的规定，认定无效：

（一）承包人未取得建筑业企业资质或者超越资质等级的；

（二）没有资质的实际施工人借用有资质的建筑施工企业名义的；

（三）建设工程必须进行招标而未招标或者中标无效的。

承包人因转包、违法分包建设工程与他人签订的建设工程施工合同，应当依据民法典第一百五十三条第一款及第七百九十一条第二款、第三款的规定，认定无效。

《最高院实际施工人能否向无关转包人主张工程款的答复》

河南省高级人民法院：

你院《关于实际施工人能否向与其无合同关系转包人、违法分包人主张工程款的请示报告》[（2019）豫民再820号]收悉。经研究，答复如下：

《中华人民共和国民法典》和《中华人民共和国建筑法》均规定，承包人不得将其承包的全部建设工程转包给第三人或者将其承包的全部建设工程支解以后以分包的名义分别转包给第三人。禁止承包人将工程分包给不具备相应资质条件的单位。禁止分包单位将其承包的工程再分包。因此，基于多次分包或者转包而实际施工的人，向与其无合同关系的人主张因施工而产生折价补偿款没有法律依据。

最高人民法院民事审判第一庭

2021年5月10日

审判意见

《山东高院2011年民事审判会议纪要》

三、关于建设工程施工合同纠纷案件

……

（六）关于实际施工人的诉讼地位和发包人责任的性质问题

最高人民法院《关于审理建设工程施工合同纠纷案件适用法律问题的解释》第26条规定的实际施工人，是指工程转包合同的转承包人、违法分包合同的承包人、借用资质（资质挂靠）的承包人。司法实务中应当严格实际施工人的认定标准，不得随意扩大实际施工人的适用范围。实际施工人可以是法人、其他组织、个人合伙，也可以是自然人（俗称"包工头"），但从事建筑业劳务作业的农民工不属于实际施工人。

依据最高人民法院《关于审理建设工程施工合同纠纷案件适用法律问题的解释》第26条的规定，实际施工人直接起诉发包人请求支付欠付工程价款的，为查明案件事实，应当追加转包人、违法分包人为共同被告；实际施工人直接起诉转包人或者违法分包人请求支付工程价款的，不得追加发包人为诉讼当事人。

依据最高人民法院《关于审理建设工程施工合同纠纷案件适用法律问题的解释》第26条的规定，实际施工人起诉发包人请求支付欠付工程价款的，发包人在欠付工程价款的范围内对实际施工人承担直接支付欠付工程价款的责任，发包人与转包人或者违法分包人承担支付工程价款的连带责任没有法律依据。

……

24. 如何依施工顺序查明施工关键事实？

建设工程施工顺序大体可划分为：开工→桩基工程（如建设单位单独分包，可能在开工之前完成）→地基基础工程→一次主体结构工程→二次砌体结构工程→装饰装修工程→水电安装工程等→完工/竣工→竣工验收。其中，除桩基工程、地基基础、一次主体结构在施工时必须依次先后施工外，二次砌体工程、装饰装修工程、水电安装工程等可穿插施工。

依施工顺序可查明以下关键事实：

（1）开工日期。有关开工日期的认定，根据《最高院施工合同解释一》第8条的规定，应先按照双方当事人一致确认的开工日期认定，双方对开工日期有争议的，按照以下情形予以认定：开工日期为开工通知书载明的日期；发出开工通知时尚不具备开工条件的，以开工条件具备日为开工日；承包人经发包人同意已经实际进场施工的，以实际进场施工时间为开工时间。

（2）施工阶段。查明具体分部分项工程的施工完成时间，有助于认定发包人是否迟延支付进度款以及承包人主张停窝工等相关联的事实。工程是否完工也是需要查明的重要事实。

(3)是否竣工合格及其日期。根据《最高院施工合同解释一》第9条的规定，应先按双方当事人一致确认的竣工日期来认定，当事人对竣工日期有争议的，按如下情形予以认定：工程竣工验收合格的，以验收合格之日为竣工日期；承包人已提交竣工报告，发包人拖延验收的，以承包人提交竣工验收报告之日为竣工日期；建设工程未经竣工验收，发包人擅自使用的，以转移占有建设工程之日为竣工日期。

依据《民法典》第793条的规定，只有工程质量合格，无效合同的实际施工人才能提出工程款请求。

法律依据

《最高院施工合同解释一》

第八条 当事人对建设工程开工日期有争议的，人民法院应当分别按照以下情形予以认定：

(一)开工日期为发包人或者监理人发出的开工通知载明的开工日期；开工通知发出后，尚不具备开工条件的，以开工条件具备的时间为开工日期；因承包人原因导致开工时间推迟的，以开工通知载明的时间为开工日期。

(二)承包人经发包人同意已经实际进场施工的，以实际进场施工时间为开工日期。

(三)发包人或者监理人未发出开工通知，亦无相关证据证明实际开工日期的，应当综合考虑开工报告、合同、施工许可证、竣工验收报告或者竣工验收备案表等载明的时间，并结合是否具备开工条件的事实，认定开工日期。

第九条 当事人对建设工程实际竣工日期有争议的，人民法院应当分别按照以下情形予以认定：

(一)建设工程经竣工验收合格的，以竣工验收合格之日为竣工日期；

(二)承包人已经提交竣工验收报告，发包人拖延验收的，以承包人提交验收报告之日为竣工日期；

(三)建设工程未经竣工验收，发包人擅自使用的，以转移占有建设工程之日为竣工日期。

审判意见

《浙江高院施工合同解答》

五、如何认定开工时间？

建设工程施工合同的开工时间以开工通知或开工报告为依据。开工通知或开工报告发出后，仍不具备开工条件的，应以开工条件成就时间确定。没有开工通知或开工报告的，应以实际开工时间确定。

典型判决 建筑集团与东顺公司建设工程施工合同纠纷案①

【裁判要旨】

发包人虽然迟办施工许可证，但对此前开工建设没有造成影响的，开工日期应当以实际进场开工日为准。

【裁判观点】

再审法院认为，关于案涉工程的开工时间问题，东顺公司主张开工日期为2004年8月1日，即建筑集团实际进场施工之日。建筑集团主张其虽然在2004年8月1日进场，但因不符合全面施工条件而无法全面施工，故开工时间应以建筑工程施工许可证核发之日的2004年12月6日为准。经查，双方当事人在2004年7月30日签订的《建设工程承包合同》中，对合同工期进行了约定：开工日期2004年8月1日。而从建筑集团于2004年8月24日向东顺公司发出的《关于计划延误事宜通知的复函》、2004年11月25日向东顺公司发出《关于确认第二期工程进度款的函》、2005年8月4日向东顺公司发出《关于提前支付合同款的说明》的内容看，建筑集团均认可并实际已于2004年8月1日组织各有关施工人员进场施工，在2004年11月时，案涉工程已建到第5层，建筑集团向东顺公司确认收取第二期进度款为200万元。案涉工程的建筑工程施工许可证的核发时间虽然是2004年12月6日，但在核发建筑工程施工许可证之前，建筑集团早已对案涉工程进行施工建设，并未影响建筑集团的开工建设，故二审判决认定案涉工程开工日期为2004年8月1日，符合本案履约实际，并无不当。

第四节 结算条款

25. 实际施工人起诉的施工合同纠纷中，如何审查实际履行的合同？

在当事人签订多份施工合同的情况下，需要审查应以哪份合同为结算依据。

（1）若工程进行招投标，且双方在有效招投标后又签订背离中标合同实质性内容的合同，根据《最高院施工合同解释一》第2条的规定，按照中标合同结算工程款。

① 参见最高人民法院民事裁定书，（2013）民申字第862号。

(2)若工程进行招投标但中标无效,双方签订的数份合同均无效,应以实际履行合同作为结算依据。在判断哪一份施工合同为实际履行的合同时,可结合双方往来函件、付款节点、工程进度款申请表、付款审批表、预算书、结算书及履约保证金的支付凭证等确定。实际履行的合同难以确定的,根据《最高院施工合同解释一》第24条的规定,可以参照最后签订的施工合同关于工程价款的约定进行结算。

但需要注意的是,无论施工合同是否有效,当事人已达成建设工程价款结算协议的,应当尊重当事人意思自治,原则上按照该结算协议认定工程价款。

法律依据

《最高院施工合同解释一》

第二条 招标人和中标人另行签订的建设工程施工合同约定的工程范围、建设工期、工程质量、工程价款等实质性内容,与中标合同不一致,一方当事人请求按照中标合同确定权利义务的,人民法院应予支持。

招标人和中标人在中标合同之外就明显高于市场价格购买承建房产、无偿建设住房配套设施、让利、向建设单位捐赠财物等另行签订合同,变相降低工程价款,一方当事人以该合同背离中标合同实质性内容为由请求确认无效的,人民法院应予支持。

第二十四条 当事人就同一建设工程订立的数份建设工程施工合同均无效,但建设工程质量合格,一方当事人请求参照实际履行的合同关于工程价款的约定折价补偿承包人的,人民法院应予支持。

实际履行的合同难以确定,当事人请求参照最后签订的合同关于工程价款的约定折价补偿承包人的,人民法院应予支持。

典型判决1 海天公司、中新国闻公司建设工程施工合同纠纷案①

【裁判要旨】

《备忘》内容通过计价方式的改变实质调整了《总承包合同》内容,属于另行订立的建设施工合同,原审法院认定以中标合同为依据进行结算,并无不当。

【裁判观点】

再审法院认为,关于本案能否以《补充协议书》《备忘》作为结算依据的问题。

① 参见最高人民法院民事裁定书,(2021)最高法民申4516号。

《桩基合同》《总承包合同》均由国有企业金桥公司与海天公司通过招投标方式订立，系备案的中标合同。《补充协议书》是在《总承包合同》的工程价上再“暂定”增加8000万元，且存在无签订日期、部分施工项目与实际不符等问题，原审法院未采纳《补充协议书》并无不当。而从《备忘》的内容看，其改变了备案的《总承包合同》的计价方式，直接导致按不同计价标准计算的工程价款有大幅差异。《备忘》的内容也无法反映签订背景系“因客观情况发生了在招标投标时难以预见的变化”，而从本案原审查明的情况来看，工期延误以及工程量的增加亦不足以导致工程成本的大幅上升，故实际上本案也未出现招投标时难以预见的变化。因此，《备忘》通过计价方式的改变实质调整了《总承包合同》内容，属于另行订立与经过备案的中标合同实质性内容不一致的建设工程施工合同，原审以备案的中标合同作为结算工程价款的依据并作出相应处理，并无不当。

典型判决2 丰泽公司、胜丰公司建设工程施工合同纠纷案①

【裁判要旨】

案涉多份协议均为无效，因《价款协议书》为当事人实际履行的依据，且签订最迟，同一建设工程据此认定《价款协议书》为结算依据，并无不当。

【裁判观点】

二审法院认为，关于结算工程价款的依据问题，原《最高院施工合同解释二》第11条②规定：“当事人就同一建设工程订立的数份建设工程施工合同均无效，但建设工程质量合格，一方当事人请求参照实际履行的合同结算建设工程价款的，人民法院应予支持。实际履行的合同难以确定，当事人请求参照最后签订的合同结算建设工程价款的，人民法院应予支持。”据此，案涉协议均无效后，对于当事人有关参照实际履行的合同结算建设工程价款的请求，法院应予支持。针对实际履行的合同问题，当事人于诉讼过程中存在较大争议。结合当事人的主张和鉴定机构的鉴定意见等分析，主要的争议在于《价款协议书》是否为当事人实际履行的合同依据。二审法院认为，一审判决认定《价款协议书》为当事人实际履行的协议，并以此作为认定案涉工程价款的依据并无不当。理由如下：首先，案涉《价款协议书》与《6700万元合同》、《1.5亿元合同》、《备案合同》在工程范围、工期、质量、保

① 参见最高人民法院民事判决书，(2020)最高法民终59号。

② 相关规定参见《最高院施工合同解释一》第24条。

修等合同必要内容等方面并不存在实质性差异，仅在案涉工程造价计价方式上作出了不同的约定，即由“可调价格合同方式”变更为“固定单价方式”，且《价款协议书》的订立时间迟于前述合同，应以当事人最终的意思表示作为确定双方当事人权利义务的依据。其次，合同履行过程中，丰泽威海分公司根据其施工形象进度制作了《工程付款申请单》。从该《工程付款申请单》记载的情况看，形象进度款的计算依据为施工工程量×《价款协议书》约定的单价×形象进度百分比。而案涉工程形象进度款的计算依据与《价款协议书》所约定的计算标准一致。

26. 合同约定，因承包人不履行合同，发包人有权清场，双方同意按承包人实际完成工程量总价的70%结算，该条款是否有效？

对于“按照实际完成工程量总价的70%结算”等条款可从以下几个方面进行分析：

（1）“按照实际完成工程量总价的70%结算”如是双方真实意思表示的，事后任何一方均无法主张该条款为格式条款。既然按70%比例结算的条款不是格式条款，该条款并不因此无效。

（2）对于该条款的性质究竟是属于违约条款还是结算条款，存有争议。有法院将该条款理解为结算条款。如认定为结算条款，该观点对发包人有利，双方办理结算时，无须考虑合同效力和各方过错责任，即一律按70%的比例结算。也有法院将该条款理解为违约责任，既然是违约责任，则应当以合同有效为前提。该观点对施工方有利。

笔者认为，只要双方合同对违约责任作出明确约定的，无论哪方违约都应当按合同约定和法律规定承担违约责任；但同时应维护当事人利益关系的平衡，约定违约金标准过高，甚至超过工程款的，可根据当事人的申请，结合违约原因、各方过错等适当调整。如有法院认为，需要区分退场（停工）原因是否由承包人造成、有无发包人过错；更有法院对发包人提出更高程序要求，如发包人需多次发函等。

典型判决1 宋某与朱某建设工程施工合同纠纷案[①]

【裁判要旨】

案涉合同约定，承包人中途退场时已完成工程量按合同价格70%结算，一方当事人主张该条款为格式条款的，不予支持。

【裁判观点】

再审法院认为，申请人与被申请人签订的建设工程施工合同，既有打印内容，亦有手写内容，是经双方协商后签订的，系双方真实意思表示。案涉合同约定，无论什么原因，申请人不得中途退场，否则已完成工程量按合同价格的70%结算。二审法院以申请人存在中途停工退场情形为由，作出按照合同价格70%结算工程款的认定，并无不当。申请人提出合同中该条款系格式条款的意见，无事实依据和法律依据，再审法院不予支持。

典型判决2 王某、惠泽公司劳务合同纠纷案[②]

【裁判要旨】

合同单独约定了违约条款，又在"劳务分包单价及价款"条款中约定，乙方退场时均按其完成工程量总价的70%结算。根据合同内容和行文逻辑，该条款应认定为结算条款。

【裁判观点】

再审法院认为，本案审查的焦点是双方签订的《泥工程劳务承包合同》《木工工程承包合同》中约定的"如果乙方不能履行合同，甲方有权清理乙方退场，乙方退场（无论主体结构、二次结构完成与否），均按乙方完成工程量总价的70%结算"系违约条款还是结算条款的问题。经查阅原审卷宗，上述两合同均对工程概况、承包范围及承包方式、工作内容、劳务分包单价及价款、甲乙方权责、处罚条款等相关事宜进行了约定。在第8条"处罚条款"中对违约进行了约定，根据合同内容和行文逻辑，案涉两份合同对违约条款进行了单独约定，而"如果乙方不能履行合同，甲方有权清理乙方退场，乙方退场（无论主体结构、二次结构完成与否），均按乙方完成工程量总价的70%结算"条款约定在第4条"劳务分包单价及价款"下。故二审法院认定该条款是结算条款并无不当。在案涉两合同无效、申请人因其

① 参见江苏省高级人民法院民事裁定书，(2017)苏民申1726号。

② 参见山东省高级人民法院民事裁定书，(2020)鲁民申5461号。

自身原因无法继续履行合同的情况下，二审法院依据原《最高院施工合同解释》第2条的规定，按照申请人完成工程量总价的70%认定申请人的工程款，亦无不当。

典型判决3 荣翔公司、杨某德与凯华公司建设工程施工合同纠纷案①

【裁判要旨】

虽然合同约定承包人工期延误按照实际工程量70%结算，但因案涉合同无效而承包人已实际交付，法院按照造价据实结算并无不当。

【裁判观点】

二审法院认为，杨某德关于鉴定机构遗漏了其施工量之主张、荣翔公司关于鉴定机构将不属于杨某德施工范围的区域进行鉴定之主张，均不能成立。因案涉合同关于价款之约定无效，且杨某德实际施工量难以确定，鉴定机构参照合同约定并结合2015年商洛市平均季度建筑工程信息价，采用总价扣除的方法计算工程款，相对合理。杨某德上诉称案涉工程造价应为鉴定造价19,001,236.6元加上不当扣减的3,791,498.6元，共计22,792,735.2元。但因该3,791,498.6元系荣翔公司施工部分之造价，故杨某德的该项上诉请求不能成立。杨某德还称点工单造价为552,050.05元应计入工程款。但因除鉴定意见确定性结论认定的3234.9元外，其他签证单既无荣翔公司公章也无荣翔公司人员签字，故杨某德的该项上诉请求亦不能成立。荣翔公司上诉称因承包人的原因致案涉项目严重滞后，故应按实际完成工程量的70%进行结算。但因案涉合同无效而杨某德已实际交工，原判决按照工程造价据实结算，并无不当。

典型判决4 陕西四建四川分公司与圣发公司、欧某等建设工程分包合同纠纷申诉案②

【裁判要旨】

合同约定劳务公司存在工期及质量问题时，承包人有权要求其无条件退场且按实际完成工程量70%结算；承包人无法举证证明是劳务公司单方面原因造成退场，其主张按70%结算的，不予支持。

---

① 参见陕西省高级人民法院民事判决书，(2021)陕民终267号。

② 参见最高人民法院民事裁定书，(2015)民申字第3128号。

【裁判观点】

再审法院认为,案涉工程未按照合同约定期限竣工,经有关部门协调,圣发公司实际退出工程的施工。对于工期拖延的原因,圣发公司认为系因陕西四建四川分公司打乱正常基础回填未按施工顺序施工,亦未兑现签证承诺及人工费上调等导致,陕西四建四川分公司主张系因圣发公司施工进度缓慢、单方面停工而致。再审法院认为,双方在施工过程中所达成的关于停工的会议纪要能够反映工期拖延的有关原因。对于会议纪要所涉的“项目部未兑现签证承诺”,陕西四建四川分公司承诺“立即将前期签证进行计量和审批”,故二审法院认定不能将合同终止履行的原因与责任全部归结于圣发公司是正确的,符合本案实际情况。案涉《建设工程劳务分包合同》关于工期延误而产生的违约责任的约定为第13条“违约责任、奖惩条例”及第15条“乙方退场”,第13条约定,因圣发公司原因造成工期拖延的,每延期一天,承担总劳务费1‰的逾期罚金;第15条约定,如圣发公司不能达到合同规定的工期及质量要求,陕西四建四川分公司有权要求乙方圣发公司无条件退场,并按照实际完成劳务工程量的70%结算同时终止合同。综合来看,第15条实际是陕西四建四川分公司强制圣发公司退场的约定,而不仅是圣发公司工期延误违约责任的约定。故陕西四建四川分公司主张圣发公司强制退场并按照70%结算工程价款则导致工期延误的全部原因应在于圣发公司,如工期延误也存在陕西四建四川分公司的原因则陕西四建四川分公司适用第15条按照70%结算的依据不充分。综上,陕西四建四川分公司并无证据证明圣发公司退场是圣发公司单方面的原因造成的,陕西四建四川分公司主张按70%结算工程款并不予退还保证金的要求不符合双方合同约定的条件,因此二审法院不支持陕西四建四川分公司的该项主张是正确的,陕西四建四川分公司的该项再审申请理由不能成立。

典型判决5 腾盛公司、腾盛涞水分公司建设工程施工合同纠纷案①

【裁判要旨】

发包人对合同无效及停工负有主要责任的,对其提出按约定已完成产值的70%结算工程款的主张,不予支持。

【裁判观点】

二审法院认为,因本案诉争工程为居民住宅,故依法应当进行招标。腾盛涞

---

① 参见河北省高级人民法院民事判决书,(2018)冀民终109号。

水分公司与城乡公司2014年6月签订的《建设工程施工合同》应当招标而未招标，应认定无效。吴某实际施工诉争工程后，腾盛涞水分公司至2014年12月方办理完成诉争工程的《工程规划许可证》，至案件审理时仍未办理《施工许可证》，腾盛涞水分公司作为发包人，应对合同无效及吴某停止施工、工程中断承担主要责任。原判决已酌情判令吴某赔偿腾盛涞水分公司经济损失50万元，二审法院对腾盛公司、腾盛涞水分公司主张的按照《建设工程施工合同》中违约条款约定按已完工程产值的70%支付工程款，扣除吴某延期交工违约金，扣除吴某延期交工而导致腾盛公司、腾盛涞水分公司支付的拆迁户赔偿金的请求，不予支持。

典型判决6 西部建业公司与德利公司劳务合同纠纷案①

【裁判要旨】

合同解除后，双方就如何结算以及退场等事宜多次互致函件，发包人始终未提出劳务费按70%结算，诉讼中发包人主张按70%结算，因证据不足，不予支持。

【裁判观点】

再审法院认为，关于德利公司是否违约，劳务费应否按70%进行结算的问题，双方签订的《劳务分包合同》约定："如施工方质量、进度违约，甲方有权终止合同，按乙方完成合格工程量乘以总包单价的70%向乙方办理结算。"据此，对于德利公司是否违约应从以下两个方面审查：其一，工期是否延误。《劳务分包合同》约定施工范围为5号、6号、7号、8号楼，但在施工中又增加了2号商业楼、殡葬服务用房和地下车库，在双方签订的合同中对施工期限没有具体约定。西部建业公司称德利公司未按期完工的依据仅是2018年6月30日，西部建业公司以《工作联系单》的形式通知德利公司2018年9月15日各楼均达到主体结构封顶，但双方对主体结构封顶的日期并未达成一致。二审中德利公司提供案涉工程2018年8月封顶典礼的视频截图照片，西部建业公司虽认为该照片不属于新证据，但该证据能够印证工程按期完成主体封顶。其二，工程质量问题。德利公司对施工中出现的质量问题进行了整改，至退场时西部建业公司未提出质量问题。西部建业公司所提供的证据证明德利公司履行合同存在瑕疵，但不足以证明德利公司存在根本违约。合同解除后，双方就如何结算以及退场等事宜多次互致函件，西部建业公司始终未提出劳务费按70%结算的问题。故西部建业公司要求按照70%结算，

① 参见青海省高级人民法院民事裁定书，(2020)青民申575号。

证据不足，该项再审理由不能成立。

27. 依据无效合同签订结算协议后，一方又反悔的，如何处理？

无论建设工程施工合同是否有效，当事人已经达成了结算协议，就应当尊重当事人的意思自治，按照结算协议进行结算。施工合同无效时，参照《民法典》第567条的规定，结算协议系结算和清理条款，应认定有效。如果一方当事人申请工程造价鉴定的，根据《最高院施工合同解释一》第29条的规定，不予支持。

建设工程施工合同无效，存在实际施工人的情况下，发包人与承包人签订结算协议如不违反法律、行政法规的强制性规定，不损害他人合法权益，应为有效；结算协议中如有工程款支付、保证金退还等承诺，承诺人应当遵守执行。如果发包人与承包人签订的结算协议系恶意串通损害了实际施工人利益的，实际施工人可依据《民法典》第154条的规定主张该结算协议无效，并申请司法造价鉴定。

法律依据

《最高院施工合同解释一》

第二十九条 当事人在诉讼前已经对建设工程价款结算达成协议，诉讼中一方当事人申请对工程造价进行鉴定的，人民法院不予准许。

《民法典》

第一百五十四条 行为人与相对人恶意串通，损害他人合法权益的民事法律行为无效。

第五百六十七条 合同的权利义务关系终止，不影响合同中结算和清理条款的效力。

审判意见

《北京高院施工合同解答》

7、当事人在诉讼前已就工程价款的结算达成协议，一方要求重新结算的，如何处理？

当事人在诉讼前已就工程价款的结算达成协议，一方在诉讼中要求重新结算的，不予支持，但结算协议被法院或仲裁机构认定为无效或撤销的除外。

建设工程施工合同无效，但工程经竣工验收合格，当事人一方以施工合同无效为由要求确认结算协议无效的，不予支持。

原《广东高院民事审判纪要》

24. 当事人依照无效的建设工程施工合同就工程价款签订了结算协议，且工程经竣工验收合格的，可参照结算协议认定工程价款。

典型判决　汇都公司、地金公司建设工程施工合同纠纷案[1]

【裁判要旨】

《结算协议书》约定垫资增加费条款源于无效合同，但该协议系双方履约后结算时真实意思表示的，应属有效。

【裁判观点】

二审法院认为，关于汇都公司是否应当支付垫资增加费5,569,612元的问题，汇都公司主张因《意向协议书》无效，其中关于按工程量每平方米加150元的条款也无效，故不能按该条款支持垫资增加费5,569,612元。二审法院认为，汇都公司该项主张不能成立，理由如下：第一，原《最高院施工合同解释》第2条规定："建设工程施工合同无效，但建设工程经竣工验收合格，承包人请求参照合同约定支付工程价款的，应予支持。"原《最高院施工合同解释二》第11条[2]规定："当事人就同一建设工程订立的数份建设工程施工合同均无效，但建设工程质量合格，一方当事人请求参照实际履行的合同结算建设工程价款的，人民法院应予支持。实际履行的合同难以确定，当事人请求参照最后签订的合同结算建设工程价款的，人民法院应予支持。"从上述规定可知，虽然案涉《意向协议书》无效，但其关于按工程量每平方米加150元的约定仍可作为参照。第二，根据一审已查明的事实，案涉工程经双方交接并由汇都公司交付业主使用后，双方就工程质量及工程款已进行结算，双方经过多次协商审核，确定了工程量、工程价款、已付款、欠付款等结算结果，并对付款期限、双方义务、逾期付款责任等内容作了明确约定。上述事实有《付款明细对账表》、《合同外增加工程量清单》、《工程结算单》及相关说明、《工程款付款协议书》等数份证据予以证实，其中5,569,612元垫资增加费多次出现，汇都公司均予以确认，其应按照结算结果和协议约定支付款项。第三，关于按实际垫资工程量每平方米加150元的约定，是双方以地金公司垫资施工为条件，自行协商确定的工程价款计算方式和标准，是当事人在特定交易模式下自由的商业选择与合理对价，并不存在具体的垫资金额、期限和利息约定，与汇都公司所称垫资及垫资利息有明显区别，汇都公司该项理由不能成立。

---

① 参见最高人民法院民事判决书，(2019)最高法民终1537号。

② 相关规定参见《最高院施工合同解释一》第24条。

第五节 造价鉴定

28.工程造价鉴定报告应如何审查?

司法造价鉴定对建设工程案件审理有着重要作用。移交鉴定前,需要对鉴定材料进行充分举证、质证;鉴定初稿形成后,应充分征求当事人意见;鉴定报告出具后,由鉴定人以书面、出庭等方式进行答复和说明。裁判时,法院应当就鉴定意见书进行形式和程序审查与实质内容审查。

形式和程序审查包括:(1)委托法院的名称;(2)委托鉴定的内容、要求;(3)鉴定材料;(4)鉴定所依据的原理、方法;(5)对鉴定过程的说明;(6)鉴定意见;(7)承诺书;(8)鉴定人签名或者盖章,并附鉴定人的相应资格证明。

实质内容审查包括:(1)鉴定事项及范围是否与委托相符;(2)鉴定材料是否全面完整并经法定程序质证;(3)鉴定依据是否正确合理;(4)鉴定方法是否科学,是否符合实际状况;(5)鉴定过程是否符合法律规定及技术规范要求;(6)鉴定意见书的结论是否明确具体,分析过程与结论是否具有逻辑性及确定性,是否与已查明认定的事实存在矛盾的情形;(7)鉴定程序以及鉴定意见书的形式等是否符合法定要求。

操作指引

《浙江律协造价鉴定操作指引》

第三十一条 对建设工程造价司法鉴定意见的审查,审查要点包括但不限于以下内容:

(一)鉴定程序是否合法,如鉴定人的资质、鉴定人所属专业的匹配性、执行回避情况等;

(二)鉴定范围与委托范围是否一致,是否超出委托范围或遗漏委托事项,是否存在需要重新鉴定或补充鉴定的情形;

(三)鉴定采信的证据是否经过质证,鉴定征求意见过程中补充的证据是否已得到充分考虑;

(四)现场勘验是否合法、合理、有无遗漏重要环节等,鉴定过程反馈的勘验问题是否得到有效反馈或补充勘验;

(五)是否存在需由委托人先行确定的事项而未经委托人确定,或是否属于应由委托人确定的事实而鉴定机构存在以鉴代审的情况;

（六）鉴定所采用的鉴定方法是否有误，征求意见时当事人反馈的方法错误是否得到鉴定机构的回应、解释或说明；

（七）鉴定的计算要素依据是否充分；

（八）鉴定的计算结果是否存在运算、换算错误，征求意见时发现的运算、换算错误是否得到修正；

（九）鉴定中对依据不清进行推导的，鉴定意见中是否说明合理披露、说明推导方法和依据；

（十）鉴定机构对争议项作出的供法院选择使用的鉴定意见，应审查所列的选择项是否充分，律师应结合案件事实提出己方认为应选择的具体项目、对其他不应选择的项目的反驳意见等；

（十一）鉴定机构提出的有关争议项的处理建议，应审查其是否存在客观事实基础、建议方法和方案是否符合公平、公正原则等；

（十二）对于鉴定意见中认为无法鉴定的情形，阐述说明认为可以鉴定的理由以及建议的方法。

必要时律师可以提示当事人邀请专家辅助人参与鉴定意见的审查。经审查后，如对鉴定意见有异议的，律师应向人民法院及时提出书面质证意见。

29. 无须申请司法鉴定的情形有哪些？

一般来说，当事人对有争议的工程造价、工程质量、损失数额、工期、修复费用等专门性问题，无法直接举证的，应当在举证期内及时向法院申请鉴定。当然，对于待证事实需要明确鉴定方式的，裁判机关应向当事人释明，由负有举证责任的当事人提出鉴定申请。

但下列情形之一，当事人无须申请司法鉴定：

（1）当事人已对工程价款进行了结算，结算报告已经当事人签章认可，或当事人对工程价款、欠款数额已达成一致协议。

（2）当事人在专用条款中明确约定，发包人收到竣工结算文件后在约定期限内不予答复视为认可竣工结算文件，且承包人已经按照约定提交了竣工结算文件而发包人未依约答复。

（3）当事人对争议事项已经共同委托有关机构、人员出具咨询意见且明确表示受该咨询意见约束。

（4）当事人明确约定按照固定总价或单价结算工程款，而承包范围未发生变化或未超出约定风险范围，且不存在约定调整工程价款情形。

（5）建设工程经竣工验收合格后，发包人又以施工工程质量不符合约定为由提出质量异议；或者建设工程未经竣工验收，发包人擅自使用后又以使用部分质量不符合约定为由提出质量异议。但有证据证明在建设工程的合理使用寿命内的地基基础工程和主体结构出现质量问题的除外。

（6）当事人约定工程价款的结算以第三方结论，如财政评审、工程审计等为依据，相关财政评审、审计结论已出具。但有证据证明财政评审、工程审计结论违反法律规定或合同约定的除外。

（7）根据现有证据和法律规定，足以认定争议事项的其他情形。

法律依据

《最高院施工合同解释一》

第二十一条 当事人约定，发包人收到竣工结算文件后，在约定期限内不予答复，视为认可竣工结算文件的，按照约定处理。承包人请求按照竣工结算文件结算工程价款的，人民法院应予支持。

第二十八条 当事人约定按照固定价结算工程价款，一方当事人请求对建设工程造价进行鉴定的，人民法院不予支持。

第二十九条 当事人在诉讼前已经对建设工程价款结算达成协议，诉讼中一方当事人申请对工程造价进行鉴定的，人民法院不予准许。

第三十条 当事人在诉讼前共同委托有关机构、人员对建设工程造价出具咨询意见，诉讼中一方当事人不认可该咨询意见申请鉴定的，人民法院应予准许，但双方当事人明确表示受该咨询意见约束的除外。

第三十一条 当事人对部分案件事实有争议的，仅对有争议的事实进行鉴定，但争议事实范围不能确定，或者双方当事人请求对全部事实鉴定的除外。

第三十二条 当事人对工程造价、质量、修复费用等专门性问题有争议，人民法院认为需要鉴定的，应当向负有举证责任的当事人释明。当事人经释明未申请鉴定，虽申请鉴定但未支付鉴定费用或者拒不提供相关材料的，应当承担举证不能的法律后果。

一审诉讼中负有举证责任的当事人未申请鉴定，虽申请鉴定但未支付鉴定费用或者拒不提供相关材料，二审诉讼中申请鉴定，人民法院认为确有必要的，应当依照民事诉讼法第一百七十条第一款第三项的规定处理。

第三十三条 人民法院准许当事人的鉴定申请后，应当根据当事人申请及查明案件事实的需要，确定委托鉴定的事项、范围、鉴定期限等，并组织当事人对争议的鉴定材料进行质证。

第三十四条 人民法院应当组织当事人对鉴定意见进行质证。鉴定人将当事人有争议且未经质证的材料作为鉴定依据的,人民法院应当组织当事人就该部分材料进行质证。经质证认为不能作为鉴定依据的,根据该材料作出的鉴定意见不得作为认定案件事实的依据。

操作指引

《浙江律协造价鉴定操作指引》

第六条 建设工程造价司法鉴定的启动通常以当事人申请鉴定为原则,人民法院依职权委托鉴定为补充。律师应提示负有举证责任的当事人在一审举证期限内提出司法鉴定申请,并在指定的期限内预交鉴定费,告知逾期不提出申请或者不预交鉴定费的法律后果。

第七条 人民法院向一方当事人释明需申请鉴定的,律师应当指导当事人在人民法院指定的期限内提出鉴定申请,并在指定的期限内预交鉴定费。如对人民法院分配的举证责任有异议的,应及时向人民法院提出。

第八条 经人民法院释明后当事人未在指定期限内提出鉴定申请,律师在后续审理程序中对同一事项申请鉴定的,则应书面告知当事人鉴定申请可能不被接受的法律风险。

第九条 律师应当在鉴定开始前做好鉴定准备,指导当事人明确鉴定范围、鉴定依据,并提供相关鉴定材料。

第十条 律师应当提示当事人在人民法院指定的期间内提交鉴定材料,避免逾期提交视为放弃举证的不利后果。

第十一条 当事人对建设工程造价存在争议,既未达成结算协议,也无法采取其他方式确定的,律师应提示负有举证责任的当事人申请建设工程造价司法鉴定。

第十二条 具有下列情形之一的,人民法院一般不支持建设工程造价司法鉴定。如果当事人坚持申请鉴定,律师应书面告知当事人鉴定申请可能不被接受的法律风险。(一)当事人在诉讼前已经对建设工程价款结算达成协议的;(二)当事人约定按照固定价结算建设工程价款的;(三)当事人在诉讼前共同委托有关机构、人员对建设工程造价出具咨询意见,双方当事人明确表示接受该咨询意见约束的;(四)当事人约定,发包人收到竣工结算文件后,在约定期限内不予答复,视为认可竣工结算文件,按照该约定处理的;(五)人民法院根据双方提交的结算材料可直接认定建设工程价款金额的;(六)其他不支持建设工程造价司法鉴定的情形。

30. 实际施工人如何主张其报送的送审结算书已完整？

发包人对承包人提交竣工结算报告进行审核的前提条件是承包人已提交了完整的竣工结算资料。完整竣工结算资料至少包括招投标文件、施工合同、施工图纸、签证单、预算书等。若承包人提交的竣工结算资料不完整，且所缺少资料系发包人不持有并直接影响审核，发包人已要求补齐资料的，审核期限应自资料补齐之日起计算。

实际施工人应向相对人提交完整的竣工结算资料，该资料应当是其自行持有的且能证明工程造价必不可少的证据。但是需要注意的是：

其一，实际施工人并不负有竣工报告以及竣工验收证书原件举证义务。竣工总结、开工报告等原件资料作为工程各个阶段实施的基础依据，材料原件本身就存放在发包人和承包人处，要求实际施工人提供这些原件并不合理。如竣工验收报告是由发包人组织承包人、监理单位等参加并由各方盖章确认。

其二，大多数实际施工人并不会出现在任何官方文件中，如竣工报告、开工报告等资料均较少体现实际施工人姓名。

其三，实际施工人应当举证证明已向相对人报送结算材料的签收证据，如收条、微信、短信记录等。

其四，实际施工人提供了相关资料后，相对人主张送审资料不完整但又无法说明具体缺少的材料名称的，该抗辩不成立。

第六节　已付价款

31. 如何认定已付工程款金额？

工程施工合同纠纷中，已付工程款金额的认定看似简单，但实际情况较为复杂。实践中因付款方式多样、证据不完善等原因，对该部分事实的查明较为困难。一般来说，已支付工程款的举证责任由发包人承担。但承包人就发包人提供的付款清单的部分款项不属于已付工程款的应当进行举证，如果查明确系其他款项往来的，不计入已付工程款。

举证责任方充分举证后，由法官根据各方证据、交易习惯、日常生活经验等综合考量。

（1）银行汇款。一般而言，双方对银行汇款单据真实性并无异议，主要争议在于该款项是不是双方其他经济往来。

（2）承兑汇票。承包人获得承兑汇票，仅是获得了票据权利，在未实际兑付前，相应工程款债务并未消灭。一般而言，承包人、实际施工人接受发包人开出的承兑汇票并到期兑付的，或者已将承兑汇票背书转让的，应视为发包人已付工程款。

（3）现金支付。诉讼中，发包人常举证相关收据用以证明款项已支付完毕。若相对人否认实际收到，则由法院结合金额大小、存取款凭证、双方交易习惯等综合判断。

（4）工程借款。在工程施工中，除了正常工程款支付以外，发包人（或发包人实控人、股东等）也可能向承包人出借款项并约定利息，对于该借款本息可否作为已付款款项的，应结合工程款支付、双方交易习惯等情况处理。

（5）代付材料款、分包工程款、劳务工资等款项。发包人主张其代承包人履行了付款义务，要求计入已付款的，则由发包人举证证明该付款真实性、金额合理性。其中，发包人应政府主管部门要求垫付农民工工资的，应计入已付工程款。承包人出具委托书或相关协议约定由发包人代为支付材料款、农民工工资，该实际付款金额应计入已付工程款。

审判意见

《河南高院工程合同解答》

16. 发包人支付给承包人的商票到期未被兑付，承包人将未兑付商票金额计入欠付工程款中起诉的，是按照未付工程款处理，还是告知承包人按照票据纠纷另行主张权利？

答：商业汇票只是发包人支付工程款的一种方式。一般情况下，承包人接受发包人开出商票并到期兑付的，或者已将商票背书转让的，应视为发包人已付工程款。承包人持有的商票到期未能兑付或出票人拒绝兑付的，除因承包人未按照提示付款期限提示付款等其自身过错被拒绝兑付外，发包人的付款行为并未实际完成，仍应承担相应数额的付款责任。因此，承包人有权将未兑付商票金额计入欠付工程款中一并起诉，也有权按照票据纠纷另行主张权利。基于诉讼便利原则和诉讼权利处分原则，在承包人已经起诉的情况下，可将未兑付商票金额计入欠付工程款中一并处理，同时应当判令承包人退还商票，不应再告知当事人依票据纠纷另行主张权利。

典型判决 安徽三建公司、东至汉唐公司建设工程施工合同纠纷案①

【裁判要旨】

商业汇票出具只是一种支付方式，在商业汇票没有实际承兑前，不产生偿付等额工程款的效力。

【裁判观点】

再审法院经审查认为，本案中，东至汉唐公司向安徽三建公司出具四张共计2800万元商业承兑汇票，目的在于支付工程款，但四张汇票到期后，东至汉唐公司并未实际兑付。双方于2019年9月20日签订的《还款计划书》中亦明确“由于债务人资金回笼困难等原因，未能按期承兑”，截至案件审理时东至汉唐公司并未偿还此款项，因此东至汉唐公司并未实际支付该2800万元款项。东至汉唐公司支付部分利息，是基于双方之间《商票保贴业务合作协议》的约定，不能因利息的支付就认定2800万元款项已经支付。该2800万元属于工程款的一部分，债权的产生是基于双方之间的建设工程施工合同，商业汇票的出具只是一种支付方式，故在商业汇票没有得到承兑的情形下，不产生偿付2800万元工程款的效力，安徽三建公司有权要求东至汉唐公司继续履行支付该2800万元工程款的义务。本案中，双方并未约定商业汇票出具后原债权就消灭，故二审判决认定安徽三建只能依据票据法律关系另行起诉，为适用法律错误。

① 参见最高人民法院民事裁定书，(2021)最高法民申6965号。

第三章 工程价款范围

第一节 工程款组成

32. 实际施工人起诉时，如何设计工程款金额？

建设工程施工合同无效，但建设工程经验收合格或修复合格的，实际施工人可依据《民法典》第 793 条的规定提出工程款请求。在起诉设计工程款金额时，应考虑下列情况：

(1)以结算协议中的造价金额为起诉工程款基数。无论建设工程施工合同是否有效，只要当事人已达成了结算协议，就应当尊重当事人的意思自治，按照结算协议进行结算。施工合同无效时，参照《民法典》第 567 条的规定，结算协议系结算和清理条款，应认定有效。如果一方当事人申请工程造价鉴定的，根据《最高院施工合同解释一》第 29 条的规定，不予支持。

当事人诉前达成结算协议，只要是真实意思表示的，就应作为结算的依据。判断真实意思表示的主要标准包括：首先，双方共同签字盖章的结算协议，一方仅以对方存在欺诈、胁迫等行为否认结算协议效力，没有充分证据证明的，不予支持；其次，一方当事人签收造价报告但未达成书面结算协议，不能因此认定为结算协议；最后，存在多份结算协议时，应结合双方主张和举证，确定当事人真实意思表示。

(2)以行政审计(财政评审)金额为起诉工程款基数。合同约定本政府投资建设项目以行政审计(财政评审)作为工程款结算依据的，按照约定处理。若因发包人原因未进行审计或者发包人怠于配合审计义务，导致未能在合理期限内作出审计意见，承包人可以申请司法造价鉴定。

(3)以固定总价金额为起诉工程款基数。当事人约定按照固定价结算工程价款，在合同约定的风险范围和风险费用内，按照合同约定执行。因设计变更导致建设工程的工程量或者质量标准发生变化，当事人请求对工程价款予以调整的，合同对工程价款调整的计算方法有约定的，依照其约定；没有约定或者约定不明的，由当事人协商解决；不能协商一致的，可以参照合同约定标准对变更部分予以结算；无法参照合同约定结算的，可以参照工程所在地建设行政主管部门发布的计价方法或者计价标准结算。

（4）以送审价金额为起诉工程款基数。该诉请应符合《最高院施工合同解释一》规定的以送审价为准的情形。如实际施工人以承包人名义起诉发包人的，则需要考虑现有证据是否符合以送审价为准的基本条件：首先，总承包合同约定有以送审价为准的合同条款。其次，承包人已经向发包人递交了完整的送审结算资料。再次，承包人送审资料由发包人有权人员签收且有证据证明。复次，送审造价明确具体。最后，约定的送审期满，承包人发函给发包人，谢绝继续审价，并要求其立即按照送审价支付到期工程款。

（5）以预估造价金额为起诉工程款基数。此种情况下，在诉讼中根据司法鉴定结果变更诉讼请求。当事人申请对工程造价鉴定的，法院应审查该申请事项是否为争议事实、是否具备专业性、能否出具鉴定意见、鉴定材料有无质证等相关内容。

法律依据

《最高院施工合同解释一》

第二十一条 当事人约定，发包人收到竣工结算文件后，在约定期限内不予答复，视为认可竣工结算文件的，按照约定处理。承包人请求按照竣工结算文件结算工程价款的，人民法院应予支持。

第二十八条 当事人约定按照固定价结算工程价款，一方当事人请求对建设工程造价进行鉴定的，人民法院不予支持。

第二十九条 当事人在诉讼前已经对建设工程价款结算达成协议，诉讼中一方当事人申请对工程造价进行鉴定的，人民法院不予准许。

33. 实际施工人是否有权主张利润？

建设工程施工合同无效，但建设工程经验收合格或修复合格的，可以参照合同关于工程价款的约定折价补偿给承包人。《民法典》第 793 条规定了建设工程施工合同无效时的折价补偿。据此，只要质量合格，无论发包人、承包人、实际施工人都有权请求参照约定折价补偿。

根据《最高院施工合同解释一》第1条的规定，承包人因转包、违法分包建设工程与他人签订的建设工程施工合同，应当依据《民法典》第153条第1款及第791条第2款、第3款的规定，认定无效。建设工程施工合同无效，但建设工程验收合格或修复合格，实际施工人请求参照合同约定支付直接费中的工资或事实上已发生的材料款、机械费，以及工程款组成内容中的间接费和利润的，应予支持。

审判意见

《北京高院施工合同解答》

17. 无效建设工程施工合同中的工程价款如何确定？

建设工程施工合同无效，但工程经竣工验收合格，当事人任何一方依据《解释》第二条的规定要求参照合同约定支付工程折价补偿款的，应予支持。承包人要求发包人按中国人民银行同期贷款利率支付欠付工程款利息的，应予支持。发包人以合同无效为由要求扣除工程折价补偿款中所含利润的，不予支持。

典型判决1 盛某君、日兴公司与黎托公司建设工程施工合同纠纷案[①]

【裁判要旨】

建设工程质量合格，一方当事人提出结算时应收缴非法所得但没有事实依据，提出扣除利润等的主张也无法律依据的，不予支持。

【裁判观点】

再审法院认为，盛某君作为实际施工人，在工程验收合格的情况下，可以取得其应得的工程款。本案工程款的确定是依据当事人申请，经法院委托，各方当事人质证后得出的结论，程序合法，内容合理。日兴公司称本案存在应当收缴的非法所得，没有事实依据。其称利润应在工程款中予以扣除，以及工程款中不包括企业管理费、利润、工程安全防护及文明措施费、规费、工伤保险、税金等费用的主张，均无法律依据，再审法院不予支持。

---

① 参见最高人民法院民事裁定书，(2016)最高法民申1755号。

典型判决 2 潘某、中铁十二局二公司建设工程施工合同纠纷案①

【裁判要旨】

建设工程质量合格，如在应付工程款中扣除实际施工人的利润，将导致转包人获得更多的非法利益，有违公平合理的基本原则，不予支持。

【裁判观点】

二审法院认为，中铁十二局二公司将其承包的案涉部分工程分包给河南忠诚公司建设施工，但河南忠诚公司未组织施工，也表示不主张工程款，案涉工程由潘某实际施工，潘某系借用河南忠诚公司的资质签订合同，故案涉承包合同无效。

华昆咨询价鉴(2019)2号鉴定意见书载明，间接费用868,820元包括企业管理费、规费和利润。因企业管理费与实际施工人的资质无关，且潘某在建设施工过程中进行了具体的工程管理，故管理费不应从潘某应得工程价款中扣除。而规费作为政府和有关权力部门规定必须缴纳的费用，包括为职工缴纳的五险一金以及按规定缴纳的施工现场工程排污费等费用，因案涉工程由潘某组织的工人施工，所涉及的五险一金等应由潘某承担，故规费不应从潘某应得工程价款中扣除。

至于利润，潘某作为施工方，其劳力、材料等已物化在建设工程的整体价值中，在潘某完成的工程不存在质量问题的情况下，中铁十二局二公司的合同目的已实现，利润是潘某理应获得的相应对价，如将该部分利润留给中铁十二局二公司，则基于同样一份无效合同，中铁十二局二公司将获得更多的非法利益，有违合同公平合理的基本原则，故利润亦不应从潘某应得工程价款中扣除。

典型判决 3 张某敬、周口大兴公司建设工程施工合同纠纷案②

【裁判要旨】

合同无效，建设工程经竣工验收合格，挂靠合同的实际施工人有权请求参照合同约定支付利润在内的工程款。

【裁判观点】

再审法院认为，原《最高院施工合同解释》第2条规定："建设工程施工合同无效，但建设工程经竣工验收合格，承包人请求参照合同约定支付工程价款的，应予

① 参见最高人民法院民事判决书，(2021)最高法民终412号。
② 参见最高人民法院民事裁定书，(2019)最高法民申1864号。

支持。”张某敬与周口大兴公司签订的建设工程施工合同虽然无效，但在案涉工程竣工验收合格的前提下，张某敬主张工程款应当包括利润在内，一审法院认为张某敬借用资质签订建设工程施工合同的行为无效，其不能通过违法行为获得利润，属认定不当。

34. 实际施工人是否有权主张规费？

根据《建安工程费用组成》的规定，建筑安装工程费用项目按费用要素组成可划分为人工费、材料费、施工机具使用费、企业管理费、利润、规费和税金七要素；按工程造价形成顺序可划分为分部分项工程费、措施项目费、其他项目费、规费和税金五个组成部分。其中，规费是指按国家法律、法规规定，由省级政府和省级有关权力部门规定必须缴纳或计取的费用，包括社保费、住房公积金、工程排污费等。

规费系工程费用重要组成，与施工人的主体资格以及资质并无关联。如作为实际施工人的自然人实际参与施工管理，承担了相应工程排污费和五险一金等费用，就有权主张企业管理费和规费。但如合同已约定社保费、工程排污费等个别组价项目不计取的，该约定体现双方真实意思表示，对双方当事人具有约束力，应给予尊重。

法律依据

《社会保险法》

第二条 国家建立基本养老保险、基本医疗保险、工伤保险、失业保险、生育保险等社会保险制度，保障公民在年老、疾病、工伤、失业、生育等情况下依法从国家和社会获得物质帮助的权利。

第三十三条 职工应当参加工伤保险，由用人单位缴纳工伤保险费，职工不缴纳工伤保险费。

第三十五条 用人单位应当按照本单位职工工资总额，根据社会保险经办机构确定的费率缴纳工伤保险费。

行政规定

《建安工程费用组成》

一、《费用组成》调整的主要内容：

（一）建筑安装工程费用项目按费用构成要素组成划分为人工费、材料费、施工机具使用费、企业管理费、利润、规费和税金（见附件1）。

（二）为指导工程造价专业人员计算建筑安装工程造价，将建筑安装工程费用按工程造价形成顺序划分为分部分项工程费、措施项目费、其他项目费、规费和税金（见附件2）。

……

（六）按照《社会保险法》的规定，将原企业管理费中劳动保险费中的职工死亡丧葬补助费、抚恤费列入规费中的养老保险费；在企业管理费中的财务费和其他中增加担保费用、投标费、保险费。

（七）按照《社会保险法》、《建筑法》的规定，取消原规费中危险作业意外伤害保险费，增加工伤保险费、生育保险费。

典型判决 喻某、罗某、联合织金分公司、联合公司建设工程施工合同纠纷案①

【裁判要旨】

如施工合同没有明确约定，一方要另行扣减规费的，不予支持。

【裁判观点】

再审法院认为，关于工程规费的认定问题，联合织金分公司作为甲方，喻某、罗某作为乙方签订的《内部承包协议》第2条"工程单价"第2款约定："甲方按不含税单价11元/m^{3}的价格，根据乙方挖、运、填土方的测量方量计算工程总价款。"第3款约定："如在开挖中遇到的石方，甲方按04定额下浮30%计算支付给乙方。"第4款约定："堡坎、围墙、道路工程按审计价下浮20%（不含税）计价支付工程价款给乙方。"从前述约定来看，土方及堡坎、围墙、道路工程款均明确为不含税价，石方虽无明确约定，但约定"按04定额下浮30%计算"。在合同未明确约定要另行扣减规费的情况下，二审判决对联合公司、联合织金分公司主张扣减规费

① 参见最高人民法院民事判决书，（2020）最高法民再26号。

2,681,417.73元予以支持,缺乏事实和法律依据,导致双方利益失衡,再审法院予以纠正。

35. 实际施工人主张企业管理费、规费的主要理由是什么?

根据《民法典》第793条的规定,建设工程施工合同无效,但是建设工程经验收合格的,可以参照合同关于工程价款的约定折价补偿承包人。而《建安工程费用组成》规定,建筑安装工程费用项目包括人工费、材料费、施工机具使用费、企业管理费、利润、规费和税金。

笔者认为,企业管理费,是指建筑安装企业组织施工生产和经营管理所需的费用;规费,是指按国家法律、法规规定,由省级政府和省级有关部门规定必须缴纳或计取的费用。实际施工人如是企业,有权要求支付企业管理费、规费在内的全部工程款;实际施工人如是自然人,可否主张工程款中的企业管理费、规费要看其是否承担相关费用。实际施工人在施工中已参与项目组织管理,并实际承担相应工程排污费和五险一金等费用,就有权主张企业管理费和规费,至于公司主体资格以及资质,并非主张企业管理费和规费的必然要求。当然,双方合同另有约定的除外。

法律依据

《民法典》

第七百九十三条 建设工程施工合同无效,但是建设工程经验收合格的,可以参照合同关于工程价款的约定折价补偿承包人。

建设工程施工合同无效,且建设工程经验收不合格的,按照以下情形处理:

(一)修复后的建设工程经验收合格的,发包人可以请求承包人承担修复费用;

(二)修复后的建设工程经验收不合格的,承包人无权请求参照合同关于工程价款的约定折价补偿。

发包人对因建设工程不合格造成的损失有过错的,应当承担相应的责任。

行政规定

《建安工程费用组成》

附表

建筑安装工程费用项目组成表

（按造价形成划分）

- 建筑安装工程费
  - 分部分项工程费
    - 1. 房屋建筑与装饰工程
      - ①土石方工程
      - ②桩基工程
      - ……
    - 2. 仿古建筑工程
    - 3. 通用安装工程
    - 4. 市政工程
    - 5. 园林绿化工程
    - 6. 矿山工程
    - 7. 构筑物工程
    - 8. 城市轨道交通工程
    - 9. 爆破工程
    - ……
  - 措施项目费
    - 1. 安全文明施工费
    - 2. 夜间施工增加费
    - 3. 二次搬运费
    - 4. 冬雨季施工增加费
    - 5. 已完工程及设备保护费
    - 6. 工程定位复测费
    - 7. 特殊地区施工增加费
    - 8. 大型机械进出场及安拆费
    - 9. 脚手架工程费
    - ……
  - 其他项目费
    - 1. 暂列金额
    - 2. 计日工
    - 3. 总承包服务费
    - ……
  - 规费
    - 1. 社会保险费
      - ①养老保险费
      - ②失业保险费
      - ③医疗保险费
      - ④生育保险费
      - ⑤工伤保险费
    - 2. 住房公积金
    - 3. 工程排污费
  - 税金
    - 1. 营业税
    - 2. 城市维护建设税
    - 3. 教育费附加
    - 4. 地方教育附加

（分部分项工程费、措施项目费、其他项目费包括：）

- 1.人工费
- 2.材料费
- 3.施工机具使用费
- 4.企业管理费
- 5.利润

审判意见

《湖北高院民事审判纪要》

37、实际施工人为无资质个人，工程经竣工验收合格的，可参照合同约定计算工程价款。若无合同约定，可通过鉴定确定工程价款，对于直接费和实际发生的间接费按最低标准计算。工程经竣工验收不合格的，待实际施工人对工程修复合格后方可主张工程价款。

《河南高院工程合同解答》

19.实际施工人为自然人时能否取得建设工程造价中的规费？施工合同中约定安全文明措施费、社保费不计取的，实际施工人为自然人主张时应否支持？

答：工程造价定额标准仅是提供给当事人确定工程款的推荐性、参考性标准。工程造价定额标准中的规费、措施费、社保费、税金仅是确定工程款的组价项目。当事人在确定工程款时，可以约定其中的个别组价费用项目不计取，如约定社保费、安全文明措施费等不计取，规费按照某一年度标准计取等。如果当事人约定对工程造价定额标准中的个别组价费用项目不计取的，应为双方对工程款的约定或者为承包人对发包人的让利，对双方当事人具有约束力。如果当事人约定按照工程造价定额标准结算工程款的，工程规费、措施费、社保费、税金等均属于工程款的组成部分，则上述造价费用均属于当事人应得的工程款，而无需考虑实际施工人是自然人或者是有施工资质的企业。

典型判决1　新月公司与化某、来某建设工程施工合同纠纷案①

【裁判要旨】

实际施工人已向转包人交纳了企业管理费，其施工工程经竣工验收合格，其主张企业间接费在内的工程款的，应予支持。

【裁判观点】

再审法院认为，原审判决支持化某、来某取得企业间接费并无不当。首先，依据相关法律规定及规范，工程价款包含直接费、间接费、利润、税金等，本案建设工程分包合同虽属无效合同，但案涉工程经竣工验收合格交付使用，化某、来某作为实际施工人有权依照法律规定请求支付工程价款。其次，企业间接费包含企业管理费，化某、来某已按照约定向新月公司缴纳了企业管理费，新月公司再行主张企业间接费有违公平。最后，新月公司明知化某、来某不具备施工资质，仍将案涉工程违法分包，对导致合同无效存在过错，其以化某、来某不具有资质为由拒付企业

① 参见最高人民法院民事判决书，(2018)最高法民再183号。

间接费,亦有违诚信原则。原审判决要求新月公司支付化某、来某企业间接费1,237,867.23元及利息正确。

典型判决2 潘某、中铁十二局二公司建设工程施工合同纠纷[①]

【裁判要旨】

企业管理费与实际施工人的资质无关,且实际施工人进行了具体施工管理,故管理费不应从其应得工程款中扣除。

【裁判观点】

二审法院认为,华昆咨询价鉴(2019)2号鉴定意见书载明,间接费868,820元包括了企业管理费、规费和利润。因企业管理费与实际施工人的资质无关,且潘某在建设施工过程中进行了具体的工程管理,故管理费不应从潘某应得工程价款中扣除。而规费作为政府和有关权力部门规定必须缴纳的费用,包括为职工缴纳的五险一金以及按规定缴纳的施工现场工程排污费等费用,因案涉工程由潘某组织的工人施工,所涉及的五险一金等应由潘某承担,故规费不应从潘某应得工程价款中扣除。至于利润,潘某作为施工方,其劳力、材料等已物化在建设工程的整体价值中,在潘某完成的工程不存在质量问题的情况下,中铁十二局二公司的合同目的已实现,利润是潘某理应获得的相应对价,如将该部分利润留给中铁十二局二公司,则基于同样一份无效合同,中铁十二局二公司将获得更多的非法利益,有违合同公平合理的基本原则,故利润亦不应从潘某应得工程价款中扣除。营业税在本案中是对提供应税劳务的单位和个人就其所取得的营业额征收的税种,中铁十二局二公司并非提供应税劳务的单位,中铁十二局二公司上诉主张营业税已由其在当地税务局缴纳,但并未提供证据证明。综上,中铁十二局二公司关于间接费、营业税应从潘某应得工程价款中予以扣除的上诉理由不能成立。

---

① 参见最高人民法院民事判决书,(2021)最高法民终412号。

第二节　质量保证金

36. 质量保证金返还期限如何认定？

司法实践中，很容易混淆履约保证金与质量保证金两个概念。根据国务院办公厅《关于清理规范工程建设领域保证金的通知》（国办发〔2016〕49 号）的规定，除了投标保证金、履约保证金、农民工工资保证金、工程质量保证金，其他保证金一律取消。

根据《质量保证金管理办法》第 2 条的规定，质量保证金，是指发包人与承包人在建设工程承包合同中约定，从应付的工程款中预留，用以保证承包人在缺陷责任期内对建设工程出现的缺陷进行维修的资金。其主要功能是承包人履行保修义务的担保，一般预留一部分工程款而不用单独交纳，并约定在保修期届满后返还。

履约保证金是承包人履行施工义务的担保，一般在签订合同后向发包人支付，在施工过程中分批返还承包人，与工程款无关。根据《招标投标法》第 60 条的规定，中标人不履行与招标人订立的合同的，履约保证金不予退还，给招标人造成的损失超过履约保证金数额的，还应当对超过部分予以赔偿；没有提交履约保证金的，应当对招标人的损失承担赔偿责任。

对于质量保证金返还期限如何认定的问题，应当结合合同约定、合同效力等综合判定：

（1）合同有效，且合同约定了具体期限，则按《最高院施工合同解释一》第 17 条第 1 款第 1 项的规定，质量保证金在当事人约定的工程质量保证金返还期限届满时返还；合同有效，且合同没有约定期限，则按《最高院施工合同解释一》第 17 条第 1 款第 2 项的规定，质量保证金在竣工验收之日起满 2 年时返还。

（2）施工合同无效的情况下，当事人如就无效后质量保证金返还问题达成协议的，按照该协议处理；当事人未能就此另行达成协议的，无效合同中所约定的质量保证金返还期限还应参照适用。

（3）施工合同解除时，对于返还期限和金额有约定的，质量保证金的返还按约定处理；如没有约定，需要综合考虑各方过错即合同解除原因、合同履行情况、工程施工状态等,结合公平原则来认定。

法律依据

《最高院施工合同解释一》

第十七条 有下列情形之一,承包人请求发包人返还工程质量保证金的,人民法院应予支持:

(一)当事人约定的工程质量保证金返还期限届满;

(二)当事人未约定工程质量保证金返还期限的,自建设工程通过竣工验收之日起满二年;

(三)因发包人原因建设工程未按约定期限进行竣工验收的,自承包人提交工程竣工验收报告九十日后当事人约定的工程质量保证金返还期限届满;当事人未约定工程质量保证金返还期限的,自承包人提交工程竣工验收报告九十日后起满二年。

发包人返还工程质量保证金后,不影响承包人根据合同约定或者法律规定履行工程保修义务。

行政规定

《质量保证金管理办法》

第二条 本办法所称建设工程质量保证金(以下简称保证金)是指发包人与承包人在建设工程承包合同中约定,从应付的工程款中预留,用以保证承包人在缺陷责任期内对建设工程出现的缺陷进行维修的资金。

缺陷是指建设工程质量不符合工程建设强制性标准、设计文件,以及承包合同的约定。

缺陷责任期一般为 1 年,最长不超过 2 年,由发、承包双方在合同中约定。

第七条 发包人应按照合同约定方式预留保证金,保证金总预留比例不得高于工程价款结算总额的 3%。合同约定由承包人以银行保函替代预留保证金的,保函金额不得高于工程价款结算总额的 3%。

第八条 缺陷责任期从工程通过竣工验收之日起计。由于承包人原因导致工程无法按规定期限进行竣工验收的,缺陷责任期从实际通过竣工验收之日起计。由于发包人原因导致工程无法按规定期限进行竣工验收的,在承包人提交竣工验收报告 90 天后,工程自动进入缺陷责任期。

典型判决　海天公司、华峰公司等建设工程施工合同纠纷案[①]

【裁判要旨】

合同解除时工程尚未竣工，已完工部分仍应执行约定的质量保证金条款；缺陷责任期已经到期的部分，应返还质量保证金并承担法定保修义务。

【裁判观点】

二审法院认为，质量保证金是发包人与承包人在建设工程承包合同中约定，从应付的工程款中预留，用以保证承包人在缺陷责任期内对建设工程出现的缺陷进行维修的资金。与承包人的法定质量保修义务不同，质量保证金条款依赖于双方当事人的约定。建设工程质量保证金对应的是"缺陷责任期"，而非保修期。缺陷责任期是承包人按照合同约定承担缺陷修复义务，且发包人预留质量保证金（已交纳履约保证金的除外）的期限自工程实际竣工日期起计算。保修期是承包人按照合同约定对工程承担保修责任的期限，从工程竣工验收合格之日起计算。保修义务是承包人的法定义务。本案中，根据已查明的事实，案涉工程系未完工工程。双方当事人现已解除合同，但已完工部分仍应按照《复工协议》约定的质量保证金条款执行，对于合同约定的缺陷责任期已经到期的部分，应返还质量保证金并承担法定保修义务；对于缺陷责任期未至届满的，应预留至期满再行返还。华峰公司返还工程质量保证金后，不影响海天公司依照合同约定或法律规定履行工程保修义务。故原审判决以案涉工程主体质量检测合格之日起算质保期并无不当，二审法院予以维持。

37. 工程竣工后，双方尚未签署《工程质量保修书》，承包人是否应履行保修责任？

建设工程依法实行质量保修制度。根据《建筑法》第62条的规定，建筑工程的保修范围应当包括地基基础工程、主体结构工程、屋面防水工程和其他土建工程，以及电气管线、上下水管线的安装工程，供热、供冷系统工程等项目。因此，无论承包人是否已签署了《工程质量保修书》，其均应履行质量保修义务。在没有书面约定保修范围和保修期限的情况下，应按照《建设工程质量管理条例》约定的最低保修期限执行。

---

① 参见最高人民法院民事判决书，（2021）最高法民终340号。

法律依据

《建筑法》

第六十一条 交付竣工验收的建筑工程，必须符合规定的建筑工程质量标准，有完整的工程技术经济资料和经签署的工程保修书，并具备国家规定的其他竣工条件。

建筑工程竣工经验收合格后，方可交付使用；未经验收或者验收不合格的，不得交付使用。

第六十二条 建筑工程实行质量保修制度。

建筑工程的保修范围应当包括地基基础工程、主体结构工程、屋面防水工程和其他土建工程，以及电气管线、上下水管线的安装工程，供热、供冷系统工程等项目；保修的期限应当按照保证建筑物合理寿命年限内正常使用，维护使用者合法权益的原则确定。具体的保修范围和最低保修期限由国务院规定。

第七十五条 建筑施工企业违反本法规定，不履行保修义务或者拖延履行保修义务的，责令改正，可以处以罚款，并对在保修期内因屋顶、墙面渗漏、开裂等质量缺陷造成的损失，承担赔偿责任。

《建设工程质量管理条例》

第十六条 建设单位收到建设工程竣工报告后，应当组织设计、施工、工程监理等有关单位进行竣工验收。

建设工程竣工验收应当具备下列条件：

（一）完成建设工程设计和合同约定的各项内容；

（二）有完整的技术档案和施工管理资料；

（三）有工程使用的主要建筑材料、建筑构配件和设备的进场试验报告；

（四）有勘察、设计、施工、工程监理等单位分别签署的质量合格文件；

（五）有施工单位签署的工程保修书。

建设工程经验收合格的，方可交付使用。

第三十九条 建设工程实行质量保修制度。

建设工程承包单位在向建设单位提交工程竣工验收报告时，应当向建设单位出具质量保修书。质量保修书中应当明确建设工程的保修范围、保修期限和保修责任等。

第四十条 在正常使用条件下，建设工程的最低保修期限为：

（一）基础设施工程、房屋建筑的地基基础工程和主体结构工程，为设计文件规定的该工程的合理使用年限；

（二）屋面防水工程、有防水要求的卫生间、房间和外墙面的防渗漏，为5年；

（三）供热与供冷系统，为2个采暖期、供冷期；

(四)电气管线、给排水管道、设备安装和装修工程,为2年。

其他项目的保修期限由发包方与承包方约定。

建设工程的保修期,自竣工验收合格之日起计算。

第四十一条　建设工程在保修范围和保修期限内发生质量问题的,施工单位应当履行保修义务,并对造成的损失承担赔偿责任。

第四十二条　建设工程在超过合理使用年限后需要继续使用的,产权所有人应当委托具有相应资质等级的勘察、设计单位鉴定,并根据鉴定结果采取加固、维修等措施,重新界定使用期。

第六十六条　违反本条例规定,施工单位不履行保修义务或者拖延履行保修义务的,责令改正,处10万元以上20万元以下的罚款,并对在保修期内因质量缺陷造成的损失承担赔偿责任。

审判意见

《山东高院施工合同解答》

8、承包人起诉主张工程款,发包人以工程质量不合格为由提出抗辩的,如何处理?

发包人就工程质量不符合合同约定或者法律规定的进行抗辩的,应当区别情况处理。建设工程经竣工验收合格后,承包人主张工程款,发包人以工程质量不合格主张付款条件不成就或者拒付工程款的,不予支持。建设工程未经竣工验收,发包人擅自使用的,发包人以工程质量不合格主张付款条件不成就或者拒付工程款的,不予支持,确因承包人原因导致工程的地基基础、主体结构质量不合格的除外。上述情形不能免除承包人在工程保修期内的保修责任和合理使用期内的损害赔偿责任。

第四章　转包与违法分包

第一节　向发包人主张权利

38. 不同实际施工人的法律权利有何不同?

实践中,实际施工人主要包括转包(违法分包)的实际施工人和挂靠的实际施工人两种情况,对其法律权利具体分析如下。

(1)转包(违法分包)的实际施工人

起诉方案一:直接诉讼法(突破相对性原则)。从合同相对性角度看,转包(违法分包)的实际施工人应当向合同相对人即转包人(违法分包人)主张权利。而根据《最高院施工合同解释一》第 43 条的规定,实际施工人可以突破合同相对性采取特殊救济,即以发包人为被告主张权利的,由发包人在欠付建设工程价款范围内对实际施工人承担责任。需要说明的是,有权突破相对性的实际施工人仅限单层转包(分包)的实际施工人,并不包括挂靠的实际施工人和多重转包(分包)的实际施工人。上述法条中的发包人仅指建设单位,并不包括转包分包关系的发包人,这些中间环节的发包人本质是与建设单位相对应的施工单位。

起诉方案二:代位诉讼法。根据《最高院施工合同解释一》第 44 条的规定,若转包人(违法分包人)怠于向发包人行使到期债权或者与该债权有关的从权利,影响其到期债权实现,实际施工人有权提起代位权诉讼。

(2)挂靠的实际施工人

此种情况下实际施工人的起诉权利需要区分发包人是否明知来分析:发包人不明知的挂靠,发包人并不知道有资质的承包人在对内关系上还与无资质的挂靠人签订了挂靠协议,并由挂靠人实际施工。笔者认为,该类型的挂靠等同于转包(违法分包),挂靠人作为实际施工人有权根据《最高院施工合同解释一》第 43 条的规定请求发包人在欠付工程款范围内承担责任。发包人明知的挂靠，按照发包人与实际施工人形成事实的施工合同关系处理，实际施工人可以基于该合同关系要求发包人支付工程款。

法律依据

《最高院施工合同解释一》

第四十三条　实际施工人以转包人、违法分包人为被告起诉的，人民法院应当依法受理。

实际施工人以发包人为被告主张权利的，人民法院应当追加转包人或者违法分包人为本案第三人，在查明发包人欠付转包人或者违法分包人建设工程价款的数额后，判决发包人在欠付建设工程价款范围内对实际施工人承担责任。

第四十四条　实际施工人依据民法典第五百三十五条规定，以转包人或者违法分包人怠于向发包人行使到期债权或者与该债权有关的从权利，影响其到期债权实现，提起代位权诉讼的，人民法院应予支持。

典型判决1　黄某、义乌市市政设施处建设工程施工合同纠纷案[①]

【裁判要旨】

工程经竣工验收合格的，实际施工人有权请求发包人在欠付转包人工程价款范围内对其承担责任。

【裁判观点】

二审法院认为，本案争议的焦点是实际施工人是否可以直接向发包人主张欠付承包人的工程款。本案中，义乌市市政设施处将义乌市五洲大道（K4＋900—K6＋400段及部分破损点）整修工程发包给八达公司负责施工，合同虽约定不进行转包及违法分包，但八达公司又将该工程转包给黄某，黄某是案涉工程的实际承包人，进行了工程施工并验收合格。根据原《最高院施工合同解释二》第24条[②]的规定，“实际施工人以发包人为被告主张权利的，人民法院应当追加转包人或者违法分包人为本案第三人，在查明发包人欠付转包人或者违法分包人建设工程价款的数额后，判决发包人在欠付建设工程价款范围内对实际施工人承担责任”。

---

① 参见浙江省金华市中级人民法院民事判决书，(2020)浙07民终3161号。

② 相关规定参见《最高院施工合同解释一》第43条第2款。

黄某作为实际施工人，有权在案涉工程发包方义乌市市政设施处欠付转包人八达公司3,725,040元工程款的范围内请求义乌市市政设施处承担责任，故对其所请求义乌市市政设施处支付工程款3,725,040元的意见予以支持。

典型判决2 王某与建工四公司建设工程施工合同纠纷案①

【裁判要旨】

实际施工人对违法分包人享有到期债权，违法分包人未提出诉讼直接影响实际施工人债权实现的，实际施工人可提起代位权诉讼。

【裁判观点】

根据原《合同法》第73条②的规定，因债务人怠于行使其到期债权，对债权人造成损害的，债权人可以向法院请求以自己的名义代位行使债务人的债权，但该债权专属于债务人自身的除外。故王某向谢某主张债权不能实现的，如谢某怠于行使其自身的债权，王某还可以行使债权人之代位权，本案建工四公司未承担连带清偿责任不影响实际施工人王某的权利救济。

39. 对于发包人对实际施工人承担责任的问题应如何理解？

《最高院施工合同解释一》第43条规定，发包人在欠付建设工程价款范围内对实际施工人承担责任。我们应当全面、正确理解法条内涵，避免该规定在司法实践中被滥用。

(1)发包人的范围界定。《最高院施工合同解释一》第43条第2款规定所称的发包人仅指建设工程项目所有权人，也是工程款最终支付主体，不能将转包人(违法分包人)扩大认定为发包人。

(2)实际施工人的类型界定。可以突破合同相对性原则请求发包人在欠付工程价款范围内承担责任的实际施工人仅限于转包和违法分包两种关系，不包括借用资质及多层转包(违法分包)关系中的实际施工人。

(3)发包人承担责任的前提。发包人对实际施工人承担责任的前提是已查明发包人欠付转包人(违法分包人)工程价款金额后，判决发包人在欠付价款范围内

---

① 参见最高人民法院民事裁定书，(2018)最高法民申1808号。

② 相关规定参见《民法典》第535条。

承担责任。需要同时查明承包人应支付实际施工人的欠付款金额及发包人应支付承包人的欠付款金额。

发包人和承包人已结算的，按结算金额扣减已付款金额确定发包人欠付工程款金额，再查明承包人欠实际施工人的工程款金额，以两笔本金较低者为限度，由发包人向实际施工人承担责任。

发包人和承包人尚未结算的，笔者倾向认为应尊重总承包合同的具体约定。如发包人与承包人尚不符合结算条件或按现有证据无法判定发包人欠付金额的，不应判决发包人承担责任。

（4）发包人承担责任的性质。依据《民法典》第 178 条第 3 款的规定，连带责任由法律规定或者当事人约定。因此，在法律没有规定，当事人亦无约定的情况下，不应将《最高院施工合同解释一》第 43 条规定的发包人的责任认定为连带责任、共同责任或者补充责任。该法条是基于保护农民工利益的司法政策而确立的特殊责任，据此，原告在列写发包人责任诉讼请求时不应表述为连带责任、共同责任或者补充责任。

法律依据

《最高院施工合同解释一》

第四十三条　实际施工人以转包人、违法分包人为被告起诉的，人民法院应当依法受理。

实际施工人以发包人为被告主张权利的，人民法院应当追加转包人或者违法分包人为本案第三人，在查明发包人欠付转包人或者违法分包人建设工程价款的数额后，判决发包人在欠付建设工程价款范围内对实际施工人承担责任。

《最高院 2021 年第 20 次专业法官纪要》

可以突破合同相对性原则请求发包人在欠付工程款范围内承担责任的实际施工人不包括借用资质及多层转包和违法分包关系中的实际施工人

法律问题

实际施工人是否包含借用资质及多层转包和违法分包关系中的实际施工人？

法官会议意见

《建工解释一》第四十三条规定："实际施工人以转包人、违法分包人为被告起诉的，人民法院应当依法受理。实际施工人以发包人为被告主张权利的，人民法院应当追加转包人或者违法分包人为本案第三人在查明发包人欠付转包人或者违法分包人建设工程价款的数额后，判决发包人在欠付建设工程价款范围内对实际施工人承担责任。"

本条解释涉及三方当事人两个法律关系：一是发包人与承包人之间的建设工程施工合同关系；二是承包人与实际施工人之间的转包或者违法分包关系。原则上，当事人应当依据各自的法律关系，请求各自的债务人承担责任。本条解释为保护农民工等建筑工人的利益，突破合同相对性原则，允许实际施工人请求发包人在付工程款范围内承担责任。对该条解释的适用应当从严把握。

该条解释只规范转包和违法分包两种关系，未规定借用资质的实际施工人以及多层转包和违法分包关系中的实际施工人有权请求发包人在欠付工程款范围内承担责任。因此，可以依据《建工解释一》第四十三条的规定突破合同相对性原则请求发包人在欠付工程款范围内承担责任的实际施工人不包括借用资质及多层转包和违法分包关系中的实际施工人。

审判意见

《北京高院施工合同解答》

19、违法分包合同、转包合同的实际施工人主张欠付工程款的，诉讼主体如何确定？发包人的责任如何承担？

实际施工人以违法分包人、转包人为被告要求支付工程款的，法院不得依职权追加发包人为共同被告；实际施工人以发包人为被告要求支付工程款的，应当追加违法分包人或转包人作为共同被告参加诉讼，发包人在其欠付违法分包人或转包人工程款范围内承担连带责任。发包人以其未欠付工程款为由提出抗辩的，应当对此承担举证责任。

原《江苏高院施工合同解答》

22、实际施工人起诉发包人主张工程款的，发包人的责任如何认定？

实际施工人依据《建设工程司法解释》第26第2款的规定起诉发包人主张工程款的，发包人应举证证明已向总承包人支付的工程款数额。发包人未能举证已付工程款数额的，应当与承包人对工程欠款承担连带责任。

《山东高院2011年民事审判会议纪要》

三、关于建设工程施工合同纠纷案件

……

（六）关于实际施工人的诉讼地位和发包人责任的性质问题

……

依据最高人民法院《关于审理建设工程施工合同纠纷案件适用法律问题的解释》第26条的规定，实际施工人起诉发包人请求支付欠付工程价款的，发包人在欠付工程价款的范围内对实际施工人承担直接支付欠付工程价款的责任，发包人与转包人或者违法分包人承担支付工程价款的连带责任没有法律依据。

……

《深圳中院施工合同裁判指引》

二十七、最高人民法院《关于审理建设工程施工合同纠纷案件适用法律问题的解释》第二十六条第二款所称的“发包人”应当理解为第一手的发包人，不包括多次转包分包的转包人和分包人。

最高人民法院《关于审理建设工程施工合同纠纷案件适用法律问题的解释》第二十六条第二款所称的发包人在欠付工程款范围内对实际施工人承担的责任应当理解为补充清偿责任。

典型判决1　李某、朝阳公司等建设工程合同纠纷案①

【裁判要旨】

判决发包人在欠付建设工程价款范围内对实际施工人承担责任，应以查明发包人欠付转包人（违法分包人）工程价款数额为前提。

【裁判观点】

再审法院经审查认为，原审法院基于对南江土储中心系案涉项目的发包方、回购方且尚欠朝阳公司工程款及投资收益等事实的认定，依据原《最高院施工合同解释二》第24条②的规定，判决南江土储中心在欠付朝阳公司工程款范围内就朝阳公司应向李某支付的回购款本息及投资收益承担支付责任。但是，根据上述规定，建设工程施工合同纠纷案件中，判决发包人在欠付建设工程价款范围内对实际施工人承担责任应以查明发包人欠付转包人或者违法分包人工程款数额为前提。本案中，根据原审查明的事实，截至原审法院作出判决时，南江土储中心与朝阳公司并未就案涉工程进行结算，南江土储中心所欠朝阳公司的工程款数额尚不确定。在此情形下，原审法院判决南江土储中心承担本案支付责任，属于认定基本事实不清。

---

① 参见最高人民法院民事裁定书，(2021)最高法民申4930号。

② 相关规定参见《最高院施工合同解释一》第43条第2款。

典型判决 2 秦某、韦某、星火公司、晟元公司建设工程施工合同纠纷案[①]

【裁判要旨】

实际施工人已起诉发包人行使请求权，发包人与名义承包人擅自结算损害实际施工人利益的，该结算协议不能约束实际施工人。

【裁判观点】

再审法院认为，关于星火公司应否向秦某等三人支付工程款问题。本案晟元公司与秦某等三人于 2011 年 12 月 21 日签订的《施工项目目标管理责任书》和 2015 年 8 月 28 日签订的《协议书》表明，秦某等三人以晟元公司项目部的名义对案涉工程自主施工、自负盈亏、自担风险，晟元公司除收取固定比例管理费外，基本不参与具体施工，秦某等三人是案涉工程的实际施工人。2015 年 10 月 23 日，在本案一审法院就《协议书》组织质证时，星火公司已经知晓秦某等三人与晟元公司签订的《施工项目目标管理责任书》《协议书》内容，因此，最迟至该日，星火公司应当明知秦某等三人系案涉工程实际施工人，晟元公司仅为名义承包人。结合本案秦某等三人在 2013 年 12 月 26 日即以实际施工人身份提起诉讼，请求判令星火公司向其支付所欠付工程款，在晟元公司对秦某等三人系实际施工人不持异议的情况下，星火公司应当在实际施工人认可的情况下与晟元公司结算。但星火公司于一审法院驳回起诉裁定尚未生效、诉讼程序尚未终结之时，在已经知晓一审法院委托鉴定确定的工程款为 4649.195959 万元且未通知秦某等三人的情况下，与晟元公司按照 3927.439118 万元进行了结算，并共同确认所有工程款已结清。综合考虑上述情况，再审法院认为，星火公司和晟元公司该结算确定的工程总造价不能约束实际施工人秦某等三人，不能据此认定星火公司已结清案涉工程全部工程款，星火公司仍应在欠付工程款范围内向实际施工人承担付款责任。

40.“发包人只在欠付工程价款范围内对实际施工人承担责任”的规定中的“责任”是否为连带责任？

《最高院施工合同解释一》规定了发包人在欠付工程款范围内对实际施工人承担责任，但对责任的性质并没有作出具体规定。河北、北京、江苏、广东等地高级人民法院认为该责任为连带责任；山东等地高级人民法院不认可连带责任；也

---

① 参见最高人民法院民事判决书，(2019)最高法民再 295 号。

有法院如深圳市中级人民法院等认为该责任为补充责任。

笔者认为：连带责任的承担应属于对当事人的不利负担，除法律有明确规定或者当事人有明确约定外，不宜径行适用。且回归到条文本身，无论是原《最高院施工合同解释》第26条还是《最高院施工合同解释一》第43条，均未明确使用“连带”表述，故严格从连带责任理论的角度出发，实践中不应直接判予“连带责任”，而应准确表述为“在欠付工程款范围内承担清偿责任”。

法律依据

《最高院施工合同解释一》

第四十三条　实际施工人以转包人、违法分包人为被告起诉的，人民法院应当依法受理。

实际施工人以发包人为被告主张权利的，人民法院应当追加转包人或者违法分包人为本案第三人，在查明发包人欠付转包人或者违法分包人建设工程价款的数额后，判决发包人在欠付建设工程价款范围内对实际施工人承担责任。

审判意见

《北京高院施工合同解答》

19、违法分包合同、转包合同的实际施工人主张欠付工程款的，诉讼主体如何确定？发包人的责任如何承担？

实际施工人以违法分包人、转包人为被告要求支付工程款的，法院不得依职权追加发包人为共同被告；实际施工人以发包人为被告要求支付工程款的，应当追加违法分包人或转包人作为共同被告参加诉讼，发包人在其欠付违法分包人或转包人工程款范围内承担连带责任。发包人以其未欠付工程款为由提出抗辩的，应当对此承担举证责任。

《河北高院施工合同审理指南》(2018版)

31.如果发包人与承包人已就工程款进行结算或虽尚未结算，但欠款范围明确，可以确定发包人欠付承包人的工程款数额大于承包人欠付实际施工人的工程款数额，可以直接判决发包人对实际施工人在承包人欠付实际施工人的工程款数额范围内承担连带给付责任。

欠付工程款范围明确是指判决中必须明确发包人承担连带责任的范围和数额，不能简单表述为发包人在欠付工程款范围内承担连带责任。

原《江苏高院施工合同解答》

22、实际施工人起诉发包人主张工程款的，发包人的责任如何认定？

实际施工人依据《建设工程司法解释》第26第2款的规定起诉发包人主张工程款的，发包人应举证证明已向总承包人支付的工程款数额。发包人未能举证已付工程款数额的，应当与承包人对工程欠款承担连带责任。

《山东高院2011年民事审判会议纪要》

三、关于建设工程施工合同纠纷案件

……

（六）关于实际施工人的诉讼地位和发包人责任的性质问题

……

依据最高人民法院《关于审理建设工程施工合同纠纷案件适用法律问题的解释》第26条的规定，实际施工人起诉发包人请求支付欠付工程价款的，发包人在欠付工程价款的范围内对实际施工人承担直接支付欠付工程价款的责任，发包人与转包人或者违法分包人承担支付工程价款的连带责任没有法律依据。

……

《深圳中院施工合同裁判指引》

二十七、最高人民法院《关于审理建设工程施工合同纠纷案件适用法律问题的解释》第二十六条第二款所称的“发包人”应当理解为第一手发包人，不包括多次转包分包的转包人和分包人。

最高人民法院《关于审理建设工程施工合同纠纷案件适用法律问题的解释》第二十六条第二款所称的发包人在欠付工程款范围内对实际施工人承担的责任应当理解为补充清偿责任。

41. 实际施工人可否向发包人主张进度款？

从合同相对性角度看，享有向发包人主张进度款债权的主体是承包人（违法分包人、转包人），而非实际施工人，实际施工人不得援引《最高院施工合同解释一》向发包人主张进度款。对该解释第43条“发包人在欠付建设工程价款范围内对实际施工人承担责任”的规定应当作限缩解释，不包括欠付进度款。具体分析如下：

（1）2020年5月1日起施行的《农民工工资支付条例》对农民工工资支付提供了强大的保护措施。例如，该条例规定因建设单位未按照合同约定及时拨付工程款导致农民工工资拖欠的，建设单位应当以未结清的工程款为限先行垫付被拖欠的农民工工资;分包单位拖欠农民工工资的,由施工总承包单位先行清偿,再依法进行追偿;工程建设项目转包,拖欠农民工工资的,由施工总承包单位先行清偿,再依法进行追偿。

(2)《建设工程施工合同(示范文本)》(GF—2017—0201)第二部分通用合同条款第12.5条明确要求,发包人应将合同价款支付至合同协议书中约定的承包人账户,基于合同相对性要求,只能由承包人向发包人提出支付请求。

(3)由于转包人(违法分包人)与实际施工人之间关系复杂,且进度款支付次数频繁,如实际施工人可请求发包人支付进度款,会加重发包人负担,且在工程存在多个实际施工人时并不具有操作性。

法律依据

《农民工工资支付条例》

第三十一条 工程建设领域推行分包单位农民工工资委托施工总承包单位代发制度。

分包单位应当按月考核农民工工作量并编制工资支付表,经农民工本人签字确认后,与当月工程进度等情况一并交施工总承包单位。

施工总承包单位根据分包单位编制的工资支付表,通过农民工工资专用账户直接将工资支付到农民工本人的银行账户,并向分包单位提供代发工资凭证。

用于支付农民工工资的银行账户所绑定的农民工本人社会保障卡或者银行卡,用人单位或者其他人员不得以任何理由扣押或者变相扣押。

第三十二条 施工总承包单位应当按照有关规定存储工资保证金,专项用于支付为所承包工程提供劳动的农民工被拖欠的工资。

工资保证金实行差异化存储办法,对一定时期内未发生工资拖欠的单位实行减免措施,对发生工资拖欠的单位适当提高存储比例。工资保证金可以用金融机构保函替代。

工资保证金的存储比例、存储形式、减免措施等具体办法,由国务院人力资源社会保障行政部门会同有关部门制定。

《最高院施工合同解释一》

第四十三条 实际施工人以转包人、违法分包人为被告起诉的,人民法院应当依法受理。

实际施工人以发包人为被告主张权利的,人民法院应当追加转包人或者违法分包人为本案第三人,在查明发包人欠付转包人或者违法分包人建设工程价款的数额后,判决发包人在欠付建设工程价款范围内对实际施工人承担责任。

42. 合法分包人可否参照“实际施工人突破合同相对性”规定向发包人主张工程款?

《最高院施工合同解释一》第 43 条的规定存在逻辑悖论,即施工合同无效的,实际施工人却可能比合同有效时获得更多的保障,实践中,一些施工人,包括合法分包人期望能参照该法条向发包人主张工程款。各级法院在理解适用该条规定时也存在不一致之处 ,如《湖南高院施工合同解答》亦规定,合法分包人可参照《最高院施工合同解释一》第 43 条的规定起诉发包人。

笔者认为,应严守合同相对性原则,不能随意扩大该条第 2 款规定的适用范围,只有在欠付工程款导致无法支付农民工工资等特殊情况下,实际施工人才可以要求发包人在欠付工程价款范围内承担责任,不能随意扩大发包人责任范围。该解释第 43 条并未约定其他主体包括合法分包人有权行使该权利。考虑到合同相对性,合法分包人(合法专业分包和劳务承包人)不能认定为实际施工人,故在法律、司法解释没有明确规定的情况下,合法分包人没有该权利。

法律依据

《最高院施工合同解释一》

第四十三条 实际施工人以转包人、违法分包人为被告起诉的,人民法院应当依法受理。

实际施工人以发包人为被告主张权利的,人民法院应当追加转包人或者违法分包人为本案第三人,在查明发包人欠付转包人或者违法分包人建设工程价款的数额后,判决发包人在欠付建设工程价款范围内对实际施工人承担责任。

审判意见

《湖南高院施工合同解答》

二十六、合法分包的情况下,完成建设工程施工分包合同项下内容的分包人可否直接起诉发包人?

合法分包的情况下,实际完成建设工程施工分包合同项下内容的分包人可参照《最高人民法院关于审理建设工程施工合同纠纷案件适用法律若干问题的解释(一)》第四十三条之规定起诉发包人。

典型判决　中铁公司、惟邦公司与梵投公司建设工程施工合同纠纷案①

【裁判要旨】

合法分包人主张发包人在欠付款范围内承担责任,无法律依据,不予支持。

【裁判观点】

二审法院认为,本案中,惟邦公司和中铁公司通过招投标程序订立的《施工总包合同》仅包含基础工程和钢结构工程,而惟邦公司在其EPC总包范围内交由中铁公司实际施工的工程范围包含基础工程、钢结构工程、屋面幕墙工程、室内精装修工程、暖通空调工程、给排水消防工程和强电工程。基础工程和钢结构工程属于合法分包,中铁公司主张梵投公司在欠付工程价款范围内对其承担责任无法律依据,二审法院不予支持。

第二节　发包人主张的权利

43. 发包人与承包人结算时,提出扣除已支付给实际施工人款项的抗辩,能否成立?

对于发包人向实际施工人所支付的工程款能否在与承包人结算时扣除,司法实践中争议很大。相关企业应重视当地已有司法审判意见,结合具体案情认真研判。

江苏省高级人民法院等的司法审判意见持肯定观点,即发包人向实际施工人所支付工程款原则上为已付承包人工程款,但是发包人与实际施工人恶意串通的除外。其观点认为,根据《最高院施工合同解释一》第43条第2款的规定,实际施工人可以向发包人主张工程款,那么发包人直接支付给实际施工人的工程款,即使未征得承包人同意,也应当予以扣除。

北京市高级人民法院等的司法审判意见持反对意见,即发包人支付的工程款原则上不能作为已付承包人工程款,但是生效判决确认、另有约定的除外。其观点认为,发包人不应突破合同相对性,发包人的付款行为未取得承包人同意的,其法律后果不能约束承包人。

① 参见最高人民法院民事判决书,(2021)最高法民终1305号。

笔者认为,上述反对观点主要以合同相对性原则为论证基础,值得商榷。因为发包人对实际施工人承担责任就是突破合同相对性的结果,发包人向实际施工人支付相应款项是履行义务的行为,不仅符合司法解释规定,也具有正当性。转包(违法分包)中,实际施工人对转包人(违法分包人)享有的工程款给付请求权是基于转包合同(违法分包合同)关系产生的;实际施工人对发包人享有的在欠付工程款范围内的给付责任,是基于特殊政策产生的。这两个请求权的产生原因各不相同,但均对实际施工人负有金钱给付义务。

审判意见

原《江苏高院施工合同意见》

第十四条 承包人根据建设工程施工合同要求发包人支付工程款,发包人要求对已经向实际施工人支付的部分进行抵扣的,人民法院应予支持,但承包人有证据证明发包人与实际施工人恶意串通的除外。

《重庆高院民事审判指导意见》

14、……如实际施工人未向发包人主张权利,被挂靠的施工企业基于合同关系向发包人请求支付工程款,发包人以施工企业不是实际施工人为由提出抗辩并拒绝支付工程款的,人民法院不必然追加实际施工人为第三人,但应将诉讼情况通知实际施工人;发包人要求扣除其向实际施工人的已付款,经审查确已支付且付款正当的,可以支持。

《北京高院施工合同解答》

21、发包人主张将其已向合法分包人、实际施工人支付的工程款予以抵扣的,如何处理?

承包人依据建设工程施工合同要求发包人支付工程款,发包人主张将其已向合法分包人、实际施工人支付的工程款予以抵扣的,不予支持,但当事人另有约定、生效判决、仲裁裁决予以确认或发包人有证据证明其有正当理由向合法分包人、实际施工人支付的除外。

原《广东高院工程合同解答》

28. 发包人向实际施工人支付的工程款能否在与承包人结算工程时予以抵扣

承包人请求发包人支付工程款,发包人主张对其已向实际施工人支付的工程款进行抵扣的,不予支持,但合同另有约定、承包人予以授权、生效裁决予以确定或者发包人有证据证明其有正当理由向实际施工人支付工程款的除外。

《河北高院施工合同审理指南》(2018 版)

32. 承包人请求发包人支付工程款,发包人以向实际施工人支付工程款抗辩的,应当举证证明支付工程款数额及支付理由,对付款有特殊约定、承包人予以授权、生效裁决予以确定,或者有其他正当理由,人民法院应当予以支持。

典型判决　天瑞公司、鹏腾公司建设工程施工合同纠纷案①

【裁判要旨】

总承包合同明确约定承包人收款账号，且实际施工人还为发包人施工合同外附属工程施工，发包人负有向实际施工人支付附属工程款的义务。据此，发包人未经承包人同意直接向实际施工人付款不构成对承包人的有效支付。

【裁判观点】

再审法院认为，天瑞公司在一审、二审中主张已付工程款既有向鹏腾公司直接支付的款项，也有向实际施工人项某支付的款项，亦有根据项某委托向第三人支付的款项。天瑞公司申请再审提出的应当认定为本案已付工程款的4,657,631元均不是直接支付至鹏腾公司名下。天瑞公司认为根据原《最高院施工合同解释》第26条②第2款有关“发包人只在欠付工程价款范围内对实际施工人承担责任”的规定，其有权向实际施工人支付案涉工程款。上述司法解释有关发包人在欠付工程价款范围内对实际施工人承担责任的规定是对合同相对性原则的突破，在适用时应当予以严格限制。首先，原《最高院施工合同解释》第25条的全文是：“实际施工人以转包人、违法分包人为被告起诉的，人民法院应当依法受理。实际施工人以发包人为被告主张权利的，人民法院可以追加转包人或者违法分包人为本案当事人。发包人只在欠付工程价款范围内对实际施工人承担责任。”从文义解释来看，该条款直接适用于实际施工人以诉讼方式向发包人主张权利的情形，而对于实际施工人非以诉讼方式向发包人主张权利的情形，并不能直接适用。其次，挂靠施工情况下，虽然实际施工人直接组织施工，但对外仍然是以承包人的名义进行各项行为，承包人可能会因实际施工人的行为对外承担法律责任，即承包人对建设施工合同的履行具有法律利益。如容许发包人随意突破合同相对性，直接向实际施工人付款，则可能会损害承包人的权益。在缺乏正当理由的情况下，发包人不能未经承包人同意，违反合同约定直接向实际施工人支付工程款。故在天瑞公司与鹏腾公司在施工协议中明确约定了支付工程款的开户银行及账号的情况下，二审判决认定天瑞公司应当按约定方式支付工程款并无不当。此外，除案涉项目外，项某还为天瑞公司施工附属工程，天瑞公司亦负有向项某支付附属工程款的义务。因此，二审判决认为天瑞公司未经鹏腾公司同意直接向项某或其

---

① 参见最高人民法院民事裁定书，(2019)最高法民申6732号。

② 相关规定参见《最高院施工合同解释一》第43条。

指定第三人付款不属于对本案工程款的有效支付,并无不当。

44. 发包人能否向转包人(违法分包人)或被挂靠人主张违约责任?

发包人能否向转包人(违法分包人)或被挂靠人主张违约责任,取决于发包人与承包人之间总承包合同的效力及合同约定。

承包人承接工程后转包(违法分包)工程所签订的转包合同(违法分包合同),应当依据《民法典》第153条第1款及第791条第2款、第3款的规定,认定无效。一般来说,转包合同(违法分包合同)签订在后,总承包合同签订在前。签订在后的转包合同(违法分包合同)无效并不影响之前总承包合同的效力。根据《民法典》第806条的规定,承包人将建设工程转包、违法分包的,发包人可以解除合同。该法条表明在承包人转包(违法分包)的情况下,总承包合同为有效合同,发包人有权依据承包合同向承包人主张违约责任。

相关合同效力分析如表4-1所示。

表4-1 转包(违法分包)相关合同效力分析

合同类型	合同主体	合同效力	相关规定
总承包合同	发包人与承包人	有效(不因承包人的转包、违法分包行为导致总承包合同无效)	《民法典》第153条规定,"违反法律、行政法规的强制性规定的民事法律行为无效"
转包(违法分包)合同	承包人与实际施工人	无效	《最高院施工合同解释一》第1条第2款、《民法典》第791条、《建设工程质量管理条例》第78条等
没有关系的合同	实际施工人与发包人	单层转包(违法分包)的实际施工人有权突破合同相对性向发包人主张欠付价款范围内责任	《最高院施工合同解释一》第43条第2款等

挂靠又被称为"借用资质",其核心表现为"借用行为",具体可以分为发包人明知和发包人不明知两种类型。发包人明知的挂靠,发包人与承包人之间所订立的合同是通谋虚伪的意思表示,合同无效。合同无效但质量合格,承包人无权起诉发包人,而实际施工人有权起诉发包人。基于合同无效,发包人无权依据无效的总承包合同追究被挂靠人(承包人)的违约责任。发包人不明知的挂靠,发包人

在与有资质的承包人签订合同时，并不知道该承包人另外还与无资质的实际施工人存在挂靠合同并由实际施工人承包施工。对于发包人而言，其合同相对人是承包人，且承包人都是有资质的。因此，该法律责任实质等同于违法转分包。笔者倾向认为，发包人和承包人的总承包合同有效，发包人有权依据合同向承包人追究违约责任。

挂靠相关合同效力分析如表4－2所示。

表4－2　挂靠相关合同效力分析

合同类型		合同主体	合同效力	相关规定
发包人明知	总承包合同	发包人与承包人	(1)发包人明知合同是通谋虚伪的意思表示，合同无效； (2)合同无效但质量合格，承包人无权起诉发包人，而实际施工人有权起诉发包人	《民法典》第146条
	借用资质合同	承包人与实际施工人	违反强制性规定，一律无效	《建筑法》第13条、第26条
	事实合同关系	发包人与实际施工人	(1)形成事实上的施工合同关系，不符合资质规定，该合同无效； (2)发包人明知的情况下，实际施工人有权基于事实合同关系请求发包人支付工程款，但不可以援引《最高院施工合同解释一》第43条向发包人主张欠付工程款范围承担责任	《最高院2021年第20次专业法官纪要》
发包人不明知	总承包合同	发包人与承包人	发包人不明知，合同有效	《最高院施工合同解释一》第1条第2款规定的"没有资质的实际施工人借用有资质的建筑施工企业名义"，应限缩理解为发包人明知挂靠
	借用资质合同	承包人与实际施工人	违反强制性规定，一律无效	《建筑法》第13条、第26条等

续表

合同类型		合同主体	合同效力	相关规定
	没有合同关系	发包人与实际施工人	(1)没有合同关系； (2) 发包人不明知的情况下，实际施工人可以援引《最高院施工合同解释一》第 43 条向发包人主张欠付工程款范围承担责任	—

法律依据

《民法典》

第七百九十一条 发包人可以与总承包人订立建设工程合同，也可以分别与勘察人、设计人、施工人订立勘察、设计、施工承包合同。发包人不得将应当由一个承包人完成的建设工程支解成若干部分发包给数个承包人。

总承包人或者勘察、设计、施工承包人经发包人同意，可以将自己承包的部分工作交由第三人完成。第三人就其完成的工作成果与总承包人或者勘察、设计、施工承包人向发包人承担连带责任。承包人不得将其承包的全部建设工程转包给第三人或者将其承包的全部建设工程支解以后以分包的名义分别转包给第三人。

禁止承包人将工程分包给不具备相应资质条件的单位。禁止分包单位将其承包的工程再分包。建设工程主体结构的施工必须由承包人自行完成。

《建筑法》

第十三条 从事建筑活动的建筑施工企业、勘察单位、设计单位和工程监理单位，按照其拥有的注册资本、专业技术人员、技术装备和已完成的建筑工程业绩等资质条件，划分为不同的资质等级，经资质审查合格，取得相应等级的资质证书后，方可在其资质等级许可的范围内从事建筑活动。

第二十六条 承包建筑工程的单位应当持有依法取得的资质证书，并在其资质等级许可的业务范围内承揽工程。

禁止建筑施工企业超越本企业资质等级许可的业务范围或者以任何形式用其他建筑施工企业的名义承揽工程。禁止建筑施工企业以任何形式允许其他单位或者个人使用本企业的资质证书、营业执照，以本企业的名义承揽工程。

《建设工程质量管理条例》

第七十八条 本条例所称肢解发包，是指建设单位将应当由一个承包单位完成的建设工程分解成若干部分发包给不同的承包单位的行为。

本条例所称违法分包，是指下列行为：

（一）总承包单位将建设工程分包给不具备相应资质条件的单位的；

（二）建设工程总承包合同中未有约定，又未经建设单位认可，承包单位将其承包的部分建设工程交由其他单位完成的；

（三）施工总承包单位将建设工程主体结构的施工分包给其他单位的；

（四）分包单位将其承包的建设工程再分包的。

本条例所称转包，是指承包单位承包建设工程后，不履行合同约定的责任和义务，将其承包的全部建设工程转给他人或者将其承包的全部建设工程肢解以后以分包的名义分别转给其他单位承包的行为。

《最高院施工合同解释一》

第一条 建设工程施工合同具有下列情形之一的，应当依据民法典第一百五十三条第一款的规定，认定无效：

（一）承包人未取得建筑业企业资质或者超越资质等级的；

（二）没有资质的实际施工人借用有资质的建筑施工企业名义的；

（三）建设工程必须进行招标而未招标或者中标无效的。

承包人因转包、违法分包建设工程与他人签订的建设工程施工合同，应当依据民法典第一百五十三条第一款及第七百九十一条第二款、第三款的规定，认定无效。

第四十三条第二款 实际施工人以发包人为被告主张权利的，人民法院应当追加转包人或者违法分包人为本案第三人，在查明发包人欠付转包人或者违法分包人建设工程价款的数额后，判决发包人在欠付建设工程价款范围内对实际施工人承担责任。

《最高院2021年第20次专业法官纪要》

借用资质的实际施工人与发包人形成事实上的建设工程施工合同关系且工程经验收合格的，可以请求发包人参照合同约定折价补偿

法律问题

借用资质的实际施工人是否有权请求发包人对其施工工程折价补偿？

法官会议意见

没有资质的实际施工人借用有资质的建筑施工企业名义与发包人签订建设工程施工合同，在发包人知道或者应当知道系借用资质的实际施工人进行施工的情况下，发包人与借用资质的实际施工人之间形成事实上的建设工程施工合同关系。

主要理由

该建设工程施工合同因违反法律的强制性规定而无效。

《中华人民共和国民法典》第七百九十三条第一款规定："建设工程施工合同无效，但是建设工程经验收合格的，可以参照合同关于工程价款的约定折价补偿承包人。"

因此，在借用资质的实际施工人与发包人之间形成事实上的建设工程施工合同关系且

建设工程经验收合格的情况下，借用资质的实际施工人有权请求发包人参照合同关于工程价款的约定折价补偿。

45. 发包人针对实际施工人起诉，常见的抗辩措施有哪些？

《最高院施工合同解释一》第 43 条规定，发包人在欠付建设工程价款范围内对实际施工人承担责任。实务中存在该法条被实际施工人滥用，甚至实际施工人与承包人恶意串通损害发包人合法权益的情况，发包人应当依法行使对实际施工人的抗辩权，维护自身合法权益。发包人常见的抗辩措施有如下两种：

（1）欠付价款范围内承担责任之构成要件不成立的抗辩。发包人已举证证明其未欠付工程价款并作出合理解释说明的，实际施工人无权向发包人主张权利。这是因为，实际施工人对发包人的请求权是基于特别法的规定产生的，而不是基于合同关系产生的，其请求权成立的要件就是“发包人欠付工程款”。

司法实践中，争议较大的是实际施工人起诉要求发包人在欠付价款范围内承担责任，而发包人在诉讼中提出用承包人应向发包人支付的工期违约金等与其应支付的工程款予以抵销。发包人的此种诉求可否获得支持？如果法院准许发包人抵销，意味着实际施工人对发包人的请求权被弱化或落空。如果不予准许发包人抵销，则意味着发包人对承包人的违约金请求无法实现。

笔者倾向认为，实际施工人依据《最高院施工合同解释一》第 43 条第 2 款向没有关系的发包人主张权利，是为了解决农民工工资问题的特殊制度安排。诉讼中，发包人主张用其对承包人的违约金债权进行抵销的，原则上不予支持。

（2）工程质量不合格的抗辩。实际施工人依《最高院施工合同解释一》第 43 条的规定请求发包人承担责任的，除质量抗辩外，发包人不得对转包人（违法分包人）的合同抗辩权进行抗辩。建设工程质量不仅应当符合合同约定，还必须达到国家规定的强制性标准。根据《民法典》第 801 条的规定，工程质量不符合约定的，施工人应无偿修理、返工、改建；经修理或者返工、改建后造成逾期交付的，施工人应当承担违约责任。另外，根据《民法典》第 793 条的规定，修复后的建设工程经验收不合格的，承包人无权请求参照合同关于工程价款的约定折价补偿。

法律依据

《民法典》

第七百九十三条　建设工程施工合同无效，但是建设工程经验收合格的，可以参照合同关于工程价款的约定折价补偿承包人。

建设工程施工合同无效，且建设工程经验收不合格的，按照以下情形处理：

（一）修复后的建设工程经验收合格的，发包人可以请求承包人承担修复费用；

（二）修复后的建设工程经验收不合格的，承包人无权请求参照合同关于工程价款的约定折价补偿。

发包人对因建设工程不合格造成的损失有过错的，应当承担相应的责任。

第八百零一条　因施工人的原因致使建设工程质量不符合约定的，发包人有权请求施工人在合理期限内无偿修理或者返工、改建。经过修理或者返工、改建后，造成逾期交付的，施工人应当承担违约责任。

原《最高院合同法解释一》

第十八条　在代位权诉讼中，次债务人对债务人的抗辩，可以向债权人主张。

债务人在代位权诉讼中对债权人的债权提出异议，经审查异议成立的，人民法院应当裁定驳回债权人的起诉。

《最高院施工合同解释一》

第四十三条　实际施工人以转包人、违法分包人为被告起诉的，人民法院应当依法受理。

实际施工人以发包人为被告主张权利的，人民法院应当追加转包人或者违法分包人为本案第三人，在查明发包人欠付转包人或者违法分包人建设工程价款的数额后，判决发包人在欠付建设工程价款范围内对实际施工人承担责任。

第四十四条　实际施工人依据民法典第五百三十五条规定，以转包人或者违法分包人怠于向发包人行使到期债权或者与该债权有关的从权利，影响其到期债权实现，提起代位权诉讼的，人民法院应予支持。

审判意见

《北京高院施工合同解答》

19、违法分包合同、转包合同的实际施工人主张欠付工程款的，诉讼主体如何确定？发包人的责任如何承担？

实际施工人以违法分包人、转包人为被告要求支付工程款的，法院不得依职权追加发包人为共同被告;实际施工人以发包人为被告要求支付工程款的,应当追加违法分包人或转包人作为共同被告参加诉讼,发包人在其欠付违法分包人或转包人工程款范围内承担连带责任。发包人以其未欠付工程款为由提出抗辩的,应当对此承担举证责任。

第三节 向转包人(违法分包人)主张权利

46. 实际施工人可否起诉没有合同关系的转包人(违法分包人)?

在工程多次转包或违法分包的情况下,实际施工人要求与其无合同关系的转包人(违法分包人)支付工程款的,并无法律依据,一般情况下不予支持。具体理由如下:

(1)坚持合同相对性原则。根据《民法典》第465条第2款之规定,依法成立的合同,仅对当事人具有法律约束力,但是法律另有规定的除外。在层层转包关系中,转包人(违法分包人)不是实际施工人的合同相对人,一般情形下,实际施工人不能向转包人(违法分包人)主张权利。

(2)不应对《最高院施工合同解释一》第43条作随意扩大解释。该条款突破了合同相对性原则,允许实际施工人向没有合同关系的发包人主张权利,并不意味着实际施工人在任何情况下均可以突破合同相对性原则向没有合同关系的转包人(违法分包人)主张工程款。在这一点上,转包人(违法分包人)与发包人的法律责任存在重大差别。一些判决将转包人(违法分包人)随意扩大解释为发包人,从而适用《最高院施工合同解释一》第43条第2款的规定,判令转包人(违法分包人)在欠付工程款范围内承担责任,不仅不符合发包人的法律规定,造成逻辑混乱,而且极大破坏了合同相对性原则。

(3)防止对实际施工人的过度保护。实际施工人是无效合同的实际主体,对于合同无效负有过错。如允许实际施工人向无关的转包人(违法分包人)要求支付工程款,将使其获得比合同有效更大的非法利益,并不利于打击转包(违法分包)等违法行为。

法律依据

《民法典》

第四百六十五条 依法成立的合同,受法律保护。

依法成立的合同,仅对当事人具有法律约束力,但是法律另有规定的除外。

第七百九十三条　建设工程施工合同无效,但是建设工程经验收合格的,可以参照合同关于工程价款的约定折价补偿承包人。

建设工程施工合同无效,且建设工程经验收不合格的,按照以下情形处理:

(一)修复后的建设工程经验收合格的,发包人可以请求承包人承担修复费用;

(二)修复后的建设工程经验收不合格的,承包人无权请求参照合同关于工程价款的约定折价补偿。

发包人对因建设工程不合格造成的损失有过错的,应当承担相应的责任。

原《最高院施工合同解释》

第二十六条　实际施工人以转包人、违法分包人为被告起诉的,人民法院应当依法受理。

实际施工人以发包人为被告主张权利的,人民法院可以追加转包人或者违法分包人为本案当事人。发包人只在欠付工程价款范围内对实际施工人承担责任。

《最高院施工合同解释一》

第四十三条　实际施工人以转包人、违法分包人为被告起诉的,人民法院应当依法受理。

实际施工人以发包人为被告主张权利的,人民法院应当追加转包人或者违法分包人为本案第三人,在查明发包人欠付转包人或者违法分包人建设工程价款的数额后,判决发包人在欠付建设工程价款范围内对实际施工人承担责任。

第四十四条　实际施工人依据民法典第五百三十五条规定,以转包人或者违法分包人怠于向发包人行使到期债权或者与该债权有关的从权利,影响其到期债权实现,提起代位权诉讼的,人民法院应予支持。

审判意见

《安徽高院施工合同指导意见》

1、因转包、分包建设工程发生纠纷,实际施工人起诉承包人索要工程款的,一般不追加发包人为案件当事人,但为查明案件事实需要,人民法院可追加发包人为第三人。

因建设工程质量发生纠纷,发包人仅起诉承包人或仅起诉实际施工人的,人民法院可依当事人申请,将实际施工人或承包人追加为共同被告。

《山东高院民一庭施工合同解答》

8.在多层转包或者违法分包情况下,实际施工人主张各转包人或者违法分包人均承担付款责任,如何处理?

在多层转包或者违法分包情况下,实际施工人原则上仅可以要求与其有直接合同关系的转包人或者违法分包人对工程欠款承担付款责任。

实际施工人向发包人主张权利的，为查明发包人欠付转包人或者违法分包人工程款的数额，人民法院可以追加与其无合同关系的转包人或者违法分包人为第三人。

典型判决 1 张某与中天公司、汪某建设工程施工合同纠纷案①

【裁判要旨】

承包人并非发包人，如承包人与实际施工人并无合同关系时，实际施工人要求承包人支付工程款或承担连带责任，缺乏法律依据，不予支持。

【裁判观点】

再审法院经审查认为，本案主要审查中天公司应否承担向张某支付款项的连带责任的问题，原《最高院施工合同解释》第 26 条②第 1 款规定，实际施工人以转包人、违法分包人为被告起诉的，法院应当依法受理。本案中，中天公司与汪某签订《木工分项工程承包合同》，汪某与张某达成口头协议，由张某负责汪某承包工程中的部分工程。张某与中天公司之间并无合同关系，对于张某而言，其合同相对方为汪某。张某可以向违法分包人汪某主张工程款。原《最高院施工合同解释》第 26 条第 2 款规定，实际施工人以发包人为被告主张权利的，法院可以追加转包人或者违法分包人为本案当事人。发包人在欠付工程款范围内对实际施工人承担责任。本案中，中天公司是案涉工程的总包人，各方当事人在庭审中对此事实均无异议。中天公司并非案涉项目的发包人，原审法院认定本案不应适用原《最高院施工合同解释》第 26 条第 2 款的规定，并无不当。综上所述，中天公司既不是案涉工程发包人，与张某之间也无合同关系，张某申请再审要求中天公司承担支付款项的连带责任的请求，缺乏法律依据，再审法院不予支持。

典型判决 2 陕西森茂闳博公司、李某柱等建设工程施工合同纠纷案③

【裁判要旨】

实际施工人突破合同相对性向与其没有合同关系的转包人（分包人）主张工程价款，无法律依据，不予支持。

---

① 参见最高人民法院民事裁定书，(2016)最高法民申 3339 号。

② 相关规定参见《最高院施工合同解释一》第 43 条。

③ 参见最高人民法院民事裁定书，(2021)最高法民申 3649 号。

【裁判观点】

再审法院认为，本案中，违法转包人北京世纪源博公司、山东显通公司、山东显通五公司与陕西森茂闳博公司、李某柱并无直接合同关系。原《最高院施工合同解释》第26条赋予了实际施工人可以突破合同相对性向发包人主张工程价款的权利，但并不意味着实际施工人可以直接向与其没有合同关系的转包人、分包人主张工程价款。因此，陕西森茂闳博公司、李某柱主张由以上主体承担责任无事实和法律依据。

47. 实际施工人可否起诉没有合同关系的总承包人？

笔者认为，实际施工人无权要求没有合同关系的总承包人承担责任。转包（违法分包）法律后果并不必然导致总承包人的连带责任。当前尚无明确法律规定总承包人应对没有合同关系的实际施工人承担法律责任。《最高院施工合同解释一》第43条只是规定了发包人在欠付款范围内承担责任，但未规定没有合同关系的总承包人对实际施工人的工程款请求承担何种责任。

而该解释第43条第2款规定，实际施工人以发包人为被告主张权利的，法院应当追加转包人或者违法分包人为本案第三人，在查明发包人欠付转包人或者违法分包人建设工程价款的数额后，判决发包人在欠付建设工程价款范围内对实际施工人承担责任。据此，转包（违法分包）合同关系中的实际施工人主张权利应当以不突破合同相对性为基本原则，只有特定情况下方能突破合同相对性。此条规定的立法初衷是考虑到转包（违法分包）的情形下，不突破合同相对性会造成农民工讨薪无门、矛盾激化的后果，为了保护农民工的利益而制定，因此该规定仅在特殊情况下适用。

法律依据

《最高院施工合同解释一》

第四十三条　实际施工人以转包人、违法分包人为被告起诉的，人民法院应当依法受理。

实际施工人以发包人为被告主张权利的，人民法院应当追加转包人或者违法分包人为本案第三人，在查明发包人欠付转包人或者违法分包人建设工程价款的数额后，判决发包人在欠付建设工程价款范围内对实际施工人承担责任。

审判意见

《浙江高院施工合同解答》

二十三、实际施工人可以向谁主张权利?

实际施工人的合同相对人破产、下落不明或资信状况严重恶化,或实际施工人至承包人(总承包人)之间的合同均为无效的,可以依照最高人民法院《关于审理建设工程施工合同纠纷案件适用法律问题的解释》第二十六条第二款的规定,提起包括发包人在内为被告的诉讼。

《河北高院施工合同审理指南》(2018 版)

31. 实际施工人向与其没有合同关系的转包人、分包人、总承包人、发包人提起的诉讼,发包人与承包人就工程款问题尚未结算的,原则上仍应坚持合同相对性,由与实际施工人有合同关系的前手承包人给付工程款。如果发包人与承包人已就工程款进行结算或虽尚未结算,但欠款范围明确,可以确定发包人欠付承包人的工程款数额大于承包人欠付实际施工人的工程款数顿,可以直接判决发包人对实际施工人在承包人欠付实际施工人的工程款数额范围内承担连带给付责任。欠付工程款范围明确是指判决中必须明确发包人承担连带责任的范围和数额,不能简单表述为发包人在欠付工程款范围内承担连带责任。

《山东高院 2011 年民事审判会议纪要》

三、关于建设工程施工合同纠纷案件

……

(六)关于实际施工人的诉讼地位和发包人责任的性质问题

最高人民法院《关于审理建设工程施工合同纠纷案件适用法律问题的解释》第 26 条规定的实际施工人,是指工程转包合同的转承包人、违法分包合同的承包人、借用资质(资质挂靠)的承包人。司法实务中应当严格实际施工人的认定标准,不得随意扩大实际施工人的适用范围。实际施工人可以是法人、其他组织、个人合伙,也可以是自然人(俗称“包工头”),但从事建筑业劳务作业的农民工不属于实际施工人。

依据最高人民法院《关于审理建设工程施工合同纠纷案件适用法律问题的解释》第 26 条的规定,实际施工人直接起诉发包人请求支付欠付工程价款的,为查明案件事实,应当追加转包人、违法分包人为共同被告;实际施工人直接起诉转包人或者违法分包人请求支付工程价款的,不得追加发包人为诉讼当事人。

依据最高人民法院《关于审理建设工程施工合同纠纷案件适用法律问题的解释》第 26 条的规定,实际施工人起诉发包人请求支付欠付工程价款的,发包人在欠付工程价款的范围内对实际施工人承担直接支付欠付工程价款的责任,发包人与转包人或者违法分包人承担支付工程价款的连带责任没有法律依据。

……

典型判决 许某、天恒基公司建设工程施工合同纠纷案①

【裁判要旨】

实际施工人向没有合同关系的总承包人主张工程款的，无法律依据，不予支持。

【裁判观点】

再审法院认为，本案中，汇龙天华公司将案涉工程发包给天恒基公司，天恒基公司将工程转给蒋某内部承包，蒋某又将部分工程转给许某施工。依照上述法律规定，许某将汇龙天华公司、天恒基公司与蒋某作为共同被告起诉，二审法院认定蒋某为违法分包人，汇龙天华公司为发包人，判决双方承担支付工程款及利息的处理结果，亦无不妥。天恒基公司作为承包人，与许某之间并没有合同关系，因此许某无法依照合同主张案涉工程款及利息，二审法院免除天恒基公司的民事责任，具有法律依据。

48.《最高院施工合同解释一》第43条中所规定的"发包人"是否包括中间环节发包人？

《最高院施工合同解释一》第43条中所规定的"发包人"应当理解为第一手发包人，仅指建设单位（业主单位），并不包括中间环节发包人即多次转包、分包的转包人、违法分包人。实际施工人无权要求中间环节发包人主张工程款。

首先，从该条款文字内容来看，其对于实际施工人的直接上级发包人采用的是"转包人、违法分包人"的表述，故该条"发包人"应仅指总包或专业分包法律关系中的发包人，不包括层层转包或违法分包情形下的各级发包人。

其次，在多次转包、违法分包情形下，实际施工人可以向发包人主张权利的主要原因系发包人是劳务物化成果的享有者。

法律依据

《最高院施工合同解释一》

第四十三条 实际施工人以转包人、违法分包人为被告起诉的，人民法院应当依法受理。

① 参见最高人民法院民事裁定书，（2021）最高法民申1358号。

实际施工人以发包人为被告主张权利的，人民法院应当追加转包人或者违法分包人为本案第三人，在查明发包人欠付转包人或者违法分包人建设工程价款的数额后，判决发包人在欠付建设工程价款范围内对实际施工人承担责任。

审判意见

《四川高院施工合同解答》

13. 实际施工人主张欠付工程款的诉讼主体如何确定？发包人、转包人、违法分包人的责任如何承担？

《建工司法解释》第二十六条中的“发包人”应当理解为建设工程的业主，不应扩大理解为转包人、违法分包人等中间环节的相对发包人。

……

实际施工人以发包人为被告主张权利的，人民法院应当追加与实际施工人存在直接合同关系的转包人、违法分包人作为共同被告参加诉讼，发包人在欠付工程价款范围内对实际施工人承担责任。

……

建设工程施工合同无效，实际施工人要求未与其建立合同关系的转包人、违法分包人对工程欠款承担支付责任的，不予支持。

典型判决 杨某、联合建工公司等建设工程施工合同纠纷案[①]

【裁判要旨】

实际施工人要求没有合同关系的中间环节的“发包人”（总承包人）承担责任的，不予支持。

【裁判观点】

再审法院认为，基于本案已经查明的事实，案涉工程的发包人是美兰监狱、承包人是联合建工公司，联合建工公司又将工程交由玖基公司施工，玖基公司将部分工程交由杨某施工；工程前期杨某投入资金进行工程的招投标，所投入资金作为工程保证金，后杨某组织人员施工，购买材料，支付工人工资，实际收取案涉工程款。由此，一审判决杨某系案涉工程实际施工人有基本的事实依据，二审判决对此未予明确认定，但也没有否定其实际施工人身份。尽管依据原《最高院施工

① 参见最高人民法院民事裁定书，(2021)最高法民申3586号。

合同解释》第26条①的规定，杨某作为实际施工人可以向发包人在欠付工程款范围内主张权利，但案涉工程的发包人美兰监狱已按海南省财政厅评审结算金额支付了工程款，且杨某在本案中亦没有请求美兰监狱承担责任。根据合同相对性的一般原则，杨某在实际施工工程完工后有权向其转包或分包的相对人主张结算并支付相应工程款的权利。鉴于杨某与联合建工公司并未签订任何合同，联合建工公司既不认可其与杨某存在直接合同关系，也不认可存在挂靠的情形，二审判决据此认定杨某向联合建工公司主张工程款缺乏合同依据，并无不当；同时本案已查明事实显示玖基公司将案涉部分工程交由杨某施工，尽管杨某对此并不认可，但其亦没有提供足以推翻该事实的证据，杨某可依法向玖基公司主张权利。

49. 层层转包（违法分包）关系中，实际施工人应向谁提出工程款请求？

以发包人A→承包人B→转承包人C→实际施工人D为例，审判实践中，层层转包（违法分包）关系的实际施工人D为了诉讼便利，常将转分包关系链条上的所有主体（C+B+A）列为被告；其除要求相对人C承担支付责任外，更要求没有合同关系的承包人B、发包人A承担付款责任。这种诉讼策略可否得到支持？分析如下：

（1）层层转包（违法分包）关系中的实际施工人只能根据合同相对性向其上一手转包人（违法分包人）主张权利。

首先，当前没有任何法律规定没有合同关系的转包人应向实际施工人承担连带责任或共同责任，据此，实际施工人不能向与其没有合同关系的转包人（违法分包人）主张工程款。故上例中，实际施工人D只能向相对人C主张合同权利，而不能向与其无合同关系的承包人B主张。当然，在转承包人C构成对承包人B的表见代理的情况下，此时承担责任的仅是承包人B，而不包括转承包人C。

其次，司法实践中应避免对实际施工人的过度保护。如允许实际施工人不仅可以对发包人还可以对所有转包人主张权利，便是对非法承包人的过度保护，使其获得比合同有效更大的非法利益，不利于打击转包、违法分包等违法行为。

（2）层层转包（违法分包）关系中的实际施工人D不能依据该法解释规定向

① 相关规定参见《最高院施工合同解释一》第43条。

发包人 A 主张工程价款。《最高院 2021 年第 20 次专业法官纪要》指出,《最高院施工合同解释一》第 43 条规定的实际施工人不包含借用资质及多层转包和违法分包关系中的实际施工人。

法律依据

《最高院施工合同解释一》

第四十三条 实际施工人以转包人、违法分包人为被告起诉的,人民法院应当依法受理。

实际施工人以发包人为被告主张权利的,人民法院应当追加转包人或者违法分包人为本案第三人,在查明发包人欠付转包人或者违法分包人建设工程价款的数额后,判决发包人在欠付建设工程价款范围内对实际施工人承担责任。

《最高院 2021 年第 20 次专业法官纪要》

可以突破合同相对性原则请求发包人在欠付工程款范围内承担责任的实际施工人不包括借用资质及多层转包和违法分包关系中的实际施工人

法律问题

《最高人民法院关于审理建设工程施工合同纠纷案件适用法律问题的解释(一)》(以下简称《建工解释一》)第四十三条规定的实际施工人是否包含借用资质及多层转包和违法分包关系中的实际施工人?

法官会议意见

《建工解释一》第四十三条规定:"实际施工人以转包人、违法分包人为被告起诉的,人民法院应当依法受理。实际施工人以发包人为被告主张权利的,人民法院应当追加转包人或者违法分包人为本案第三人在查明发包人欠付转包人或者违法分包人建设工程价款的数额后,判决发包人在欠付建设工程价款范围内对实际施工人承担责任。"

本条解释涉及三方当事人两个法律关系:一是发包人与承包人之间的建设工程施工合同关系;二是承包人与实际施工人之间的转包或者违法分包关系。原则上,当事人应当依据各自的法律关系,请求各自的债务人承担责任。本条解释为保护农民工等建筑工人的利益,突破合同相对性原则,允许实际施工人请求发包人在付工程款范围内承担责任。对该条解释的适用应当从严把握。

该条解释只规范转包和违法分包两种关系,未规定借用资质的实际施工人以及多层转包和违法分包关系中的实际施工人有权请求发包人在欠付工程款范围内承担责任。因此,可以依据《建工解释一》第四十三条的规定突破合同相对性原则请求发包人在欠付工程款范围内承担责任的实际施工人不包括借用资质及多层转包和违法分包关系中的实际施工人。

审判意见

《湖南高院施工合同解答》

二十四、层层转包中转包人、违法分包人的责任如何认定？

实际施工人向层层转包人或层层分包人主张给付工程价款，转包人或者违法分包人能够证明已经付清工程价款的，其前手转包人或违法分包人一般不再承担给付责任。

典型判决 杨某、城乡建设公司等建设工程施工合同纠纷案[①]

【裁判要旨】

层层转包的实际施工人向没有合同关系的转包人(违法分包人)主张权利，无法律依据，不予支持。

【裁判观点】

再审法院经审查认为，凤县人民政府将案涉工程发包给城乡建设公司，城乡建设公司将工程交由长城路桥公司施工，长城路桥公司又将工程交由杨某(丰禾山隧道施工队)施工。杨某主张本案工程款，一审、二审判令长城路桥公司承担本案付款责任。杨某再审申请认为城乡建设公司应当与长城路桥公司承担连带责任。再审法院认为，在工程施工过程中，城乡建设公司虽然多次向杨某支付工程款，但该支付行为应视为城乡建设公司代长城路桥公司支付工程款。城乡建设公司与杨某(丰禾山隧道施工队)无直接合同关系，双方并非本案合同相对人。杨某要求城乡建设公司承担本案连带责任，无明确法律依据，原审对其该主张未予支持，并无不当。

50. 层层转包的多个当事人应参照哪个无效合同主张工程款？

从文义上看，《民法典》第793条规定“可以参照合同关于工程价款的约定折价补偿承包人”，所参照的“合同”指的是发包人与承包人之间的合同，因此，参照适用的权利主体是承包人而不是实际施工人。

但是，在层层转包关系中往往存在多个合同，并且约定价格各不相同，如果不允许每个合同中的“承包人”或实际施工人参照约定，势必都要通过鉴定解决，会

---

① 参见最高人民法院民事裁定书，(2021)最高法民申4495号。

增加诉讼成本。而如果各个合同关系链中的当事人都参照适用同一个合同约定，又会导致当事人之间的利益失衡，也不符合民事诉讼平等保护原则。因此，其他合同的“承包人”参照各自的无效合同约定价格，符合《民法典》第793条的立法本意。在法理上，合同无效时参照合同约定价格，其依据是原《合同法》第58条确立的“折价补偿”。因此，在层层转包等涉及多个利益主体的关系中，应当有各自的“折价补偿”，更为合理。

在工程转包、违法分包的情况下，转包人（违法分包人）向实际施工人支付的工程价款，一般不会超出其从发包人处应得的工程价款。总承包合同高于转包合同的工程款差额在性质上属于转包人的非法利益，转包人与实际施工人按转包合同约定结算后又以承包合同向发包人主张支付工程款，发包人对超出部分的工程款提出不予支付抗辩的，法院应综合合同履行情况、施工工程内容及行业惯例等情形予以调整。

法律依据

《民法典》

第七百九十三条 建设工程施工合同无效，但是建设工程经验收合格的，可以参照合同关于工程价款的约定折价补偿承包人。

建设工程施工合同无效，且建设工程经验收不合格的，按照以下情形处理：

（一）修复后的建设工程经验收合格的，发包人可以请求承包人承担修复费用；

（二）修复后的建设工程经验收不合格的，承包人无权请求参照合同关于工程价款的约定折价补偿。

发包人对因建设工程不合格造成的损失有过错的，应当承担相应的责任。

审判意见

《深圳中院施工合同裁判指引》

四、当事人非法转包建设工程被认定无效，但工程经竣工验收合格，实际施工人请求转包人参照转包合同约定向其支付工程价款的，应予支持。

五、承包人非法转包、违法分包建设工程的，不影响承包人与发包人之间的建设工程施工合同的效力；建设工程经竣工验收合格，发包人以承包人非法转包、违法分包为由，请求减少约定工程价款的，不予支持，但当事人另有约定的除外。

《湖南高院施工合同解答》

十二、合同均无效情形中总包合同与转包、违法分包合同关于工程款的差额应如何处理。

建设工程施工合同均无效情形中，承包合同高于转包、违法分包合同的工程款差额的性质属非法利益，转包、违法分包人与实际施工人按转包、违法分包合同结算后又以承包合同向发包人主张支付工程款，发包人对超出部分的工程款提出不予支付抗辩的，人民法院应综合合同履行情况、施工工程内容及行业惯例等情形予以调整，一般不宜超过差额部分工程款的8%（包含税金、管理费在内）。但发包人明知且认可的，该抗辩不能成立。

第五章　工 程 挂 靠

第一节　发包人明知挂靠

51. 发包人明知挂靠，实际施工人可否向发包人主张工程款？

根据《最高院2021年第20次专业法官纪要》的相关意见，发包人明知挂靠的，实际施工人借用有资质的建筑施工企业名义与发包人签订建设工程施工合同，发包人与实际施工人之间形成事实上的建设工程施工合同关系。《民法典》第793条第1款规定，建设工程施工合同无效，但是建设工程经验收合格的，可以参照合同关于工程价款的约定折价补偿承包人。据此，发包人应向实际施工人承担全部工程款支付责任，而非承担补充责任。

发包人明知挂靠的，承包人与实际施工人之间的挂靠合同因违反《建筑法》第13条、第26条等强制性规定而无效，发包人与承包人之间的总承包合同应是通谋虚伪的意思表示，合同无效。

法律依据

《民法典》

第一百四十六条　行为人与相对人以虚假的意思表示实施的民事法律行为无效。

以虚假的意思表示隐藏的民事法律行为的效力，依照有关法律规定处理。

《建筑法》

第十三条　从事建筑活动的建筑施工企业、勘察单位、设计单位和工程监理单位，按照其拥有的注册资本、专业技术人员、技术装备和已完成的建筑工程业绩等资质条件，划分为不同的资质等级，经资质审查合格，取得相应等级的资质证书后，方可在其资质等级许可的范围内从事建筑活动。

第二十六条　承包建筑工程的单位应当持有依法取得的资质证书，并在其资质等级许可的业务范围内承揽工程。

禁止建筑施工企业超越本企业资质等级许可的业务范围或者以任何形式用其他建筑施工企业的名义承揽工程。禁止建筑施工企业以任何形式允许其他单位或者个人使用本企业的资质证书、营业执照,以本企业的名义承揽工程。

《最高院 2021 年第 20 次专业法官纪要》

借用资质的实际施工人与发包人形成事实上的建设工程施工合同关系且工程验收合格的,可以请求发包人参照合同约定折价补偿

法律问题

借用资质的实际施工人是否有权请求发包人对其施工工程折价补偿?

法官会议意见

没有资质的实际施工人借用有资质的建筑施工企业名义与发包人签订建设工程施工合同,在发包人知道或者应当知道系借用资质的实际施工人进行施工的情况下,发包人与借用资质的实际施工人之间形成事实上的建设工程施工合同关系。

主要理由

该建设工程施工合同因违反法律的强制性规定而无效。

《中华人民共和国民法典》第七百九十三条第一款规定:"建设工程施工合同无效,但是建设工程经验收合格的,可以参照合同关于工程价款的约定折价补偿承包人。"

因此,在借用资质的实际施工人与发包人之间形成事实上的建设工程施工合同关系且建设工程经验收合格的情况下,借用资质的实际施工人有权请求发包人参照合同关于工程价款的约定折价补偿。

审判意见

《湖南高院施工合同解答》

二十三、挂靠人直接起诉发包人应如何处理?

借用资质的实际施工人起诉发包人要求支付工程款的,人民法院可在查明事实的基础上按以下两种情形处理:

(一)发包人明知实际施工人借用资质而未提出异议的,根据《中华人民共和国民法典》第一百四十六条、第四百九十条规定处理,实际施工人可直接向发包人主张权利。人民法院应追加被挂靠人为第三人。

(二)发包人对借用资质不知情的,出借资质方怠于向发包人主张权利,实际施工人可参照《最高人民法院关于审理建设工程施工合同的司法解释(一)》第四十四条规定行使代位权。人民法院应追加被挂靠人为第三人。

《四川高院施工合同解答》

14. 如何确定借用资质(挂靠)人主张欠付工程款的诉讼主体及责任承担?

答:发包人知晓并认可实际施工人借用资质施工,能够认定发包人实际与实际施工人建立建设工程施工合同关系,实际施工人要求发包人直接承担工程价款支付责任的,应予支持。

典型判决 1 永安公司与兴盛公司、彭某建设工程施工合同纠纷案[①]

【裁判要旨】

实际施工人借用资质与发包人签订的合同应认定无效,工程经竣工验收合格,实际施工人有权要求发包人参照约定支付工程款;实际施工人与发包人签订结算协议后,承包人主张该结算协议无效,但无证据证明的,不予支持。

【裁判观点】

再审法院认为,关于彭某是否有权与兴盛公司进行工程款的结算的问题,本案中,根据原审查明的事实,《建设工程施工合同》签订后,案涉工程实际由彭某进场进行施工,并由彭某向永安公司缴纳保证金,其不仅负责案涉工程的现场管理,所有的工程资料均由其掌握,且项目施工过程中,案涉设备租赁费、材料费、工人工资均由其直接支付。可见,案涉工程实际是由彭某在进行施工,永安公司并未提交与工程相关的证据材料证明其实际负责案涉工程的施工。永安公司另称彭某系其公司职工,但并未提供能够反映双方劳动关系的直接证据,并不足以证明彭某与永安公司存在劳动关系。在前述证据的基础上,原审法院结合湖南省浏阳市人民法院(2015)浏刑初字第 985 号刑事判决书中陈述的事实以及相关人员询问笔录,综合判定彭某为案涉工程的实际施工人,并无不当。因此,彭某借用永安公司建筑资质与兴盛公司签订《建设工程施工合同》,违反法律强制性规定,该合同应认定为无效。根据原《最高院施工合同解释》第 2 条"建设工程施工合同无效,但建设工程经竣工验收合格,承包人请求参照合同约定支付工程价款的,应予支持"的规定,本案中,《建设工程施工合同》无效,但案涉工程已竣工验收合格,彭某在实际施工完成后,有权要求兴盛公司参照合同约定支付工程价款。在实际履行过程中,兴盛公司法定代表人与彭某签订建安工程结算表,对案涉工程面积、价款以及应付款项进行了结算。结合前述查明的事实,兴盛公司亦有理由相信彭某

---

① 参见最高人民法院民事裁定书,(2019)最高法民申 1307 号。

具有结算的权利，该结算协议认定为合法有效。永安公司主张该结算系彭某与兴盛公司恶意串通而签订，并未提交充分证据证明，亦不能证明该结算损害了其合法权益，故原审法院认定彭某有权与兴盛公司进行工程款结算正确，永安公司无权要求兴盛公司再进行结算付款。

典型判决2　龙安建筑公司与龙凤城投公司等建设工程施工合同纠纷案[①]

【裁判要旨】

实际施工人参与了发包人招投标工作过程，且发包人在施工中与承包人、实际施工人就工程建设、结算等问题协商并形成会议纪要，可以认定发包人对挂靠是明知的，据此，挂靠人可以基于事实关系直接向发包人主张权利。

【裁判观点】

二审法院认为，关于龙安建筑公司能否向龙凤城投公司主张工程款的问题。龙安建筑公司与龙凤城投公司之间并无合同关系，其直接请求龙凤城投公司向其支付工程款，首先要明确其与建安集团之间是分包、转包还是挂靠关系。建安集团与龙安建筑公司签订的《一标段分包协议》《剩余工程分包协议》尽管名为分包合同，但综合考虑相关因素，一审判决认定二者之间构成借用资质即挂靠关系符合客观实际，具体来说：一是从缔约过程看，龙安建筑公司的工作人员参与了建安集团的招投标工作，可见其知晓总承包合同的有关内容；二是从实际施工情况看，建安集团与龙凤城投公司签订系列建设工程施工合同后，于同日或次日便将所承包的工程交由龙安建筑公司施工建设，可见建安集团没有施工的意图，事实上其也没有实际施工行为；三是从履约过程看，龙凤城投公司与龙安建筑公司及施工单位就案涉工程的建设、结算等问题进行磋商并形成会议纪要，在此过程中建安集团并未参会，即龙凤城投公司直接与龙安建筑公司交涉工程建设事宜；四是从另案30号调解书的内容看，本案三方当事人曾认可龙安建筑公司借用建安集团资质与龙凤城投公司签订建设工程施工合同的事实。

在挂靠关系中，挂靠人能否依据被挂靠人与发包人之间的合同向发包人主张权利，主要取决于发包人在缔约时对挂靠关系是否知情：知情的，挂靠人可以基于事实关系直接向发包人主张权利；反之，则不可以。就本案而言，龙凤城投公司与建安集团于2012年7月5日签订《一标段施工合同》后，其于2012年7月31日组

---

① 参见最高人民法院民事判决书，（2021）最高法民终985号。

织龙安建筑公司及相关施工单位召开会议时，作为名义上的总承包人的建安集团并未参会，而龙安建筑公司则以总承包人身份参加会议。2012 年 8 月 1 日，龙凤城投公司与建安集团签订《剩余工程施工合同》《配套工程施工合同》后，又于 2014 年 12 月组织龙安建筑公司及施工单位召开会议。前述事实表明，龙凤城投公司对龙安建筑公司是案涉工程的实际承包人不仅知情，而且予以认可。在此情况下，龙安建筑公司作为案涉工程的实际承包人，有权依据建安集团与龙凤城投公司签订的施工合同的有关约定，向龙凤城投公司主张工程款。

52. 发包人明知挂靠，实际施工人可否向承包人主张工程款？

在发包人明知实际施工人挂靠施工时会形成两个合同关系：一是发包人与实际施工人（挂靠人，下同）之间的事实施工合同关系，二是承包人（被挂靠人，下同）与实际施工人之间的借用合同关系。发包人与实际施工人直接成立事实上的施工合同关系，合同无效，发包人承担的是全部的付款责任，包括工程款、利息、停工损失赔偿等。同时，承包人与实际施工人的挂靠合同无效。在明知型挂靠关系中，由发包人直接对实际施工人承担工程款的给付责任，至于承包人是否应对实际施工人（挂靠人）承担给付责任，还需要审查双方之间的合同约定。

若双方约定由承包人收取管理费，并协助配合实际施工人以承包人的名义与发包人进行结算，但没有约定二者之间进行结算以及由承包人向实际施工人承担付款义务，则承包人承担的并非与实际施工人进行结算和支付的义务，而是协助结算以及转付工程款的义务。据此，承包人应就所截留款项向实际施工人承担转付义务。

法律依据

《最高院民诉法解释》

第五十四条 以挂靠形式从事民事活动，当事人请求由挂靠人和被挂靠人依法承担民事责任的，该挂靠人和被挂靠人为共同诉讼人。

审判意见

《湖南高院施工合同解答》

二十三、挂靠人直接起诉发包人应如何处理？

借用资质的实际施工人起诉发包人要求支付工程款的，人民法院可在查明事实的基础上按以下两种情形处理：

（一）发包人明知实际施工人借用资质而未提出异议的，根据《中华人民共和国民法典》第一百四十六条、第四百九十条规定处理，实际施工人可直接向发包人主张权利。人民法院应追加被挂靠人为第三人。

（二）发包人对借用资质不知情的，出借资质方怠于向发包人主张权利，实际施工人可参照《最高人民法院关于审理建设工程施工合同的司法解释（一）》第四十四条规定行使代位权。人民法院应追加被挂靠人为第三人。

《绍兴中院建筑领域民商事纠纷纪要》

一、本纪要所指的建筑施工企业项目经理有三种类型：第一类是建筑施工企业在册员工（即受建筑施工企业雇佣、与建筑施工企业签订有劳动合同的人员），受企业委派担任某建设工程的项目经理，或者受企业委派去参与招投标承接工程，中标后企业任命其担任项目经理，负责工程管理，并与企业签订内部（经济责任制）承包合同；第二类是建筑施工企业不在册员工，未与企业签订劳动合同，但对外以企业名义承接工程进行业务活动，企业任命其为该工程的项目经理，该项目经理与企业签订挂靠经营性质的内部承包合同；第三类为除上述两类人员之外，通过向建筑施工企业转包或者分包承接工程的实际施工人（俗称“包工头”）。

三、建筑施工企业与实际施工人签订的合同，实为挂靠经营合同或者转包、分包合同的，应根据最高人民法院《关于审理建设工程施工合同纠纷案件适用法律问题的解释》有关规定，审查认定合同是否有效。

对有效的合同，建设单位（发包人）与建筑施工企业（承包人）尚未结算工程款的，实际施工人向建筑施工企业（承包人）起诉要求结算并支付工程款的，应当根据其双方合同的约定；没有约定或者约定不明确的，按照《合同法》第六十一条、第六十二条以及《合同法解释（二）》第七条规定的交易习惯予以认定；

……

典型判决　金泰隆公司、杨某某建设工程施工合同纠纷案[1]

【裁判要旨】

挂靠的实际施工人与发包人证实形成事实合同关系，发包人应向实际施工人支付工程款；发包人提出应由承包人向实际施工人承担给付责任的主张，不予

① 参见最高人民法院民事裁定书，（2021）最高法民申2114号。

支持。

【裁判观点】

再审法院认为，本案中，恒安信公司与杨某某之间构成挂靠的法律关系。首先，恒安信公司与杨某某签订的《资质挂靠协议》中约定，杨某某挂靠恒安信公司资质，承建案涉工程，明确该工程附属部分除外，其他工程由杨某某与金泰隆公司协商沟通。以上约定内容表明双方具有出借资质、挂靠施工的合意。其次，在挂靠协议签订前，杨某某作为恒安信公司的委托代理人在2014年3月6日的《建设工程施工安装合同书》上签字。但恒安信公司并未实际承担案涉工程的施工义务，实际施工人系杨某某。且金泰隆公司直接或通过恒安信公司向杨某某支付了部分工程款，故履行建设工程施工安装合同的主体实际为金泰隆公司和杨某某。最后，在一审法院审理过程中，金泰隆公司以及恒安信公司均认可杨某某系挂靠恒安信公司进行施工。据此，可以认定恒安信公司与杨某某之间构成挂靠法律关系，金泰隆公司关于恒安信公司与杨某某之间构成转包合同关系的申请再审主张不能成立，金泰隆公司要求恒安信公司承担支付工程款的责任缺乏事实与法律依据。杨某某作为案涉工程的实际施工人，与发包人金泰隆公司在订立和履行施工合同的过程中形成事实上的法律关系，故金泰隆公司应当承担支付杨某某欠付工程款的责任。因恒安信公司与杨某某之间系挂靠关系，而非转包关系，故金泰隆公司不能依据原《最高院施工合同解释》第26条第2款[①]的规定，要求恒安信公司承担支付工程款的责任，对金泰隆公司的该项申请再审理由，再审法院不予支持。

53. 发包人明知挂靠，承包人可否依据合同向发包人主张工程款？

发包人与有资质的承包人（被挂靠人，下同）签订合同时，明知本合同系由没有资质的实际施工人（挂靠人，下同）实际履行，其目的在于规避国家法律法规关于资质的要求，又能够实现各自的经济利益。发包人与实际施工人建立了事实上的施工合同关系。实际施工人有权依据《民法典》第793条之规定向发包人提出工程款请求。

在明知挂靠的情形下，发包人与承包人之间的施工合同关系因双方虚假意思表示应为无效。承包人可否依据合同向发包人主张工程款，实务中存在不同

① 相关规定参见《最高院施工合同解释一》第43条第2款。

观点。

有观点认为，就挂靠的本质而言，挂靠行为使得原本独立的两个主体成为一个共同利益体。基于承包人与实际施工人构成这一共同利益体的事实，承包人有权依据合同向发包人主张工程价款。

笔者认为，事实上，承包人并无签订、履行施工合同的真实意思表示且其通常并未实际参与工程施工，其并非施工合同的实际履行主体。承包人依据无效的施工合同向发包人主张工程款的，不应支持。

法律依据

《民法典》

第一百四十六条 行为人与相对人以虚假的意思表示实施的民事法律行为无效。

以虚假的意思表示隐藏的民事法律行为的效力，依照有关法律规定处理。

第七百九十三条 建设工程施工合同无效，但是建设工程经验收合格的，可以参照合同关于工程价款的约定折价补偿承包人。

建设工程施工合同无效，且建设工程经验收不合格的，按照以下情形处理：

（一）修复后的建设工程经验收合格的，发包人可以请求承包人承担修复费用；

（二）修复后的建设工程经验收不合格的，承包人无权请求参照合同关于工程价款的约定折价补偿。

发包人对因建设工程不合格造成的损失有过错的，应当承担相应的责任。

审判意见

《湖南高院施工合同解答》

二十三、挂靠人直接起诉发包人应如何处理？

借用资质的实际施工人起诉发包人要求支付工程款的，人民法院可在查明事实的基础上按以下两种情形处理：

（一）发包人明知实际施工人借用资质而未提出异议的，根据《中华人民共和国民法典》第一百四十六条、第四百九十条规定处理，实际施工人可直接向发包人主张权利。人民法院应追加被挂靠人为第三人。

（二）发包人对借用资质不知情的，出借资质方怠于向发包人主张权利，实际施工人可参照《最高人民法院关于审理建设工程施工合同的司法解释（一）》第四十四条规定行使代位权。人民法院应追加被挂靠人为第三人。

典型判决 南通四建公司、岚世纪公司建设工程施工合同纠纷案[①]

【裁判要旨】

被挂靠人并无签订、履行合同的真实意思表示,其依据无效的施工合同向发包人主张工程款及优先受偿权的,不予支持。

【裁判观点】

二审法院认为,本案中,南通四建公司虽然与岚世纪公司签订了《建设工程施工合同》及《补充协议》,实际是将其施工资质出借于黄某某用于案涉工程的施工,南通四建公司并无签订、履行合同的真实意思表示,原审依据原《民法总则》第143条、第146条[②]的规定认定案涉《建设工程施工合同》及《补充协议》因不是真实意思表示而无效,并无不当,二审法院予以维持。南通四建公司上诉主张其为《建设工程施工合同》及《补充协议》的一方当事人并向岚世纪公司主张工程价款及优先受偿权,缺乏事实和法律依据,二审法院不予支持。

第二节 发包人不明知挂靠

54. 发包人不明知挂靠,实际施工人是否有权直接起诉发包人?

不明知型挂靠,发包人与有资质的承包人签订合同时,并不知道承包人在内部关系上还与没有资质的挂靠人存有挂靠关系,承包人与挂靠人签订了相关协议,并将工程实际交给挂靠人施工。承包人与挂靠人签订的相关协议名称多种多样,可能是内部承包协议,也可能是联营协议或其他名称。对于这种情况下实际施工人可否向发包人主张工程款,有不同观点。

有观点认为,发包人不明知挂靠,法律和司法解释并未规定挂靠人可以突破合同相对性向发包人主张权利。挂靠的实际施工人与转包的实际施工人的权利不同,挂靠的实际施工人一般无权越过被挂靠人直接向发包人主张权利。而转包的实际施工人除可依据合同关系向转包人主张权利外,还可根据《最高院施工合同解释一》第43条的规定,突破合同相对性向发包人主张权利。

---

① 参见最高人民法院民事判决书,(2020)最高法民终1269号。

② 相关规定参见《民法典》第143条、第146条。

也有观点认为，发包人不知道挂靠，其有合理理由相信履行施工合同义务的就是被挂靠人。这种情况下，应当优先保护发包人的利益，该合同并不仅因存在挂靠关系就当然无效。被挂靠人将所承包工程交由挂靠人施工的行为属于转包行为，据此实际施工人有权向发包人主张权利。

笔者认为，对于发包人而言，这种不明知型挂靠与承包人转包并无本质区别，都是有资质的承包人承接工程后，并不自行组织施工，而是交由无资质的实际施工人实际履行。据此，不明知型挂靠实质等同于转包（违法分包）。实际施工人可以援引《最高院施工合同解释一》第43条的规定，请求发包人在欠付工程款范围内承担责任。

法律依据

《最高院施工合同解释一》

第四十三条　实际施工人以转包人、违法分包人为被告起诉的，人民法院应当依法受理。

实际施工人以发包人为被告主张权利的，人民法院应当追加转包人或者违法分包人为本案第三人，在查明发包人欠付转包人或者违法分包人建设工程价款的数额后，判决发包人在欠付建设工程价款范围内对实际施工人承担责任。

行政规定

《发包承包违法行为管理办法》

第九条　本办法所称挂靠，是指单位或个人以其他有资质的施工单位的名义承揽工程的行为。

前款所称承揽工程，包括参与投标、订立合同、办理有关施工手续、从事施工等活动。

审判意见

《安徽高院施工合同指导意见二》

第十三条　实际施工人根据《最高人民法院关于审理建设工程施工合同纠纷案件适用法律问题的解释》第二十六条第二款的规定要求发包人承担责任，发包人对其已支付的工程价款数额负有举证责任。

典型判决1 徐某、中石油丹东分公司等建设工程施工合同纠纷案[①]

【裁判要旨】

当事人主张其为挂靠的实际施工人，但又无法举证证明，且发包人、承包人均不认可其实际施工人身份的，其无权直接向发包人主张权利。

【裁判观点】

再审法院认为，原《最高院施工合同解释二》第24条[②]规定："实际施工人以发包人为被告主张权利的，人民法院应当追加转包人或者违法分包人为本案第三人，在查明发包人欠付转包人或者违法分包人建设工程价款的数额后，判决发包人在欠付建设工程价款范围内对实际施工人承担责任。"可见，该条规定适用于建设工程转包和违法分包情形。本案徐某主张其系挂靠在丹东二建公司名下的实际施工人，其与中石油丹东分公司形成事实上的法律关系。但徐某原审提交的证据不能证明其与中石油丹东分公司形成事实上的法律关系，且中石油丹东分公司、吉林石化公司均不认可徐某系实际施工人的身份，故徐某无权直接向发包人中石油丹东分公司主张权利。

典型判决2 华邦建投公司、中铁股份公司建设工程分包合同纠纷案[③]

【裁判要旨】

发包人与承包人（被挂靠人）签订的施工协议，只有在发包人明知挂靠的情况下才能认定无效。

【裁判观点】

二审法院认为，实际施工人与被借用资质的建筑施工企业之间就借用资质施工事宜签订的挂靠或类似性质的协议，即所谓的对内法律关系，依法应属无效；而实际施工人借用被挂靠人资质与发包人就建设工程施工事宜签订的协议，即对外法律关系是否无效，则需要根据发包人对于实际施工人借用资质承包工程事宜是否知道或者应当知道进行审查判断；若发包人知道或者应当知道，则所签协议无效，反之则协议有效。

---

① 参见最高人民法院民事裁定书，（2021）最高法民申3259号。
② 相关规定参见《最高院施工合同解释一》第43条。
③ 参见最高人民法院民事判决书，（2021）最高法民终1287号。

就本案而言,2011 年 3 月 1 日,中铁上海局二公司与中原轨道公司签订《标前协议》;2011 年 3 月 18 日,华邦建投公司向中铁股份公司发出《中标通知书》,随后双方签订《工程施工承包合同》,华邦建投公司将案涉项目中的第四合同段工程分包给中铁股份公司施工,后获得桂和公司批复同意;2011 年 3 月 24 日,中铁上海局二公司与中原轨道公司签订《内部施工合同》;2011 年 3 月 31 日,中铁股份公司作出《关于成立中铁股份公司桂来高速公路第四合同段工程项目经理部的通知》。基于上述证据材料所载事实及其他相关事实,中原轨道公司通过中铁上海局二公司借用中铁股份公司的资质投标,并在中标后以中铁股份公司名义与华邦建投公司签订《工程施工承包合同》,具体负责案涉工程第四合同段工程的施工,系中原轨道公司借用中铁股份公司资质进行建设工程施工的行为,不属于再行转包或者违法分包的情形,基本事实清楚。现无证据证明华邦建投公司知道或应当知道中原轨道公司作为实际施工人挂靠中铁股份公司进行投标、签约的事实。由此,一审判决认定中原轨道公司与中铁股份公司签订的挂靠协议(即案涉《标前协议》《内部施工合同》)无效,而以中铁股份公司名义与华邦建投公司所签《工程施工承包合同》合法有效,有相应的事实和法律依据,应予维持。

典型判决 3 陈某、阜阳创伤医院建设工程施工合同纠纷案①

【裁判要旨】

发包人在签订合同时对挂靠事实并不知情,实际施工人可请求承包人和发包人承担相应民事责任。

【裁判观点】

二审法院认为,一审法院经过初步审查,认为陈某与江西四建之间形成挂靠关系。在处理无资质的企业或个人挂靠有资质的建筑企业承揽工程时,应进一步审查合同相对人是否善意、在签订协议时是否知道挂靠事实来作出相应认定。如果相对人不知晓挂靠事实,其有理由相信承包人就是被挂靠人,则应优先保护善意相对人,双方所签订协议直接约束善意相对人和被挂靠人,此时挂靠人和被挂靠人之间可能形成违法转包关系,实际施工人可就案涉工程价款请求承包人和发包人承担相应的民事责任;如果相对人在签订协议时知道挂靠事实,即相对人与

① 参见最高人民法院民事裁定书,(2019)最高法民终 1350 号。

挂靠人、被挂靠人通谋作出虚假意思表示，则挂靠人和发包人之间可能直接形成事实上的合同权利义务关系，挂靠人可直接向发包人主张权利。无论属于上述何种情形，均不能仅以存在挂靠关系而简单否定挂靠人享有的工程价款请求权。一审法院应当在受理案件后，就各方当事人之间形成何种法律关系，陈某在本案中的法律地位究竟为何、对案涉工程款是否享有实体权利、其诉讼请求能否得到支持等焦点问题进行实体审理后作出判断，再得出结论。

55. 挂靠双方可否共同作为承包人向发包人主张工程款?

如被挂靠人起诉发包人，符合合同相对性原则，被挂靠人以自己的名义索要工程价款不需要取得实际施工人的授权。如果实际施工人不同意被挂靠人单独起诉发包人主张工程价款，可以要求参加诉讼，法院应当追加实际施工人为有独立请求权的第三人。

《建筑法》第 26 条规定，承包建筑工程的单位应当持有依法取得的资格证书，并在其资质等级许可的范围内承揽工程。《最高院施工合同解释一》第 1 条第 1 款第 2 项规定，没有资质的实际施工人借用有资质的建筑施工企业名义的，应当依据《民法典》第 153 条第 1 款的规定，认定无效。笔者认为，实际施工人与被挂靠人所签订的挂靠协议，因违反强制性规定而确定无效。但是，挂靠人可以其与被挂靠人形成利益共同体为由向发包人主张工程款。最高人民法院相关判决亦认可在借用资质承包工程的情况下，挂靠人与被挂靠人在主张工程款债权方面实际上构成了利益共同体，故两者有权共同向发包人主张工程款债权。

法律依据

《建筑法》

第二十六条 承包建筑工程的单位应当持有依法取得的资质证书，并在其资质等级许可的业务范围内承揽工程。

禁止建筑施工企业超越本企业资质等级许可的业务范围或者以任何形式用其他建筑施工企业的名义承揽工程。禁止建筑施工企业以任何形式允许其他单位或者个人使用本企业的资质证书、营业执照，以本企业的名义承揽工程。

典型判决　中水八局、赣基公司等建设工程施工合同纠纷案[①]

【裁判要旨】

被挂靠人与挂靠人就案涉工程款共同向发包人主张权利的，应予支持。

【裁判观点】

再审法院认为，关于赣基公司、贺某能否共同作为承包人向发包人主张剩余工程价款的问题，首先，贺某借用赣基公司的资质签订案涉建设工程施工合同，名义上的承包人是赣基公司，实际上的承包人是贺某，赣基公司与贺某作为一个整体为共同承包人，对发包人负责；其次，本案中，赣基公司、贺某先与顺洋公司签订施工合同，后与中水八局签订施工合同，两份合同指向的内容均为案涉工程，虽然当事人约定实际履行的是前一份合同，后一份合同仅作备案用途，但并不影响对顺洋公司、中水八局均以发包人的名义与承包人赣基公司、贺某建立了建设工程施工合同关系的认定。据此，赣基公司、贺某有权就案涉工程价款共同向发包人主张权利。

第三节　挂靠的结算

56. 被挂靠人未通知实际施工人即与发包人达成结算协议损害实际施工人利益的，实际施工人如何救济？

在结算程序中，实际施工人是最主要的利害关系人，而被挂靠人却是发包人的合同相对人，实际施工人和承包人如能同时参与结算最为合适。然而，由于实际施工人与发包人之间不存在合同关系，通常由发包人与承包人（被挂靠人，下同）直接进行结算，可能损害实际施工人利益。当承包人未通知实际施工人与发包人达成结算协议损害实际施工人利益的，实际施工人有权依据《民事诉讼法》第59条提起第三人撤销之诉，请求法院撤销该协议。

法律依据

《民事诉讼法》

第五十九条　对当事人双方的诉讼标的，第三人认为有独立请求权的，有权提起诉讼。

① 参见最高人民法院民事裁定书，（2021）最高法民申6087号。

对当事人双方的诉讼标的，第三人虽然没有独立请求权，但案件处理结果同他有法律上的利害关系的，可以申请参加诉讼，或者由人民法院通知他参加诉讼。人民法院判决承担民事责任的第三人，有当事人的诉讼权利义务。

前两款规定的第三人，因不能归责于本人的事由未参加诉讼，但有证据证明发生法律效力的判决、裁定、调解书的部分或者全部内容错误，损害其民事权益的，可以自知道或者应当知道其民事权益受到损害之日起六个月内，向作出该判决、裁定、调解书的人民法院提起诉讼。人民法院经审理，诉讼请求成立的，应当改变或者撤销原判决、裁定、调解书；诉讼请求不成立的，驳回诉讼请求。

57. 被挂靠人已与发包人完成工程结算，挂靠人可否要求自行与发包人结算？

发包人与被挂靠人签订了《建设工程施工合同》，但实际上系由挂靠人施工完成，被挂靠人并未参与工程的具体施工，属于没有资质的实际施工人借用了被挂靠人的名义承揽工程，违反法律法规的禁止性规定，该资质借用合同应为无效合同。

关于被挂靠人已与发包人结算完毕并领取工程款后，挂靠人可否要求自行与发包人进行结算的问题，应当根据发包人是否明知挂靠、发包人与挂靠人的结算行为是否正当等标准进行判断。

（1）发包人不明知挂靠的情况下，发包人有理由相信被挂靠人就是承包人，则应优先保护善意相对人。发包人和被挂靠人已经达成结算协议，如没有法定无效情形，即使存在挂靠关系，也不影响结算协议的效力，应当保护发包人的信赖利益，挂靠人无权向发包人主张重新结算。

（2）发包人明知挂靠的情况下，发包人不是善意相对人，其与挂靠人、被挂靠人通谋作出虚假意思表示，则当事人签订的建设工程施工合同属于无效合同。发包人与被挂靠人的结算协议不具备正当性，挂靠人要求发包人重新结算的，应予支持。

典型判决1 信诺公司、林九公司建设工程施工合同纠纷案[①]

【裁判要旨】

挂靠人以被挂靠人名义对外签订合同的效力，应根据合同相对人是否善意、

① 参见最高人民法院民事裁定书，（2019）最高法民申1245号。

在签订协议时是否明知挂靠事实来作出认定。发包人不明知挂靠事实的情况下与被挂靠人已进行了结算,原则上应认定有效。

【裁判观点】

再审法院认为,本案中,信诺公司与林九公司签订《建设工程施工合同》,林九公司为承包方,该合同上加盖了林九公司公章和林九公司法定代表人马某的私人印章。该合同及附属合同亦未将牛某列为当事人。林九公司与牛某之间签订《内部承包协议书》,只能证明林九公司与牛某之间的借用资质或者转包关系。信诺公司明确表示,其在与林九公司签订《建设工程施工合同》及附属合同时不知道林九公司与牛某之间的关系。本案无证据证明信诺公司在签订《建设工程施工合同》及附属合同时知道系牛某借用林九公司的名义与其签订合同,故信诺公司在签订上述合同时有理由相信承包人为林九公司,是善意的。本案应优先保护作为善意相对人的信诺公司的利益。信诺公司主张案涉《建设工程施工合同》及附属合同有效,有法律依据。该协议直接约束信诺公司和林九公司。一审、二审判决认定案涉《建设工程施工合同》及附属合同无效缺乏法律依据,再审法院予以纠正。

典型判决 2　东方公司、黄某等建设工程施工合同纠纷案[①]

【裁判要旨】

发包人并不明知挂靠事实,被挂靠人已与发包人进行了结算,挂靠人向发包人主张权利的,不予支持。

【裁判观点】

再审法院认为,案涉工程已竣工验收合格并移交业主单位使用,东方公司作为被挂靠人已与发包人亚星公司签订工程结算协议书对工程价款进行了结算,黄某作为挂靠人,要求由其对工程价款进行结算,没有法律依据。在东方公司与亚星公司双方确认工程项目结算总价的基础上,原审根据已支付工程款、已支付的剩余工程款、已支付的社保费、黄某的自认等,结合举证责任分配规则,认定需要向黄某支付工程款的数额,不缺乏证据证明。

---

① 参见最高人民法院民事裁定书,(2021)最高法民申 3897 号。

典型判决3 华隆煤业公司、六十五公司建设工程合同纠纷案①

【裁判要旨】

发包人明知挂靠的,发包人与被挂靠人的结算不具备正当性,挂靠人要求发包人重新结算的,应予支持。

【裁判观点】

二审法院认为,关于案涉工程价款的结算依据,华隆煤业公司与六十五公司签订的《建设工程施工合同》实质为陈某等人借用六十五公司资质签订,因违反法律、行政法规强制性规定而无效。陈某等人并不具备相应资质,其与六十五公司签订的《内部承包协议》亦属无效。原《合同法》第269条②规定,建设工程合同是承包人进行工程建设,发包人支付价款的合同。本案中,华隆煤业公司作为发包方,应当承担向陈某等四人支付工程价款的责任。华隆煤业公司上诉主张其已按照贵州仁信会计师事务所工程造价意见与六十五公司结算,不应承担支付工程款责任事实依据法律依据不足,二审法院不予支持。

根据原《最高院施工合同解释》第2条的规定,建设工程施工合同无效,但建设工程经竣工验收合格,承包人请求参照合同约定支付工程价款的,应予支持。本案当事人争议发生后,2012年12月17日,相关政府部门组织华隆煤业公司、新华煤矿分公司、六十五公司、陈某等人召开协调会并形成《会议纪要》。载明:陈某与郭某负责提供工程结算的相关材料,施工方所报结算资料从六十五公司报到新华分公司之日算起,新华分公司负责在十天内审核完成,施工方预算员全力配合(重复的工程量按规定予以核减)。审核过程遵守本会议确定的不否认施工合同、不否认签证单据、不否认已签审工程量审核表的要求。结算结束后两天内结清款项,不得拖欠。由于华隆煤业公司并不认可陈某等人提交的资料,当事人未能达成结算报告。案件一审审理期间,一审法院对外委托鉴定,由贵州正业建设工程造价事务有限公司出具鉴定报告书,鉴定意见为:新华煤矿中央风井施工区井巷工程(建设单位、监理单位、施工单位三方签字认可的工程量审核表部分)工程造价为2519.0684万元。鉴定机构及鉴定人员具备资质及资格,鉴定程序合法,原判以此作为工程价款结算依据,并无不当。

---

① 参见最高人民法院民事判决书,(2016)最高法民终361号。

② 相关规定参见《民法典》第788条。

58. 发包人未向被挂靠人支付工程款，实际施工人是否有权向被挂靠人主张工程款？

因挂靠而签订的合同包括实际施工人（挂靠人，下同）与承包人（被挂靠人，下同）之间签订的合同和以承包人名义与发包人之间签订的合同。如果发包人向承包人支付了工程款，承包人拒不支付，实际施工人可以基于挂靠关系向承包人主张工程款。如果发包人未向承包人支付工程款，由于实际施工人与承包人之间系挂靠关系，非施工合同关系，挂靠关系无法衍生出工程款请求权，实际施工人的建设成果直接交付给发包人，由发包人享有，故实际施工人缺乏向承包人主张工程款的权利基础。除非挂靠协议有特别约定，否则实际施工人无权向承包人主张工程款。一些挂靠协议约定，承包人协助实际施工人以承包人名义进行结算并转付工程款，承包人截留工程款不予支付的，实际施工人可向承包人主张被截留部分的工程款。换言之，如果合同约定或实际履行过程中发包人将工程款支付到承包人账户，承包人截留工程价款不予支付的，实际施工人可向承包人主张被截留部分的工程价款。如果承包人没有截留工程价款，不应向实际施工人承担责任。

法律依据

《建筑法》

第六十六条 建筑施工企业转让、出借资质证书或者以其他方式允许他人以本企业的名义承揽工程的，责令改正，没收违法所得，并处罚款，可以责令停业整顿，降低资质等级；情节严重的，吊销资质证书。对因该项承揽工程不符合规定的质量标准造成的损失，建筑施工企业与使用本企业名义的单位或者个人承担连带赔偿责任。

《最高院民诉法解释》

第五十四条 以挂靠形式从事民事活动，当事人请求由挂靠人和被挂靠人依法承担民事责任的，该挂靠人和被挂靠人为共同诉讼人。

原《最高院施工合同解释二》

第四条 缺乏资质的单位或者个人借用有资质的建筑施工企业名义签订建设工程施工合同，发包人请求出借方与借用方对建设工程质量不合格等因出借资质造成的损失承担连带赔偿责任的，人民法院应予支持。

审判意见

原《广东高院工程合同暂行规定》

5. 施工人挂靠其他建筑施工企业,并以被挂靠建筑施工企业的名义签订建设工程合同而被起诉的,应将施工人和被挂靠建筑施工企业列为共同被告;被挂靠建筑施工企业对施工人因承揽的工程不符合质量标准造成发包人损失的,应承担连带责任。

原《广东高院工程合同解答》

23. 挂靠人主张被挂靠人和发包人承担欠付工程款连带责任的如何处理

因发包人欠付工程款,挂靠人主张被挂靠人和发包人承担欠付工程款的连带责任的,不予支持,但挂靠人和被挂靠人之间的合同明确约定被挂靠人承担支付工程款义务的除外。挂靠人主张被挂靠人支付已收取但尚未转付工程款的,应予支持。

原《江苏高院施工合同意见》

第二十五条 挂靠人以被挂靠人名义订立建设工程施工合同,因履行该合同产生的民事责任,挂靠人与被挂靠人应当承担连带责任。

《山东高院施工合同解答》

15、借用资质签订建设工程施工合同后分包、转包工程,与借用资质人订立施工合同的实际施工人能否向出借资质人主张工程价款?

没有施工资质的施工主体借用有资质的建筑施工企业名义签订的建设工程施工合同无效,借用资质人以自己名义将工程分包、转包他人施工,实际施工人原则上仅可以向借用资质人主张工程价款。

《河南高院工程合同解答》

11. 出借资质的企业没有截留工程款,应否向借用资质的实际施工人承担责任?

答:借用资质的实际施工人明知其与出借资质的企业是借用资质关系,此时双方之间不存在真实的发承包关系。因此,实际施工人向出借资质的企业主张工程款的,不予支持。但如果因合同约定或实际履行过程中发包人将工程款支付到出借资质的企业账户,出借资质的企业截留工程款不予支付的,实际施工人可向出借资质的企业主张被截留部分的工程款。如果出借资质的企业没有截留工程款的,无需向实际施工人承担责任。

典型判决1 中顶公司、朱某建设工程施工合同纠纷案①

【裁判要旨】

实际施工人已与发包人在订立和履行合同中形成事实法律关系,被挂靠人与

① 参见最高人民法院民事判决书,(2019)最高法民再329号。

发包人不存在实质性法律关系。实际施工人有权向发包人主张工程款，但无权向被挂靠人主张权利。

【裁判观点】

再审法院认为，依据原《最高院施工合同解释》第26条①"实际施工人以转包人、违法分包人为被告起诉的，人民法院应当依法受理。实际施工人以发包人为被告主张权利的，人民法院可以追加转包人或者违法分包人为本案当事人。发包人只在欠付工程价款范围内对实际施工人承担责任"的规定，实际施工人可向发包人、转包人、违法分包人主张权利。但中顶公司系被挂靠方，不属于转包人、违法分包人或发包人，原判决以上述规定为法律依据判决中顶公司承担给付工程款的责任，适用法律错误，再审法院予以纠正。因此，中顶公司再审主张其不承担案涉工程款及利息的给付责任成立，对中顶公司请求驳回朱某对其的诉讼的请求，再审法院予以支持。

朱某借用中顶公司的资质与乌兰县国土资源局签订案涉施工合同，中顶公司作为被借用资质方，欠缺与发包人乌兰县国土资源局订立施工合同的真实意思表示，中顶公司与乌兰县国土资源局不存在实质性的法律关系。本案中，朱某作为案涉工程的实际施工人，与发包人乌兰县国土资源局在订立和履行施工合同的过程中形成事实上的法律关系，朱某有权向乌兰县国土资源局主张工程款。乌兰县国土资源局对原判决认定的工程款数额无异议，再审中乌兰县国土资源局称其已经给付朱某工程款4,058,300元，朱某对此认可。

典型判决2　陈某、易通置业公司、崖底街道办、安泰房地产公司、大唐建筑公司、金某等建设工程施工合同纠纷案②

【裁判要旨】

被挂靠人并未参与工程建设，实际施工人请求被挂靠人承担付款责任，不予支持。

【裁判观点】

再审法院认为，根据2013年5月3日签订的《建筑工程施工合同》、2013年5月17日签订的《承包协议书》及案涉工程的施工情况，金某、陈某是案涉工程的实

---

① 相关规定参见《最高院施工合同解释一》第43条。

② 参见最高人民法院民事裁定书，(2021)最高法民申6524号。

际施工人，大唐建筑公司只是名义上承包案涉工程，原判决认定金某、陈某与大唐建筑公司之间属于借用资质关系并不缺乏证据证明。原《最高院施工合同解释》第4条①规定，承包人非法转包、违法分包建设工程或者没有资质的实际施工人借用有资质的建筑施工企业名义与他人签订建设工程施工合同的行为无效。案涉《建设工程施工合同》及《承包协议书》均因违法而无效。大唐建筑公司并未参与工程建设，陈某请求大唐建筑公司承担付款责任，缺乏事实根据和法律依据。

典型判决3 鑫源公司、单某等建设工程施工合同纠纷案②

【裁判要旨】

被挂靠人截留工程款不予支付，实际施工人要求被挂靠人支付的，应予支持。

【裁判观点】

再审法院认为，关于鑫源公司是否应向单某返还工程款问题。管委会累计给付工程款510万元，其中单某实际收到工程款285万元，鑫源公司实际收到工程款225万元。管委会基于《建设工程施工合同》将案涉工程款汇入合同相对方鑫源公司账户，符合一般交易规则，鑫源公司应将其中属于单某施工部分的款项及时支付给单某。单某自认应向鑫源公司交付管理费及材料费共计25万元。因此，鑫源公司从管委会处受领的225万元工程款在扣除前述鑫源公司施工的工程款206,103元及25万元后，剩余工程款应返还单某。

第四节 管理费与罚款

59. 转包人(违法分包人)、被挂靠人能否请求实际施工人支付管理费?

当前，转包人(违法分包人)、被挂靠人可否向实际施工人收取管理费已成为建工领域司法审判实践的热点问题。有关无效合同的管理费争议数量日益增多。

① 相关规定参见《最高院施工合同解释一》第43条。

② 参见最高人民法院民事裁定书，(2021)最高法民申6481号。

管理费表现形式众多，既可以直接写明管理费，也可以体现为工程款“扣点”或者“清单单价下浮××%”的约定。在诉讼中，有的案件表现为转包人（违法分包人）请求实际施工人支付，有的案件表现为实际施工人要求转包人（违法分包人）退回管理费。

在法律上，因转包（违法分包）、挂靠而牟利取得的管理费，是否属于非法所得？转包人（违法分包人）、被挂靠人请求实际施工人支付时，法院应否支持？对此，实务中存在不同观点。

有观点认为应予支持。主要理由是管理费属于建设工程结算条款，根据《民法典》第793条的规定，无效合同可以参照约定给付工程款，管理费也可以参照《民法典》第793条的规定精神适用合同约定。管理费是工程款的组成部分，只要案涉工程竣工验收合格，就可以参照合同约定请求给付管理费。

也有观点认为不应予以支持。主要理由是该合同约定的管理费用属于非法所得。合同中的相关条款无效，应参照合同无效的处理方式。转包人（违法分包人）、被挂靠人主张管理费的，不予支持；实际施工人主张返还管理费或不扣除管理费的，应予支持。

笔者认为，合同所约定的管理费有的是建设工程价款的组成部分，有的是转包方的转包牟利。如转包人（违法分包人）、被挂靠人仅给予工程或出借资质但没有实施具体的施工管理行为，对于转包人（违法分包人）、被挂靠人提出的支付管理费的请求，一般不予支持；如果转包人（违法分包人）、被挂靠人也实施了一定的施工管理行为或者给予实际施工人资金、技术、人员等支持的，应当考虑转包人（违法分包人）或者被挂靠人的支出成本、合同各方的过错程度、利益平衡等因素，在各方之间合理分担该管理成本损失。换言之，在合同无效的情形下，应遵循诚信原则，不能让不诚信的当事人因合同无效而受益。

值得注意的是，民事裁判支持转包人（违法分包人）、被挂靠人的管理费请求，并不影响行政机关依法对相关违法行为作出处理。根据“行民分立”原则，行为人应负的行政责任与民事责任应当分别处置，行政责任的承担不影响民事责任的承担；相对的，民事责任的承担也不会影响到行政责任的承担。对于案件审理中发现的违反《建筑法》第66条、第67条等规定的违法行为，法院可以视情况向行政管理部门发出司法建议。

法律依据

《建筑法》

第六十七条第一款 承包单位将承包的工程转包的，或者违反本法规定进行分包的，责令改正，没收违法所得，并处罚款，可以责令停业整顿，降低资质等级；情节严重的，吊销资质证书。

《最高院2021年第21次专业法官纪要》

合同无效，承包人请求实际施工人按照合同约定支付管理费的，不予支持

法律问题

合同无效，承包人请求实际施工人按照合同约定支付管理费的，是否应予支持?

法官会议意见

转包合同、违法分包合同及借用资质合同均违反法律的强制性规定，属于无效合同。前述合同关于实际施工人向承包人或者出借资质的企业支付管理费的约定，应为无效。

实践中，有的承包人、出借资质的企业会派出财务人员等个别工作人员从发包人处收取工程款，并向实际施工人支付工程款，但不实际参与工程施工，既不投入资金，也不承担风险。实际施工人自行组织施工，自负盈亏，自担风险。承包人、出借资质的企业只收取一定比例的管理费。

该管理费实质上并非承包人、出借资质的企业对建设工程施工进行管理的对价，而是一种通过转包、违法分包和出借资质违法套取利益的行为。此类管理费属于违法收益，不受司法保护。因此，合同无效，承包人或者出借资质的建筑企业请求实际施工人按照合同约定支付管理费的，不予支持。

典型判决 兴育公司、教育公司与王某、曾某、田某、耿某、第三人兴杰公司建设工程施工合同纠纷案①

【裁判要旨】

转包人对工程进行了施工管理和组织工作后，向实际施工人提出管理费请求的，法院可以酌定管理费金额。

【裁判观点】

再审法院认为，关于兴育公司和教育公司提出的管理费计算过低的问题，原审判决鉴于教育公司对工程进行了施工管理和组织工作，依照公平原则，酌定以

① 参见最高人民法院民事裁定书，(2014)民申字第1635号。

工程款 8,236,363.09 元为基数,参照教育公司发包小额工程按照造价 2% 收取管理费的实际情况,按照工程价款 1.5% 的比例确定管理费,公平合理。

60. 被挂靠人因出借资质被罚款,可否由实际施工人最终承担?

被挂靠人因挂靠施工期间安全事故被行政处罚,该罚款可否由挂靠人最终承担?

挂靠情形下,挂靠人使用了被挂靠人的名义和资质对外承揽工程,挂靠人投入了资金、材料、人工,是案涉工程的实际施工人,是工程款债权的终极享有者,被挂靠人出借了资质,但没有实际施工,对工程款债权不享有实体权利。一般来说,被挂靠人与挂靠人之间的挂靠协议违反《建筑法》第 26 条等规定,应当认定为无效合同。

虽然合同无效,但考虑到公平原则、权利义务相一致原则、挂靠人是责任最终承担者等因素,被挂靠人对外垫付的各项款项,可以向实际施工人追偿。如《北京高院民商事解答五》提出,在被挂靠者对外承担责任的范围内,被挂靠者对挂靠者享有追偿权。

但是有关挂靠行为引起的被挂靠人罚款的行政处罚责任,无法向挂靠人追偿。其一,一般来说,行政罚款是行政机关基于行政管辖职权作出的行政处罚,是对行政相对人违反行政法律规范行为责任的追究,具有专属性和终局性,不同于一般财产损失,不能基于民事法律关系进行转移和追偿。其二,被挂靠人因出借资质受到行政处罚,该处罚是由于被挂靠人自身过错行为导致的,具有特定性,与挂靠人的行为无关。据此,被挂靠人因挂靠施工期间安全事故被行政罚款,并不能转嫁给挂靠人最终承担。

法律依据

《建筑法》

第二十六条　承包建筑工程的单位应当持有依法取得的资质证书,并在其资质等级许可的业务范围内承揽工程。

禁止建筑施工企业超越本企业资质等级许可的业务范围或者以任何形式用其他建筑施工企业的名义承揽工程。禁止建筑施工企业以任何形式允许其他单位或者个人使用本企业的资质证书、营业执照,以本企业的名义承揽工程。

《最高院施工合同解释一》

第四十三条 实际施工人以转包人、违法分包人为被告起诉的,人民法院应当依法受理。

实际施工人以发包人为被告主张权利的,人民法院应当追加转包人或者违法分包人为本案第三人,在查明发包人欠付转包人或者违法分包人建设工程价款的数额后,判决发包人在欠付建设工程价款范围内对实际施工人承担责任。

审判意见

《北京高院民商事解答五》

47.在建筑行业的挂靠经营中,挂靠者以被挂靠者的名义从事对外经济活动的,被挂靠者是否承担民事责任?

合同相对人同时起诉挂靠者和被挂靠者的,如果合同相对人对于挂靠事实不明知,由挂靠者与被挂靠者承担连带民事责任;如果合同相对人对于挂靠事实明知,首先由挂靠者承担责任,被挂靠者承担补充的民事责任。

合同相对人只起诉被挂靠者的,被挂靠者对外应先行承担民事责任。

在被挂靠者对外承担责任的范围内,被挂靠者对挂靠者享有追偿权。

第五节 发　　票

61.挂靠施工情形下,如何确定开发票的义务主体?

发包人支付工程款时,有权向承包人索取增值税发票。但在具体工程存在多个施工主体时究竟以谁为发票开具人,现行法律尚未明确。最高人民法院研究室《〈关于如何认定以"挂靠"有关公司名义实施经营活动并让有关公司为自己虚开增值税专用发票行为的性质〉征求意见的复函》(法研〔2015〕58 号)指出,挂靠方以挂靠形式向受票方实际销售货物,被挂靠方向受票方开具增值税专用发票的,不属于虚开。据此,行为人以他人名义经营时,以名义人为发票开具人符合税法原则。挂靠作为建筑企业的一种经营方式,在工程领域不被法律认可且双方当事人从中受益,但并不意味着双方均为纳税义务人。

笔者认为,挂靠施工情形下,应当贯彻合同相对性原则确定开票义务人。挂靠人以被挂靠人名义与发包人签订合同,被挂靠人为应税服务提供方,其为纳税主体；挂靠人以自己名义与发包人签订协议，则挂靠人为应税服务提供方，其为纳税主体。

法律依据

《增值税暂行条例》

第一条　在中华人民共和国境内销售货物或者加工、修理修配劳务（以下简称劳务），销售服务、无形资产、不动产以及进口货物的单位和个人，为增值税的纳税人，应当依照本条例缴纳增值税。

《税收征收管理法实施细则》

第三条　任何部门、单位和个人作出的与税收法律、行政法规相抵触的决定一律无效，税务机关不得执行，并应当向上级税务机关报告。

纳税人应当依照税收法律、行政法规的规定履行纳税义务；其签订的合同、协议等与税收法律、行政法规相抵触的，一律无效。

审判意见

《河南高院工程合同解答》

27. 施工合同中约定承包人先开具发票、发包人后付款。承包人在未开具发票的情况下，发包人是否有权拒付工程款？

答：合同约定对双方当事人具有约束力，发包人可以据此主张先履行抗辩，不承担开具发票前的因未支付工程款而产生的违约责任。但发包人支付工程款是主要合同义务，在诉讼阶段再以此为由抗辩不支付工程款缺乏正当性。在案件审理中，应向发包人释明提出由承包人开具发票的诉讼请求，一并处理。若经释明，发包人仍不请求承包人开具发票而坚持抗辩不支付工程款的，不予支持。

《湖南高院施工合同解答》

十六、发包方以承包方未开具发票拒绝支付工程款应如何处理？

发包人以承包人未开具发票为由拒绝支付工程款的，人民法院不予支持。当事人另有明确约定的除外。

承包人起诉要求发包人支付工程款，发包人以要求承包人开具发票为由提起反诉的，人民法院可以一并审理。

《山东高院施工合同解答》

10、承包人主张工程款，发包人以承包人违反约定未开具发票为由提出抗辩的，如何处理？

支付工程款义务和开具发票义务是两种不同性质的义务，不具有对等关系。发包人以承包人违反约定未开具发票为抗辩理由拒付工程款的，一般不予支持；双方明确约定以承包人开具发票作为支付工程款条件的，可以明确承包人具有向发包人开具发票的义务。

典型判决 吴某祥、马某等与古城公司、润翔公司建设工程施工合同纠纷案①

【裁判要旨】

合同约定工程款为含税价，且实际施工人是税金的实际承担者，发包人要求实际施工人开具发票的，应予支持。

【裁判观点】

再审法院认为，关于马某是否应向润翔公司开具7,777,366.5元增值税发票的问题，根据认定的相关事实，案涉施工合同及相关文件中关于工程总价与单价的约定为含税价格，且古城公司自润翔公司处收到的款项均先扣除税金与管理费后才支付给马某、吴某祥、吴某林，即马某、吴某祥、吴某林为税金的实际承担人。古城公司已向润翔公司开具发票金额为69,232,047元，故对于润翔公司主张马某、吴某祥、吴某林向其开具金额为7,777,366.5元(77,009,413.5元－69,232,047元)发票的请求一审、二审法院予以支持，并无不当。再审申请人的主张无事实和法律依据，再审法院不予支持。

62. 实际施工人可否免除开具增值税发票的义务？

实际施工人向转包人、发包人主张工程款时，发包人要求实际施工人开具增值税发票，法院是否支持？笔者认为，应当区分具体合同约定及实际施工人的具体类型进行分析：

(1)合同未约定开票条款。在没有合同约定的前提下，开票义务是税法上的义务范畴，应属于行政法规调整且应属税务机关的行政职权范畴。对拒不开具发票的行为，当事人可以向发票主管机关税务部门投诉，由税务部门依照税收法律法规处理。在合同没有约定的情况下，对于要求开具发票的诉请，因缺乏合同依据，法院一般不予处理。

(2)合同约定了开票条款。一般情况下由承包人向发包人开具发票，特殊情

---

① 参见最高人民法院民事裁定书，(2023)最高法民申204号。

况下由实际施工人向发包人开具发票。具体而言，一般情况下，在建设工程施工合同纠纷中，实际施工人与工程发包人不存在直接的合同关系，因此，发包人与承包人之间的施工合同条款（包括但不限于管辖约定、发票开具、税收承担等条款）一般不直接约束实际施工人。根据《税收征收管理法》第 21 条、《发票管理办法》第 19 条等的规定，承包人提供工程服务收取工程款应依法开具发票。开具发票系承包人税法上的义务，其应当依据税法规定向发包人开具发票。

但实际施工人也负有向发包人开具发票的义务。作为实际收款方，其虽与发包人之间不存在直接的合同关系，但基于收取工程款的事实，依据《发票管理办法》第 19 条的规定，其作为实际收款方有义务向付款方（发包人）开具发票。特别是发包人明知挂靠的，发包人与挂靠实际施工人建立事实合同关系，实际施工人有权直接要求发包人支付价款，发包人有权要求实际施工人开具相应发票。

法律依据

《税收征收管理法》

第二十一条　税务机关是发票的主管机关，负责发票印制、领购、开具、取得、保管、缴销的管理和监督。

单位、个人在购销商品、提供或者接受经营服务以及从事其他经营活动中，应当按照规定开具、使用、取得发票。

发票的管理办法由国务院规定。

《发票管理办法》

第十九条　所有单位和从事生产、经营活动的个人在购买商品、接受服务以及从事其他经营活动支付款项，应当向收款方取得发票。取得发票时，不得要求变更品名和金额。

《八民纪要》

34. 承包人不履行配合工程档案备案、开具发票等协作义务的，人民法院视违约情节，可以依据合同法第六十条、第一百零七条规定，判令承包人限期履行、赔偿损失等。

审判意见

《湖南高院施工合同解答》

十六、发包方以承包方未开具发票拒绝支付工程款应如何处理？

发包人以承包人未开具发票为由拒绝支付工程款的，人民法院不予支持。当事人另有明确约定的除外。

承包人起诉要求发包人支付工程款,发包人以要求承包人开具发票为由提起反诉的,人民法院可以一并审理。

《山东高院施工合同解答》

10、承包人主张工程款,发包人以承包人违反约定未开具发票为由提出抗辩的,如何处理?

支付工程款义务和开具发票义务是两种不同性质的义务,不具有对等关系。发包人以承包人违反约定未开具发票为抗辩理由拒付工程款的,一般不予支持;双方明确约定以承包人开具发票作为支付工程款条件的,可以明确承包人具有向发包人开具发票的义务。

典型判决1 李某某、南长城公司建设工程施工合同纠纷案①

【裁判要旨】

合同未约定开票条款的情况下,发包人要求承包人开具发票,承包人抗辩主张开票不属于法院主管范围的,应予支持。

【裁判观点】

二审法院认为,关于李某某是否应当向南长城公司开具建安税票的问题,发票的主管机关是税务部门,对拒不开具发票的行为,权利遭受侵害的一方当事人可以向税务部门投诉,由税务部门依照税收法律法规处理。南长城公司的该项主张缺乏合同依据,一审判决未作处理并无不当。

典型判决2 中十某公司、陕西某公司建设工程施工合同纠纷案②

【裁判要旨】

合同约定了开票条款的情况下,发包人要求承包人开具发票,承包人抗辩主张开票不属于法院主管范围的,不予支持。

【裁判观点】

二审法院认为,中十某公司主张开具工程税务发票不属于民事诉讼纠纷,法院不应受理。根据《八民纪要》第34条的规定,承包人不履行配合工程档案备案、开具发票等协作业务的,法院视违约情节,可以依据原《合同法》第60条、第107条的规定,判令承包人限期履行、赔偿损失等。据此一审法院判令中十某公司开

① 参见最高人民法院民事判决书,(2019)最高法民终1510号。
② 参见最高人民法院民事判决书,(2023)最高法民终89号。

具已收工程款金额发票合法有据，中十某公司该项请求无法律依据，法院不予支持。关于中十某公司应向陕西某公司开具发票的金额问题。双方在2014年10月18日签订的《补充协议》中约定：中十某公司收款前应向陕西某公司提供已收取工程款金额的工程款发票。经查明，陕西某公司已付款239,393,029.24元，中十某公司已开具发票金额为218,935,557.42元，按照上述约定，在陕西某公司支付欠付工程款之前，中十某公司应按照已付工程款与已开具金额的差值开具发票，一审法院判令中十某公司应向陕西某公司开具20,457,471.82元的税务发票，并无不当。

63. 发包人可否以承包人（实际施工人）未开具发票为由拒绝付款？

承包人起诉发包人的工程款纠纷中，发包人常常以承包人未履行开票义务作为其拒绝支付工程款的抗辩理由。对此，笔者将从以下角度进行分析：

首先，承包人开具发票既是约定义务，更是法定义务。根据《发票管理办法》第18条的规定，承包人对外发生经营业务，收取款项，其作为收款方应当向付款方开具发票。

其次，承包人不开具发票应承担相应的法律责任。根据《发票管理办法》第33条的规定，应当开具而未开具发票等情形，税务机关责令改正，可以处1万元以下的罚款；有违法所得的予以没收。

最后，原则上发包人不能以承包人未开具发票为由拒付工程款。《民法典》第788条第1款规定："建设工程合同是承包人进行工程建设，发包人支付价款的合同。"支付工程款是发包人主要合同义务，开具发票系承包人应完成的附随义务，二者不具有对等关系。据此，在合同没有约定时，另一方不能以此为由拒绝支付工程价款。除非合同明确约定"一方不及时开具发票，另一方有权拒绝支付工程价款"，该约定就意味着双方将开具发票视为与支付工程价款同等的义务。

法律依据

《民法典》

第一百六十条　民事法律行为可以附期限，但是根据其性质不得附期限的除外。附生效期限的民事法律行为，自期限届至时生效。附终止期限的民事法律行为，自期限届满时失效。

第五百二十六条 当事人互负债务，有先后履行顺序，应当先履行债务一方未履行的，后履行一方有权拒绝其履行请求。先履行一方履行债务不符合约定的，后履行一方有权拒绝其相应的履行请求。

第五百九十九条 出卖人应当按照约定或者交易习惯向买受人交付提取标的物单证以外的有关单证和资料。

第七百九十三条 建设工程施工合同无效，但是建设工程经验收合格的，可以参照合同关于工程价款的约定折价补偿承包人。

建设工程施工合同无效，且建设工程经验收不合格的，按照以下情形处理：

（一）修复后的建设工程经验收合格的，发包人可以请求承包人承担修复费用；

（二）修复后的建设工程经验收不合格的，承包人无权请求参照合同关于工程价款的约定折价补偿。

发包人对因建设工程不合格造成的损失有过错的，应当承担相应的责任。

《发票管理办法》

第十八条 销售商品、提供服务以及从事其他经营活动的单位和个人，对外发生经营业务收取款项，收款方应当向付款方开具发票；特殊情况下，由付款方向收款方开具发票。

审判意见

《河南高院工程合同解答》

28.施工合同中约定承包人先开具发票、发包人后付款。承包人在未开具发票的情况下，发包人是否有权拒付工程款？

答：合同约定对双方当事人具有约束力，发包人可以据此主张先履行抗辩，不承担开具发票前的因未支付工程款而产生的违约责任。但发包人支付工程款是主要合同义务，在诉讼阶段再以此为由抗辩不支付工程款缺乏正当性。在案件审理中，应向发包人释明提出由承包人开具发票的诉讼请求，一并处理。若经释明，发包人仍不请求承包人开具发票而坚持抗辩不支付工程款的，不予支持。

《湖南高院施工合同解答》

十六、发包方以承包方未开具发票拒绝支付工程款应如何处理？

发包人以承包人未开具发票为由拒绝支付工程款的，人民法院不予支持。当事人另有明确约定的除外。

承包人起诉要求发包人支付工程款，发包人以要求承包人开具发票为由提起反诉的，人民法院可以一并审理。

《山东高院施工合同解答》

10、承包人主张工程款，发包人以承包人违反约定未开具发票为由提出抗辩的，如何处理?

支付工程款义务和开具发票义务是两种不同性质的义务,不具有对等关系。发包人以承包人违反约定未开具发票为抗辩理由拒付工程款的,一般不予支持;双方明确约定以承包人开具发票作为支付工程款条件的,可以明确承包人具有向发包人开具发票的义务。

典型判决 铭鑫房地产公司、新南洋建设公司建设工程施工合同纠纷案①

【裁判要旨】

工程已实际交付使用,发包人以承包人未开具发票为由拒绝支付工程款的,不予支持。

【裁判观点】

再审法院认为,根据当时适用的原《最高院施工合同解释》第13条②的规定,建设工程未经竣工验收,发包人擅自使用后,又以使用部分质量不符合约定为由主张权利的,法院不予支持。本案中,铭鑫房地产公司在案涉工程未经竣工验收的情况下,即将住宿楼等交付使用,在预验收中也认可工程质量合格。对于案涉工程的质量问题,经一审法院释明后,铭鑫房地产公司未提出鉴定申请,也未提交案涉工程质量存在问题的证据,现其申请再审,主张案涉工程存在质量问题进而不具备工程款支付条件,不能成立。此外,在案涉工程已经实际交付铭鑫房地产公司使用的情况下,铭鑫房地产公司不能以新南洋建设公司未开具发票为由拒绝履行支付工程款这一合同主要义务。

64. 转包人(违法分包人)可否请求实际施工人开具发票?

工程转包(违法分包)的情况下,转包人(违法分包人,下同)可否请求实际施工人开具发票,司法实践中存有争议。

笔者认为,不应予以支持。转包人作为承包人,是建设工程增值税纳税主体,而实际施工人不是纳税主体,转包人不能要求实际施工人开具发票。主要理由如下:(1)实际施工人不是发包人的合同相对方,不能成为开具发票义务人。虽然转包人只在工程建设中取得管理费,而实际施工人享有管理费以外的工程价款以及

① 参见最高人民法院民事裁定书,(2021)最高法民申7433号。
② 相关规定参见《最高院施工合同解释一》第14条。

利润，但是在纳税行政关系中，相对于税务机关，纳税义务人仍然是承包人（转包人、违法分包人）。因纳税产生的利益平衡的问题，只能通过内部约定解决，换言之，转包合同（违法分包合同）应当明确约定税务分担的条款。（2）避免重复收税。根据计税原理，增值税是以商品或应税劳务在交易过程中产生的增值额作为计税依据而征收的一种税。增值税实行价外收税，有增值才征税，没增值不征税。分包、转包只涉及承包方内部关系中利益分配问题，并不产生税法上的增值，因此，工程转包（违法分包）时，不应再次征收。

法律依据

《民法典》

第五百零九条 当事人应当按照约定全面履行自己的义务。

当事人应当遵循诚信原则，根据合同的性质、目的和交易习惯履行通知、协助、保密等义务。

当事人在履行合同过程中，应当避免浪费资源、污染环境和破坏生态。

第五百七十七条 当事人一方不履行合同义务或者履行合同义务不符合约定的，应当承担继续履行、采取补救措施或者赔偿损失等违约责任。

《八民纪要》

34. 承包人不履行配合工程档案备案、开具发票等协作义务的，人民法院视违约情节，可以依据合同法第六十条、第一百零七条规定，判令承包人限期履行、赔偿损失等。

65. 发包人因承包人未开具发票受到损失的，能否请求赔偿损失？

开具发票既是承包人的法定义务，更是约定的从给付义务。故承包人未开具发票的行为既是违约行为，也是违法行为。承包人未开具发票给发包人造成损失的，发包人有权请求承包人赔偿损失。承包合同有效时，发包人有权请求承包人支付违约金、赔偿损失；承包合同无效时，发包人有权请求承包人赔偿损失。当前的一些司法审判意见亦持此观点，如《北京高院民商事解答三》第27条规定，由于销售方的原因不能给付增值税发票，导致购货方不能抵扣进项税款，或被税务机关依法追缴所抵后进项税款的，购货方可以此作为损失要求销售方赔偿。

法律依据

《民法典》

第五百零九条　当事人应当按照约定全面履行自己的义务。

当事人应当遵循诚信原则，根据合同的性质、目的和交易习惯履行通知、协助、保密等义务。

当事人在履行合同过程中，应当避免浪费资源、污染环境和破坏生态。

第五百七十七条　当事人一方不履行合同义务或者履行合同义务不符合约定的，应当承担继续履行、采取补救措施或者赔偿损失等违约责任。

《最高院民法典合同编解释》

第二十六条　当事人一方未根据法律规定或者合同约定履行开具发票、提供证明文件等非主要债务，对方请求继续履行该债务并赔偿因怠于履行该债务造成的损失的，人民法院依法予以支持；对方请求解除合同的，人民法院不予支持，但是不履行该债务致使不能实现合同目的或者当事人另有约定的除外。

审判意见

《北京高院民商事解答三》

二十七、因销售方未给付增值税发票导致购货方不能抵扣进项税款，或销售方给付的增值税发票无效，致使购货方被税务机关依法追缴所抵扣进项税款，购货方可否以此作为损失要求销售方赔偿？

销售方未给付增值税发票或给付的增值税发票无效，属销售方未全部履行合同义务，购货方有权要求销售方给付有效的增值税发票。由于销售方的原因不能给付增值税发票，导致购货方不能抵扣进项税款，或被税务机关依法追缴所抵扣进项税款的，购货方可以此作为损失要求销售方赔偿。

根据《国家税务总局关于纳税人取得虚开的增值税专用发票处理问题的通知》（国税发[1997]134号）、《关于〈国家税务总局关于纳税人取得虚开的增值税专用发票处理问题的通知〉的补充通知》（国税发[2002]182号）和《关于纳税人善意取得虚开增值税专用发票处理问题的通知》（国税发[2000]187号），购货方善意取得销售方给付的无效增值税发票，应当由销售方承担全部民事责任；购货方在取得销售方给付的无效增值税发票时有过错的，销售方、购货方均应承担相应的民事责任。

《上海高院商事审判意见》

10. 根据《中华人民共和国合同法》第136条和《增值税专用发票使用规定》第10条的规

定,出卖人给付增值税专用发票为法定义务,是出卖人必须履行的买卖合同的从给付义务。从给付义务与附随义务的主要区别之一,就是从给付义务与主给付义务联系更为密切,其存在的目的就是在于补助主给付的功能,而附随义务是辅佐实现给付义务的。在买卖合同中,增值税专用发票的提供与出卖人的主给付义务——交货,关系最为密切,事关买受人利益的实现。如果出卖人不提供增值税专用发票,买受人的进项税额一部分就不能抵扣,其权利就受到损害。所以买受人可以单独诉请出卖人履行给付增值税专用发票的从给付义务,对此法院应当予以受理。

第六章　表 见 代 理

第一节　对 外 交 易

66. 处理挂靠人对外交易纠纷时，应关注哪几个方面？

对于实际施工人（挂靠人，下同）对外从事借款、交易行为时，承包人（被挂靠人，下同）应否承担连带责任的问题，司法实践中存在争议。笔者认为，处置这类纠纷有两个方面的情况值得关注。

一方面，基于合同相对性原则，实际施工人以自己名义与发包人产生法律关系，发包人只能向实际施工人主张权利。如果实际施工人以承包人名义与发包人产生法律关系，并且实际施工人的行为构成有权代理或表见代理的，由承包人承担责任，否则，应由实际施工人对发包人承担责任。

另一方面，处理实际施工人对外交易纠纷时，可参照适用隐名代理制度。当发包人对于实际施工人的身份不知情时，承包人应当向发包人披露实际施工人的身份情况，以便于发包人主张权利。承包人负有披露义务，是因为挂靠关系类似隐名代理关系。发包人行使合同权利时，可以参照适用隐名代理规则中相关规定。参照隐名代理制度时，实际施工人的地位相当于委托人，承包人的地位相当于受托人，发包人的地位相当于第三人。具体而言：

首先，参照《民法典》第 925 条的规定，承包人以自己的名义，在挂靠合同的授权范围内与发包人订立合同，发包人在订立合同时知道承包人与实际施工人之间的挂靠关系的，该合同直接约束实际施工人和发包人。但是，有确切证据证明该合同只约束承包人和发包人的除外。

其次，参照《民法典》第 926 条第 2 款的规定，承包人因挂靠人的原因对发包人不履行义务，承包人应当向发包人披露实际施工人，发包人可以选择承包人或者实际施工人作为相对人主张权利，但是发包人不得变更选定的相对人。实际施工人行使承包人对发包人的权利的，发包人可以向实际施工人主张其对承包人的抗辩；发包人选定实际施工人作为其相对人的，实际施工人可以向发包人主张其对承包人的抗辩以及承包人对发包人的抗辩。

法律依据

《民法典》

第九百二十五条 受托人以自己的名义，在委托人的授权范围内与第三人订立的合同，第三人在订立合同时知道受托人与委托人之间的代理关系的，该合同直接约束委托人和第三人；但是，有确切证据证明该合同只约束受托人和第三人的除外。

第九百二十六条 受托人以自己的名义与第三人订立合同时，第三人不知道受托人与委托人之间的代理关系的，受托人因第三人的原因对委托人不履行义务，受托人应当向委托人披露第三人，委托人因此可以行使受托人对第三人的权利。但是，第三人与受托人订立合同时如果知道该委托人就不会订立合同的除外。

受托人因委托人的原因对第三人不履行义务，受托人应当向第三人披露委托人，第三人因此可以选择受托人或者委托人作为相对人主张其权利，但是第三人不得变更选定的相对人。

委托人行使受托人对第三人的权利的，第三人可以向委托人主张其对受托人的抗辩。第三人选定委托人作为其相对人的，委托人可以向第三人主张其对受托人的抗辩以及受托人对第三人的抗辩。

审判意见

《江苏高院施工合同审理指南》

六、建设工程施工合同条款

……

（二）关于项目经理

……

2、项目经理行为的法律责任

（1）外部责任

一般而言，项目经理在工程项目上的行为代表着承包企业的行为，包括参与建设工程招标、投标和签订建设工程承包合同、决定项目资金的投入和使用、物质采购、分包或转包工程、参与竣工验收、与发包人或分包人结算工程价等行为均属职务代理行为，对外应当由所在的承包企业承担法律责任。在实际生活中，项目经理往往是挂靠建设工程承包企业的“个体包工头”，与施工企业之间存在挂靠关系，项目经理以施工企业的名义承接建设工程，施工企业则收取一定的管理费。但由于项目经理对外仍以施工企业的名义进行经营，无论是根据“合同相对性”原理，还是从施工企业权利与义务的统一、保证建设工程质量、维护发包人等合法权益或是制裁建设工程领域违法挂靠经营的角度考虑，施工企业仍应对挂靠的实际承包人在工程项目上的行为负责，实务中目前普遍的做法是施工企业与挂靠的实际承包人对外承担连带责任。

但是，实务中也出现了实际承包人假借施工企业的名义虚构债务，或者以施工企业名义赊购物资、租赁设备、举债甚至私自占有、挪用，或者在工程项目终止后再以施工企业的名义赊购物资、租赁设备举债，因此引发债务纠纷成为实务中的处理难题。我们认为，审理此类纠纷案件时既要注重保护善意相对人利益，也要兼顾施工企业的利益。对当事人就债务真实性存有争议或者有合理怀疑的，要加强诉讼指导、释明工作，合理分配举证责任，严格审查购销、借贷、租赁、欠款等基础事实，如果能够查明实际承包人假借名义、虚构责务，施工企业当然不应承担法律责任。但在不能否认债务真实性时，施工企业应否承担法律责任就涉及到实际承包人行为性质的认定问题。

根据《合同法解释一》第 14 条的规定，认定构成表见代理的，应当以被代理人的行为与权利外观的形成具有一定的牵连性即被代理人具有一定的过错为前提，以“相对人有理由相信行为人有代理权”即相对人善意无过失为条件。第 15 条规定，在衡量相对人是否构成善意无过失时，应结合代理原理和经验法则以及案件的具体情况等因素综合作出判断，下列情形下不应当认定为属于合同法第 49 条所称的“相对人有理由相信行为人有代理权”：(1)被代理人授权明确，行为人越权代理的；(2)行为人与相对人订立的合同内容明显损害被代理人利益的；(3)基于经验法则，行为人的代理行为足以引起相对人合理怀疑的。通常，实际承包人在赊购物资或者融资时加盖项目经理部的印章，凭此一般可以认定相对人有理由相信实际承包人的行为系职务行为，要求相对人举证证明实际承包人与其发生交易时持有施工企业的授权委托书不符合实际，过于苛刻。但是不能一概而论，根据实务中的一些具体情况，以下情形中不应认定实际承包人的行为构成表见代理：(1)授权委托书载明的授权明确，相对人与实际承包人发生的交易属无权代理权；(2)相对人应对涉及工程项目上的“项目经理”身份进行必要的审查，如其未尽合理的审查义务而与实际没有“项目经理”身份的人、没有“项目经理”授权的人或者在工程项目终止后无权代表施工企业的“项目经理”发生交易；(3)相对人将实际承包人采购的物资、租赁的设备根据实际承包人的指示，运送至施工企业“承包”工程项目以外的工地的，或者相对人将实际承包人所借款项汇至与施工企业或工程项目无关的银行帐户的，也即无证据证明交易与施工企业“承包”的工程项目有关；(4)相对人与实际承包人订立的合同明显损害施工企业的合法利益，可按照当事人恶意串通损害他人利益的原则处理；(5)实际承包人人以自己作为交易主体与相对人订立、履行合同，但未经施工企业授权而以施工企业名义出具债务凭证;(6)实际承包人加盖私刻(或伪造)的印章与相对人发生交易或者向相对人出具债务凭证,相对人又没有证据证明该印章曾在施工企业“承包”的工程项目中使用过或者施工企业知道或应当知道实际承包人利用该印章从事相关行为,又不能证明相关资金、物质、设备用于施工企业“承包”的工程项目的。虽然,相对人可能无法辩明实际承包人加盖的印章与施工企业的关联性,但如果加盖的印章确为实际承包人私刻,且没有证据证明相关资金、物质、设备用于施工企业“承包”的工程项目的,让施工企业承担责任没有法律和事实依据,按合同相对性原则予以处理最为妥当。

(2)内部责任

①挂靠关系产生的内部责任。在挂靠关系中,实际承包人与施工企业主体地位平等,因挂靠关系产生的债权债务关系应属民事权利义务关系。建设工程领域的挂靠行为属于借用资质、出借资质的一种,应为违法行为。但不论建设工程合同是否有效,已经履行的建设工程合同一般不能恢复原状,因此挂靠关系中实际承包人与施工企业之间的债权债务应当参照挂靠协议处理,施工企业取得的工程价款应归实际承包人所有,施工企业为实际承包人支出的费用应由实际承包人承担。至于挂靠管理费问题,因属违法所得,原则上应予收缴。

②内部承包产生的内部责任。实际生活中,内部承包也是施工企业的重要经营方式,内部承包合同通常设定项目经理应当达到的绩效指标,按绩效指标的完成情况,施工企业给予项目经理一定比例的提成,或者规定项目经理上缴利润,给企业造成损失的给予一定的惩罚。签订内部承包合同纠纷是否具有可诉性,理论和实务中存在争议。有观点认为,企业内部承包是企业实行内部劳动管理、考核的一种方式,内部承包合同争议应属劳动争议。也有观点认为,内部承包合同的主体具有隶属性,而非平等主体之间的财产或人身关系,内部承包合同纠纷不属人民法院民事诉讼受理范围。还有观点认为,内部承包合同一般涉及个人参与企业经营方面的权利义务、责任风险承担及利益归属,应系平等主体之间的民事法律关系。我们认为,内部承包经营是一种生产经营的激励机制,合理使用好内部承包经营有利于增进企业员工的生产经营积极性、责任性,促进企业生产经营水平的提升,如果将内部承包合同纠纷一概拒之诉讼之外,不利于促进内部承包经营制度的健康发展,也不利于双方的权利得到救济。但是,在处理内部承包合同纠纷时,应当贯彻权利与义务相一致以及充分保护劳动者的原则,总体而言,应由承包人享有的权益应予充分保护,对企业要求承包人承担的义务明显不失当、责任过重的应予否定或调整。

67. 第三人能否请求被挂靠人就实际施工人的对外交易承担连带责任或补充责任?

对于实际施工人(挂靠人,下同)的对外交易行为,承包人(被挂靠人,下同)

是否应当承担法律责任，实务中存在重大分歧。

有法院明确规定，根据合同相对性原则，承包人不承担连带责任。

有法院认为，实际施工人作为实际施工主体，应对自己的施工内容承担相应的法律后果，承包人虽未直接参与工程建设施工，但允许他人以自己名义承揽施工，也应承担该施工行为产生的法律后果。因此，该合同相对人主张实际施工人与承包人承担连带责任的，一般应予以支持。

还有的法院参照适用《最高院施工合同解释一》第 43 条的规定，判令承包人承担补充责任。

笔者认为，可以分两种情况分析：如果实际施工人以自己名义对外交易，应当自行承担责任；如果实际施工人以被挂靠人名义对外交易，应当根据交易性质、类型来确定责任承担方式。不能因为挂靠施工的违法性就认定承包人应对实际施工人的行为承担连带责任。需要指出的是，《最高院民诉法解释》第 54 条规定了“挂靠人和被挂靠人为共同诉讼人”，这是程序法上的规定，并不意味着实际施工人与承包人就是连带责任人。承包人对第三人承担责任问题，应当区分法律纠纷性质。因挂靠产生的纠纷性质不同，法律规则也就不同，挂靠背后涉及的法律关系的性质，才是确定承包人是否应当承担连带责任的基础。

审判意见

原《广东高院民事审判纪要》

16. 借用资质的实际施工人以自己的名义独立向第三人购买建筑材料等商品的，出借资质方无需对实际施工人的欠付货款承担民事责任。

原《江苏高院施工合同意见》

第二十五条　挂靠人以被挂靠人名义订立建设工程施工合同，因履行该合同产生的民事责任，挂靠人与被挂靠人应当承担连带责任。

《北京高院民商事解答五》

47. 在建筑行业的挂靠经营中，挂靠者以被挂靠者的名义从事对外经济活动的，被挂靠者是否承担民事责任？

合同相对人同时起诉挂靠者和被挂靠者的，如果合同相对人对于挂靠事实不明知，由挂靠者与被挂靠者承担连带民事责任；如果合同相对人对于挂靠事实明知，首先由挂靠者承担责任，被挂靠者承担补充的民事责任。

合同相对人只起诉被挂靠者的，被挂靠者对外应先行承担民事责任。

在被挂靠者对外承担责任的范围内，被挂靠者对挂靠者享有追偿权。

《河南高院工程领域买卖租赁疑难问题解答》

02. 能否仅以行为人与建筑企业存在挂靠关系为由，直接依据《最高人民法院关于适用〈中华人民共和国民事诉讼法〉的解释》（以下简称《民诉法解释》）第五十四条关于确定共同诉讼当事人的规定，判决建筑企业对行为人签订的买卖、租赁合同承担连带责任？

答：不能。《民诉法解释》第五十四条规定："以挂靠形式从事民事活动，当事人请求由挂靠人和被挂靠人依法承担民事责任的，该挂靠人和被挂靠人为共同诉讼人。"该条系挂靠关系中如何确定共同诉讼当事人的程序性规定，并非判断挂靠关系当事人之间如何承担民事责任的实体法律规定。《民法典》第五百一十八条第二款规定，连带责任或连带债务，由法律规定或者当事人约定。相对人以行为人与建筑企业存在借用资质（挂靠）关系为由，要求行为人和建筑企业对货款、租赁费支付承担责任的，应依据相关实体法律规定确定责任承担问题，不能仅依据《民诉法解释》第五十四条的程序性规定，认定建筑企业应当承担款项支付责任。

典型判决 长建集团、曾某等建设工程施工合同纠纷案①

【裁判要旨】

被挂靠人未尽到管理义务导致实际施工人对外拖欠工程款，被挂靠人应对实际施工人对外拖欠的工程款承担连带责任。

【裁判观点】

再审法院认为，经查，长建集团明知陈某远不具备建设工程承包资质，仍然允许其借用资质非法挂靠以规避法律，且长建集团还按照已完成工程总造价7.2%的标准向曾某收取税金和管理费。长建集团在履行合同过程中对挂靠人未尽到管理义务，导致陈某远产生违约行为拖欠曾某工程款，故长建集团在本案中存在过错。原审判决长建集团对陈某远欠付曾某的工程款承担连带责任，并无不当。

68. 实际施工人以被挂靠人的名义与第三人交易的法律责任由谁承担？

实际施工人（挂靠人，下同）作为项目的实际负责人，以承包人（被挂靠人，下同）的名义对外与第三人从事买卖、租赁、借贷等民事活动，承包人应否承担责任，关键在于实际施工人的行为是否构成职务代理、委托代理、表见代理。

① 参见最高人民法院民事裁定书，(2021)最高法民申6369号。

一般来说，实际施工人实施的行为不是项目经理的行为，其行为并不构成职务代理。《民法典》第170条规定，执行法人或者非法人组织工作任务的人员，就其职权范围内的事项，以法人或者非法人组织的名义实施民事法律行为，对法人或者非法人组织发生效力。职务代理的代理人是被代理人的工作人员，具有稳定、持续的劳动法律关系和内部隶属关系，就其职权范围内事项实施的法律行为，无须特别授权。但实际施工人与被挂靠人之间不存在劳动合同关系和隶属关系，其对外从事买卖、租赁、借贷等民事活动，不构成职务代理，则相应法律责任由行为人即实际施工人自行承担。

至于对委托代理的审查则相对简单，根据《民法典》第165条的规定，委托代理授权采用书面形式的，授权委托书应当载明代理人的姓名或者名称、代理事项、权限和期限，并由被代理人签名或者盖章。

与委托代理相比较，表见代理的审查更为严格。根据《民法典》第172条的规定，审理建设工程施工合同纠纷案件，应着重审查主张构成表见代理的合同相对人的举证责任是否完成，即不仅要严格审查代理人的无权代理行为在客观上是否形成具有代理权的表象，而且要审查相对人在主观上是否善意且无过失地相信行为人有代理权。能否构成表见代理主要从承包人是否任命实际施工人为项目部经理、是否授予项目部印章、是否明知实际施工人以其名义从事交易而不反对等方面认定。构成表见代理的，由承包人承担责任。如果第三人知道或者应当知道存在挂靠的事实，仍同意实际施工人以承包人名义与其发生交易的，不能认定其善意且无过失地相信行为人具有代理权，不符合表见代理的构成要件。

法律依据

《民法典》

第一百六十五条　委托代理授权采用书面形式的，授权委托书应当载明代理人的姓名或者名称、代理事项、权限和期限，并由被代理人签名或者盖章。

第一百七十二条　行为人没有代理权、超越代理权或者代理权终止后，仍然实施代理行为，相对人有理由相信行为人有代理权的，代理行为有效。

《最高院民法典总则编解释》

第二十八条　同时符合下列条件的，人民法院可以认定为民法典第一百七十二条规定的相对人有理由相信行为人有代理权：

（一）存在代理权的外观；

（二）相对人不知道行为人行为时没有代理权，且无过失。

因是否构成表见代理发生争议的，相对人应当就无权代理符合前款第一项规定的条件承担举证责任；被代理人应当就相对人不符合前款第二项规定的条件承担举证责任。

审判意见

原《江苏高院施工合同意见》

第二十二条 承包人的项目部或项目经理以承包人名义订立合同，债权人要求承包人承担民事责任的，人民法院应予支持，但承包人有证据证明债权人知道或应当知道项目部或者项目经理没有代理权限的除外。

《江苏高院施工合同审理指南》

六、建设工程施工合同条款

……

（二）关于项目经理

……

2、项目经理行为的法律责任

（1）外部责任

一般而言，项目经理在工程项目上的行为代表着承包企业的行为，包括参与建设工程招标、投标和签订建设工程承包合同、决定项目资金的投入和使用、物质采购、分包或转包工程、参与竣工验收、与发包人或分包人结算工程价等行为均属职务代理行为，对外应当由所在的承包企业承担法律责任。在实际生活中，项目经理往往是挂靠建设工程承包企业的“个体包工头”，与施工企业之间存在挂靠关系，项目经理以施工企业的名义承接建设工程，施工企业则收取一定的管理费。但由于项目经理对外仍以施工企业的名义进行经营，无论是根据“合同相对性”原理，还是从施工企业权利与义务的统一、保证建设工程质量、维护发包人等合法权益或是制裁建设工程领域违法挂靠经营的角度考虑，施工企业仍应对挂靠的实际承包人在工程项目上的行为负责，实务中目前普遍的做法是施工企业与挂靠的实际承包人对外承担连带责任。

……

《北京高院民商事解答五》

47.在建筑行业的挂靠经营中，挂靠者以被挂靠者的名义从事对外经济活动的，被挂靠者是否承担民事责任？

合同相对人同时起诉挂靠者和被挂靠者的，如果合同相对人对于挂靠事实不明知，由挂靠者与被挂靠者承担连带民事责任；如果合同相对人对于挂靠事实明知，首先由挂靠者承担责任，被挂靠者承担补充的民事责任。

合同相对人只起诉被挂靠者的，被挂靠者对外应先行承担民事责任。

在被挂靠者对外承担责任的范围内，被挂靠者对挂靠者享有追偿权。

问题解答47：

挂靠协议签订后，挂靠者在建设施工活动中，会与挂靠协议以外的第三者发生许多经济往来，产生许多纠纷，包括建设工程施工合同纠纷、买卖合同纠纷、租赁合同纠纷、定作合同纠纷、借贷合同纠纷等。当挂靠者（企业）以被挂靠企业的名义对外发生经济行为时，被挂靠者作为合同主体应当承担合同责任，但其对挂靠者的经营行为不予管理，对与工程发生合同关系的合同相对人更无选择权，因此挂靠者也应承担合同责任，但要有所区别，要考虑合同相对人行为时对挂靠情况是否明知。当合同相对人对挂靠事实明知时，则说明其行为时实际的交易对象为挂靠者，名义的交易对象则为被挂靠者，其对此存在一定的过错。同时考虑到被挂靠者责任承担能力通常强于挂靠者，在这种情况下，挂靠者应首先承担责任，在挂靠者履行不能时由被挂靠者承担补充的民事责任。

基于挂靠经营纠纷的处理结果，即被挂靠者向挂靠者返还管理费，由挂靠者对挂靠协议涉及的债权债务享有权利承担义务，被挂靠者有权将自己先行承担的民事责任，向挂靠者行使追偿权。

典型判决 合富源公司与辽国建公司、李某等买卖合同纠纷案①

【裁判要旨】

施工合同约定工程由承包人包工包料施工，当事人为承包人现场负责人，其以承包人名义对外采购的行为，由承包人承担责任。

【裁判观点】

再审法院认为，本案中辽国建公司应对合富源公司所供钢材货款承担清偿责任。原《民法通则》第43条②规定，“企业法人对它的法定代表人和其他工作人员的经营活动，承担民事责任”，本案中，辽国建公司和华凌公司签订的《施工补充合同条款》中明确约定该工程由辽国建公司包工包料施工、李某为辽国建公司的现场负责人。根据上述内容，李某是辽国建公司的工作人员，有权代表辽国建公司就案涉工程对外采购施工材料，辽国建公司应当对李某以辽国建公司名义采购钢材的行为承担民事责任。合富源公司与李某缔结的工业品买卖合同中明确载明附施工合同，合富源公司在一审中也提供了上述《施工补充合同条款》，说明合富

① 参见最高人民法院民事判决书，（2014）民抗字第31号。

② 相关规定参见《民法典》第61条第2款、第3款，第170条。

源公司对李某的身份及权限已经尽到了足够的注意义务，有权要求辽国建公司对案涉货款承担清偿责任。

辽国建公司辩称李某签订工业品买卖合同时使用美村项目部的名义未经辽国建公司认可、印章系李某私刻，又辩称辽国建公司与李某系挂靠关系，但辽国建公司上述理由都只涉及其与李某之间的内部关系，即使辽国建公司与李某确属两个独立的民事主体，且该项情节已为相对人所明知，根据辽国建公司在《施工补充合同条款》中作出的上述意思表示，李某的行为亦为合法的代理行为，并同样应由辽国建公司承担清偿责任，因此上述问题不是辽国建公司免除责任的合理理由，对其相应的抗辩意见，再审法院不予支持。

69. 既然法律禁止挂靠、转包（违法分包），被挂靠人、转包人（违法分包人）是否对实际施工人的交易行为承担连带责任？

现行法律、司法解释并未规定被挂靠人、转包人（违法分包人）须对实际施工人的交易行为承担连带责任。当实际施工人的债权人要求被挂靠人、转包人（违法分包人）承担责任，但该债权人与被挂靠人、转包人（违法分包人）并无合同关系时，该债权人以被挂靠人、转包人（违法分包人）存在挂靠、转包（违法分包）等情形为依据要求向其承担连带责任，没有法律依据。但是司法实践中判令被挂靠人、转包人（违法分包人）承担连带责任的也不少。

需要明确的是，工程质量导致的损失应由被挂靠人、挂靠人承担连带责任。《建筑法》第66条规定了因工程质量不合格造成损失的赔偿责任，即由承包人（被挂靠人）与实际施工人承担连带赔偿责任，是一种特殊的民事责任。

法律依据

《民法典》

第一百七十八条 二人以上依法承担连带责任的，权利人有权请求部分或者全部连带责任人承担责任。

连带责任人的责任份额根据各自责任大小确定；难以确定责任大小的，平均承担责任。实际承担责任超过自己责任份额的连带责任人，有权向其他连带责任人追偿。

连带责任，由法律规定或者当事人约定。

第一千二百一十一条 以挂靠形式从事道路运输经营活动的机动车，发生交通事故造成损害，属于该机动车一方责任的，由挂靠人和被挂靠人承担连带责任。

《建筑法》

第六十六条　建筑施工企业转让、出借资质证书或者以其他方式允许他人以本企业的名义承揽工程的，责令改正，没收违法所得，并处罚款，可以责令停业整顿，降低资质等级；情节严重的，吊销资质证书。对因该项承揽工程不符合规定的质量标准造成的损失，建筑施工企业与使用本企业名义的单位或者个人承担连带赔偿责任。

《最高院施工合同解释一》

第四十三条第二款　实际施工人以发包人为被告主张权利的，人民法院应当追加转包人或者违法分包人为本案第三人，在查明发包人欠付转包人或者违法分包人建设工程价款的数额后，判决发包人在欠付建设工程价款范围内对实际施工人承担责任。

《最高院民诉法解释》

第五十四条　以挂靠形式从事民事活动，当事人请求由挂靠人和被挂靠人依法承担民事责任的，该挂靠人和被挂靠人为共同诉讼人。

审判意见

《北京高院施工合同解答》

20、不具有资质的挂靠施工人主张欠付工程款的，如何处理？挂靠人又将工程分包、转包给他人施工，施工人主张欠付工程款的，如何处理？

不具有资质的实际施工人（挂靠施工人）挂靠有资质的建筑施工企业（被挂靠人），并以该企业的名义签订建设工程施工合同，被挂靠人怠于主张工程款债权的，挂靠施工人可以以自己名义起诉要求发包人支付工程款，法院原则上应当追加被挂靠人为诉讼当事人，发包人在欠付工程款范围内承担给付责任。因履行施工合同产生的债务，被挂靠人与挂靠施工人应当承担连带责任。

挂靠人承揽工程后，以被挂靠人名义将工程分包、转包给他人施工，施工人主张欠付工程款的，按照《北京市高级人民法院审理民商事案件若干问题的解答之五》第四十七条规定处理。

《江苏高院施工合同审理指南》

八、建设工程的质量

……

（二）工程质量诉讼中的共同被告

因工程质量发生争议，发包人可以总承包人、分包人和实际施工人为共同被告提起诉讼。

《建筑法》第二十九条第二款规定：建筑工程总承包单位按照总承包合同约定对建设单

位负责；分包单位按照分包合同的约定对总承包单位负责。总承包单位和分包单位就分包工程对建设单位承担连带责任。第五十五条规定：建筑工程实行总承包的，工程质量由工程总承包单位负责，总承包单位将建筑工程分包给其他单位的，应当对分包工程的质量与分包单位承担连带责任。分包单位应当接受总承包单位的质量管理。根据上述法律规定，总承包人与分包人就工程质量对发包人承担连带责任，故发包人可以总承包人与分包人为共同被告提起诉讼。

实际施工人主要指违法分包人和转包的承包人。违法分包和转包合同均属于无效合同，总承包人与实际施工人主观上均存在过错，也应当承担连带责任。故发包人也可以总承包人与实际施工人为共同被告提起诉讼。

典型判决　中建公司、臻加公司等建设工程施工合同纠纷案①

【裁判要旨】

实际施工人虽以自己名义实施民事行为，但第三人有理由相信实际施工人系履行与被挂靠人合同义务有关的职务行为，第三人主张由被挂靠人对实际施工人债务承担连带责任的，应予支持。

【裁判观点】

再审法院认为，中建公司作为被挂靠人是否承担连带责任，不应仅从形式上审查签约主体，还要结合签约时的具体情况及签约后的履行情况综合分析判断。从已查明事实看，分包合同签订后，臻加公司将履约保证金300万元支付到中建公司账户，中建公司于2015年1月27日又将300万元履约保证金退还至臻加公司账户。虽然中建公司认为该保证金是臻加公司代迪旻公司支付，迪旻公司也认可该300万元保证金是其向臻加公司借款，由臻加公司支付给中建公司，但臻加公司对此不认可，考虑到中建公司与迪旻公司的特殊关系，对中建公司、迪旻公司的表述，再审法院不予采信。综上分析，中建公司与迪旻公司在签订协议时均知道并认可对方的身份。合同履行过程中，中建公司称接受迪旻公司委托，支付该项目涉及的部分款项，在案涉工程施工过程中涉及的相关材料中，也加盖了中建三局东方公司西安世纪金花珠江时代广场项目部印章。再审法院认为，迪旻公司虽然以自己的名义对外为民事行为，但臻加公司有理由相信迪旻公司是在履行与中建公司的施工合同义务有关的职务行为，应视为迪旻公司以中建公司名义发生

① 参见最高人民法院民事裁定书，(2021)最高法民申2300号。

民事行为，中建公司应与迪旻公司对外承担连带责任。原审判决判令中建公司承担连带责任并无不当。

70. 供货人等第三人提起诉讼的，挂靠人与被挂靠人谁是适格被告？

挂靠人（实际施工人，下同）在实施建设工程活动的过程中，必然会与出借人、出租人、材料供应商等第三人发生法律关系。挂靠人不能及时清偿对外债务的，第三人行使权利时，可能以挂靠人、被挂靠人（承包人，下同）为单一被告提起诉讼，也可能以挂靠人、被挂靠人为共同被告，请求共同清偿或连带清偿。

应当如何判断挂靠人、被挂靠人的主体适格问题？笔者认为，第三人对挂靠人提起诉讼或者对挂靠人与被挂靠人提起共同诉讼的，应当区分挂靠人对外以谁的名义签订合同来确定当事人。

（1）挂靠人对外以自己名义签订合同。根据合同相对性，第三人以实际施工人为被告提起诉讼的，被告主体适格。如果挂靠人抗辩自己是被挂靠人的职务行为或者代理行为，法院可视情况决定是否追加被挂靠人为诉讼第三人参加诉讼。如果第三人以被挂靠人为单一被告或共同被告提起诉讼，被挂靠人被告主体不适格。

（2）挂靠人以被挂靠人名义签订合同。通常情况下，挂靠人的行为属于无权代理行为，被挂靠人不因此承担责任，因而不是适格被告。这是因为，挂靠关系既不属于内部责任制关系，也不属于委托代理关系。作为例外，当挂靠人的行为构成表见代理时，挂靠人从事交易的法律后果由被挂靠人承担。第三人请求被挂靠人承担责任，诉讼主体适格。至于表见代理的构成，应当结合建设工程特点，在个案中进行综合判断。

挂靠人行为构成表见代理的要点有两个：一是表见代理必须是挂靠人以被挂靠人名义，以自己的名义不可能构成表见代理；二是挂靠人对外实施借款、购买材料等交易行为，必须客观上具有代理权的外观，且第三人主观上对于代理权的存在具有善意且无过失。

法律依据

《最高院民商事指导意见》

12、当前在国家重大项目和承包租赁行业等受到全球性金融危机冲击和国内宏观经济形势变化影响比较明显的行业领域，由于合同当事人采用转包、分包、转租方式，出现了大量以单位部门、项目经理乃至个人名义签订或实际履行合同的情形，并因合同主体和效力认定问题引发表见代理纠纷案件。对此，人民法院应当正确适用合同法第49条关于表见代理制度的规定，严格认定表见代理行为。

13、合同法第49条规定的表见代理制度不仅要求代理人的无权代理行为在客观上形成具有代理权的表象，而且要求相对人在主观上善意且无过失地相信行为人有代理权。合同相对人主张构成表见代理的，应当承担举证责任，不仅应当举证证明代理行为存在诸如合同书、公章、印鉴等有权代理的客观表象形式要素，而且应当证明其善意且无过失地相信行为人具有代理权。

14、人民法院在判断合同相对人主观上是否属于善意且无过失时，应当结合合同缔结与履行过程中的各种因素综合判断合同相对人是否尽到合理注意义务，此外还要考虑合同的缔结时间、以谁的名义签字、是否盖有相关印章及印章真伪、标的物的交付方式与地点、购买的材料、租赁的器材、所借款项的用途、建筑单位是否知道项目经理的行为、是否参与合同履行等各种因素，作出综合分析判断。

典型判决 成业公司、安徽建工等分期付款买卖合同纠纷案①

【裁判要旨】

相对人主张构成表见代理的，应当举证证明代理行为存在诸如合同书、公章等有权代理的客观表象形式要素，且应当证明其善意且无过失地相信行为人具有代理权。

【裁判观点】

再审法院认为，关于李某与成业公司签订《钢材销售合同》及出具借条时是否存在外表授权，即李某的上述行为在外观上是否存在使成业公司相信其有代理权事实的问题，《最高院民商事指导意见》第13条规定："合同法第四十九条规定的表见代理制度不仅要求代理人的无权代理行为在客观上形成具有代理权的表象，而且要求相对人在主观上善意且无过失地相信行为人有代理权。合同相对人主张构成表见代理的，应当承担举证责任，不仅应当举证证明代理行为存在诸如合同书、公章、印鉴等有权代理的客观表象形式要素，而且应当证明其善意且无过失地相信行为人具有代理权。"因此，构成表见代理须在代理行为外观上存在使相对人相信行为人具有代理权的理由，包括两个方面的内容：其一，存在外表授权，即

① 参见最高人民法院民事裁定书，(2019)最高法民申687号。

存在有代理权授予的外观,代理行为在外在表现上有相对人相信行为人有代理权的事实。无权代理人以前曾经被授予代理权,或者当时拥有实施其他民事法律行为的代理权,或者根据交易习惯行为人的行为外表表明其有代理权,均可构成外表授权。其二,相对人对行为人有代理权形成了合理信赖。相对人对外表授权的信赖是否合理,应当以是否有正当理由为判断标准。本案中,案涉《钢材销售合同》系李某以安徽建工丁家坑项目部名义签订。成业公司主张合同上加盖有"安徽建工亳州市丁家坑综合改造房建工程项目部"印章,安徽建工应为案涉《钢材销售合同》的买受人。成业公司作为合同相对人主张构成表见代理的,应当承担举证责任,不仅应当举证证明代理行为存在诸如合同书、公章、印鉴等有权代理的客观表象形式要素,而且应当证明其善意且无过失地相信李某具有代理权。成业公司在签订合同时未审查李某的授权,未要求安徽建工盖章,没有尽到注意义务,并非善意无过失,二审法院认定李某签订案涉《钢材销售合同》的行为不构成表见代理,并无不当。成业公司关于李某的行为构成表见代理,应由安徽建工承担还款责任的申请再审理由不能成立。

71. 被挂靠人认可拖欠劳务公司债务,实际施工人又同时向劳务公司出具还款承诺,应该如何认定?

建设工程纠纷中,被挂靠人作为合同相对方应当依据劳务分包合同向劳务分包单位支付工程款,而实际施工人又向劳务公司作出支付工程款的承诺的,构成债务加入,实际施工人应在其承诺范围内向劳务分包单位承担支付欠付工程款的责任。

一般来说,工程领域的债务加入需要具备以下几个条件:(1)原债权债务关系有效存在;(2)第三人与债务人约定第三人作为新债务人加入该债的关系来承担债务;(3)原债务人债务并不减免;(4)将此债务加入的情形通知债权人,或者第三人向债权人表示愿意加入债务,债权人未在合理期限内明确拒绝。据此,建筑企业(被挂靠人)为控制风险,事先或事后要求实际施工人(挂靠人)出具由其最终承担全部工程债务和责任的承诺书的,因为该承诺书并非向债权人出具,并不构成债务加入。

典型判决 渝万建设公司与康城劳务公司、徐某建设工程施工合同纠纷案①

【裁判要旨】

被挂靠人负有向第三人支付价款的责任，实际施工人又向第三人作出付款承诺的，应认定为债务加入。

【裁判观点】

二审法院认为，关于徐某与渝万建设公司是否应当支付工程款，并应承担工程款的何种支付责任的问题，由于渝万建设公司在一审中承认“对劳务合同以及结算表的真实性我方认可”，结合其他证据，本案的合同相对方应认定为渝万建设公司与康城劳务公司，渝万建设公司应当承担相应工程款的支付责任。此外，需要补充的是，不管认定徐某与渝万建设公司是挂靠关系还是内部承包关系，渝万建设公司作为合同相对方均无法免除相应工程款的支付责任。徐某单独向康城劳务公司作出的支付工程款的承诺，应当认定为债的加入，其应承担相应工程款的连带支付责任，理由如下：第一，徐某作为合同相对方外的第三人，其向康城劳务公司作出的承诺，并不能代表渝万建设公司，若认为是其代表渝万建设公司作出承诺，则该承诺的内容及后果均应及于渝万建设公司，一审在已认为徐某与渝万建设公司形成挂靠关系、徐某作出的承诺不能代表渝万建设公司的前提下，又不认为该承诺构成债的加入，存在自相矛盾，应予纠正。第二，债务加入仅带来债务主体变动的效果，并具有加强保护债权人利益的功能，如果认定为按份之债，则有可能损害债权人的利益。因此，本案中，徐某作出承诺后，应与渝万建设公司承担相应工程款的连带支付责任。第三，关于案涉承诺中违约金的部分，由于其超出合同相对方之间债的范围，且康城劳务公司并未就违约金提起上诉，因此，徐某就该违约金的承诺不能认定为债的加入，徐某与渝万建设公司均不应承担该违约金的支付责任。综上，根据原《民法通则》第84条②“债是按照合同的约定或者依照法律的规定，在当事人之间产生的特定的权利和义务关系。享有权利的人是债权人，负有义务的人是债务人。债权人有权要求债务人按照合同的约定或者依照法律的规定履行义务”的规定，徐某向康城劳务公司作出的承诺构成债的加入，徐某应与渝万建设公司承担相应工程款的连带支付责任。履行了义务的当事人，则

① 参见重庆市第一中级人民法院民事判决书，(2016)渝01民终7725号。

② 相关规定参见《民法典》第118条。

可根据原《民法通则》第 87 条①的规定，有权要求其他负有连带债务的人偿付他应当承担的份额。

第二节　借　　款

72. 承包人的项目经理以工程项目部名义向实际施工人借款并出具借条，款项打入了项目经理个人账户，该借款应否由承包人承担还款责任？

有观点认为，应由承包人承担还款责任。理由为：项目经理代表承包人与实际施工人之间就相关项目有着较为频繁的工作联系，作为债权人的实际施工人知道或应当知道项目经理的身份。而项目经理的身份在工程概况牌等显著位置进行披露，作为债权人的实际施工人有理由相信借款主体为承包人。至于承包人公司如何对项目经理的职权范围进行限制，都不得对抗善意相对人，且债权人对于借款的实际用途无法了解。因此，应该认定该借款为承包人借款，由承包人承担还款责任。

笔者认为，该借款原则上应由项目经理个人承担还款责任。项目经理以工程项目部名义对外借款而由承包人承担还款责任应当同时满足以下三个条件：

首先，行为人具有代理权外观。项目经理有权以公司名义进行与工程项目相关的活动。如行为人以项目经理的身份与相对人进行多次与工程相关的活动，其所出具的借条上不仅有公司项目经理的签名，且公司项目经理的身份已在工程概况牌进行披露，相对人有理由相信项目经理具有代理权。

其次，相对人善意且无过失。相对人知道或者应当知道项目经理只有权进行与工程有关的行为，一般情况下对外借款不属于项目经理职责范围内的事务。

最后，所借款项实际用于工程建设。如借款进入项目经理的个人账户，无法证明所借款项实际用于工程建设的，应由项目经理个人承担还款责任。

---

① 相关规定参见《民法典》第 178 条。

审判意见

《北京高院施工合同解答》

8、承包人项目经理在合同履行过程中所施行为的效力如何认定?

施工合同履行过程中,承包人的项目经理以承包人名义在结算报告、签证文件上签字确认、加盖项目部章或者收取工程款、接受发包人供材等行为,原则上应当认定为职务行为或表见代理行为,对承包人具有约束力,但施工合同另有约定或承包人有证据证明相对方知道或应当知道项目经理没有代理权的除外。

《浙江高院施工项目疑难问题解答》

9. 相对人依据项目经理或实际施工人出具的结算凭证主张权利,人民法院是否还应当对合同的具体交易情况进行审查?

相对人依据项目经理、实际施工人出具的结算凭证,要求建筑施工企业承担合同责任的,人民法院应当就合同的具体履行情况一并进行审查。如建筑施工企业就合同标的物的使用工地、使用时间、价格、标准、数量、签约时间等内容提出合理性怀疑的,人民法院可以要求相对人提供除结算凭证外的其他证据予以佐证;也可以向有关部门和人员主动进行调查取证。相对人能够提供而拒不提供结算凭证以外的其他证据,人民法院也无法通过调查取证予以查明的,由相对人承担不利后果。

相对人与项目经理、实际施工人或其他人恶意串通,伪造签证单、结算单等结算资料或合同、借条、债权转让协议等文书故意损害建筑施工企业合法权益的,人民法院应当按照《中华人民共和国民事诉讼法》的有关规定,予以训诫、罚款或拘留;可能构成刑事犯罪的,依法移送公安机关查处。

73. 实际施工人以承包人名义借款并打入个人账户,该责任是否由承包人承担?

实际施工人以承包人名义借款,仅凭实际施工人个人签字的银行账户信息的单据将借款打入实际施工人的个人账户,该责任与承包人无关。实际施工人并非承包人的员工或经营管理人员,其与承包人之间不存在劳动合同关系和隶属关系,无权以承包人名义借款并打入其个人账户,该行为不构成有权代理或表见代理,除非承包人为此出具委托书或予以追认。基于实际施工人并无承包人的代理权,应重点审查是否构成表见代理。

《最高院民法典总则编解释》第 28 条就表见代理的具体适用作出了专门规

定。因此，我们要特别注意，判断实际施工人是否构成表见代理，首先要确认实际施工人的行为是否具有代理权的充足表象，同时还需要看相对人主观上是否符合“善意且无过失”的条件。出借人作为相对人应当要求实际施工人在相关协议、付款单据上加盖公司印章或出具相关委托书，如未予求证，尚未尽到一般注意义务，可以认定其在签订借款合同时存在过错，不构成表见代理的善意，实际施工人的借款行为应由其自行承担还款责任，与承包人无关。

法律依据

《民法典》

第一百七十二条 行为人没有代理权、超越代理权或者代理权终止后，仍然实施代理行为，相对人有理由相信行为人有代理权的，代理行为有效。

《最高院民法典总则编解释》

第二十八条 同时符合下列条件的，人民法院可以认定为民法典第一百七十二条规定的相对人有理由相信行为人有代理权：

（一）存在代理权的外观；

（二）相对人不知道行为人行为时没有代理权，且无过失。

因是否构成表见代理发生争议的，相对人应当就无权代理符合前款第一项规定的条件承担举证责任；被代理人应当就相对人不符合前款第二项规定的条件承担举证责任。

审判意见

《浙江高院施工项目疑难问题解答》

9. 相对人依据项目经理或实际施工人出具的结算凭证主张权利，人民法院是否还应当对合同的具体交易情况进行审查？

相对人依据项目经理、实际施工人出具的结算凭证，要求建筑施工企业承担合同责任的，人民法院应当就合同的具体履行情况一并进行审查。如建筑施工企业就合同标的物的使用工地、使用时间、价格、标准、数量、签约时间等内容提出合理性怀疑的，人民法院可以要求相对人提供除结算凭证外的其他证据予以佐证；也可以向有关部门和人员主动进行调查取证。相对人能够提供而拒不提供结算凭证以外的其他证据，人民法院也无法通过调查取证予以查明的，由相对人承担不利后果。

相对人与项目经理、实际施工人或其他人恶意串通，伪造签证单、结算单等结算资料或合同、借条、债权转让协议等文书故意损害建筑施工企业合法权益的，人民法院应当按照《中华人民共和国民事诉讼法》的有关规定，予以训诫、罚款或拘留；可能构成刑事犯罪的，依法移送公安机关查处。

《北京高院施工合同解答》

8、承包人项目经理在合同履行过程中所施行为的效力如何认定?

施工合同履行过程中,承包人的项目经理以承包人名义在结算报告、签证文件上签字确认、加盖项目部章或者收取工程款、接受发包人供材等行为,原则上应当认定为职务行为或表见代理行为,对承包人具有约束力,但施工合同另有约定或承包人有证据证明相对方知道或应当知道项目经理没有代理权的除外。

典型判决 1 刘某某、中泰公司民间借贷纠纷案[①]

【裁判要旨】

出借人仅凭一张行为人签字的银行账户单据,未要求企业加盖印章就将借款转入个人账户,并不构成表见代理的善意。

【裁判观点】

再审法院认为,关于李某华的借款行为是否构成表见代理的问题,刘某某应当知道李某华系受中泰公司委托借款的身份、借款的具体用途等情况,却仅凭一张写有李某华和杜某忠签名及李某华个人银行账号的半张 A4 纸大小的条据就将出借款项转入李某华的个人账户,而未要求加盖中泰公司印章或者中泰公司同昇·御花园项目专用章,亦未向中泰公司求证,未尽到一般的注意义务,故其在案涉借款合同签订时自身存在一定过错。刘某某申请再审时关于李某华、同昇公司、中泰公司之间个人账户转款已经形成交易习惯的主张缺乏证据证实,故再审法院不予支持。加之,李某华在其于 2013 年 9 月 6 日向刘某某出具的案涉补充协议中明确表示案涉借款系其个人借款,而无李某华系代理中泰公司借款的意思表示,亦无案涉借款系李某华与中泰公司共同借款以及李某华系债务加入的意思表示,刘某某是否在案涉补充协议上签字并不影响二审判决依据其内容认定相关事实。综上,李某华的借款行为不构成对中泰公司的表见代理,刘某某的申请再审理由据理不足,再审法院不予支持。

① 参见最高人民法院民事裁定书,(2018)最高法民申 2908 号。

典型判决 2 周某某与银力公司民间借贷纠纷案①

【裁判要旨】

出借人仅凭加盖技术专用章的借款协议,就按照经办人要求汇款到经办人指定个人账户,并不构成表见代理的善意。

【裁判观点】

再审法院认为,韦某某虽未取得代表银力公司向第三方借款之授权,但如果周某某能举证证明其有理由相信韦某某有代理权,且周某某主观上是善意且无过失的,即构成表见代理。然而在本案中,周某某提交的证据,无论《借款协议》还是《借款确认书》,加盖的印章均系注明“不得用于经济合同”的项目部技术专用章,并非银力公司公章或合同专用章,明显不具备周某某据以认为韦某某有权代表银力公司对外借款的判断依据。周某某也未进一步要求韦某某提供得到银力公司授权其对外借款的书面凭证即出借巨额款项,且款项亦未直接汇入银力公司账户,而是汇入韦某某女儿的个人账户。据此,不能认定周某某主观系善意且无过失,本案韦某某的借款行为亦不构成表见代理,周某某主张银力公司应承担还款责任,没有法律依据。

74. 实际施工人对外借款是否应由承包人承担还款责任?

实际施工人对外借款,承包人是否应承担还款责任,可根据借款名义和具体权限进行分析:

(1)实际施工人以个人名义借款的,无论借款是否实际用于工程建设,承包人都不承担还款责任。

(2)实际施工人以承包人名义对外借款。因作为实际施工人的个人与承包人之间一般不存在劳动合同、社保缴纳、工资发放等关系,故不能认定实际施工人是承包人员工,更不能认定借款是其职权范围内的事项,从而构成职务代理。

既然实际施工人借款不构成职务代理,则承包人仅在其构成表见代理时承担责任。具言之,当其具有行使代理权的权利外观且债权人对此具有善意、无过失的合理信赖时,构成表见代理,此时承包人为借款人,承担还款责任。

根据《最高院民法典总则编解释》第 28 条的规定,关于建设工程施工合同纠

① 参见浙江省高级人民法院民事裁定书,(2015)浙民申字第 391 号。

纷中的表见代理的认定应从严把握。在审查是否构成表见代理时，不仅要严格审查代理人的无权代理行为在客观上是否形成具有代理权的表象，而且要审查相对人在主观上是否善意且无过失地相信行为人有代理权。要避免仅审查行为人在客观上是否具有代理权的表象，而忽视审查主张构成表见代理的合同相对人是否善意且无过失。

实践中，对于合同中加盖的承包单位项目部印章的效力，也要坚持“认人不认章”原则，着重审查参与订立合同或者加盖印章的人员是否有承包单位的相应授权、在合同上加盖项目部印章是否属于承包单位的真实意思表示等，并根据代表或代理的相关规则来确定合同的效力，不能简单根据加盖项目部印章的情况认定为承包单位的行为。

对于出借人而言，在签订合同时，应尽到充分的注意义务。应当要求相对人在借款合同上加盖与工商登记一致的承包人印章。此外，应要求相对人提供证明其身份的文件或针对借款事项的授权委托书等。

法律依据

《最高院民法典总则编解释》

第二十八条 同时符合下列条件的，人民法院可以认定为民法典第一百七十二条规定的相对人有理由相信行为人有代理权：

（一）存在代理权的外观；

（二）相对人不知道行为人行为时没有代理权，且无过失。

因是否构成表见代理发生争议的，相对人应当就无权代理符合前款第一项规定的条件承担举证责任；被代理人应当就相对人不符合前款第二项规定的条件承担举证责任。

审判意见

《浙江高院施工项目疑难问题解答》

3. 审理涉建筑施工企业项目部的案件时，应当如何认定表见代理行为？

在认定行为人（项目经理、实际施工人或项目部其他人员等）的行为是否构成表见代理时，要按照《最高人民法院关于当前形势下审理民商事合同纠纷案件若干问题的指导意见》的有关规定，依法审查无权代理行为在客观上是否具有代理权的表象，以及相对人在主观上是否善意且无过失地相信行为人有代理权。

在认定行为人是否具有代理权表象时，要结合行为人的身份、权限、行为模式、交易惯例等予以综合认定。有下列情形之一的，可以认定行为人具有代理权的表象：

(1)项目经理同时是实际施工人或者实际对实际施工人负责的，在项目部权限范围内以建筑施工企业或项目部的名义签订合同的；

(2)行为人持有建筑施工企业的空白或权限不明的介绍信、委托书、合同，以建筑施工企业的名义签订合同的；

(3)行为人在项目部权限范围内签订合司时，加盖了项目部印章，或实际作为项目部印章使用的专用印章的；

(4)虽未与第三人签订书面合同，但建筑施工企业知道或应当知道该民事行为而未作反对表示的；或者从事该民事行为属于项目部权限范围，项目部知道或应当知道而未作反对表示的。

在判断相对人是否属于善意且无过失时，应当结合合同缔结与履行过程中的各种因素予以综合判断。存在以下情形之一的，一般不认定相对人为善意且无过失：

(1)签订的合同明显损害建筑施工企业利益的；

(2)相对人明知行为人与建筑施工企业之间是挂靠、非法转包、非法分包关系，仍然与其签订合同的；

(3)合同项下货物、机器设备、劳务未实际向工程项目提供的；

(4)交易的金额与实际需求、规模等明显不相称的。

典型判决1 陈某兵与国本公司、中太公司民间借贷纠纷案①

【裁判要旨】

实际施工人对外借款时签订的借款协议上加盖资料专用章超越了该公章的使用范围，在未经承包人追认的情况下，不能认定该借款协议是承包人的意思表示。

【裁判观点】

再审法院认为，关于国本公司、中太公司是否应对眭某红的借款债务承担连带还款责任的问题，诉争借款协议是由出借人陈某兵与借款人眭某红、徐某签订的，协议落款处借款人栏由眭某红、徐某签字并加盖中太公司项目部资料专用章。中太公司项目部资料专用章具有特定用途，仅用于开工报告、设计图纸会审记录等有关工程项目的资料。尽管诉争借款用于案涉工程，但借款合同与建设工程施工合同是两个不同的合同关系，实际施工人对外借款不是对案涉项目建设工程施工合同的履行，借款协议也不属于工程项目资料，故在借款协议上加盖中太公司

① 参见最高人民法院民事裁定书，(2014)民申字第1号。

项目部资料专用章超越了该公章的使用范围,在未经中太公司追认的情况下,不能认定借款协议是中太公司的意思表示。再结合中太公司和国本公司未参与借款协议的签订、协议上未加盖国本公司公章,以及出借人陈某兵对眭某红、徐某借用国本公司和中太公司的资质施工是明知的事实,应认定诉争借款是眭某红、徐某的个人债务,陈某兵要求中太公司和国本公司对诉争借款承担连带还款责任缺乏依据。

典型判决2 成业公司、安徽建工等分期付款买卖合同纠纷案①

【裁判要旨】

实际施工人以承包人名义对外借款,出借人未能证明其客观上具有代理权的外观且主观善意、无过失时,其主张构成表见代理的,不予支持。

【裁判观点】

再审法院认为,关于李某与成业公司签订《钢材销售合同》及出具借条时是否存在外表授权,即李某的上述行为在外观上是否存在使成业公司相信其有代理权事实的问题,《最高院民商事指导意见》第13条规定:"合同法第四十九条规定的表见代理制度不仅要求代理人的无权代理行为在客观上形成具有代理权的表象,而且要求相对人在主观上善意且无过失地相信行为人有代理权。合同相对人主张构成表见代理的,应当承担举证责任,不仅应当举证证明代理行为存在诸如合同书、公章、印鉴等有权代理的客观表象形式要素,而且应当证明其善意且无过失地相信行为人具有代理权。"因此,构成表见代理须在代理行为外观上存在使相对人相信行为人具有代理权的理由。这包括两个方面的内容:其一,存在外表授权,即存在有代理权授予的外观,代理行为在外在表现上有相对人相信行为人有代理权的事实。无权代理人以前曾经被授予代理权,或者当时拥有实施其他民事法律行为的代理权,或者根据交易习惯行为人的行为外表表明其有代理权,均可构成外表授权。其二,相对人对行为人有代理权形成了合理信赖。相对人对外表授权的信赖是否合理,应当以是否有正当理由为判断标准。

综合以上案件事实,可以认定,李某和成业公司签订《钢材销售合同》时,并未加盖"安徽建工亳州市丁家坑综合改造房建工程项目部"的印章。李某并不持有案涉丁家坑项目部印章,也没有安徽建工出具的授权委托书等身份证明材料。成

① 参见最高人民法院民事裁定书,(2019)最高法民申687号。

业公司提交的《钢材销售合同》复印件上的"安徽建工亳州市丁家坑综合改造房建工程项目部"印章应系此后补盖。

结合成业公司认可李某签字的案涉12份借条在出具时没有加盖印章，均系事后补盖；案涉《钢材销售合同》与12份借条上加盖的印章并不一致；《钢材销售合同》以及12份借条上加盖的印章与安徽建工提交的项目部经备案使用的印章均不一致；2014年6月1日的"安徽建工亳州丁家坑综合改造房建工程欠款清单"仅有李某、冯某签字确认，也没有加盖任何印章的事实，成业公司提供的证据不足以证明其在签订案涉合同当时，李某具有安徽建工授权表象的形式要素。

此外，成业公司在签订合同时，未审查李某的授权，未要求安徽建工盖章，没有尽到注意义务，并非善意无过失，二审法院认定李某签订案涉《钢材销售合同》的行为不构成表见代理，并无不当。成业公司关于李某的行为构成表见代理，应由安徽建工承担还款责任的申请再审理由不能成立。

典型判决3 韦某、某元公司等借款合同纠纷案[①]

【裁判要旨】

实际施工人刻制了公司印章，后由被挂靠人收回，但被挂靠人未向社会公示上述事宜，相对人有理由相信加盖了该公司印章的借条系被挂靠人行为。

【裁判观点】

再审法院认为，申请人某元公司、某元公司江西分公司认为韦某在借款行为中并非善意第三人，其行为不能构成表见代理，韦某的损失与其之间无直接因果关系。因此，某元公司江西分公司与韦某之间不存在借款合同关系。原《合同法》第49条[②]规定："行为人没有代理权、超越代理权或者代理权终止后以被代理人名义订立合同，相对人有理由相信行为人有代理权的，该代理行为有效。"经查，本案中，对内，根据徐某与某元公司签订的《内部责任制承包协议》，徐某与某元公司之间成立以内部承包形式的挂靠关系。对外，徐某的身份是某元公司任命的某元公司江西分公司的经理，其以某元公司江西分公司的名义多次向韦某借款以及还款，使韦某有理由相信徐某的行为属某元公司江西分公司的行为。具体分析如下：第一，在本案借款发生之前，自2012年12月起，徐某就曾经多次以某元公司江

---

① 参见最高人民法院民事裁定书，(2019)最高法民申6303号。

② 相关规定参见《民法典》第172条。

西分公司的名义向韦某借款,并以该分公司名义归还部分借款。因此,本案中徐某仍以某元公司江西分公司名义向韦某借26,990万元符合双方交易习惯。第二,本案所涉29张借条,均以某元公司江西分公司名义出具,且借款用途均为工程项目投标保证金,该用途属于上述《内部责任制承包协议》约定的某元公司江西分公司的业务范围。第三,某元公司江西分公司自2008年9月2日设立后,徐某刻制了两枚该分公司印章,其中一枚于同年9月18日在某元公司办理了领用手续,后某元公司虽于2013年5月13日以严格管理为由收回了该枚办理了领用手续的印章,但某元公司未提交证据证明其已向社会公示上述事宜。因此,有理由相信韦某并不知晓徐某在案涉29张借条上加盖的公章是否系私刻。第四,根据原审查明的事实,自2008年12月起至2014年4月止,某元公司江西分公司与某元公司之间所涉工程款结算、缴交投标保证金、退还投标保证金、内部借款等资金往来,均通过徐某个人账户进行。这些事实表明某元公司江西分公司与某元公司之间的资金往来亦通过徐某个人账户进行。因此,案涉借款根据徐某的指令进入其个人账户的事实并不能证明该款属徐某个人借款。第五,从某元公司报案情况看,本案诉讼后的2014年10月9日,某元公司向公安机关报案,称徐某用某元公司账户,以某元公司江西分公司名义借款供个人挥霍或归还以前的借款、支付高利贷,其行为构成职务侵占罪。这也表明,某元公司自己亦认为徐某的行为系代表某元公司江西分公司。因此,原审根据上述法律及事实认定韦某在本案中是善意第三人,徐某以某元公司江西分公司的名义向韦某借款构成表见代理,某元公司、某元公司江西分公司应当承担直接向韦某还款的责任,具有证据支持。

第三节 盖　　章

75. 实际施工人用技术专用章签订建筑材料合同,该责任是否由承包人承担?

转包(违法分包)、挂靠合同的实际施工人并不是项目经理。在承包人没有授权实际施工人的情况下,实际施工人用技术专用章签订建筑材料合同,原则上不构成职务代理,也不构成表见代理。具体理由如下:

(1)实际施工人的身份并非项目经理。项目经理是受施工企业委托对工程项目全面负责的项目管理者，在签订合同时应获得授权或任命。根据《民法典》第170条的规定，执行法人或者非法人组织工作任务的人员，就其职权范围内的事项，以法人或者非法人组织的名义实施的民事法律行为，对法人或者非法人组织发生效力。项目经理是承包人的工作人员，具有稳定、持续的劳动法律关系和内部隶属关系，就其职权范围内事项实施的法律行为，无须承包人的特别授权。

（2）根据《民法典》第172条的规定，合同相对人应举证证明实际施工人存在代理权的外观。法院应当就合同的具体履行情况一并进行审查。如承包人就合同标的物的使用工地、使用时间、价格、标准、数量、签约时间等内容提出合理怀疑，法院可以要求相对人提供除结算凭证外的其他证据予以佐证。

（3）根据《民法典》第172条的规定，合同相对人还应举证证明其有理由相信"项目经理"有代理承包人对外缔约的权利，即证明自己善意无过失。技术专用章无须在公安机关备案，只能在工程项目内部使用，仅用于开工报告、图纸会审、申请付款、移送施工资料等环节，不能用于对外签订合同与工程结算。合同相对方主张构成表见代理的，应当承担举证责任。特别是一些技术专用章使用了长方形的显著特征，并注明"资料专用、其他无效"等字样，反映了承包人对该印章特定使用范围的限制。相对人以用建筑材料合同加盖技术专用章为由主张实际施工人行为构成表见代理，不予支持。

法律依据

《民法典》

第一百七十条　执行法人或者非法人组织工作任务的人员，就其职权范围内的事项，以法人或者非法人组织的名义实施的民事法律行为，对法人或者非法人组织发生效力。

法人或者非法人组织对执行其工作任务的人员职权范围的限制，不得对抗善意相对人。

第一百七十二条　行为人没有代理权、超越代理权或者代理权终止后，仍然实施代理行为，相对人有理由相信行为人有代理权的，代理行为有效。

《最高院民法典总则编解释》

第二十八条　同时符合下列条件的，人民法院可以认定为民法典第一百七十二条规定的相对人有理由相信行为人有代理权：

（一）存在代理权的外观；

（二）相对人不知道行为人行为时没有代理权，且无过失。

因是否构成表见代理发生争议的，相对人应当就无权代理符合前款第一项规定的条件承担举证责任;被代理人应当就相对人不符合前款第二项规定的条件承担举证责任。

审判意见

《浙江高院施工项目疑难问题解答》

9. 相对人依据项目经理或实际施工人出具的结算凭证主张权利,人民法院是否还应当对合同的具体交易情况进行审查?

相对人依据项目经理、实际施工人出具的结算凭证,要求建筑施工企业承担合同责任的,人民法院应当就合同的具体履行情况一并进行审查。如建筑施工企业就合同标的物的使用工地、使用时间、价格、标准、数量、签约时间等内容提出合理性怀疑的,人民法院可以要求相对人提供除结算凭证外的其他证据予以佐证;也可以向有关部门和人员主动进行调查取证。相对人能够提供而拒不提供结算凭证以外的其他证据,人民法院也无法通过调查取证予以查明的,由相对人承担不利后果。

相对人与项目经理、实际施工人或其他人恶意串通,伪造签证单、结算单等结算资料或合同、借条、债权转让协议等文书故意损害建筑施工企业合法权益的,人民法院应当按照《中华人民共和国民事诉讼法》的有关规定,予以训诫、罚款或拘留;可能构成刑事犯罪的,依法移送公安机关查处。

《北京高院施工合同解答》

8、承包人项目经理在合同履行过程中所施行为的效力如何认定?

施工合同履行过程中,承包人的项目经理以承包人名义在结算报告、签证文件上签字确认、加盖项目部章或者收取工程款、接受发包人供材等行为,原则上应当认定为职务行为或表见代理行为,对承包人具有约束力,但施工合同另有约定或承包人有证据证明相对方知道或应当知道项目经理没有代理权的除外。

典型判决 荣山公司与天工公司建设工程施工合同纠纷案①

【裁判要旨】

专业工程分包人应当知道技术专用章和公司印章在对外使用上的重大区别,其仅凭技术专用章便贸然与人签约,并不构成表见代理的善意。

【裁判观点】

再审法院认为,关于案涉合同加盖技术专用章以及谢某某在结算清单上签署"属实"意见的行为能否构成表见代理的问题,由于技术专用章不属于法律规定强

① 参见浙江省高级人民法院民事判决书,(2013)浙民提字第140号。

制备案的印章，且此类印章通常情况下仅在双方认可的施工签证、资料备案等范围内使用，一般不用于签订合同。即使如荣山公司所主张的张某某、谢某某以天工公司项目部的名义与其发生民事行为，荣山公司作为专业的外墙施工企业，亦应当知道技术专用章和公司印章在对外使用上的重大区别，其仅凭技术专用章便贸然与对方签订施工合同，存在重大过失。构成表见代理的要件之一必须是签订合同时有理由相信对方具有代理权，而荣山公司在签订分包合同时连签字人"张某某"的基本信息都未核实，谢某某的内部承包人身份也是在其完成施工之后与"张某某"结算对账时才知道的，因此，"张某某"、谢某某的前述行为不符合表见代理的法律特征。荣山公司提出的该项再审理由，不能成立。

76. 实际施工人在合同履行过程中的对外行为的效力如何认定?

实际施工人以本人名义对外实施行为，在合同履行中并无承包人等主体参与，从主观上看，供应商与实际施工人已知悉彼此为交易当事人；从客观上看，供货商是向实际施工人交付货物，双方发生买卖合同关系。依据合同相对性原则，一般应由实际施工人自行承担责任。合同相对性是处理合同纠纷的重要原则，合同纠纷的原告一般应依据合同相对性要求合同主体承担责任，部分情况下原告主张突破合同相对性要求非合同主体承担责任，则必须有法律法规的明确规定或债的加入等其他充分理由。

实际施工人以承包人名义对外实施行为，应当区分具体行为内容和具体权限分别处理。

其一，对于签订买卖、租赁合同的行为，应当结合购买材料或租赁设备的品类、用途、交货地点，是否用于案涉工程以及施工合同履行习惯、相对方是否善意等情况，认定是否由承包人承担责任。如行为人以承包人的名义向第三人购买材料或租赁设备时，未签订书面合同，或签订的书面合同中未加盖建筑施工企业或项目部印章，但设备事实上已用于该建设项目，且第三人不知道或不应当知道行为人没有代理权限的，应当由承包人承担相应的合同责任。法院在认定"材料设备事实上已用于该建设项目"时，应当根据材料设备是否已运至建设项目工地，并结合材料设备的数量、类型与工程实际需求、规模是否相适应，予以综合判断。承包人对实际施工人授权不明，或者实际施工人在承包人授权范围外从事的相关行为，应当适用表见代理的法律规定进行审查。合同相对人主张构成表见代理的，应当承担举证证明责任。

其二，对于对外借款行为效力的认定要从严掌握，应当对借款流向、用途以及出借人是否善意等事实进行实质性审查，并结合承包人与实际施工人之间关于案涉工程的资金投入、结算方式等约定，综合认定是否由承包人承担还款责任。一般而言，除非承包人明确授权，实际施工人无权代表承包人对外借款。但第三人能够举证证明其有合理理由相信行为人有代理权限，且款项直接汇入承包人银行账户或确实用于该建设项目的，应当由承包人承担相应的合同责任。

其三，施工合同履行过程中，实际施工人以承包人名义在结算报告、签证文件上签字确认、加盖项目部章或者收取工程款、接受发包人供材等行为，原则上应当认定为职务行为或表见代理行为，对承包人具有约束力，但施工合同另有约定或承包人有证据证明相对方知道或应当知道实际施工人没有代理权的除外。

从承包人风险控制角度分析，需采取有效措施规范实际施工人的对外合同效力。

其一，施工管理中，要合理限制实际施工人的具体权限。具体措施主要包括公司不再刻制项目部印章、不向实际施工人出具相关委托书、不为实际施工人收款提供账户便利、承包人制定严格的项目经理管理制度并公示、材料采购合同采取实际施工人与承包人双重签收制度及结算最高限额条款、将项目承包人列为公司章程中的高级管理人员范畴并承担公司忠实义务。

其二，发生诉讼时，应当妥善处理。首先，核实实际施工人对外交易本身的真实性并引导法院正确区分各种行为的性质和责任主体。对工程实际需求量、起诉人实际供货量、合同标的物用途等进行核实并举证。从法律性质上划分，实际施工人对外从事的行为可能包括职务代理行为、委托行为、追认行为、表见代理行为、无权代理行为、自己名义的行为等，对这些行为予以正确认定非常关键，因为性质不同，责任主体就可能不同。其次，引导法院严格认定表见代理，根据《民法典》第172条的规定，引导法院着重审查主张构成表见代理的合同相对人的举证责任是否完成，即不仅要严格审查实际施工人的无权代理行为在客观上是否形成具有代理权的表象，而且要审查相对人在主观上是否善意且无过失地相信实际施工人有代理权。倘若实际施工人以个人名义对外交易或交易合同加盖了技术专用章等非合同专用章、伪造印章，或者相对人知道或应当知道实际施工人未取得承包人授权的，一般不构成表见代理。

法律依据

《民法典》

第一百七十条　执行法人或者非法人组织工作任务的人员，就其职权范围内的事项，以法人或者非法人组织的名义实施的民事法律行为，对法人或者非法人组织发生效力。

法人或者非法人组织对执行其工作任务的人员职权范围的限制，不得对抗善意相对人。

第一百七十一条　行为人没有代理权、超越代理权或者代理权终止后，仍然实施代理行为，未经被代理人追认的，对被代理人不发生效力。

相对人可以催告被代理人自收到通知之日起三十日内予以追认。被代理人未作表示的，视为拒绝追认。行为人实施的行为被追认前，善意相对人有撤销的权利。撤销应当以通知的方式作出。

行为人实施的行为未被追认的，善意相对人有权请求行为人履行债务或者就其受到的损害请求行为人赔偿。但是，赔偿的范围不得超过被代理人追认时相对人所能获得的利益。

相对人知道或者应当知道行为人无权代理的，相对人和行为人按照各自的过错承担责任。

第一百七十二条　行为人没有代理权、超越代理权或者代理权终止后，仍然实施代理行为，相对人有理由相信行为人有代理权的，代理行为有效。

第四百六十五条　依法成立的合同，受法律保护。

依法成立的合同，仅对当事人具有法律约束力，但是法律另有规定的除外。

审判意见

《山东高院民一庭施工合同解答》

4. 项目经理以承包人名义实施确认工程量、签订买卖合同或租赁合同、对外借款等行为，效力如何认定？

承包人对项目经理授权不明，或者项目经理在承包人授权范围外从事的相关行为，应当适用表见代理的法律规定，审查承包人是否对项目经理行为承担民事责任。合同相对人主张构成表见代理的，应当承担举证证明责任。

对于项目经理确认工程量的行为，一般应认定为有效，但承包人明确项目经理无确认工程量的授权，且发包人明知的除外。

对于签订买卖、租赁合同的行为，应当结合购买材料或租赁设备的品类、用途、交货地点，是否用于涉案工程以及施工合同履行习惯，相对方是否善意等情况，认定是否由承包人承担责任。

对于对外借款行为效力的认定要从严掌握，应当对借款流向、用途以及出借人是否善意等事实进行实质性审查，并结合承包人与项目经理之间关于涉案工程的资金投入、结算方式等约定，综合认定是否由承包人承担还款责任。

《浙江高院施工项目疑难问题解答》

7. 行为人购买或租赁的原材料、机器设备已用于建设项目的，如何处理？

行为人以建筑施工企业或项目部的名义，向第三人购买或租赁必备的原材料、机器设备时，未签订书面合同，或签订的书面合同中未加盖建筑施工企业或项目部印章，但原材料、机器设备事实上已用于该建设项目，且第三人不知道或不应当知道行为人没有代理权限的，应当由建筑施工企业承担相应的合同责任。

人民法院在认定"原材料、机器设备事实上已用于该建设项目"时，应当根据原材料、机器设备是否已运至建设项目工地，并结合原材料、机器设备的数量、类型与建设项目的实际需求、规模是否相适应，予以综合判断。

8. 行为人向第三人借款，款项已汇入项目部或确实用于建设项目的，如何处理？

除非有建筑施工企业的明确授权，项目部或项目经理无权对外借款。

行为人以建筑施工企业或项目部的名义向第三人借款，第三人能够举证证明其有合理理由相信行为人有代理权限，且款项直接汇入建筑企业银行账户或确实用于该建设项目的，应当由建筑施工企业承担相应的合同责任。

9. 相对人依据项目经理或实际施工人出具的结算凭证主张权利，人民法院是否还应当对合同的具体交易情况进行审查？

相对人依据项目经理、实际施工人出具的结算凭证，要求建筑施工企业承担合同责任的，人民法院应当就合同的具体履行情况一并进行审查。如建筑施工企业就合同标的物的使用工地、使用时间、价格、标准、数量、签约时间等内容提出合理性怀疑的，人民法院可以要求相对人提供除结算凭证外的其他证据予以佐证；也可以向有关部门和人员主动进行调查取证。相对人能够提供而拒不提供结算凭证以外的其他证据，人民法院也无法通过调查取证予以查明的，由相对人承担不利后果。

相对人与项目经理、实际施工人或其他人恶意串通，伪造签证单、结算单等结算资料或合同、借条、债权转让协议等文书故意损害建筑施工企业合法权益的，人民法院应当按照《中华人民共和国民事诉讼法》的有关规定，予以训诫、罚款或拘留；可能构成刑事犯罪的，依法移送公安机关查处。

《绍兴中院建筑领域民商事纠纷纪要》

三、建筑施工企业与实际施工人签订的合同，实为挂靠经营合同或者转包、分包合同的，应根据最高人民法院《关于审理建设工程施工合同纠纷案件适用法律问题的解释》有关规定，审查认定合同是否有效。

对有效的合同，建设单位（发包人）与建筑施工企业（承包人）尚未结算工程款的，实际施工人向建筑施工企业（承包人）起诉要求结算并支付工程款的，应当根据其双方合同的约定；没有约定或者约定不明确的，按照《合同法》第六十一条、第六十二条以及《合同法解释（二）》第七条规定的交易习惯予以认定；

对无效的合同，双方就工程款的支付事宜，应参照合同约定的方式结算 没有约定或者约定不明确的，按照《合同法解释（二）》第7条规定的交易习惯予以认定。

四、关于项目经理表见代理行为的构成要件

根据最高人民法院《关于当前形势下审理民商事合同纠纷案件若干问题的指导意见》，严格认定表见代理行为的规定，对项目经理未经企业授权对外签订合同的行为是否构成表见代理，应把握以下构成要件：

（一）客观要件：即行为人的无权代理行为须以被代理人的名义并具有代理权的客观表象；

（二）主观要件：合同相对人善意且无过失地尽到了对行为人有无代理权的注意义务。

五、有下列情形之一的，项目经理对外签订的合同对建筑施工企业具有约束力：

（一）以建筑施工企业名义与合同相对人签订合同，在签订合同时出示有能让合同相对人相信的单位介绍信、委托书，或者建筑施工企业曾向合同相对人所作的授权通知或者其他证明材料的；

（二）以盖有建筑施工企业合同专用章或者公章的空白合同书签订合同的；

（三）以可以对外使用的项目部印章签订合同的；

（四）建筑施工企业知道项目经理对外签订的合同而不表示反对的；

（五）代理权终止后签订合同，合同相对人未收到终止通知或者已经尽到合理注意义务的；

（六）建筑施工企业根据项目经理签订的合同向合同相对人主张权利或者履行支付款项等义务的。

六、有下列情形之一的，项目经理对外签订的合同对建筑施工企业不具有约束力：

（一）项目经理以个人署名签订合同或者虽以企业、项目部名义但个人签署，并无其他证据证明有权代理的；

（二）合同相对人知道或者应当知道项目经理未取得企业授权的；

（三）合同相对人知道或者应当知道项目经理代理权已经终止的；

（四）项目经理与合同相对人签订的合同明显损害企业权益的；

（五）签订合同时所盖印章为技术专用章等非合同专用章的；

（六）合同上所盖印章是项目经理伪造而合同相对人未尽到合理注意义务的。

九、关于转包、违法分包、借用资质的实际施工人行为与表见代理的认定

转包、违法分包、借用资质的实际施工人以建筑施工企业名义与合同相对人签订合同，合同相对人对代理表象应尽合理注意义务，实际施工人的行为构成表见代理的，由建筑施工企业承担责任。但合同相对人知道工程已转包、违法分包或者系出借资质的，应根据合同相对性原则确定责任人。

第七章 利息与优先权

第一节 利 息

77. 实际施工人是否有权主张工程款利息?

无效合同下的实际施工人投入的材料、人工已经物化到工程中，建设工程验收合格的，实际施工人有权要求转包人(违法分包人)按照合同约定支付工程价款。转包人(违法分包人)不及时支付工程价款的，对由此造成的实际施工人的工程款利息损失应予以赔偿。主流观点认为，工程款利息的性质应认定为“法定孳息”。只要工程质量合格，转包人(违法分包人)存在迟延付款行为就应支付利息，并不需考虑转包人(违法分包人)是否存在过错行为。

实际施工人根据《最高院施工合同解释一》第43条的规定要求发包人承担责任的，该责任范围仅限于“欠付工程价款范围内”。

法律依据

《建筑法》

第十八条 建筑工程造价应当按照国家有关规定，由发包单位与承包单位在合同中约定。公开招标发包的，其造价的约定，须遵守招标投标法律的规定。

发包单位应当按照合同的约定，及时拨付工程款项。

典型判决 新疆某某集团、薛某建设工程施工合同纠纷案[①]

【裁判要旨】

工程款利息系法定孳息，无效合同的实际施工人有权向相对人主张工程款利息。

【裁判观点】

再审法院认为，关于原审法院自工程竣工验收之日起算利息是否有法律依据的问题，原《最高院施工合同解释》第18条[②]规定："利息从应付工程价款之日计付。当事人对付款时间没有约定或者约定不明的，下列时间视为应付款时间：(一)建设工程已实际交付的，为交付之日；(二)建设工程没有交付的，为提交竣工结算文件之日；(三)建设工程未交付，工程价款也未结算的，为当事人起诉之日。"根据该规定，如果当事人对应付款时间没有约定或者约定不明，结合建设工程的实际情况，应分别以建设工程实际交付之日、提交竣工结算文件之日以及当事人起诉之日作为应付工程款时间计付利息；且工程款利息的性质是法定孳息，无论建设工程施工合同是否有效、工程款是否结算，均不影响债务人支付工程款利息。具体到本案中，新疆某某集团与薛某未对支付工程款的时间进行约定，但双方当事人均认可案涉工程于2017年12月27日经五方竣工验收合格，再结合案涉外墙保温工程仅为分项工程，分项工程一般在整体工程竣工验收前即完成，故原审法院认定案涉工程于2017年12月27日交付使用并据此认定案涉工程款利息起算之日为2017年12月27日，适用法律并无不当。

78. 实际施工人可否向发包人主张工程款利息?

《最高院施工合同解释一》第43条的立法本意是保护农民工的合法权益，为此允许了实际施工人在一定情况下突破合同相对性向发包人主张权利。实务中，有观点认为实际施工人可以向发包人主张的款项范围应当限定为工程款本金；也有观点认为，在案涉工程交付发包人实际使用，但发包人未按约定支付工程款的情况下，实际施工人要求发包人交付的工程款既包括欠付工程款本金，也包括工程交付之后欠付工程款的利息。

---

① 参见新疆维吾尔自治区高级人民法院民事裁定书，(2024)新民申1624号。

② 相关规定参见《最高院施工合同解释一》第27条。

笔者认为，“欠付工程款范围”应严格限于发包人应付未付的工程价款本金和转包人（违法分包人）欠付实际施工人的工程价款本金，以低者为准；同时既不包括违约金，也不包括发包人该欠付工程款的利息。即“欠付工程价款范围内”用双本金限制标准，其余费用均不支持，以契合《最高院施工合同解释一》第43条规定的兜底保障性质。

典型判决　京源公司与王某、宁夏五建公司等建设工程施工合同纠纷案①

【裁判要旨】

工程交付发包人已实际使用，但发包人未按约付款，发包人应付工程款既包括交付之日起尚未支付工程款本金，也包括该工程款的正常孳息损失。

【裁判观点】

再审法院认为，虽然京源公司与实际施工人王某之间并未签订合同，但其应在欠付工程款的范围内对实际施工人承担责任。案涉工程系于2014年10月30日起被京源公司实际使用，自交付之日起京源公司就应将尚未支付的工程款支付给宁夏五建公司，但京源公司未支付剩余工程款，其欠付工程款的事实是清楚的。因此，京源公司应当支付的工程款既包括自工程交付之日起尚未支付的工程款本金，也包括该部分工程款的正常孳息损失。一审、二审判决京源公司在欠付工程款的范围内对实际施工人王某承担责任，并无不当。

79. 工程款利息计算基数如何确定？

利息属于法定孳息。当发包人欠付工程款时，除应承担向债权人继续支付工程款的责任外，并应支付拖欠工程款的利息。计算工程款利息的前提是确定到期应支付工程款本金。这里的工程款包括工程预付款、工程进度款、工程结算款、保修金等。

当事人按合同约定同时主张工程进度款利息和结算款利息的，应按合同约定进行审查。其中，工程进度款是指经承包人申报、监理单位审核、发包人批准等程序确定的发包人应支付承包人的工程进度计量款。结算款是发包人与承包人在工程结算后确定的发包人应支付给承包人的工程结算总价款。结算款金额的确

① 参见最高人民法院民事裁定书，(2017)最高法民申1590号。

定方式具体包括双方当事人达成结算协议、共同委托第三方进行造价鉴定、委托司法造价鉴定方式等。司法实践中，对工程进度款的利息计算应按照合同约定的应付工程进度款为基数，不能以事后确定的工程款结算金额为基数来倒推认定应付未付款金额。

法律依据

《最高院施工合同解释一》

第二十一条　当事人约定，发包人收到竣工结算文件后，在约定期限内不予答复，视为认可竣工结算文件的，按照约定处理。承包人请求按照竣工结算文件结算工程价款的，人民法院应予支持。

第二十六条　当事人对欠付工程价款利息计付标准有约定的，按照约定处理。没有约定的，按照同期同类贷款利率或者同期贷款市场报价利率计息。

第二十八条　当事人约定按照固定价结算工程价款，一方当事人请求对建设工程造价进行鉴定的，人民法院不予支持。

第二十九条　当事人在诉讼前已经对建设工程价款结算达成协议，诉讼中一方当事人申请对工程造价进行鉴定的，人民法院不予准许。

第三十条　当事人在诉讼前共同委托有关机构、人员对建设工程造价出具咨询意见，诉讼中一方当事人不认可该咨询意见申请鉴定的，人民法院应予准许，但双方当事人明确表示受该咨询意见约束的除外。

审判意见

《河南高院工程合同解答》

2. 在施工合同无效的情况下，合同中约定的逾期付款违约金或者逾期付款利息如何适用？

答：在施工合同无效的情况下，如果当事人主张按照合同约定支付逾期付款违约金或者逾期付款利息的，应向其释明主张合同无效后的逾期付款损失赔偿，并可以参照合同中约定的逾期付款违约金或者逾期付款利息等内容，结合双方过错程度确定逾期付款损失的大小。

典型判决1　宁夏台建公司、浙江宏成公司建设工程施工合同纠纷案[①]

【裁判要旨】

承包人所主张工程款利息的约定标准高于同期同类贷款利率的，应予支持。

【裁判观点】

二审法院认为，关于原审法院判决按照双方约定月息2.5%计算利息是否正确的问题，2012年8月1日，宁夏台建公司与浙江宏成公司签订《补充协议(一)》约定：欠进度款1282万元，自2012年9月1日起按月息2.5%支付欠款利息。《补充协议(二)》第1.4条对新发生的进度款若宁夏台建公司未按约支付的应按月息2.5%支付利息进行了约定。原《最高院施工合同解释》第17条[②]规定："当事人对欠付工程价款利息计付标准有约定的，按照约定处理；没有约定的，按照中国人民银行发布的同期同类贷款利率计息。"本案中，双方当事人对欠付工程款的利息计付标准有明确的约定，应从其约定。宁夏台建公司关于合同约定的月息2.5%是高息，应予调整的主张，没有事实和法律依据，不能成立。

典型判决2　昊峰公司、昊之友房产公司等建设工程施工合同纠纷案[③]

【裁判要旨】

工程已竣工验收，无效合同的承包人主张工程款利息的，应予支持。

【裁判观点】

再审法院认为，利息是付款责任的一项附随义务，承担或者支付利息，与当事人的付款责任同时产生。原《最高院施工合同解释》第18条[④]规定："利息从应付工程价款之日计付。当事人对付款时间没有约定或者约定不明的，下列时间视为应付款时间：(一)建设工程已实际交付的，为交付之日；(二)建设工程没有交付的，为提交竣工结算文件之日；(三)建设工程未交付，工程价款也未结算的，为当事人起诉之日。"本案中，在案涉《建设工程施工合同》无效后，因天沛公司的投入已物化为案涉工程，基于案涉工程已竣工验收的事实，昊峰公司对天沛公司的投入应予以补偿。由此，工程价款的利息理应由昊峰公司在给付工程欠款时一并承担。

---

① 参见最高人民法院民事判决书，(2017)最高法民终102号。

② 相关规定参见《最高院施工合同解释一》第26条。

③ 参见最高人民法院民事裁定书，(2017)最高法民申1943号。

④ 相关规定参见《最高院施工合同解释一》第27条。

80. 工程款利息计算起点如何确定?

《最高院施工合同解释一》第27条规定了工程款利息起算点。据此,工程款利息起算点,依次确定为当事人约定付款之日→工程交付之日→提交竣工结算文件之日→当事人起诉之日。对于欠付工程款的利息起算时间,双方有约定付款时间的,按照约定执行;没有约定付款时间或约定不明的,建设工程交付之日或提交竣工结算文件之日视为应付款时间。换言之,该四个时点存在逻辑上的先后顺序,只有前一个标准无法满足时才采用后一个标准。

当双方尚未就工程款结算达成一致意见时,工程款金额尚未确定,发包人在合同没有约定的情况下尚不构成违约。但根据权利义务相一致原则,也为避免发包人无限期拖延审价,实务中有一些法院认为应从发包人合理审价期限届满的次日起算利息。

法律依据

《最高院施工合同解释一》

第二十七条 利息从应付工程价款之日开始计付。当事人对付款时间没有约定或者约定不明的,下列时间视为应付款时间:

(一)建设工程已实际交付的,为交付之日;

(二)建设工程没有交付的,为提交竣工结算文件之日;

(三)建设工程未交付,工程价款也未结算的,为当事人起诉之日。

审判意见

《北京高院施工合同解答》

35、发包人无正当理由拒绝结算工程款的,欠付工程款利息的起算点如何确定?

发包人在施工合同约定的审核结算期限内无正当理由拒绝结算或故意拖延结算,在审核期限届满后也未支付工程款,承包人要求发包人从合同约定的审核结算期限届满的次日起计算欠付工程款利息的,可予支持,但合同另有约定的除外。

原《江苏高院施工合同意见》

第十五条 发包人应及时审查承包人提交的工程竣工结算文件。发包人在合同约定的审核结算期限届满后,又以承包人提交的竣工结算文件不完整为由拒绝结算,承包人要求从合同约定的审核结算期限届满之日起计算工程价款利息的,人民法院应予支持。

原《广东高院施工合同指导意见》

十、发包人在合同约定的审核结算期限届满后,以承包人提交的竣工结算文件不完整为由拒绝结算,承包人请求从合同约定的审核结算期限届满之次日起计算工程款利息的,应予支持,但建设工程施工合同另有约定的除外。

《河南高院工程合同解答》

2. 在施工合同无效的情况下,合同中约定的逾期付款违约金或者逾期付款利息如何适用?

答:在施工合同无效的情况下,如果当事人主张按照合同约定支付逾期付款违约金或者逾期付款利息的,应向其释明主张合同无效后的逾期付款损失赔偿,并可以参照合同中约定的逾期付款违约金或者逾期付款利息等内容,结合双方过错程度确定逾期付款损失的大小。

典型判决1 甘肃二建、甘肃省监狱管理局等建设工程施工合同纠纷案①

【裁判要旨】

政府投资项目施工合同约定了"审计确认"付款前提,当事人主张按照财政部门批复审定日为利息起算点的,应予支持。

【裁判观点】

再审法院认为,根据已查明的事实,作为发包人的定西监狱在甘肃二建上报工程量后按合同约定及时审核并支付了相应工程进度款,之后虽然工程价款增加,但双方未就增加部分的支付问题协商一致,二审法院基于定西监狱实际欠付增加的工程款的事实,按照原《最高院施工合同解释》第6条②有关垫资的规定,结合案涉工程为政府投资项目,且双方合同约定了"待工程竣工结算已经审计确认"的付款前提条件,认定2015年11月22日甘肃省财政厅批复同意审定工程款的时间为欠付工程款利息的起算时间,并无不当。

典型判决2 西部中大公司、郑某等建设工程施工合同纠纷案③

【裁判要旨】

合同对工程款付款时间和如何计息尚未约定,且工程交付在先,结算在后的,

---

① 参见最高人民法院民事裁定书,(2017)最高法民申3215号。

② 相关规定参见《最高院施工合同解释一》第25条。

③ 参见最高人民法院民事判决书,(2017)最高法民终972号。

应认定从交付日计算欠付利息。

【裁判观点】

二审法院认为,关于一审判决以工程移交的时间为起点计算迟延付款利息是否正确的问题,原《最高院施工合同解释》第18条①规定:"利息从应付工程价款之日计付。当事人对付款时间没有约定或者约定不明的,下列时间视为应付款时间:(一)建设工程已实际交付的,为交付之日……"由于郑某与西部中大公司未对工程款付款时间和如何计算利息进行约定,且案涉工程已经于2009年年底交付使用,故一审判决认定应从2010年1月1日起计算欠付工程款的利息是正确的。西部中大公司上诉主张从2014年7月17日双方进行最终结算后,工程款的数额才是确定的,才能开始计算欠付工程款的利息,但双方的《最终结算书》并无对利息如何计算的约定,西部中大公司亦未提交其他充分的证据证明其主张,故其该项上诉主张没有事实和法律依据,二审法院不予支持。

第二节 建设工程优先受偿权

81. 实际施工人是否享有建设工程优先受偿权?

优先受偿权是一种物权性权利,根据物权法定原则,享有建设工程价款优先受偿权的主体必须由法律明确规定。《民法典》第807条规定了承包人就未支付的建设工程价款享有优先受偿权。《最高院施工合同解释一》第35条亦明确规定建设工程价款优先受偿权的主体为"与发包人订立建设工程施工合同的承包人"。从上述规定可知,依法享有建设工程价款优先受偿权的人必须与发包人存在直接的施工合同关系,工程勘察人、设计人、分包人、监理人、实际施工人等非法定的建设工程价款优先受偿权主体不享有建设工程价款优先受偿权。

但在特殊情况下,如实际施工人因行使代位权或因受让而主张建设工程优先受偿权时,司法实践中倾向于认为实际施工人也享有优先受偿权。例如,原《江苏高院施工合同解答》第16条和《浙江高院施工合同解答》第22条均规定,实际施工人在总承包人或者转包人不主张或者怠于行使工程价款优先受偿权时,就其承

① 相关规定参见《最高院施工合同解释一》第27条。

建的工程在发包人欠付工程价款范围内可以主张优先受偿权。故在具体案件中，还须进一步根据案件事实情况加以分析论证。

法律依据

《民法典》

第八百零七条　发包人未按照约定支付价款的，承包人可以催告发包人在合理期限内支付价款。发包人逾期不支付的，除根据建设工程的性质不宜折价、拍卖外，承包人可以与发包人协议将该工程折价，也可以请求人民法院将该工程依法拍卖。建设工程的价款就该工程折价或者拍卖的价款优先受偿。

《最高院施工合同解释一》

第三十五条　与发包人订立建设工程施工合同的承包人，依据民法典第八百零七条的规定请求其承建工程的价款就工程折价或者拍卖的价款优先受偿的，人民法院应予支持。

《最高院 2021 年第 21 次专业法官纪要》

实际施工人不享有建设工程价款优先受偿权

法律问题

实际施工人是否享有建设工程价款优先受偿权？

法官会议意见

实际施工人不享有建设工程价款优先受偿权。

主要理由

建设工程价款优先受偿权是指在发包人经承包人催告支付工程款后合理期限内仍未支付工程款时，承包人享有的与发包人协议将该工程折价或者请求人民法院将该工程依法拍卖，并就该工程折价或者拍卖价款优先受偿的权利。

依据《中华人民共和国民法典》第八百零七条以及《最高人民法院关于审理建设工程施工合同纠纷案件适用法律问题的解释（一）》第三十五条之规定，只有与发包人订立建设工程施工合同的承包人才享有建设工程价款优先受偿权。实际施工人不属于“与发包人订立建设工程施工合同的承包人”，不享有建设工程价款优先受偿权。

审判意见

《江苏高院施工合同审理指南》

五、建设工程施工合同无效的处理中应注意的问题

……

（九）建设工程合同无效，承包人是否享有建设工程价款优先受偿权。

合同无效而取得合法的工程款优先受偿权不符合立法精神，《合同法》第二百八十六条的语境是合同有效为前提。该法第二百八十六条规定：发包人未按照约定支付价款的，承包人可以催告发包人在合理期限内支付价款。发包人逾期不支付的，除按照建设工程的性质不宜折价、拍卖的以外，承包人可以与发包人协议将该工程折价，也可以申请人民法院将该工程依法拍卖。建设工程的价款就该工程折价或者拍卖的价款优先受偿。对于工程价款优先受偿权的法理定性，梁慧星教授指出：在立法过程中，《合同法》该条从设计、起草、讨论、修改、审议直到通过，始终是法定抵押权。担保物权中的抵押权、质权、保证以及附属于主债权的利息等，都属于主权利的从权利。既然工程款优先受偿权作为一种担保物权，是从主权利派生出来的，即对主债权工程款具有依附性，主权利无效从权利也无效。作为约定主债权的担保物权的工程款优先受偿权亦当然无效。江苏省高院《关于审理建设工程施工合同纠纷案件若干问题的意见》第二十条规定：承包人将建设工程价款债权转让的，建设工程价款的优先受偿权随之转让。该规定的法理也是基于保证债权作为从权利将随主债权的转移而转移的制度。我国《担保法》第二十二条规定："保证期间，债权人依法将主债权转让给第三人的，保证人在原保证担保的范围内继续承担保证责任。保证合同另有约定的，按照约定。"可见，主合同即施工合同无效的情况下，而支持承包人或实际施工人主张建设工程价款优先受偿权，有违法律精神。故，建设工程合同无效，承包人或实际施工人主张建设工程价款优先受偿权的，人民法院不应支持。

……

《河南高院工程合同解答》

26. 问：实际施工人能否主张建设工程价款优先受偿权？

答：实际施工人不属于《中华人民共和国民法典》第八百零七条规定的与发包人订立建设工程施工合同的承包人，不享有建设工程价款优先受偿权。

《四川高院施工合同解答》

37. 如何确定享有优先受偿权的主体？

建设工程施工合同有效，发包人未按照约定支付价款的，承包人可以催告发包人在合理期限内支付价款，发包人逾期不支付的，承包人可以向人民法院提起诉讼，并有权依据《中华人民共和国合同法》第二百八十六条之规定，要求建设工程的价款就该承建的建设工程折价或拍卖的价款优先受偿。

建设工程施工合同无效，但建设工程经竣工验收合格，或者未经竣工验收但已经实际使用，实际施工人请求其工程价款就承建的建设工程折价或拍卖的价款优先受偿的，应予支持。

装饰装修工程属于建设工程，可以适用《中华人民共和国合同法》第二百八十六条的规定，但装饰装修工程的发包人不是该建筑物的所有权人或者承包人与该建筑物的所有权人之间没有合同关系的除外。享有优先受偿权的承包人只能在建筑物因装饰装修而增加价值的范围内优先受偿。

38. 如何界定优先受偿权的范围?

建设工程经验收合格,工程的直接成本、间接成本、利润和税金属于优先受偿范围。

承包人、实际施工人支付的履约保证金、工程质量保证金、发包人应当支付的违约金等不属于优先受偿范围。

承包人、实际施工人请求确认对建设工程占用范围内的土地使用权享有优先受偿权的,不予支持。

《浙江高院施工合同解答》

二十二、建设工程施工合同无效情形下,谁有权行使优先受偿权?

建设工程施工合同无效,但工程经竣工验收合格,承包人可以主张工程价款优先受偿权。分包人或实际施工人完成了合同约定的施工义务且工程质量合格,在总承包人或转包人怠于行使工程价款优先受偿权时,就其承建的工程在发包人欠付工程价款范围内可以主张工程价款优先受偿权。

《安徽高院施工合同指导意见》

18、分包人或实际施工人完成了合同约定的施工义务且工程质量合格的,在总包人或非法转包人怠于主张工程价款优先受偿权时,就其承建的工程在发包人欠付的工程款范围内主张工程价款优先受偿权,可予支持。

原《江苏高院施工合同解答》

16、实际施工人是否享有建设工程价款优先受偿权?

实际施工人在总承包人或者转包人不主张或者怠于行使工程价款优先受偿权时,就其承建的工程在发包人欠付工程价款范围内可以主张优先受偿权。

典型判决1 吴某、鹰潭市人民政府建设工程施工合同纠纷案①

【裁判要旨】

实际施工人并非与发包人订立建设工程施工合同的承包人,依法不享有建设工程价款优先受偿权。

【裁判观点】

再审法院经审查认为,吴某的再审申请不符合《民事诉讼法》(2017年)第200

① 参见最高人民法院民事裁定书,(2020)最高法民申2858号。

条第2项、第6项[①]规定的情形。原《最高院施工合同解释二》第17条[②]规定:"与发包人订立建设工程施工合同的承包人,根据合同法第二百八十六条规定请求其承建工程的价款就工程折价或者拍卖的价款优先受偿的,人民法院应予支持。"根据该条司法解释的规定,只有与发包人订立建设工程施工合同的承包人,才能依照规定就工程折价或者拍卖价款优先受偿。吴某不是与发包人订立建设工程施工合同的承包人,在请求案涉工程的价款时,依法不能对工程折价或者拍卖的价款优先受偿。原判决未支持吴某关于其对案涉工程折价或者拍卖的价款优先受偿的诉讼请求,并无不当。

典型判决2 朱某、贡某与富润公司、东尼公司建设工程施工合同纠纷案[③]

【裁判要旨】

实际施工人并非与发包人订立建设工程施工合同的承包人,依法不享有建设工程价款优先受偿权。

【裁判观点】

再审法院认为,关于朱某是否对建设工程享有优先受偿权的问题,原《最高院施工合同解释二》第17条规定:"与发包人订立建设工程施工合同的承包人,根据合同法第二百八十六条规定请求其承建工程的价款就工程折价或者拍卖的价款优先受偿的,人民法院应予支持。"根据该条规定,依法享有工程价款优先受偿权的人必须与发包人存在直接的施工合同关系,实际施工人不享有建设工程优先受偿权。本案中,朱某与富润公司之间并未订立直接的施工合同关系,其以实际施工人身份主张优先受偿权,缺乏法律依据,二审法院对此未予支持,亦无不妥。

82. 发包人明知挂靠的,挂靠人是否享有建设工程价款优先受偿权?

发包人明知挂靠的,实务中普遍认为实际施工人与发包人形成事实上的施工合同关系。这种情况下,挂靠人是否享有优先受偿权,目前尚无定论。

有观点认为,发包人明知挂靠的,挂靠人应当享有建设工程价款优先受偿权。具体理由如下:

---

① 相关规定参见2023年《民事诉讼法》第211条第2项、第6项。

② 相关规定参见《最高院施工合同解释一》第35条。

③ 参见江苏省高级人民法院民事裁定书,(2020)苏民申3051号。

其一，挂靠人比被挂靠人更符合法律关于承包人的规定，比被挂靠人更应当享有工程价款请求权和优先受偿权。挂靠人是实际施工人，而被挂靠人只是名义承包人，认定挂靠人享有主张工程款请求权和优先受偿权，更符合法律保护工程价款请求权和设立优先受偿权的目的。毕竟是由挂靠人实际施工、完成合同约定的承包人义务，挂靠人更应获得工程款，而被挂靠人实际只是最终从挂靠人处获得管理费。

其二，建设工程优先受偿权是为了保障工程价款请求权得以实现而设立的，而工程价款请求权又是基于合同关系产生的，所以，应受合同相对性的限制。《最高院施工合同解释一》第 35 条“与发包人订立建设工程施工合同的承包人，依据民法典第八百零七条的规定请求其承建工程的价款就工程折价或者拍卖的价款优先受偿的，人民法院应予支持”的规定，即体现了此种精神。在发包人同意或者认可挂靠存在的情形下，挂靠人作为没有资质的实际施工人，借用有资质的建筑施工企业（被挂靠人）的名义，与发包人订立了建设工程施工合同。挂靠人是实际承包人，被挂靠人是名义承包人，两者与发包人属于同一建设工程施工合同的双方当事人。因此，认定挂靠人享有优先受偿权并不违反该条的规定。

笔者认为，挂靠人作为实际施工人，不符合享有建设工程价款优先受偿权的主体要件，不应享有案涉建筑工程款的优先受偿权。

其一，挂靠人不是法定优先权行使主体。建设工程价款优先受偿权在性质上属于法定优先权的性质，因此不宜扩大权利主体范围，应当根据《民法典》第 807 条和《最高院施工合同解释一》第 35 条的规定，将权利主体限制在与发包人订立建设工程施工合同的承包人范围内。虽然在发包人明知挂靠的情况下，挂靠人与发包人形成事实上的建设工程施工合同关系，但挂靠人仍不属于“与发包人订立建设工程施工合同的承包人”，不享有建设工程价款优先受偿权。

其二，如允许实际施工人向发包人主张工程价款优先受偿权，实际上属于变相鼓励挂靠或出借资质行为，不利于建设主管部门对建筑企业资质的管理。挂靠人（实际施工人）与发包人并无直接的合同关系，只能以被挂靠人（承包人）的名义订立合同并履行合同。《最高院 2021 年第 21 次专业法官纪要》亦明确，实际施工人不属于“与发包人订立建设工程施工合同的承包人”，不享有建设工程价款优先受偿权。

法律依据

《最高院施工合同解释一》

第三十五条 与发包人订立建设工程施工合同的承包人，依据民法典第八百零七条的规定请求其承建工程的价款就工程折价或者拍卖的价款优先受偿的，人民法院应予支持。

第三十六条 承包人根据民法典第八百零七条规定享有的建设工程价款优先受偿权优于抵押权和其他债权。

典型判决 陈某国、兴业列东支行建设工程施工合同纠纷案①

【裁判要旨】

挂靠人作为实际施工人主张优先受偿权的，因其非承包人，不予支持。

【裁判观点】

再审法院认为，就本案诉争的永安山庄工程，鑫科公司原与中标人龙腾公司、东泉公司签订了《建设工程施工合同》，但是其后各方当事人并未实际履行该合同，而是由鑫科公司与陈某国签订《永安山庄后期工程施工承包合同》并由陈某国实际进行施工。案涉《容缺备案表》中所填施工单位为东泉公司、龙腾公司。结合上述事实可以认定，就案涉工程，陈某国为借用资质的实际施工人。

优先受偿权作为一种物权性权利，根据原《物权法》第5条②“物权的种类和内容，由法律规定”之物权法定原则，享有建设工程价款优先受偿权的主体必须由法律明确规定。而原《合同法》第286条③、原最高人民法院《关于建设工程价款优先受偿权问题的批复》第1条均明确限定建设工程价款优先受偿权的主体是建设工程的承包人，而非实际施工人。这也与原《最高院施工合同解释二》第17条④明确规定建设工程价款优先受偿权的主体为“与发包人订立建设工程施工合同的承包人”的立法精神相契合。陈某国作为实际施工人，并非法定的建设工程价款优先受偿权主体，不享有建设工程价款优先受偿权。

---

① 参见最高人民法院民事裁定书，(2019)最高法民申2852号。
② 相关规定参见《民法典》第116条。
③ 相关规定参见《民法典》第807条。
④ 相关规定参见《最高院施工合同解释一》第35条。

83. 实际施工人变通主张工程优先权的可能途径有哪些？

主流观点认为，实际施工人并不享有建设工程价款优先权。《最高院施工合同解释一》自 2021 年 1 月 1 日实施后，依据相关规定，实际施工人如直接起诉主张优先权很难胜诉，其应根据实际案情作相应变通。常见的做法有以下两种。

（1）债权转让法。承包人将对发包人享有的债权及其附属权利一并转让给实际施工人，由实际施工人作为债权受让人向发包人提起诉讼。实际施工人受让该债权后是否可以主张优先受偿权，存有争议。

有观点认为，承包人转让工程款债权，受让人享有该工程款的优先受偿权。承包人将建设工程价款转让他人并通知发包人的，从确保承包人债权尽快实现并合理保值的角度出发，依照《民法典》第 547 条的规定，应认定该工程价款债权受让人有权对发包人主张工程价款优先受偿权。例如，《河北高院施工合同审理指南》（2023 版）第 27 条规定，建设工程价款优先受偿权系法定优先权，承包人将建设工程价款债权转让，建设工程价款的优先受偿权随之转让。《湖南高院施工合同解答》第 20 条规定，建设工程价款优先受偿权设立的立法本意系解决拖欠工程款问题，以推动承包人价款债权的实现，具有从属性，不具有人身属性，故承包人将建设工程价款债权转让的，建设工程价款优先受偿权随之转让。

当然，也有法院认为，承包人将建设工程价款债权转让，建设工程价款的优先受偿权消灭。例如，《重庆高院四川高院施工合同解答》第 17 条规定，建设工程价款优先受偿权属于法定优先权，行使主体应限定为与发包人形成建设工程施工合同关系的承包人，建设工程价款债权转让后，受让人主张对建设工程享有优先受偿权的，法院不予支持。

（2）间接行使法。实际施工人与承包人（特指与发包人签订施工合同的承包人）进行协商，然后以承包人的名义向发包人提起诉讼，间接实现优先受偿权。作为实际施工人的代理人，应当做好以下两项沟通工作。

第一，做好承包人的沟通工作，允许实际施工人以承包人的名义起诉发包人。如承包人配合实际施工人起诉，则承包人对起诉进展可控，胜诉后的工程款先进入承包人账户；对于承包人而言，有钱就有支配权。如果承包人不配合起诉，承包人可能成为被告，不但拿不到工程款，反而可能承担支付责任。

第二，做好实际施工人的沟通工作，向实际施工人告知其可能的救济途径及其风险。经充分交流后，实际施工人因故坚持直接起诉，则应完善风险告知手续，由其出具风险自担的《情况说明》(可参见以下示例)。

情况说明

致:××××律师事务所

本人________系"_________"(工程名称)实际承包人。本人在"_________"(工程名称)的施工过程中,与发包人____________公司、承包人____________就工程施工合同纠纷一案,委托贵所为本人担任一审诉讼代理人。贵所在起诉前已明确告知本人,若坚持以实际施工人的名义起诉承包人与发包人的,会存在如下风险:

1. 实际施工人与发包人之间可能会被认定为不存在合同关系,而导致实际施工人向发包人主张工程款的请求及工程优先权可能不会被支持。

2. 承包人与发包人之间建设工程施工合同、本人与承包人之间内部承包合同可能被认定为无效合同;合同无效的情况可导致建设工程优先权的实现存在不确定性,有可能不被支持。贵所对上述问题与相关法律规定都做了充分解释,本人也明白这一问题的严重性。

但考虑到承包人负债较多的情况,本人仍然要求以实际施工人的名义起诉承包人与发包人,由此所造成的全部风险皆由本人承担,与贵所无关。

特此申明!

申明人:

××××年××月××日

法律依据

《民法典》

第八百零七条 发包人未按照约定支付价款的,承包人可以催告发包人在合理期限内支付价款。发包人逾期不支付的,除根据建设工程的性质不宜折价、拍卖外,承包人可以与发包人协议将该工程折价,也可以请求人民法院将该工程依法拍卖。建设工程的价款就该工程折价或者拍卖的价款优先受偿。

《最高院施工合同解释一》

第三十五条 与发包人订立建设工程施工合同的承包人,依据民法典第八百零七条的规定请求其承建工程的价款就工程折价或者拍卖的价款优先受偿的,人民法院应予支持。

第三十六条 承包人根据民法典第八百零七条规定享有的建设工程价款优先受偿权优于抵押权和其他债权。

第三十七条 装饰装修工程具备折价或者拍卖条件,装饰装修工程的承包人请求工程价款就该装饰装修工程折价或者拍卖的价款优先受偿的,人民法院应予支持。

第三十八条 建设工程质量合格,承包人请求其承建工程的价款就工程折价或者拍卖的价款优先受偿的，人民法院应予支持。

第三十九条 未竣工的建设工程质量合格，承包人请求其承建工程的价款就其承建工程部分折价或者拍卖的价款优先受偿的，人民法院应予支持。

第四十条 承包人建设工程价款优先受偿的范围依照国务院有关行政主管部门关于建设工程价款范围的规定确定。

承包人就逾期支付建设工程价款的利息、违约金、损害赔偿金等主张优先受偿的，人民法院不予支持。

第四十一条 承包人应当在合理期限内行使建设工程价款优先受偿权，但最长不得超过十八个月，自发包人应当给付建设工程价款之日起算。

第四十二条 发包人与承包人约定放弃或者限制建设工程价款优先受偿权，损害建筑工人利益，发包人根据该约定主张承包人不享有建设工程价款优先受偿权的，人民法院不予支持。

《最高院2021年第21次专业法官纪要》

实际施工人不享有建设工程价款优先受偿权

法律问题

实际施工人是否享有建设工程价款优先受偿权？

法官会议意见

实际施工人不享有建设工程价款优先受偿权。

主要理由

建设工程价款优先受偿权是指在发包人经承包人催告支付工程款后合理期限内仍未支付工程款时，承包人享有的与发包人协议将该工程折价或者请求人民法院将该工程依法拍卖，并就该工程折价或者拍卖价款优先受偿的权利。

依据《中华人民共和国民法典》第八百零七条以及《最高人民法院关于审理建设工程施工合同纠纷案件适用法律问题的解释（一）》第三十五条之规定，只有与发包人订立建设工程施工合同的承包人才享有建设工程价款优先受偿权。实际施工人不属于“与发包人订立建设工程施工合同的承包人”，不享有建设工程价款优先受偿权。

审判意见

《河北高院施工合同审理指南》（2023版）

27. 建设工程价款优先受偿权系法定优先权，承包人将建设工程价款债权转让，建设工程价款的优先受偿权随之转让。

《湖南高院施工合同解答》

二十、建设工程价款债权转让，建设工程价款优先受偿权是否随之转让？

建设工程价款优先受偿权所设立的立法本意系解决拖欠工程款问题，以推动承包人价款债权的实现，具有从属性，不具有人身属性，故承包人将建设工程价款债权转让的，建设工程价款优先受偿权随之转让。

《重庆高院四川高院施工合同解答》

十七、建设工程价款债权转让后，受让人是否享有优先受偿权？

答：建设工程价款优先受偿权属于法定优先权，行使主体应限定为与发包人形成建设工程施工合同关系的承包人，建设工程价款债权转让后，受让人主张对建设工程享有优先受偿权的，人民法院不予支持。

典型判决1 茂商会公司、卓越公司债权人撤销权纠纷案①

【裁判要旨】

建设工程价款优先受偿权系法定优先权，可以在法院调解书中明确建设工程价款享有优先受偿权。

【裁判观点】

再审法院认为，建设工程价款优先受偿权系法定优先权，对于在法院调解书中明确建设工程价款享有优先受偿权的情形，法律及司法解释并未予以禁止。故原判决认定相关民事调解书确认卓越公司对厂房基础的变卖、拍卖款享有优先受偿权并未违反法律、法规及司法解释的强制性规定，适用法律并无不当。

典型判决2 斯丹尔公司、安居公司等普通破产债权确认纠纷案②

【裁判要旨】

工程价款受让人主张建设工程价款优先受偿权，并不违背优先受偿权制度立法目的，应予支持。

【裁判观点】

再审法院认为，建设工程价款优先受偿权为法定优先权，立法初衷系通过保护承包人的建设工程价款债权进而确保建筑工人的工资权益得以实现。对该债权的保护，不应因债权主体的改变而改变，允许受让人享有该优先受偿权有利于原债权人获得合理的、充足的债权转让对价，更有利于实现建筑工人的劳动债权；

---

① 参见最高人民法院民事裁定书，(2019)最高法民申275号。

② 参见最高人民法院民事判决书，(2021)最高法民再18号。

反之，如果建设工程价款优先受偿权随之消灭，会间接损害劳动债权的受偿。

本案中，斯丹尔公司主张于某洲系本案建设工程实际施工人，建昌公司将案涉建设工程款债权转让给斯丹尔公司系便于实际施工人行使权利，安居公司庭审中并未否认于某洲为实际施工人。斯丹尔公司设立时于某洲是两位股东之一。在斯丹尔公司与建昌公司签署的案涉《债权转让协议书》中载明，‘为便于案件执行，债权人同意将相关债权转让给受让人，并同意在法院变更执行申请人，由受让人作为以上案件的申请执行人”，从侧面印证了斯丹尔公司上述主张。天津宇顺达钢铁公司另案中主张，本案所涉建昌公司与斯丹尔公司之间的债权转让因系无偿转让，损害了其作为建昌公司债权人的利益，请求撤销该债权转让。江苏省常州市中级人民法院作出的(2018)苏04民终1238号生效民事判决确认，本案所涉建昌公司与斯丹尔公司之间的债权转让有关转让协议涉及的财产权利，是双方当事人之间的民事权益，没有证据证明系建昌公司放弃债权、无偿或低价转让财产、处分财产的不当行为。故本案确认斯丹尔公司受让建设工程价款债权后依然享有优先受偿权，并不违背建设工程价款优先受偿权制度保护建筑工人劳动报酬的制度目的。

典型判决3　何某伟、孔某林、十建公司、东田公司第三人撤销之诉案[1]

【裁判要旨】

发包人明知挂靠，实际施工人与发包人形成事实上的施工合同关系，法院以调解书形式确认实际施工人在应收工程款范围内享有优先受偿权，并无不当。

【裁判观点】

再审法院认为，案涉调解确认孔某林享有优先受偿权并无不当。建设工程价款优先受偿权是法定优先权，对于在法院调解书中明确建设工程价款享有优先受偿权的情形，法律、法规及司法解释并未予以禁止。本案中，十建公司从东田公司处承包案涉工程后，孔某林作为东田三期科技孵化楼项目部负责人与十建公司签订《工程项目管理合同》并向十建公司实际交纳保证金200万元，东田公司、十建公司均认可案涉工程由孔某林挂靠十建公司承建，工程实际由孔某林施工完成。(2016)渝0105民破5、7、8、9号民事裁定书载明：东田公司与十建公司系集团化运作模式，实际控制人为同一自然人，东田公司的总经理、财务负责人均由十建公

① 参见最高人民法院民事裁定书，(2022)最高法民申22号。

司任命并核发工资,所有资产均属于十建公司和实际控制人。由此,东田公司对案涉工程实际由孔某林借用十建公司资质施工是明知或应知的,孔某林与东田公司之间形成事实上的建设工程施工合同关系,案涉调解确认孔某林在应收工程价款范围内享有优先受偿权,并无不当。

第八章　质量与工期

第一节　质　　量

84. 实际施工人是否有义务保证工程质量？

实际施工人应当对其施工工程质量承担责任，并承担工程质量问题所对应的修复责任。如果实际施工人因转包合同（违法分包）无效被免除承担工程质量责任，将出现当事人从无效合同中获得比从有效合同中更多利益的怪象，无异于鼓励当事人积极促成合同无效，这明显不是法律所倡导和鼓励的。

建设工程验收合格是实际施工人主张工程款的前提。建设工程施工合同无效，且建设工程经竣工验收合格的，实际施工人有权请求相对人支付工程价款。建设工程验收不合格且修复后仍不合格的，实际施工人则无权请求相对人支付工程价款。

实际施工人可以根据《最高院施工合同解释一》第43条的规定向发包人提出工程款请求，而发包人可以向其提出质量问题。但是作为单纯抗辩还是以反诉方式提出，是要求减免工程款还是通过质量保证金、赔偿方式进行救济等具体问题，还需结合案涉工程竣工验收、交付使用、质量问题等情况综合判断。

法律依据

《民法典》

第八百零一条　因施工人的原因致使建设工程质量不符合约定的，发包人有权请求施工人在合理期限内无偿修理或者返工、改建。经过修理或者返工、改建后，造成逾期交付的，施工人应当承担违约责任。

《最高院施工合同解释一》

第十五条 因建设工程质量发生争议的,发包人可以以总承包人、分包人和实际施工人为共同被告提起诉讼。

审判意见

《北京高院施工合同解答》

30、发包人以工程质量不符合合同约定为由,要求承包人承担修复费用的,如何处理?

因承包人原因致使工程质量不符合合同约定,承包人拒绝修复、在合理期限内不能修复或者发包人有正当理由拒绝承包人修复,发包人另行委托他人修复后要求承包人承担合理修复费用的,应予支持。

发包人未通知承包人或无正当理由拒绝由承包人修复,并另行委托他人修复的,承包人承担的修复费用以由其自行修复所需的合理费用为限。

典型判决 丽江建筑公司、刘某某建设工程分包合同纠纷案[①]

【裁判要旨】

因实际施工人的原因致使建设工程质量不符合约定的,发包人有权要求施工人在合理期限内无偿修理或者返工、改建。

【裁判观点】

原《合同法》第281条[②]规定,因施工人的原因致使建设工程质量不符合约定的,发包人有权要求施工人在合理期限内无偿修理或者返工、改建。本案所涉《土建劳务施工合同》虽因刘某某缺乏相应施工资质而无效,但刘某某系案涉工程实际施工人,对于案涉工程质量负有直接责任。刘某某主张案涉工程质量问题系因丽江建筑公司技术指导与监督管理不当导致,但未提供充分证据予以证明。二审法院判决由刘某某承担全部工程修复费用,并无明显不当。

85. 发包人请求修复费用的请求权依据是什么?

承包人所施工的工程质量不合格的,承包人应负修复责任,修复费用由承包人负担。双方协商由发包人自行修复的,修复费用也应由承包人负担。这是因

① 参见最高人民法院民事裁定书,(2020)最高法民申5773号。

② 相关规定参见《民法典》第801条。

为，无论建设工程合同是否有效，承包人在合理期限内均负有无偿修复责任。

《民法典》第 801 条规定了施工人的建设工程质量责任。《民法典》第 793 条规定了无效合同项下对承包人折价补偿的处理规则，其中，建设工程验收不合格的能否获取相应对价，取决于能否修复到合格。

建筑工程在保修期内出现质量问题，承包人在发包人通知的合理期限内拒绝修复或者无正当理由未修复的，发包人可自行修复或者委托他人修复，并有权要求承包人承担合理的修复费用，除非承包人能够举证证实该质量问题是由发包人或者非承包人施工原因造成。审查事项包括：(1)发包人举证工程存在质量问题。承包人的主合同义务是建造符合合同约定和技术标准及规范规定的建设工程。(2)承包人不能证实质量问题非因自身施工原因造成。承包人对质量保修责任的归责原则应为过错推定责任。(3)承包人在合理期限内怠于履行修复义务。根据《民法典》第 801 条的规定，修复是工程出现质量问题时的首选救济途径，由原建设工程施工合同的承包人进行修复，能够实现双方以最低成本获取最大利益的经济原则。(4)修复费用具有合理性。此规定是在承包人怠于履行修复义务时，法律赋予发包人的一项救济权利，但应避免发包人滥用权利获取额外利益。修复费应以合理金额为限，即相当于由承包人进行修复所需的合理费用。

法律依据

《民法典》

第七百九十三条　建设工程施工合同无效，但是建设工程经验收合格的，可以参照合同关于工程价款的约定折价补偿承包人。

建设工程施工合同无效，且建设工程经验收不合格的，按照以下情形处理：

(一)修复后的建设工程经验收合格的，发包人可以请求承包人承担修复费用；

(二)修复后的建设工程经验收不合格的，承包人无权请求参照合同关于工程价款的约定折价补偿。

发包人对因建设工程不合格造成的损失有过错的，应当承担相应的责任。

第八百零一条　因施工人的原因致使建设工程质量不符合约定的，发包人有权请求施工人在合理期限内无偿修理或者返工、改建。经过修理或者返工、改建后，造成逾期交付的，施工人应当承担违约责任。

《建筑法》

第五十八条　建筑施工企业对工程的施工质量负责。

建筑施工企业必须按照工程设计图纸和施工技术标准施工，不得偷工减料。工程设计的修改由原设计单位负责，建筑施工企业不得擅自修改工程设计。

第五十九条 建筑施工企业必须按照工程设计要求、施工技术标准和合同的约定，对建筑材料、建筑构配件和设备进行检验，不合格的不得使用。

第六十条 建筑物在合理使用寿命内，必须确保地基基础工程和主体结构的质量。

建筑工程竣工时，屋顶、墙面不得留有渗漏、开裂等质量缺陷；对已发现的质量缺陷，建筑施工企业应当修复。

《建设工程质量管理条例》

第二十六条 施工单位对建设工程的施工质量负责。

施工单位应当建立质量责任制，确定工程项目的项目经理、技术负责人和施工管理负责人。

建设工程实行总承包的，总承包单位应当对全部建设工程质量负责；建设工程勘察、设计、施工、设备采购的一项或者多项实行总承包的，总承包单位应当对其承包的建设工程或者采购的设备的质量负责。

第二十七条 总承包单位依法将建设工程分包给其他单位的，分包单位应当按照分包合同的约定对其分包工程的质量向总承包单位负责，总承包单位与分包单位对分包工程的质量承担连带责任。

第三十二条 施工单位对施工中出现质量问题的建设工程或者竣工验收不合格的建设工程，应当负责返修。

审判意见

《重庆高院四川高院施工合同解答》

四、承包人请求发包人支付工程价款，发包人主张建设工程质量不符合合同约定或者法律规定的，如何处理？

答：承包人请求发包人支付工程价款，发包人以建设工程质量不符合合同约定或者法律规定为由主张权利的，应当区分情形分别予以处理：

建设工程竣工验收后，发包人以建设工程质量不符合合同约定或者法律规定为由主张权利的，人民法院应当告知其按照建设工程有关质量缺陷责任、保修责任的规定进行处理。

建设工程虽未竣工验收但发包人擅自使用后，发包人以建设工程质量不符合合同约定或者法律规定为由拒付工程价款或主张质量缺陷责任的，人民法院不予支持，但发包人有证据证明地基基础工程和主体结构工程存在重大质量问题的除外。

建设工程完工后尚未进行竣工验收且发包人未擅自使用的，承包人请求发包人支付工程价款，应当根据发包人抗辩的具体内容分别作出处理：

（一）以建设工程质量不符合合同约定或者法律规定为由拒绝支付工程款，发包人举证

证明因承包人原因导致工程尚未进行竣工验收或申请司法鉴定确认建设工程质量不合格的,人民法院予以支持;

(二)发包人根据《最高人民法院关于审理建设工程施工合同纠纷案件适用法律问题的解释(一)》第十二条之规定主张减少支付工程价款的,发包人能够举证证明应当减少的工程价款数额或者合理修复费用的,人民法院可以从工程价款中予以扣除;

(三)发包人根据《最高人民法院关于审理建设工程施工合同纠纷案件适用法律问题的解释(一)》第十六条之规定主张承包人承担违约金或者赔偿修理、返工、改建的合理费用等损失的,人民法院可告知发包人提起反诉。

《四川高院施工合同解答》

31.如何处理发包人提出的工程质量问题?

承包人诉请支付工程价款,发包人主张工程质量不符合合同约定或者国家强制性质量规范标准,要求减少工程价款的,按抗辩主张处理;发包人要求承包人赔偿损失的,应以反诉的方式提出或另行起诉。

建设工程已经竣工验收合格,或虽未竣工验收,但发包人已实际使用,如工程质量问题属于承包人施工原因导致的地基基础工程或工程主体结构质量问题,发包人要求拒付或延期支付工程价款的,应予支持;如发包人提出的工程质量问题属于保修范围,发包人要求拒付或减付工程款的,不予支持。

工程尚未进行竣工验收且未交付使用,发包人以工程质量不符合合同约定或者国家强制性质量规范标准为由要求拒付或减付工程款,经查证属实的,应予支持;发包人要求承包人支付违约金或者赔偿修理,返工或改建的合理费用等损失的,应以反诉的方式提出或另行起诉。

因承包人原因致使工程质量不符合合同约定,发包人要求承包人承担保修责任或者赔偿修复费用等实际损失的,按保修的相关规定处理。承包人拒绝修复、在合理期限内不能修复或者发包人有正当理由拒绝承包人修复,发包人另行委托他人修复后要求承包人承担合理修复费用的,应予支持。发包人未通知承包人或无正当理由拒绝由承包人修复而另请他人修复的,所发生的修复费用由发包人自行承担。

《北京高院施工合同解答》

28、发包人主张工程质量不符合合同约定的,应按反诉还是抗辩处理?

承包人要求支付工程款,发包人主张工程质量不符合合同约定给其造成损害的,应按以下情形分别处理:

(1)建设工程已经竣工验收合格,或虽未经竣工验收,但发包人已实际使用,工程存在的质量问题一般应属于工程质量保修的范围,发包人以此为由要求拒付或减付工程款的,对其质量抗辩不予支持,但确因承包人原因导致工程的地基基础工程或主体结构质量不合格的除外;发包人反诉或另行起诉要求承包人承担保修责任或者赔偿修复费用等实际损失的,按建设工程保修的相关规定处理。

（2）工程尚未进行竣工验收且未交付使用，发包人以工程质量不符合合同约定为由要求拒付或减付工程款的，可以按抗辩处理；发包人要求承包人支付违约金或者赔偿修理、返工或改建的合理费用等损失的，应告知其提起反诉或另行起诉。

（3）发包人要求承包人赔偿因工程质量不符合合同约定而造成的其他财产或者人身损害的，应告知其提起反诉或另行起诉。

《江苏高院施工合同审理指南》

一、审理建设工程施工合同纠纷应当坚持的基本原则

……

1、坚持质量第一原则。“百年大计、质量第一”，建设工程案件的审判应当始终坚持将建设工程质量的认定放在首位。几乎所有的建设工程案件均涉及到建设工程质量问题。在审判中应当紧紧围绕工程质量问题分清各方当事人责任。对于建设工程施工合同无效，且建设工程经竣工验收不合格的，修复后经竣工验收合格的，发包人请求承包人承担修复费用的，应予支持；修复后经竣工验收不合格的，承包人请求支付工程款的，不予支持。发包人提供的设计有缺陷，提供或指定购买的建筑材料、建筑构配件、设备不符合强制性标准，直接指定分包人分包专业工程的，应当承担责任。

……

操作指引

《上海律协工程业务操作指引》

第三节　建设工程承发包合同

……

6、合同无效

……

6.2　律师可提示委托人注意下列情形：

（1）在合同无效的情况下，根据工程验收是否合格，将导致不同的处理结果：

①建设工程竣工验收合格的，承包人可请求参照合同约定支付工程价款；

②建设工程竣工验收不合格，但修复后合格的，修复费用由承包人承担；

③建设工程竣工验收不合格，且无法修复的，发包人可请求返还已经支付给承包人的工程款。

（2）建设工程不合格的，发包人及承包人按照过错程度承担承包人返工、修理、停工、窝工损失以及因工程质量缺陷造成发包人的损失。

（3）对承包人非法转包、违法分包建设工程取得的利益、出借法定资质的建设施工企业

因出借行为取得的利益、没有资质的实际施工人借用资质签订合同取得的利益，由人民法院采取民事制裁措施予以收缴。

典型判决　九州华伟公司、中建八局建设工程施工合同纠纷案①

【裁判要旨】

发包人认为工程质量不合格的，应当先要求承包人修复，承包人拒绝修复或修复后仍不合格的，发包人可以据此扣减或拒绝支付工程款。发包人在工程款给付之诉中抗辩扣减维修费而未提起反诉的，不予支持。

【裁判观点】

二审法院认为，九州华伟公司在本案一审中，抗辩主张应进行工程质量鉴定，目的在于减少工程款的给付，但其并未明确扣减工程款数额。根据原《最高院施工合同解释》第10条的规定，建设工程施工合同解除后，已经完成的建设工程质量不合格的，参照本解释第3条处理：修复后的建设工程经竣工验收合格，发包人可请求承包人承担修复费用，修复后仍不合格的，发包人可以拒付工程款。同时根据上述司法解释第11条的规定，因承包人的过错造成建设工程质量不符合约定，承包人拒绝修理、返工或者改建，发包人可以请求减少支付工程价款。从上述条款的规定可见，发包人认为工程质量不合格的，应当先要求承包人修复，承包人拒绝修复或修复后仍不合格的，发包人可以据此扣减或拒绝支付工程款。本案中，中建八局提供的《工程报验审核表》及其附件可以证明中建八局已完工的工程部分经由九州华伟公司委托的监理公司大连市工程建设监理有限公司检验合格。故案涉工程质量合格的本证已经成立，九州华伟公司未能举示充分证据证明案涉工程存在质量问题，亦未在案涉《建设工程施工合同》解除后要求中建八局对工程进行修复。九州华伟公司提出要求减少或拒付工程款的请求，缺少上引司法解释规定的前置条件，亦不足以作为对承包人要求支付工程款的抗辩依据。九州华伟公司以案涉工程存在质量问题为由要求减少工程价款的请求，系基于工程质量缺陷提出的请求，这是相对于本诉（请求支付工程款）的独立的诉讼请求，并非上引司法解释条款规定的就质量问题要求承包人进行修复的抗辩。并且，九州华伟公司的抗辩理由涉及质量缺陷责任认定和具体金额，需另行认定后才能在诉争工程款中进行抵扣。因此，一审法院以九州华伟公司未提出反诉为由未予准许其要求

① 参见最高人民法院民事判决书，（2019）最高法民终164号。

进行质量鉴定的请求，并未违反法定程序。九州华伟公司若认为中建八局承建的案涉工程存在质量问题，应当承担违约责任或者赔偿修理、返工、改建的合理费用等损失的，可以另行提起诉讼。一审判决并未剥夺九州华伟公司的诉讼权利，二审法院对九州华伟公司的该项上诉请求不予支持。

86. 合同无效时，合同中的质量保证金条款是否可以参照适用？

施工合同无效时，合同中约定的质量标准、付款时间、逾期付款违约金或者逾期付款利息以及质量保证金返还期限等内容亦应无效。《最高院施工合同解释一》第6条规定，建设工程施工合同无效，一方当事人请求对方赔偿损失的，应当就对方过错、损失大小、过错与损失之间的因果关系承担举证责任。损失大小无法确定，一方当事人请求参照合同约定的质量标准、建设工期、工程价款支付时间等内容确定损失大小的，法院可以结合双方过错程度、过错与损失之间的因果关系等因素作出裁判。据此，在施工合同无效的情况下，合同中关于工程价款、付款时间、质量标准、建设工期等内容仍可以参照适用。

建设工程质量保证金具有担保性质，施工合同无效后并不免除承包人的工程质量缺陷责任，故施工合同中约定的质量保证金返还期限可以参照适用。

法律依据

《最高院施工合同解释一》

第十七条 有下列情形之一，承包人请求发包人返还工程质量保证金的，人民法院应予支持：

（一）当事人约定的工程质量保证金返还期限届满；

（二）当事人未约定工程质量保证金返还期限的，自建设工程通过竣工验收之日起满二年；

（三）因发包人原因建设工程未按约定期限进行竣工验收的，自承包人提交工程竣工验收报告九十日后当事人约定的工程质量保证金返还期限届满；当事人未约定工程质量保证金返还期限的，自承包人提交工程竣工验收报告九十日后起满二年。

发包人返还工程质量保证金后，不影响承包人根据合同约定或者法律规定履行工程保修义务。

行政规定

《山西建设工程担保实施办法》

第二十条　工程质量保证担保是指保证人向建设单位提供的，保证施工单位在建设工程施工合同约定的工程保修范围和期限内，对工程发生的质量缺陷履行保修义务，并对造成的损失承担赔偿责任的担保。

（一）工程质量保证担保的担保金额为工程价款结算总额的3%。以银行保函替代工程质量保证金的，银行保函金额不得超过工程价款结算总额的3%。

（二）工程质量保证担保有效期截止时间应为工程缺陷责任期满之日起六个月内。

（三）施工单位在保修责任期内对工程项目出现的质量缺陷不履行保修责任时，建设单位有权要求保证人履行保证责任。代偿金额按保函约定执行。

（四）工程质量保证保函应与工程竣工验收报告同时提交给建设单位。施工单位提供工程质量保证保函的，建设单位不得再预留工程质量保证金。

《宁波市房地产开发项目工程建设合同担保实施细则》

第五条　担保合同是工程建设合同的从合同，应采用书面形式。工程建设合同无效，担保合同无效。担保合同另有约定的，按照约定。

审判意见

《北京高院施工合同解答》

31、施工合同约定工程保修期限低于法定最低期限的条款是否有效？承包人要求返还质量保修金的，如何处理？

建设工程施工合同中约定正常使用条件下工程的保修期限低于法律、行政法规规定的最低期限的，该约定无效。

当事人就工程质量保修金返还期限有约定的，依照其约定，但不影响承包人在保修期限内承担质量保修责任；没有约定或约定不明的，工程质量保修金返还期限为工程竣工验收合格之日起二十四个月。

建设工程施工合同无效，但工程经竣工验收合格并交付发包人使用的，承包人应依据法律、行政法规的规定承担质量保修责任。发包人要求参照合同约定扣留一定比例的工程款作为工程质量保修金的，应予支持。

《安徽高院施工合同指导意见》

14、建设工程施工合同无效，但工程经竣工验收合格并交付发包人使用的，承包人应承担相应的工程保修义务和责任，发包人可参照合同约定扣留一定比例的工程款作为工程质量保修金。

典型判决1 嘉伯文化公司、中冶建工公司等建设工程施工合同纠纷案①

【裁判要旨】

施工合同解除时，工程未完工，法院判决发包人应支付的工程款金额未预留工程质量保修金的，并无不当；发包人如认为工程质量存在问题，可另行主张。

【裁判观点】

再审法院认为，关于预留质量保修金问题。案涉施工合同专用条款第12.4.1条第1款第1项约定，“单项工程交付使用后，15日内支付至实际已完成工程总造价90%，180日内支付至实际工程总造价的97%，余款3%作为工程质量保修金，按工程质量保修书的约定，到期后，90日内付清”。案涉工程质量保修书第4条“质量保修金的支付”约定，“发包人在自项目正式验收合格后交付使用之日起二年内付清”。案涉工程施工合同已经解除，工程未完工，中冶建工公司原审中提交了工程分项验收记录，原判决未预留工程质量保修金，并无不当。嘉伯文化公司如认为工程质量存在问题，可依据相关事实另行主张。

典型判决2 安装公司与泉德公司建设工程施工合同纠纷案②

【裁判要旨】

无效合同的发包人主张在应付工程款项中预留质量保修金的，应予支持。

【裁判观点】

再审法院认为，本案中，案涉系列建设工程施工合同约定的质量保修期限是两年，根据一审、二审判决查明的事实，泉德公司于2015年8月31日与安装公司对“化水车间电气（照明）”和“主厂房电气（照明）”工程进行验收，泉德公司于2017年1月提起本案工程质量纠纷反诉，并未超过质量保修合理期限。一审法院委托吉林省建筑材料产商品质量监督检验站作出的鉴定报告已经证实，案涉工程已完工部分存在不满足设计要求的质量问题，一审、二审法院参照泉德公司反诉请求的维修费数额，在工程款中预留120万元质量保修金，并允许双方根据工程

---

① 参见最高人民法院民事裁定书，(2021)最高法民申2944号。

② 参见最高人民法院民事裁定书，(2020)最高法民申840号。

维修情况另行解决争议的处理方式并无不当。

第二节　工　　期

87. 合同无效但工程验收合格的，合同中的工期约定是否可以参照认定？

施工合同无效，合同中约定的逾期付款违约金或者工期违约金等内容亦应无效。《民法典》第793条规定了无效施工合同的折价补偿原则、无效合同折价补偿以工程质量合格为前提，以及无效合同的过错损失赔偿问题；《最高院施工合同解释一》第6条则主要规定了无效施工合司中赔偿损失的举证责任，具体包括举证主体、举证内容，此外还规定法官具有一定的自由裁量权。在施工合同无效的情况下，合同中关于工程价款、付款时间、质量标准、建设工期等的约定仍可以参照适用。

根据《民法典》的公平原则，应从平衡合同双方当事人利益的角度出发，考虑建设工程施工合同的特点，避免发生当事人因合同无效而获得比合同有效更多的利益。在施工合同无效但工程验收合格且双方对质量、保修以及工期明确约定的前提下，应允许当事人参照合同约定的质量、保修、工期条款请求对方赔偿损失。

如果当事人主张按照合同约定支付逾期付款违约金或者工期逾期违约金的，应向其释明主张合同无效后的损失赔偿，并可以参照合同中约定的逾期付款违约金或者工期逾期违约金等内容，结合双方过错程度确定损失的大小。

法律依据

《民法典》

第一百五十五条　无效的或者被撤销的民事法律行为自始没有法律约束力。

第一百五十六条　民事法律行为部分无效，不影响其他部分效力的，其他部分仍然有效。

第一百五十七条　民事法律行为无效、被撤销或者确定不发生效力后，行为人因该行为取得的财产，应当予以返还；不能返还或者没有必要返还的，应当折价补偿。有过错的一方应当赔偿对方由此所受到的损失；各方都有过错的，应当各自承担相应的责任。法律另有规定的，依照其规定。

第七百九十三条 建设工程施工合同无效，但是建设工程经验收合格的，可以参照合同关于工程价款的约定折价补偿承包人。

建设工程施工合同无效，且建设工程经验收不合格的，按照以下情形处理：

（一）修复后的建设工程经验收合格的，发包人可以请求承包人承担修复费用；

（二）修复后的建设工程经验收不合格的，承包人无权请求参照合同关于工程价款的约定折价补偿。

发包人对因建设工程不合格造成的损失有过错的，应当承担相应的责任。

《最高院施工合同解释一》

第六条 建设工程施工合同无效，一方当事人请求对方赔偿损失的，应当就对方过错、损失大小、过错与损失之间的因果关系承担举证责任。

损失大小无法确定，一方当事人请求参照合同约定的质量标准、建设工期、工程价款支付时间等内容确定损失大小的，人民法院可以结合双方过错程度、过错与损失之间的因果关系等因素作出裁判。

审判意见

《浙江高院施工合同解答》

二十、合同无效是否影响关于工程质量的约定、承诺的效力？

建设工程施工合同无效，不影响发包人按合同约定、承包人出具的质量保修书或法律法规的规定，请求承包人承担工程质量责任。

原《江苏高院施工合同解答》

5、建设工程施工合同无效，建设工程经竣工验收合格的，合同约定的哪些条款可以参照适用？

建设工程施工合同无效，建设工程经竣工验收合格的，当事人主张工程价款或确定合同无效的损失时请求将合同约定的工程价款、付款时间、工程款支付进度、下浮率、工程质量、工期等事项作为考量因素的，应予支持。

典型判决 涌溢公司、朱某航道间港口疏浚合同纠纷案[①]

【裁判要旨】

因承包人原因发生工期延误，承包人无法证明其损失与实际施工人过错有关的，对其延误损失赔偿请求不予支持。

① 参见浙江省高级人民法院民事判决书，(2019)浙民终1584号。

【裁判观点】

二审法院认为，关于工期延误的具体原因及应承担的民事责任问题。一审认为案涉港口疏浚合同在性质上属于建设工程合同，朱某个人作为承包人并不具有施工企业资质，依照原《最高院施工合同解释》的规定，案涉施工协议应根据原《合同法》第 52 条第 5 项①的规定确认为无效。二审调查质证时，双方均确认案涉施工协议无效，故二审法院确认案涉施工协议无效。施工协议无效，则该协议的违约责任条款不能适用。根据原《合同法》第 58 条②的规定，合同无效或者被撤销后，因该合同取得的财产应当予以返还；不能返还或者没有必要返还的应当折价补偿。有过错的一方应当赔偿对方因此所受到的损失，双方都有过错的，应当各自承担相应的责任。原《最高院施工合同解释二》第 3 条③规定："建设工程施工合同无效，一方当事人请求对方赔偿损失的，应当就对方过错、损失大小、过错与损失之间的因果关系承担举证责任。损失大小无法确定，一方当事人请求参照合同约定的质量标准、建设工期、工程价款支付时间等内容确定损失大小的，人民法院可以结合双方过错程度、过错与损失之间的因果关系等因素作出裁判。"经查，双方在案涉施工协议的履行过程中均存在过错："金达 006"轮于 2016 年 12 月 11 日进场，因泥驳船迟延抵达，直至 2017 年 1 月 7 日才实际开始施工，迟于案涉施工协议确定的具备开工条件的日期，该过错在朱某一方；而施工过程中，因涌溢公司指定的抛泥区无法满足抛泥要求，导致工程不能顺利进行，致使工期延误，该过错在涌溢公司一方。涌溢公司未能证明其损失与朱某的过错存在因果关系，故朱某对涌溢公司所主张的工期延误违约金和工程质量违约金不承担赔偿责任，一审据此驳回涌溢公司的诉讼请求，并无不当。

88. 实际施工人应否承担工期延误损失？

建设工程施工合同无效，实际施工人虽然不承担工期逾期违约金，但其应依法承担工期延误损失。换言之，合同无效不代表实际施工人不承担任何工期责任；施工合同无效不影响工程款的结算，而工程款的结算应结合工程质量、工期等因素进行综合考量。

---

① 相关规定参见《民法典》第 153 条。

② 相关规定参见《民法典》第 157 条。

③ 相关规定参见《最高院施工合同解释一》第 6 条。

如因实际施工人原因致使承包人发生损失的，应当赔偿损失。具体要件包括：

（1）损失赔偿的举证责任分配。根据《最高院施工合同解释一》第6条的规定，建设工程施工合同无效，一方当事人请求对方赔偿损失的，应当就对方过错、损失大小、过错与损失之间的因果关系承担举证责任，即原告方需就对方过错、损失存在及相应的因果关系负举证责任。

（2）损失赔偿范围的界定。合同无效后的损失赔偿责任应属于缔约过失责任，而缔约过失责任的损失赔偿范围原则上为实际损失，不包括可得利益损失。因此，建设工程施工合同无效的赔偿责任应当以实际损失为原则，包括因订立及履行合同支出的费用、停工损失、窝工损失、工期延误损失、工程质量导致的损失等，但不包括利息等可得利益损失。

（3）损失无法确定的参照标准。根据《最高院施工合同解释一》第6条的规定，损失大小无法确定，一方当事人请求参照合同约定的质量标准、建设工期、工程价款支付时间等内容确定损失大小的，法院可以结合双方过错程度、过错与损失之间的因果关系等因素作出裁判。

法律依据

《最高院施工合同解释一》

第六条 建设工程施工合同无效，一方当事人请求对方赔偿损失的，应当就对方过错、损失大小、过错与损失之间的因果关系承担举证责任。

损失大小无法确定，一方当事人请求参照合同约定的质量标准、建设工期、工程价款支付时间等内容确定损失大小的，人民法院可以结合双方过错程度、过错与损失之间的因果关系等因素作出裁判。

审判意见

原《江苏高院施工合同解答》

5、建设工程施工合同无效，建设工程经竣工验收合格的，合同约定的哪些条款可以参照适用？

建设工程施工合同无效，建设工程经竣工验收合格的，当事人主张工程价款或确定合同无效的损失时请求将合同约定的工程价款、付款时间、工程款支付进度、下浮率、工程质量、工期等事项作为考量因素的，应予支持。

典型判决　王某、方大公司建设工程施工合同纠纷案①

【裁判要旨】

实际施工人存在延误工期行为，判令实际施工人与被挂靠人根据各自过错对相关赔偿给发包人的款项分别承担50%的责任，并无不当。

【裁判观点】

再审法院经审查认为，关于工期延误损失的问题，王某作为案涉工程的实际施工人，借用方大公司的资质和名义施工，合同约定工期为90天。该工程于2006年11月12日开工，发包人重庆电信公司于2008年6月20日以工程超期未完工为由函告方大公司要求解除《工程施工合同》，并于2008年6月23日申请仲裁，请求解除案涉施工合同并由方大公司支付违约金3528万元等。方大公司与重庆电信公司在仲裁庭组织下进行了协商调解，双方就方大公司另行组成项目部继续履行《工程施工合同》达成一致，协议约定方大公司向重庆电信公司支付违约金450万元、仲裁费46,816元，该款在工程余款中抵扣。王某虽在其诉方大公司、重庆电信公司建设工程施工合同纠纷一案中主张系因重庆电信公司原因导致工程逾期，并提出由方大公司赔偿停工损失的诉讼请求，但重庆市高级人民法院就该案作出的(2014)渝高法民终字第00322号生效民事判决认定王某未能举证证明工程停工系由重庆电信公司造成且其主张的窝工损失实际发生。王某在本案中仍主张工期延误系重庆电信公司多次变更设计增加工程量所致，但并无充分证据予以证实。一审、二审法院认定王某在工程施工中存在延误工期行为，判令王某与方大公司根据各自过错对前述赔偿给重庆电信公司的款项分别承担50%的责任，并无不当。

89. 无效合同的工期条款约定对实际施工人是否有约束力?

承包人为转移、控制风险，常与实际施工人作出工期约定，如逾期完工的承担违约金1万元/天。但因承包合同无效，承包人向实际施工人主张工期延误违约金的，法院不应支持。一些实际施工人可能会利用合同无效规则减轻自身责任，免除无效合同项下违约金。

笔者认为，建设工程施工合同被认定为无效，将导致合同自始无效，合同约定

① 参见最高人民法院民事裁定书，(2019)最高法民申6901号。

的违约责任条款对当事人不再具有任何约束力。当事人只能要求责任方承担缔约过失责任或赔偿责任,不能请求继续履行无效的施工合同中的违约责任条款。《民法典》第155条规定,无效或者被撤销的民事法律行为自始没有法律约束力。合同被确认无效后,合同内容应对双方当事人失去法律约束力。合同尚未履行的,无须继续履行。当事人一方请求继续履行合同的,法院应告知当事人变更诉讼请求。当事人坚持诉讼请求而不愿变更的,法院可驳回其诉讼请求。

总之,无效合同的工期条款约定自然无效,实际施工人不再承担逾期竣工违约金。但合同无效并不代表实际施工人就因此免除全部责任,因实际施工人原因导致工期延误的,应赔偿对方相应损失。

法律依据

《民法典》

第一百五十五条 无效的或者被撤销的民事法律行为自始没有法律约束力。

第一百五十六条 民事法律行为部分无效,不影响其他部分效力的,其他部分仍然有效。

第一百五十七条 民事法律行为无效、被撤销或者确定不发生效力后,行为人因该行为取得的财产,应当予以返还;不能返还或者没有必要返还的,应当折价补偿。有过错的一方应当赔偿对方由此所受到的损失;各方都有过错的,应当各自承担相应的责任。法律另有规定的,依照其规定。

原《最高院施工合同解释二》

第三条 建设工程施工合同无效,一方当事人请求对方赔偿损失的,应当就对方过错、损失大小、过错与损失之间的因果关系承担举证责任。

损失大小无法确定,一方当事人请求参照合同约定的质量标准、建设工期、工程价款支付时间等内容确定损失大小的,人民法院可以结合双方过错程度、过错与损失之间的因果关系等因素作出裁判。

典型判决 青羊公司、望远管委会建设工程施工合同纠纷案①

【裁判要旨】

承包人依据无效合同约定的付款周期及违约金条款请求发包人承担逾期付

① 参见最高人民法院民事判决书,(2019)最高法民终44号。

款违约金的，不予支持。

【裁判观点】

二审法院认为，由已查明事实可知，案涉施工合同系无效合同，根据原《合同法》第56条①的规定，无效合同自始没有法律约束力。在此情况下，案涉合同约定的付款周期条款及违约金条款均应无效，故青羊公司要求望远管委会支付违约金的主张于法无据，不应予以支持。

90. 实际施工人可否向转包人（违法分包人）请求支付进度奖励金？

进度奖励金，是指工程满足发包人设置的某项进度目标时，施工人有权按照约定获得的超过工程款金额外的奖励费用。一般来说，奖励金不是工程款，但合同有特别约定的除外。若合同已明确约定进度奖励金属于工程款，或者合同明确约定工程结算款已包含工程所涉所有人、材、机以及赶工费、奖励费等，原则上应予以尊重。

从进度奖励金的约定目的看，属于为加快工程进度而采取的各种加速措施，且有利于工程工期推进，当然对于转包人（违法分包人）也有利。因而，进度奖励并非严格意义上的违约责任约定。从公平角度分析，实际施工人提前完成进度的，可参照管理费给予酌情支持。

法律依据

《民法典》

第一百五十六条　民事法律行为部分无效，不影响其他部分效力的，其他部分仍然有效。

典型判决　吉力公司与百洋公司建设工程施工合同纠纷案②

【裁判要旨】

发包人与承包人就有关施工安全、文明施工、确保质量所达成的赶工奖励金约定系双方当事人合意，符合合同奖励条件时，发包人应予支付。

---

① 相关规定参见《民法典》第155条、第156条。

② 参见最高人民法院民事判决书，(2018)最高法民终843号。

【裁判观点】

二审法院认为，百洋公司上诉称一审已经认定双方之间签订的《合同》《栋号施工承包合同》无效，合同中约定的奖励性条款亦应当无效，其不应再向吉力公司支付奖励款190万元。奖励性条款的约定实际是以奖励的形式增加工程费用，合同中关于奖励款的约定系百洋公司与吉力公司达成的合意，为了鼓励施工方安全、文明施工，确保施工质量，应遵循诚实信用原则，在吉力公司实际已经符合奖励条件的情况下，百洋公司应参照合同约定向吉力公司支付奖励款。

第九章 劳动用工与材料支付

第一节 劳动用工

91. 实际施工人招用人员的工伤责任由谁承担？

实际施工人招用的劳动者与承包人（转包人、违法分包人）之间是否存在劳动关系，实践中有争议。

有观点认为，应认定实际施工人的前一手具有用工主体资格的承包人（转包人、违法分包人）与劳动者之间存在劳动关系，因为认定他们之间存在劳动关系有利于对劳动者保护，有利于打造和谐社会。

笔者认为，实际施工人实际招用劳动者并负责管理、支付报酬，其与被招用的劳动者之间应认定为雇佣关系，而实际施工人的前一手具有用工主体资格的承包人（转包人、违法分包人）与劳动者之间既不存在雇佣关系，也不存在劳动关系。理由是，有用工主体资格的承包人（转包人、违法分包人）常体现为建筑施工企业，建筑企业与实际施工人之间只是转包（违法分包）关系，劳动者是由实际施工人雇用的，其与建筑企业之间并无建立劳动关系或雇佣关系的合意。

但需要明确的是，虽然不能认定实际施工人的前一手具有用工主体的承包人（转包人、违法分包人）与劳动者存在劳动关系，并不意味劳动者的合法权益得不到保护。笔者认为，实际施工人招用人员因工受伤或者死亡的，应由最近的上一层转包、分包关系中具备合法用工主体资格的单位承担工伤保险责任。

法律依据

《民法典》

第七百七十条 承揽合同是承揽人按照定作人的要求完成工作，交付工作成果，定作人支付报酬的合同。

承揽包括加工、定作、修理、复制、测试、检验等工作。

《建筑法》

第十三条 从事建筑活动的建筑施工企业、勘察单位、设计单位和工程监理单位，按照其拥有的注册资本、专业技术人员、技术装备和已完成的建筑工程业绩等资质条件，划分为不同的资质等级，经资质审查合格，取得相应等级的资质证书后，方可在其资质等级许可的范围内从事建筑活动。

《劳动合同法》

第九十四条 个人承包经营违反本法规定招用劳动者，给劳动者造成损害的，发包的组织与个人承包经营者承担连带赔偿责任。

《最高院工伤保险行政案件规定》

第三条 社会保险行政部门认定下列单位为承担工伤保险责任单位的，人民法院应予支持：

……

（四）用工单位违反法律、法规规定将承包业务转包给不具备用工主体资格的组织或者自然人，该组织或者自然人聘用的职工从事承包业务时因工伤亡的，用工单位为承担工伤保险责任的单位；

（五）个人挂靠其他单位对外经营，其聘用的人员因工伤亡的，被挂靠单位为承担工伤保险责任的单位。

前款第（四）、（五）项明确的承担工伤保险责任的单位承担赔偿责任或者社会保险经办机构从工伤保险基金支付工伤保险待遇后，有权向相关组织、单位和个人追偿。

行政规定

《浙江劳动争议处理意见》

13. 在建设工程层层转包、分包中，作为实际施工人的自然人与其招用的劳动者发生劳动争议的，最近的上一层转包、分包关系中具备合法用工主体资格的单位应作为当事人，并可视案情需要将实际施工的自然人及违法转包人、分包人作为共同当事人。

《秦皇岛市工伤认定工作操作规程》

（四）申请材料。

用人单位、受伤害职工或者其近亲属、工会组织提出工伤认定申请，应当提交下列材料：……

有下列情形之一的，可以通过提交相关确定应承担工伤保险责任单位：

1. 具备用工主体资格的承包单位违反法律、法规规定，将承包业务转包、分包给不具备用工主体资格的实际施工人,该实际施工人所招用的人员在从事转包、分包业务工作中因工伤亡,提交的仲裁或者诉讼裁决书载明不存在劳动关系但审理查明具备用工主体资格的承包单位与受伤人员的雇主之间存在违法转包、分包关系或者明确承包单位应承担工伤保险责任的。

……

审判意见

《陕西高院劳动争议解答》

24.问:建设工程的承包单位将工程非法转包、违法分包给不具备用工主体资格的实际施工人,实际施工人自行招用劳动者的用工关系如何认定,及劳动者在工程施工中受到伤害能否主张劳动关系项下的权利?

答:建设工程的承包单位与非法转包、违法分包的实际施工人自行招用的劳动者之间不存在劳动关系。劳动者向建设工程的承包单位主张社会保险待遇损失(不含工伤保险待遇)、支付经济补偿、赔偿金等涉及劳动关系项下权利的诉讼请求,人民法院不予支持。

根据《最高人民法院关于审理人身损害赔偿案件适用法律若干问题的解释》第十一条第二款的规定,劳动者因工受伤或者死亡的,由最近的上一层转包、分包关系中具备合法用工主体资格的单位和不具备用工主体资格的实际施工人承担连带赔偿责任。

《山东高院2011年民事审判会议纪要》

八、关于劳动争议纠纷案件

……

(一)关于建筑行业中实际施工人直接招用的人员劳动关系的认定问题

建设单位将建设工程发包给施工单位后,施工单位又转包或者违法分包给不具有相应建筑施工资质条件的实际施工人,这是当前建筑行业的普遍现象。对于实际施工人直接招用的从事建筑施工的劳动者,因实际施工人不具有合法的劳动用工资格和经营资格,不宜认定实际施工人为用人单位与招用的劳动者形成劳动关系,而应追溯到具有合法劳动用工的用人单位,如总承包单位、合法分包单位、劳务作业承包单位等与劳动者形成劳动关系,但不宜认定劳动者与建设单位形成劳动关系。但由于发包人没有提供安全生产条件或者将工程发包给不具备施工资质的单位和个人,造成劳动者在转包、非法分包的工程施工中受到伤害的,可以参照适用《劳动合同法》第94条的规定,由发包人和实际施工人对劳动者的损害承担连带赔偿责任。

典型判决 袁甲与遂宁市政府等行政复议决定案[1]

【裁判要旨】

某公司与个人形成了合法承揽合同关系，该个人就承揽事项雇用他人，被雇用者受伤的，该公司不承担工伤主体责任。

【裁判观点】

再审法院认为，本案甲公司作为具有用工主体责任的单位，其行为是否属于工程违法发包抑或仅属于民事上的普通承揽关系才是本案的核心问题。根据《民法典》第770条的规定，承揽合同是承揽人按照定作人的要求完成工作，交付工作成果，定作人支付报酬的合同。承揽合同中，法律对合同主体没有限制，定作人和承揽人既可以是自然人，也可以是法人或非法人组织。建设工程合同的标的为建设工程项目，与国家利益及社会公共利益直接相关，作为从事工程建设的承包人，需要掌握相关的专业技术。根据《建筑法》第13条之规定，从事建筑活动的建筑施工企业、勘察单位、设计单位，在取得相应等级的资质后方可在其资质等级许可的范围内从事建筑活动。因此，法律对建设工程合同的主体提出了更严格的要求，承包人只有具备从事工程建设的相应资质等级，才能承包相应的工程建设，订立相关的建设工程合同，且承包人必须是具有一定资质的法人，自然人个人不具有承包人的资格，不能签订建设工程合同。本案中，甲公司作为四川省遂宁市高新区物流港"生物科技园"工程的业主，于2020年5月12日与袁乙签订《加工承揽合同》，约定甲公司将其物业的玻璃门窗、玻璃栏杆、百叶安装、外墙干挂、一体板安装及阳光雨棚的安装由袁乙加工承揽。根据原审法院查明的事实，案涉合同约定内容符合承揽合同的特征，不属于建设工程的范畴，二审法院据此认定甲公司与袁乙双方形成合法的加工承揽合同关系，并无不当。基于甲公司与袁乙之间不构成违法发包关系，袁乙就其承揽的事项雇佣袁甲，袁甲在此过程中受伤，依法也不应适用《执行工伤保险条例意见》第7条关于违法发包、转包由具备用工主体资质的单位承担工伤主体责任的相关规定。故遂宁市人社局的工伤认定适用法律错误，遂宁市政府依法予以纠正并作出被诉行政复议决定，并无不当。一审法院判决说理有所不妥但判决驳回诉讼请求的结果正确，二审法院予以维持，不违反法律规定。

---

① 参见最高人民法院行政裁定书，(2023)最高法行申1473号。

92. 承包人是否应就实际施工人的雇工伤害承担工伤保险责任？

当前，从最高人民法院到地方法院，对于实际施工人聘用的劳动者请求确认其与建筑企业存在劳动关系的，不予支持。

但原劳动和社会保障部发布的《劳动部确立劳动关系的通知》又规定，对不具备用工主体资格的组织或自然人招用的劳动者，由具备用工主体资格的发包方承担用工主体责任。两者之间似乎有矛盾之处，且该用工主体责任究竟包含那些责任，在《劳动部确立劳动关系的通知》中并未明确。

笔者认为，建筑工程层层转包的，承包人虽然与实际施工人没有劳动合同关系，但应对实际施工人的雇工（包括实际施工人本人）的伤害承担工伤保险责任。这是对《工伤保险条例》将劳动关系作为工伤认定前提的一般规定之外特殊情形的处理。现行工伤保险制度确立了因工伤亡职工与转包（违法分包）的承包单位之间推定形成拟制劳动关系的规则，即直接将转包（违法分包）的承包单位视为用工主体，并由其承担工伤保险责任。

法律依据

《最高院工伤保险行政案件规定》

第三条　社会保险行政部门认定下列单位为承担工伤保险责任单位的，人民法院应予支持：

……

（四）用工单位违反法律、法规规定将承包业务转包给不具备用工主体资格的组织或者自然人，该组织或者自然人聘用的职工从事承包业务时因工伤亡的，用工单位为承担工伤保险责任的单位；

（五）个人挂靠其他单位对外经营，其聘用的人员因工伤亡的，被挂靠单位为承担工伤保险责任的单位。

前款第（四）、（五）项明确的承担工伤保险责任的单位承担赔偿责任或者社会保险经办机构从工伤保险基金支付工伤保险待遇后，有权向相关组织、单位和个人追偿。

行政规定

《劳动部确立劳动关系的通知》

四、建筑施工、矿山企业等用人单位将工程（业务）或经营权发包给不具备用工主体资格的组织或自然人，对该组织或自然人招用的劳动者，由具备用工主体资格的发包方承担用工主体责任。

审判意见

《浙江高院劳动争议案件解答二》

一、建筑施工企业违法转包、分包中的相关法律关系应如何认定？

答：具备用工主体资格的承包单位违反法律、法规规定，将承包业务转包、分包给不具备用工主体资格的组织或者自然人，该不具备用工主体资格的组织或者自然人所招用的人员请求确认与承包单位存在劳动关系的，不予支持。但该人员在工作中发生伤亡，受害人请求承包单位参照工伤的有关规定进行赔偿的，人民法院应当予以支持。社会保险行政部门已认定该人员工伤的，按工伤保险规定处理。

典型判决 刘某某、英德市政府、建安公司、英德市人社局行政复议案①

【裁判要旨】

"包工头"应纳入工伤保险对象范围。"包工头"因工伤亡的，应当由具备用工主体资格的承包单位承担用人单位责任。

【裁判观点】

本案中，英德市政府和建安公司认为，即使建安公司与梁某之间存在项目转包或者挂靠关系，但依据相关法律规范的规定，"包工头"招用的劳动者或者"包工头"聘用的职工因工伤亡的，建安公司才可能承担工伤保险责任；梁某作为"包工头"，而非其"招用的劳动者"或"聘用的职工"，其因工伤亡不应由建安公司承担工伤保险责任。再审法院认为，对法律规范的解释，应当结合具体案情，综合运用文义解释、体系解释、目的解释等多种解释方法。

首先，建设工程领域具备用工主体资格的承包单位承担其违法转包、分包项目上因工伤亡职工的工伤保险责任，并不以存在法律上的劳动关系或事实上的劳动关系为前提条件。根据《执行工伤保险条例意见》第 7 条的规定，认定工伤保险责任或用工主体责任，已经不以存在法律上的劳动关系为必要条件。根据《最高院工伤保险行政案件规定》第 3 条的规定，能否进行工伤认定和是否存在劳动关系，并不存在绝对的对应关系。从前述规定来看，为保障建筑行业中不具备用工

① 参见最高人民法院行政判决书，(2021)最高法行再 1 号。

主体资格的组织或自然人聘用的职工因工伤亡后的工伤保险待遇,加强对劳动者的倾斜保护和对违法转包、分包单位的惩戒,现行工伤保险制度确立了因工伤亡职工与违法转包、分包的承包单位之间推定形成拟制劳动关系的规则,即直接将违法转包、分包的承包单位视为用工主体,并由其承担工伤保险责任。

其次,将"包工头"纳入工伤保险范围,符合建筑工程领域工伤保险发展方向。国务院办公厅《关于促进建筑业持续健康发展的意见》强调要"建立健全与建筑业相适应的社会保险参保缴费方式,大力推进建筑施工单位参加工伤保险",明确了做好建筑行业工程建设项目农民工职业伤害保障工作的政策方向和制度安排。人力资源和社会保障部办公厅《关于进一步做好建筑业工伤保险工作的通知》等规范性文件还要求,完善符合建筑业特点的工伤保险参保政策,大力扩展建筑企业工伤保险参保覆盖面,推广采用按建设项目参加工伤保险制度。即针对建筑行业的特点,建筑施工企业对相对固定的职工,应按用人单位参加工伤保险;对不能按用人单位参保,由建筑项目使用的建筑业职工特别是农民工,按项目参加工伤保险。因此,为包括"包工头"在内的所有劳动者按项目参加工伤保险,扩展建筑企业工伤保险参保覆盖面,符合建筑工程领域工伤保险制度发展方向。

再次,将"包工头"纳入工伤保险对象范围,符合"应保尽保"的工伤保险制度立法目的。考察《工伤保险条例》的相关规定,工伤保险制度建立的目的在于保障因工作遭受事故伤害或者患职业病的职工获得医疗救治和经济补偿,促进工伤预防和职业康复,分散用人单位的工伤风险。《工伤保险条例》第2条规定:"中华人民共和国境内的企业、事业单位、社会团体、民办非企业单位、基金会、律师事务所、会计师事务所等组织和有雇工的个体工商户(以下称用人单位)应当依照本条例规定参加工伤保险,为本单位全部职工或者雇工(以下称职工)缴纳工伤保险费。中华人民共和国境内的企业、事业单位、社会团体、民办非企业单位、基金会、律师事务所、会计师事务所等组织的职工和个体工商户的雇工,均有依照本条例的规定享受工伤保险待遇的权利。"显然,该条强调的"本单位全部职工或者雇工"并未排除个体工商户、"包工头"等特殊的用工主体自身也参加工伤保险。易言之,无论是从工伤保险制度的建立本意,还是从工伤保险法规的具体规定,均没有也不宜将"包工头"排除在工伤保险范围之外。"包工头"作为劳动者,处于违法转包、分包利益链条的最末端,参与并承担着施工现场的具体管理工作,有的还直接参与具体施工;其同样可能存在在工作时间、工作地点因工作原因而伤亡的情形。"包工头"因工伤亡,与其聘用的施工人员因工伤亡,就工伤保险制度和工伤保险责任而言,并不存在本质区别。如人为限缩《工伤保险条例》的适用范围,不将“包工头”纳入工伤保险范围,将形成实质上的不平等;而将“包工头”等特殊主体纳入工伤保险范围,则有利于实现对全体劳动者的倾斜保护,彰显社会主义工伤保险制度的优越性。

最后,“包工头”违法承揽工程的法律责任,与其参加社会保险的权利之间并不冲突。《社会保险法》第1条规定:“为了规范社会保险关系,维护公民参加社会保险和享受社会保险待遇的合法权益,使公民共享发展成果,促进社会和谐稳定,根据宪法,制定本法。”第33条规定:“职工应当参加工伤保险,由用人单位缴纳工伤保险费,职工不缴纳工伤保险费。”工伤保险作为社会保险制度的一个重要组成部分,由国家通过立法强制实施,是国家对职工履行的社会责任,也是职工应该享受的基本权利。不能因为“包工头”违法承揽工程违反建筑领域法律规范,而否定其享受社会保险的权利。承包单位以自己的名义和资质承包建设项目,又由不具备资质条件的主体实际施工,从违法转包、分包或者挂靠中获取利益,由其承担相应的工伤保险责任,符合公平正义理念。当然,承包单位依法承担工伤保险责任后,在符合法律规定的情况下,可以依法另行要求相应责任主体承担相应的责任。

总之,将“包工头”纳入工伤保险范围,并在其因工伤亡时保障其享受工伤保险待遇的权利,由具备用工主体资格的承包单位承担用人单位依法应承担的工伤保险责任,符合工伤保险制度的建立初衷,也符合《工伤保险条例》及相关规范性文件的立法目的。英德市人社局认定梁某在工作时间和工作岗位突发疾病死亡,应由建安公司承担工伤保险责任,具有事实和法律依据,再审法院予以支持。

93. 发包人是否应对实际施工人的雇工伤害承担工伤责任?

发包人,是指在建设工程施工合同中约定的,具有工程发包主体资格和支付工程价款能力的当事人,以及取得该当事人资格的合法继承人。发包人与实际施工人的雇工没有任何劳动关系,对于实际施工人的雇工伤害并不承担工伤责任。

法律依据

《劳动合同法》

第九十四条 个人承包经营违反本法规定招用劳动者,给劳动者造成损害的,发包的组织与个人承包经营者承担连带赔偿责任。

审判意见

《湖南高院施工合同解答》

二十五、发包人应否承担工伤赔偿责任？

发包人将建设工程承包给符合资质的承包人，发包人不承担责任，但对合法承包人的转包、违法分包、挂靠行为予以明确认可的，应承担责任。

发包人将建设工程承包给无资质的承包人，发包人应承担责任。

发包人在对外垫付赔偿款后，有权向无资质的承包人、实际用工人或将工程转包、违法分包、挂靠的合法承包人进行追偿。

将工程转包、违法分包、挂靠的合法承包人对工伤赔偿应承担责任，且有权向实际用工人进行追偿。

《陕西高院劳动争议解答》

24. 问：建设工程的承包单位将工程非法转包、违法分包给不具备用工主体资格的实际施工人，实际施工人自行招用劳动者的用工关系如何认定，及劳动者在工程施工中受到伤害能否主张劳动关系项下的权利？

答：建设工程的承包单位与非法转包、违法分包的实际施工人自行招用的劳动者之间不存在劳动关系。劳动者向建设工程的承包单位主张社会保险待遇损失（不含工伤保险待遇）、支付经济补偿、赔偿金等涉及劳动关系项下权利的诉讼请求，人民法院不予支持。

根据《最高人民法院关于审理人身损害赔偿案件适用法律若干问题的解释》第十一条第二款的规定，劳动者因工受伤或者死亡的，由最近的上一层转包、分包关系中具备合法用工主体资格的单位和不具备用工主体资格的实际施工人承担连带赔偿责任。

《天津高院劳动争议指南》

9.【建筑施工、矿山企业的主体责任】建筑施工、矿山企业等将工程或者经营权发包给不具备用工主体资格的组织或者自然人，该组织或者自然人招用的劳动者主张确认与上述发包人有劳动关系的，不予支持，没有用工主体资格的组织或者自然人违法招用的劳动者因工负伤或者死亡的，由上述违法发包的建筑施工、矿山企业等与实际招用该劳动者的组织或者自然人按照《工伤保险条例》规定的工伤保险待遇承担连带赔偿责任。

《深圳中院劳动争议裁判指引》

五十八、个人承包、挂靠他人经营或借用他人营业执照经营的，承包人、挂靠人或借用人招用的劳动者请求确认其与具有用工主体资格的发包人、被挂靠人或被借用人存在劳动关系的，不予支持，但社会保险行政部门已认定工伤的除外。劳动者依据《广东省工资支付条例》第三十二条、第三十三条或《劳动合同法》第九十四条与《非法用工单位伤亡人员一次性赔偿办法》直接主张由发包人、被挂靠人或被借用人与承包人、挂靠人或借用人连带承担相应法律责任的，应予支持。

94. 实际施工人是否有义务支付农民工工资？

2019 年 12 月 30 日国务院公布的《农民工工资支付条例》作为一部专门保障农民工工资支付的行政法规，就工程建设领域农民工工资支付问题作了特别规定，除要求“建设单位应当有满足施工所需要的资金安排”“应当按照合同约定及时拨付工程款，并将人工费用及时足额拨付至农民工工资专用账户”外，第 30 条针对分包和转包情形下的农民工工资支付明确规定由施工总承包单位先行清偿，再依法进行追偿。

笔者认为，实际施工人的范围应是确定的，仅指转包（违法分包）等无效施工合同的相对人，而不是合法的施工合同的相对人，如内部承包人，也不是具体从事施工劳务的建筑工人，如班组长。实际施工人对其招用的劳动者应认定为雇佣关系，应由其承担工资支付义务。实际施工人不具有合法用工资格，没有相应施工资质而承包工程施工，其违法招用农民工进行施工，如拒不支付劳动报酬数额较大，且在政府有关部门责令其支付后逃匿，该行为可构成拒不支付劳动报酬罪。总承包人按照《农民工工资支付条例》有关规定清偿了实际施工人拖欠的农民工工资后，享有依照有关协议向实际施工人追偿的权利。

法律依据

《农民工工资支付条例》

第二十三条 建设单位应当有满足施工所需要的资金安排。没有满足施工所需要的资金安排的，工程建设项目不得开工建设；依法需要办理施工许可证的，相关行业工程建设主管部门不予颁发施工许可证。

政府投资项目所需资金，应当按照国家有关规定落实到位，不得由施工单位垫资建设。

第三十条 分包单位对所招用农民工的实名制管理和工资支付负直接责任。

施工总承包单位对分包单位劳动用工和工资发放等情况进行监督。

分包单位拖欠农民工工资的，由施工总承包单位先行清偿，再依法进行追偿。

工程建设项目转包，拖欠农民工工资的，由施工总承包单位先行清偿，再依法进行追偿。

第三十六条 建设单位或者施工总承包单位将建设工程发包或者分包给个人或者不具备合法经营资格的单位，导致拖欠农民工工资的，由建设单位或者施工总承包单位清偿。

施工单位允许其他单位和个人以施工单位的名义对外承揽建设工程，导致拖欠农民工工资的，由施工单位清偿。

行政规定

《山西农民工工资支付办法》

第十七条　拖欠农民工工资案件发生地县级人民政府主要负责人是解决拖欠农民工工资问题的第一责任人。设区的市人民政府负责督办工作。

用人单位、实际施工人应当承担拖欠农民工工资的清偿责任。

第十八条　用人单位、实际施工人不得以拖欠农民工工资为由组织、唆使、雇用农民工讨要工程款、劳务费或者其他赔偿补偿费。

审判意见

《绍兴中院建筑领域民商事纠纷纪要》

十四、对项目经理以逃匿、去向不明等方式拒不支付劳动报酬的，对涉嫌犯罪的应移送侦查机关处理：

（一）依据最高人民法院《关于审理拒不支付劳动报酬刑事案件适用法律若干问题的解释》第二条、第七条规定，拒不支付劳动报酬罪犯罪主体的认定与行为人是否具备用工主体资格并不相关。本罪的犯罪主体包括用工单位或者用工个人；

（二）当建筑施工企业为用人单位时，项目经理（包括"合法的项目经理"与"挂靠的项目经理"）不具备用工主体资格，以逃匿、去向不明等方式拒不支付劳动报酬的行为实为职务侵占行为，宜以涉嫌侵犯财产犯罪移送侦查机关处理；

（三）当项目经理作为"包工头"为用工个人时，具备用工主体资格，以逃避支付劳动者的劳动报酬为目的而转移财产、逃匿、去向不明的，宜以涉嫌拒不支付劳动报酬罪移送侦查机关处理。

典型判决 1　关某军拒不支付劳动报酬案①

【裁判要旨】

实际施工人收到劳动监察部门《责令改正决定书》仍不支付，该行为符合拒不支付劳动报酬罪的构成特点。

① 参见辽宁省高级人民法院驳回申诉通知书，(2021)辽刑申 133 号。

【裁判观点】

再审法院认为，关某军虽实施了以房屋抵顶工人工资的行为，但工人无法实际取得卖房款，关某军仍有继续支付工人工资的义务，且在案证据足以证明关某军已取得了抵顶给谢某某的房屋的首付款及按揭贷款，但该款项并未全部支付给谢某某，原审法院认定关某军有支付能力而不支付并无不当。同时，劳动监察部门作出的《责令改正决定书》属于政府有关部门责令支付，关某军经政府有关部门责令支付仍不支付，其行为符合拒不支付劳动报酬罪的构成特点。

典型判决2 李某民、李某华追索劳动报酬纠纷案[①]

【裁判要旨】

实际施工人对其雇用人员应依法依约承担工资支付责任。

【裁判观点】

再审法院认为，本案争议焦点为原审三被告谁是承担劳动报酬的责任主体。(1)本案李某民与李某华达成口头协议，李某民负责新宾卉海花园3号楼、4号楼以及东洲富甲之邦6号楼的木工工作。李某民按照约定完成了木工工作，李某华为其出具结算书，对此双方无异议，故李某华应当承担给付劳动报酬的责任。(2)李某民、李某华主张巨丞总公司及第四分公司亦应承担给付责任，但李某民向法庭提供的现有证据无法证明其与巨丞总公司及第四分公司之间有直接的合同关系，亦无法证明李某华出具结算书的行为代表巨丞总公司及第四分公司，且巨丞总公司及第四分公司对李某华的行为又不予追认。因此，巨丞总公司及第四分公司并非给付责任主体。(3)抚顺市中级人民法院作出的(2016)辽04刑终200号刑事判决书认定，巨丞总公司已将工程款拨付巨丞第四分公司，李某华未支付人工费，构成拒不支付劳动报酬罪，不构成职务侵占罪。故李某华应承担给付责任。

① 参见辽宁省高级人民法院民事裁定书，(2019)辽民申2599号。

第二节　材料支付

95. 实际施工人以自己的名义拖欠材料款，应由谁承担付款责任？

实际施工人以自己的名义与建设工程施工合同以外的第三人签订买卖、租赁建筑设备等合同，是实际施工人与第三人之间达成的一致意思表示。根据合同相对性原则，该合同权利义务仅对合同双方具有约束力，应由实际施工人自己承担责任。实际施工人是施工合同的实际履行者，享有工程款的结算权与请求权。实际施工人作为独立主体与供应商签订合同并结算的行为，应认定由其履行买受人的全部合同义务。

以工程挂靠为例，挂靠人以自己的名义对外签订买卖、租赁建筑设备等合同，则权利义务应当由挂靠人本人承受，不应溯及基础的挂靠关系。根据合同的相对性原则，不能因物的性质或物的流转方向发生变化而突破合同相对性，让非合同相对人（被挂靠人）承担本应由合同相对人承担的责任；合同相对人也不得仅以材料、设备已用于工程建设而要求被挂靠人承担责任。

实际施工人如以承包人的名义与供应商签订合同并结算，则需要考虑其他因素综合判断。如相对人举证其签约时就已知道实际施工人具有案涉工程项目经理身份，可构成表见代理。

实际施工人以不同名义进行签约与结算时责任主体的判断原则如表 9－1 所示。

表 9－1　实际施工人以不同名义进行签约与结算时责任主体的判断原则

签约时名义	结算时名义	责任主体判断原则
实际施工人	实际施工人	实际施工人
实际施工人	承包人	如未经承包人授权的，由实际施工人承担
承包人	承包人	综合判断是否构成职务代理、委托代理、表见代理

法律依据

《民法典》

第四百六十五条 依法成立的合同，受法律保护。

依法成立的合同，仅对当事人具有法律约束力，但是法律另有规定的除外。

典型判决 1 黄某与尖鹰公司买卖合同纠纷案①

【裁判要旨】

供应商没有证据证明实际施工人以被挂靠人名义与其发生买卖合同关系，其请求被挂靠人对尚欠货款承担连带给付责任的，不予支持。

【裁判观点】

再审法院认为，经一审、二审法院查明，黄某与冶建公司系挂靠与被挂靠经营关系。该挂靠关系与买卖合同关系是两个相互独立的法律关系。买卖合同关系所涉标的物使用于何处，不能突破买卖合同的相对性，与付款义务没有法律上的关联性。挂靠人以自己的名义对外签订合同，则权利和义务应当由其本人承受。挂靠人以被挂靠人名义进行买卖的情况下，则被挂靠人应当承担买卖合同的责任。本案没有证据证明黄某是以冶建公司名义与尖鹰公司发生买卖合同关系。黄某、尖鹰公司要求冶建公司对案涉买卖合同尚欠货款承担连带给付责任的再审理由，没有事实和法律依据，再审法院依法不予支持。

典型判决 2 王某、刘某等建筑设备租赁合同纠纷案②

【裁判要旨】

供货人明知合同相对方是挂靠的实际施工人，且由实际施工人付款与结算，故供货人主张承包人承担货款的付款责任，不予支持。

【裁判观点】

二审法院认为，王某与康勇公司之间并无合同，与刘某之间亦未有书面合同，王某提交的微信聊天记录中均系与刘某个人进行沟通，而刘某介绍自己时称“江苏悦道刘某”，向其提供了刘某个人的身份证及“江苏悦道建设工程有限公司”的

---

① 参见广西壮族自治区高级人民法院民事裁定书，(2019)桂民申 4927 号。

② 参见山东省青岛市中级人民法院民事判决书，(2021)鲁 02 民终 15140 号。

公司名称，同时刘某已将其与康勇公司的挂靠协议及《承诺书》发送给王某，向王某披露了其与康永公司之间的关系为挂靠关系，挂靠协议及承诺书中均明确载明了刘某系独立核算，自负盈亏，自主负责解决施工设备，项目资金由刘某个人负责等内容，故王某明确知道刘某是案涉合同的相对方，是案涉建筑设备的使用人，给王某的款项也是由刘某支付，从王某提交的现场结算表、现场签证表中“发包方单位”为刘某个人也可佐证。故王某主张康勇公司承担本案诉争款项的付款责任无事实与法律依据，一审法院未予支持并无不当，二审法院依法予以确认。

96. 转包（违法分包）的实际施工人对外进行买卖、租赁、借贷等交易行为，第三人可否请求转包人（违法分包人）承担付款责任？

关于转包（违法分包）的实际施工人与第三人进行交易产生的债务应如何承担的问题，实务中有多种观点。

第一种观点认为，实际施工人承担付款责任，转包人（违法分包人）不承担付款责任。其法理依据是合同相对性原则，材料供应商等第三人只能依据买卖合同向其相对人即实际施工人主张权利。

第二种观点认为，实际施工人不承担责任，由转包人（违法分包人）承担责任。其理由是转包（违法分包）是内部关系，与第三人无关，只要第三人提供的材料确实用于承包人所承建工程，承包人就应当对实际施工人的行为承担责任。

第三种观点认为，实际施工人承担付款责任，转包人（违法分包人）承担连带责任。实际施工人实际承担了工程施工义务，是工程利益的最终获得者，其应当对第三人承担责任；而转包人（违法分包人）是工程的名义承包人，且实际施工人所购买材料实际用于其承包工程，应承担连带付款责任。

第四种观点认为，实际施工人承担付款责任，转包人（违法分包人）承担补充责任。因后者在违法分包或转包中获取了管理费等利益，故其应当在获得利益范围内承担补充责任。

笔者认为，实际施工人在工程施工中对外发生交易行为，应当区分两种情形：一是实际施工人以自己的名义交易；二是实际施工人以转包人（违法分包人）的名义交易。不同情形的事实不同，适用法律规范不同，产生的法律后果也不同。

（1）实际施工人以自己的名义与第三人交易。实际施工人作为合同相对人，基于合同相对性原则，第三人只能请求实际施工人支付欠款。无论实际施工人所接受的货物、资金、服务是否用于建设工程,第三人均不得向转包人(违法分包人)主张权利,更不得向发包人主张权利。

(2)实际施工人以转包人(违法分包人)的名义与第三人交易。此时,实际施工人往往以职务行为或代理行为向第三人进行披露。由于职务行为可以解释为职务代理,这种情形主要是代理制度的适用问题,包括职务代理、表见代理及无权代理。实务中,委托代理的成立,应当根据委托合同的权限等约定进行判断,很少产生争议。

法律依据

《民法典》

第一百七十二条 行为人没有代理权、超越代理权或者代理权终止后,仍然实施代理行为,相对人有理由相信行为人有代理权的,代理行为有效。

《最高院民法典总则编解释》

第二十五条 数个委托代理人共同行使代理权,其中一人或者数人未与其他委托代理人协商,擅自行使代理权的,依据民法典第一百七十一条、第一百七十二条等规定处理。

第二十七条 无权代理行为未被追认,相对人请求行为人履行债务或者赔偿损失的,由行为人就相对人知道或者应当知道行为人无权代理承担举证责任。行为人不能证明的,人民法院依法支持相对人的相应诉讼请求;行为人能够证明的,人民法院应当按照各自的过错认定行为人与相对人的责任。

第二十八条 同时符合下列条件的,人民法院可以认定为民法典第一百七十二条规定的相对人有理由相信行为人有代理权:

(一)存在代理权的外观;

(二)相对人不知道行为人行为时没有代理权,且无过失。

因是否构成表见代理发生争议的,相对人应当就无权代理符合前款第一项规定的条件承担举证责任;被代理人应当就相对人不符合前款第二项规定的条件承担举证责任。

第二十九条 法定代理人、被代理人依据民法典第一百四十五条、第一百七十一条的规定向相对人作出追认的意思表示的,人民法院应当依据民法典第一百三十七条的规定确认其追认意思表示的生效时间。

审判意见

《河南高院工程领域买卖租赁疑难问题解答》

01 实践中,建筑设备的出租方或建筑材料的出卖方起诉请求发包人或建筑企业承担付款责任，在认定责任主体时，应当遵循什么裁判原则？

答：这类案件的审理应当遵循合同相对性原则。根据《中华人民共和国民法典》（以下简称《民法典》）第四百六十五条第二款的规定，依法成立的合同，仅对当事人具有法律约束力，但是法律另有规定的除外。建筑企业的项目经理、实际施工人或项目部其他人员等行为人签订买卖、租赁合同，相对人请求建筑企业、发包人承担责任的，应当严格遵循合同相对性原则，审查行为人的行为性质，依法确定合同主体、责任主体及责任承担方式；不能仅以买卖的建筑材料、租赁的建筑设备被用于建设项目为由，即判决建筑企业、发包人承担责任；也不能随意突破合同相对性，不审查合同签订主体，而径行判令实际使用方承担责任。

02　能否仅以行为人与建筑企业存在挂靠关系为由，直接依据《最高人民法院关于适用〈中华人民共和国民事诉讼法〉的解释》（以下简称《民诉法解释》）第五十四条关于确定共同诉讼当事人的规定，判决建筑企业对行为人签订的买卖、租赁合同承担连带责任？

答：不能。《民诉法解释》第五十四条规定："以挂靠形式从事民事活动，当事人请求由挂靠人和被挂靠人依法承担民事责任的，该挂靠人和被挂靠人为共同诉讼人。"该条系挂靠关系中如何确定共同诉讼当事人的程序性规定，并非判断挂靠关系当事人之间如何承担民事责任的实体法律规定。《民法典》第五百一十八条第二款规定，连带责任或连带债务，由法律规定或者当事人约定。相对人以行为人与建筑企业存在借用资质（挂靠）关系为由，要求行为人和建筑企业对货款、租赁费支付承担责任的，应依据相关实体法律规定确定责任承担问题，不能仅依据《民诉法解释》第五十四条的程序性规定，认定建筑企业应当承担款项支付责任。

03　在审理建设工程领域买卖、租赁合同纠纷案件中，判断项目经理等行为人实施的行为是否对建筑企业发生效力时，应坚持什么样的裁判思路？

答：要按照依法界定职务行为，准确认定表见代理，严厉打击虚假诉讼的审理思路。应从以下三个层次进行审查：

一是审查该行为是否有建筑企业的明确授权，判断是否属于法律规定的委托代理行为；

二是判断行为人与建筑企业之间是否存在劳动关系，行为人实施的行为是否在职责范围内、是否属于职务行为（职务代理行为）；

三是在不能认定构成委托代理或职务行为的情况下，进一步审查判断行为人的行为是否构成表见代理。构成委托代理、职务行为或表见代理的，相应的法律后果依法应当由建筑企业承担。

另外，在审理此类案件过程中，也要注意对相关合同和交易关系的真实性进行审查，防止部分当事人之间恶意串通，虚构债务，损害建筑企业的合法权益。

第十章　付 款 抗 辩

第一节　付款条件与期限

97. 法院可否以工程审计没有完毕、价款无法确定为由驳回实际施工人的起诉？

建设工程施工合同虽然约定以完成工程审计为支付工程款的前提，但实际施工人起诉要求支付工程款时，倘若法院以工程审计没有完毕、施工工程量及价款无法确定等为由直接驳回实际施工人的起诉，不符合法律规定。要求实际施工人待工程审计完毕后再行起诉，看似较好地维护了各方当事人合法权益，实际上并无事实和法律依据。

笔者认为，如果审计部门未在合理期限内进行审计、出具审计报告或者有证据证明审计结论明显不当的，承包人有权对未经审计以及缺少审计结论的工程价款或审计结论错误的工程价款申请司法鉴定。

法律依据

《保障中小企业款项支付条例》

第十一条　机关、事业单位和国有大型企业不得强制要求以审计机关的审计结果作为结算依据，但合同另有约定或者法律、行政法规另有规定的除外。

典型判决1　高某、江苏山水公司等建设工程施工合同纠纷民事再审纠纷案①

【裁判要旨】

合同约定以审计为结算依据时，原审法院以工程审计没有完毕为由直接驳回

① 参见最高人民法院民事裁定书，(2023)最高法民再2号。

实际施工人起诉的，不符合法律规定，应予纠正。

【裁判观点】

再审法院认为，高某以其系案涉工程实际施工人为由提起诉讼，请求判令江苏山水公司支付工程款，江北水城度假区住建局在欠付江苏山水公司工程款范围内承担责任，符合前述法律规定，原审法院依法应当进行审理。至于高某所主张的施工事实及相应价款是否成立，可在实体审理时通过委托鉴定查明或依照证据规则依法认定并作出相应判决。原审法院虽对高某提交的证据组织了质证，但最终以工程审计没有完毕、施工工程量及价款无法确定等为由驳回其起诉，显然不符合法律规定。至于原审法院认为高某待工程审计完毕后再行主张可以较好维护各方当事人合法权益的意见，亦无事实和法律依据。综上，原审法院裁定驳回高某的起诉，适用法律明显错误，再审法院依法予以纠正。

典型判决 2　王某与宁夏某建筑公司、某市住建局建设工程施工合同纠纷案①

【裁判要旨】

合同约定以政府审计为结算依据的，在实体审理中，如审计部门未及时启动审计程序或出具审计结论，当事人提出鉴定申请的，应予准许。

【裁判观点】

法院认为，各级人民政府及其部门应当为各类市场主体投资兴业营造稳定、公平、透明、可预期的良好环境。案涉工程于 2019 年 8 月 9 日进行竣工验收备案，工程备案至案件审理时已近三年时间，但相关审计结论仍未作出，某市城建档案馆已于 2020 年 7 月 9 日接收了案涉银川市某保障性住房项目 A6#、A9#公共租赁房工程档案资料。从优化营商环境的角度出发，法院以合同约定总造价 133,731,720 元为基数、按 95% 的比例来核定某市住建局是否欠付工程款。按 95% 的比例计算，某市住建局应向宁夏某建筑公司支付工程款 127,045,134 元（133,731,720 元 ×95%），某市住建局举证已付工程款为 112,331,135 元，故欠付工程款数额为 14,713,999 元（127,045,134 元 －112,331,135 元）。某市住建局应当在欠付宁夏某建筑公司工程款 14,713,999 元的范围内对宁夏某建筑公司欠付王某斌的工程款及利息承担付款责任。

---

① 参见宁夏回族自治区银川市中级人民法院民事判决书，(2021)宁 01 民初 18 号。该判决荣获最高人民法院公布的第六届全国法院“百篇优秀裁判文书”和“百场优秀庭审”。

98. 转包人可否以“背靠背条款”为由拒绝向实际施工人承担责任?

转包人从风险共担角度出发,常常与实际施工人作出“背靠背条款”约定,即在转包合同中约定“工程款待发包人支付后再予支付”“发包人不向承包人支付工程款的,承包人也不向实际施工人支付”等。此种情况下,需要就“背靠背条款”的性质和裁判规则进行梳理。

(1)“背靠背条款”性质的理解

有观点认为,“背靠背条款”系附期限的民事法律行为。承包人与分包人(实际施工人)所约定的“背靠背条款”一般属于将来发生的确定事实,符合《民法典》第160条“民事法律行为可以附期限,但是根据其性质不得附期限的除外。附生效期限的民事法律行为,自期限届至时生效”的规定。

也有观点认为,“背靠背条款”系附条件的民事法律行为。承包人与分包人(实际施工人)之间签订的施工合同中对于付款期限的约定系将来发生的事实,但双方之间以发包人向承包人付款为前提,符合《民法典》第158条“民事法律行为可以附条件,但是根据其性质不得附条件的除外。附生效条件的民事法律行为,自条件成就时生效”的规定。

还有观点认为,“背靠背条款”中对于付款期限的约定系约定不明,应按照《民法典》第511条第4项“履行期限不明确的,债务人可以随时履行,债权人也可以随时请求履行,但是应当给对方必要的准备时间”的规定处理,即分包人(实际施工人)可以随时向承包人主张要求付款。

(2)转包人以“背靠背条款”为由拒绝向实际施工人承担责任,不应得到支持

在转包(违法分包)情况下,因合同整体无效,“背靠背条款”也无效。另外,参照《最高院以第三方支付款项为付款前提条款效力批复》第1条的规定,应认定该约定条款无效。根据《民法典》第793条第1款的规定,建设工程施工合同无效,但工程验收合格的,实际施工人有权请求参照合同约定折价补偿。

法律依据

《民法典》

第一百五十三条 违反法律、行政法规的强制性规定的民事法律行为无效。但是,该强制性规定不导致该民事法律行为无效的除外。

违背公序良俗的民事法律行为无效。

第一百五十八条　民事法律行为可以附条件，但是根据其性质不得附条件的除外。附生效条件的民事法律行为，自条件成就时生效。附解除条件的民事法律行为，自条件成就时失效。

第一百六十条　民事法律行为可以附期限，但是根据其性质不得附期限的除外。附生效期限的民事法律行为，自期限届至时生效。附终止期限的民事法律行为，自期限届满时失效。

第五百一十一条　当事人就有关合同内容约定不明确，依据前条规定仍不能确定的，适用下列规定：

（一）质量要求不明确的，按照强制性国家标准履行；没有强制性国家标准的，按照推荐性国家标准履行；没有推荐性国家标准的，按照行业标准履行；没有国家标准、行业标准的，按照通常标准或者符合合同目的的特定标准履行。

（二）价款或者报酬不明确的，按照订立合同时履行地的市场价格履行；依法应当执行政府定价或者政府指导价的，依照规定履行。

（三）履行地点不明确，给付货币的，在接受货币一方所在地履行；交付不动产的，在不动产所在地履行；其他标的，在履行义务一方所在地履行。

（四）履行期限不明确的，债务人可以随时履行，债权人也可以随时请求履行，但是应当给对方必要的准备时间。

（五）履行方式不明确的，按照有利于实现合同目的的方式履行。

（六）履行费用的负担不明确的，由履行义务一方负担；因债权人原因增加的履行费用，由债权人负担。

《最高院以第三方支付款项为付款前提条款效力批复》

一、大型企业在建设工程施工、采购货物或者服务过程中，与中小企业约定以收到第三方向其支付的款项为付款前提的，因其内容违反《保障中小企业款项支付条例》第六条、第八条的规定，人民法院应当根据民法典第一百五十三条第一款的规定，认定该约定条款无效。

二、在认定合同约定条款无效后，人民法院应当根据案件具体情况，结合行业规范、双方交易习惯等，合理确定大型企业的付款期限及相应的违约责任。双方对欠付款项利息计付标准有约定的，按约定处理；约定违法或者没有约定的，按照全国银行间同业拆借中心公布的一年期贷款市场报价利率计息。大型企业以合同价款已包含对逾期付款补偿为由要求减轻违约责任，经审查抗辩理由成立的，人民法院可予支持。

审判意见

《北京高院施工合同解答》

22、分包合同中约定总包人收到发包人支付工程款后再向分包人支付的条款的效力如何认定？

分包合同中约定待总包人与发包人进行结算且发包人支付工程款后，总包人再向分包人支付工程款的，该约定有效。因总包人拖延结算或怠于行使其到期债权致使分包人不能及时取得工程款，分包人要求总包人支付欠付工程款的，应予支持。总包人对于其与发包人之间的结算情况以及发包人支付工程款的事实负有举证责任。

《安徽高院施工合同指导意见二》

第十一条 非法转包、违法分包建设工程，实际施工人与承包人约定以发包人与承包人的结算结果作为结算依据，承包人与发包人尚未结算，实际施工人向承包人主张工程价款的，分别下列情形处理：

（一）承包人与发包人未结算尚在合理期限内的，驳回实际施工人的诉讼请求。

（二）承包人已经开始与发包人结算、申请仲裁或者诉至人民法院的，中止审理。

（三）承包人怠于向发包人主张工程价款，实际施工人主张参照发包人与承包人签订的建设工程施工合同确定工程价款的，应予支持。

典型判决 东方园林公司、瑞鑫公司建设工程施工合同纠纷案①

【裁判要旨】

分包合同约定分包人与承包人的结算应以承包人与发包人结算完毕且工程款到位为前提，但工程已使用多年且经司法鉴定，分包人提出工程款请求的，应予支持。

【裁判观点】

再审法院认为，关于东方园林公司支付剩余工程款的条件是否已成就，瑞鑫公司主张案涉工程款的诉请应否支持的问题，案涉工程已经于2019年7月竣工，并经验收合格且已投入使用，案涉《市政道路专业工程分包合同》虽约定东方园林公司与瑞鑫公司的结算以东方园林公司与周口投资公司结算完毕并拨付东方园林公司资金到账为前提条件，但因案涉工程已经使用多年且已经过司法鉴定，东方园林公司与瑞鑫公司结算后亦不影响其与周口投资公司的结算。如果因为东方园林公司与周口投资公司不能及时结算导致瑞鑫公司诉请工程款的权利亦迟迟不能实现，将会损害瑞鑫公司的合法权益。一审、二审法院支持瑞鑫公司主张工程款的诉请，并无不当。

---

① 参见河南省高级人民法院民事判决书，(2021)豫民再627号。

99.“背靠背条款”的效力如何？

所谓的“背靠背条款”，是指双方在合同中约定，有付款义务的一方当事人，以收到合同以外的第三方款项作为其付款前提。在工程分包的情形下，承包人和分包人之间的分包合同约定以发包人付款为前提条件，即承包人向分包人支付工程款的前提条件是收到发包人支付的工程款。当然，承包人为控制风险还可能在施工采购、内部承包等环节引入“背靠背条款”。

有关“背靠背条款”效力判断的一般原则如下：

其一，双方当事人施工合同被确认无效的，如转包人（违法分包人）与实际施工人之间转包合同（违法分包合同）无效的，“背靠背条款”应认定为无效，转包人（违法分包人）应履行折价补偿的法定义务。例如，在中建三建公司、彭某岗等建设工程施工合同纠纷案中，法院指出，因彭某岗不具有建设工程施工资质，其与中建三建公司签订的《工程项目承包协议书》属无效合同，协议中关于工程款支付的背靠背条款应为无效条款，中建三建公司作为工程转包人，负有向转承包人彭某岗支付工程款的义务。①

其二，双方当事人达成了合法分包合同的，其“背靠背条款”应理解为附付款期限的条款。根据《民法典》第551条的规定，履行期限不明确的，债务人可以随时履行，债权人也可以随时请求履行，但是应当给对方必要的准备时间。

其三，双方当事人结算协议中明确的“背靠背条款”应当认定有效。双方在长期合同履行过程中，已对彼此的信用、实力等有了充分了解，自愿达成的结算协议中已明确“背靠背条款”，应由收款人自担风险。

法律依据

《民法典》

第一百五十三条　违反法律、行政法规的强制性规定的民事法律行为无效。但是，该强制性规定不导致该民事法律行为无效的除外。

违背公序良俗的民事法律行为无效。

《保障中小企业款项支付条例》

第六条　机关、事业单位和大型企业不得要求中小企业接受不合理的付款期限、方式、

① 参见新疆维吾尔自治区高级人民法院民事裁定书，（2022）新民申821号。

条件和违约责任等交易条件，不得违约拖欠中小企业的货物、工程、服务款项。

中小企业应当依法经营，诚实守信，按照合同约定提供合格的货物、工程和服务。

第八条 机关、事业单位从中小企业采购货物、工程、服务，应当自货物、工程、服务交付之日起30日内支付款项；合同另有约定的，付款期限最长不得超过60日。

大型企业从中小企业采购货物、工程、服务，应当按照行业规范、交易习惯合理约定付款期限并及时支付款项。

合同约定采取履行进度结算、定期结算等结算方式的，付款期限应当自双方确认结算金额之日起算。

《最高院以第三方支付款项为付款前提条款效力批复》

一、大型企业在建设工程施工、采购货物或者服务过程中，与中小企业约定以收到第三方向其支付的款项为付款前提的，因其内容违反《保障中小企业款项支付条例》第六条、第八条的规定，人民法院应当根据民法典第一百五十三条第一款的规定，认定该约定条款无效。

二、在认定合同约定条款无效后，人民法院应当根据案件具体情况，结合行业规范、双方交易习惯等，合理确定大型企业的付款期限及相应的违约责任。双方对欠付款项利息计付标准有约定的，按约定处理；约定违法或者没有约定的，按照全国银行间同业拆借中心公布的一年期贷款市场报价利率计息。大型企业以合同价款已包含对逾期付款补偿为由要求减轻违约责任，经审查抗辩理由成立的，人民法院可予支持。

审判意见

《北京高院施工合同解答》

22、分包合同中约定总包人收到发包人支付工程款后再向分包人支付的条款的效力如何认定？

分包合同中约定待总包人与发包人进行结算且发包人支付工程款后，总包人再向分包人支付工程款的，该约定有效。因总包人拖延结算或怠于行使其到期债权致使分包人不能及时取得工程款，分包人要求总包人支付欠付工程款的，应予支持。总包人对于其与发包人之间的结算情况以及发包人支付工程款的事实负有举证责任。

典型判决1 电建湖北公司、十一冶公司等建设工程施工合同纠纷案①

【裁判要旨】

结算协议约定承包人收到业主款项一个月后再支付分包人，但承包人何时收

① 参见最高人民法院民事裁定书，(2021)最高法民申4924号。

到“业主款项”并不确定且工程已完工多年，承包人起诉业主工程款纠纷案件已胜诉，分包人要求承包人付款的，予以支持。

【裁判观点】

再审法院认为，案涉工程项目在2015年6月30日已施工完毕。2018年7月6日，电建湖北分公司与十一冶公司才对案涉工程价款达成《结算协议》，并针对剩余26,687,526.68元的工程价款（总工程价款为45,133,226.68元）约定如下："结算款在下列条件全部满足后一个月内支付；十一冶公司将合同结算金额内剩余对开发票开齐交电建湖北分公司，且电建湖北分公司收到业主款项后支付。"该约定系附承包人支付工程款条件的条款。《结算协议》约定的电建湖北分公司支付工程款的条件之一，是在其收到业主款项一个月后支付。但是，电建湖北分公司何时收到“业主款项”存在诸多不确定性。鉴于十一冶公司的案涉工程已完工多年，电建湖北分公司仅支付了少部分工程款，而在发生法律效力的昌吉回族自治州中级人民法院（2019）新23民初17号民事判决中，已判令嘉淮公司向电建湖北公司支付工程欠款并自2018年5月23日起计算利息，本案二审法院判决电建湖北公司自《结算协议》签订一个月后，即2018年8月6日起承担欠付工程款利息，并未加重电建湖北公司支付工程款的利息负担，结果比较公平合理。电建湖北公司申请再审称《结算协议》中约定的付款条件有效，并以此拒绝承担给付工程欠款及利息，理由不能成立。

典型判决2 某甲公司与某乙公司、某丙公司、某丁公司、某戊公司建设工程施工合同①

【裁判要旨】

“背靠背条款”本质上将第三方付款风险转嫁给下游施工方，参照《最高院以第三方支付款项为付款前提条款效力批复》的规定，该条款应为无效约定。

【裁判观点】

二审法院认为，关于某甲公司主张未收到某乙公司支付的工程进度款不应超额向某乙公司支付的问题，首先，某甲公司与某乙公司虽然约定“结算以甲方（某甲公司）与项目部签订施工合同为准，每个月进度款到甲方账户后，甲方在三个工作日内拨付给乙方（某乙公司）”，该条约定系以第三方支付款项作为付款前提的

① 参见河南省洛阳市中级人民法院民事判决书，（2024）豫03民终3066号。

“背靠背条款”,本质上将第三方付款风险转嫁给了下游实际施工一方某乙公司,参照《最高院以第三方支付款项为付款前提条款效力批复》的规定,该条款应为无效约定,某甲公司应对某乙公司完工工程进行结算付款。其次,即便按照某甲公司与某乙公司关于结算的约定,进度款已达到申请支付条件,某甲公司未提交证据证明其就案涉工程主动申请结算或通过诉讼等其他途径积极主张权利,且某丙公司庭后补充的情况说明载明,“因案涉土石方工程法律纠纷,某丁公司下属土石方施工班组某甲公司申请暂缓该部分超运距结算支付工作”,由此可知,系某甲公司一方原因导致进度款未能完成结算。最后,某甲公司与某乙公司为相对独立的劳务分包合同关系,某甲公司应对其公司分包出去的工程具备独立的结算能力。故某甲公司以未收到某乙公司款项为由主张付款条件尚未成就,不能成立,理由不充分,二审法院不予采信。

100. 政府工程以审计结论为准的条款效力如何认定?

一些承包人在承接政府投资项目时,既希望承接重点工程,增加企业品牌的影响力,又对重点工程施工合同内容公平性存有顾虑,特别是有的合同约定以审计结论作为结算依据,让承包人风险倍增。审计期限较长,客观上造成了工程款拖欠,加上承包人并非被审计单位,很难拿到政府审计的终审结论,担心自己会因此而无法行使申辩权。

笔者认为,对于政府工程以审计结论为准的条款效力的判断应当遵循合同约定。

(1)合同明确约定工程结算以某政府部门审计结论为准,该约定应认定有效。换言之,以政府审计为准结算的意思表示应当明确具体。倘若合同仅约定“结算以业主审计为准”,该条款不能简单地解释为双方依据审计结果进行结算,而应解释为工程结算价应通过专业审查途径或方式确定,该结果须经业主(发包人)认可。

(2)合同明确以某政府部门审计结果为准,审计部门未能及时作出审计结论(当然要排除承包人原因),或经承包人催告后发包人未及时送交政府部门审计的,承包人有权通过司法鉴定的方式确定造价。

对承包人而言,该条款存在重大风险,据此,承包人(实际施工人,下同)与相对人签订合同时,不应轻易约定以政府审计结论为准的条款;如合同已约定以政府审计结论为准的条款，承包人应及时向相对人申请结算并督促相对人启动政府机关审计。政府审计工作如不能及时推进，或审计结果迟迟无法作出，承包人可以提起民事诉讼并申请造价司法鉴定。

法律依据

《最高院双方确认结算价款与审计结算价款不一致适用法律答复意见》

河南省高级人民法院：

你院“关于建设工程承包合同案件中双方当事人已确认的工程决算价款与审计部门审计的工程决算价款不一致时如何适用法律问题的请示”收悉。经研究认为，审计是国家对建设单位的一种行政监督，不影响建设单位与承建单位的合同效力。建设工程承包合同案件应以当事人的约定作为法院判决的依据。只有在合同明确约定以审计结论作为结算依据或者合同约定不明确、合同约定无效的情况下，才能将审计结论作为判决的依据。

审判意见

《四川高院施工合同解答》

17. 政府审计部门审计结果能否作为合同结算依据？

政府投资的建设工程施工合同结算纠纷，发包人主张以政府审计部门审计结果作为工程造价结算依据的原则上不予支持，但当事人在合同中有明确约定的除外。

当事人在合同中明确约定工程价款以政府审计部门审计结果作为结算依据，并约定了审计时间，在合同约定的审计时间内非因承包人原因未作出审计结论，或虽未约定审计时间，经承包人催告。发包人未在合理期限内送交政府审计部门审计的，承包人主张按照双方签章确认的送审结算价结算工程价款的，可予支持。

政府审计部门审计结论明确部分项目已经超出政府投资项目，但合同明确约定属于施工内容的，承包人主张支付工程价款的，应予支持。

典型判决 中铁十九局与重庆建工集团建设工程施工合同纠纷案[①]

【裁判要旨】

施工合同约定的结算按业主审计为准的条款，应解释为结算价应经专业审查途径或方式确定，而不应解释为须在业主接受国家审计机关审计后依据审计结果

① 参见最高人民法院民事判决书，(2012)民提字第205号。

进行结算。

【裁判观点】

再审法院认为,关于分包合同是否约定了案涉工程应以国家审计机关的审计结论作为结算依据的问题,分包合同中对合同最终结算价约定按照业主审计为准,系因该合同属于分包合同,其工程量与工程款的最终确定须依赖合同之外的第三人即业主的最终确认。因此,对该约定的理解,应解释为工程最终结算价须通过专业的审查途径或方式,确定结算工程款的真实合理性,该结果须经业主认可;而不应解释为须在业主接受国家审计机关审计后,依据审计结果进行结算。根据《审计法》的规定,国家审计机关的审计系对工程建设单位的一种行政监督行为,审计人与被审计人之间因国家审计发生的法律关系与本案当事人之间的民事法律关系性质不同。在民事合同中,当事人对接受行政审计作为确定民事法律关系依据的约定,应当具体明确,而不能通过解释推定的方式,认为合同签订时当事人已经同意接受国家机关的审计行为对民事法律关系的介入。因此,重庆建工集团所持分包合同约定了以国家审计机关的审计结论作为结算依据的主张,缺乏事实和法律依据,再审法院不予采信。

第二节　发包人欠付款

101. 实际施工人起诉发包人,如何查明发包人欠付款金额?

《最高院施工合同解释一》第43条赋予实际施工人在欠付工程款范围内向发包人主张工程款的权利。但发包人承担责任以查明发包人所欠工程款具体金额为基础。司法实践中,应审查两个欠付款关系,一个是承包人与实际施工人之间的欠付款金额,另一个是发包人与承包人之间的欠付款金额。

第一个欠款关系是案件基础事实,实际施工人无论是向承包人请求付款,还是向发包人请求在欠付工程款范围内承担责任,均应以承包人尚欠实际施工人工程款为基础。有时,实际施工人将发包人列为被告,承包人只被列为第三人,只要求发包人承担责任。该起诉模式符合司法解释规定,但为了查明案件的基本事实,还需要由实际施工人举证证明承包人欠付实际施工人金额。

第二个欠款关系是发包人与承包人之间的欠付款金额。笔者认为,应当由发包人举证证明其实际已支付工程款金额。但在发包人已进行举证并合理解释的情况下，应当由实际施工人举证证明发包人欠付工程款的事实。例如，在范某福与汇鑫公司、东方置业公司等建设工程施工合同纠纷案①中，法院指出，虽然范某福作为实际施工人主张发包人东方置业公司应当在欠付工程款范围内承担责任，但是在原审以及再审法院审查过程中，东方置业公司已对工程总造价、已付工程款、是否尚欠工程款等情况作出解释说明，范某福没有充分证据证明东方置业公司存在欠付汇鑫公司工程款的情况，故再审法院对于范某福要求东方置业公司承担民事责任的主张不予支持。

如实际施工人仅起诉发包人，需追加承包人才能查明发包人欠付款金额。根据《最高院民诉法解释》第90条和第91条的规定，实际施工人举证证明发包人欠付工程款的事实无法查明，由实际施工人承担不利的法律后果。

法律依据

《民事诉讼法》

第六十七条 当事人对自己提出的主张，有责任提供证据。

当事人及其诉讼代理人因客观原因不能自行收集的证据，或者人民法院认为审理案件需要的证据，人民法院应当调查收集。

人民法院应当按照法定程序，全面地、客观地审查核实证据。

第六十八条 当事人对自己提出的主张应当及时提供证据。

人民法院根据当事人的主张和案件审理情况，确定当事人应当提供的证据及其期限。当事人在该期限内提供证据确有困难的，可以向人民法院申请延长期限，人民法院根据当事人的申请适当延长。当事人逾期提供证据的，人民法院应当责令其说明理由；拒不说明理由或者理由不成立的，人民法院根据不同情形可以不予采纳该证据，或者采纳该证据但予以训诫、罚款。

《最高院民诉法解释》

第九十条 当事人对自己提出的诉讼请求所依据的事实或者反驳对方诉讼请求所依据的事实，应当提供证据加以证明，但法律另有规定的除外。

在作出判决前，当事人未能提供证据或者证据不足以证明其事实主张的，由负有举证证明责任的当事人承担不利的后果。

第九十一条 人民法院应当依照下列原则确定举证证明责任的承担，但法律另有规定

---

① 参见最高人民法院民事裁定书，(2016)最高法民申2581号。

的除外：

（一）主张法律关系存在的当事人，应当对产生该法律关系的基本事实承担举证证明责任；

（二）主张法律关系变更、消灭或者权利受到妨害的当事人，应当对该法律关系变更、消灭或者权利受到妨害的基本事实承担举证证明责任。

《最高院施工合同解释一》

第四十三条 实际施工人以转包人、违法分包人为被告起诉的，人民法院应当依法受理。

实际施工人以发包人为被告主张权利的，人民法院应当追加转包人或者违法分包人为本案第三人，在查明发包人欠付转包人或者违法分包人建设工程价款的数额后，判决发包人在欠付建设工程价款范围内对实际施工人承担责任。

审判意见

《山东高院民一庭施工合同解答》

6.《最高人民法院关于审理建设工程施工合同纠纷案件适用法律问题的解释（二）》第二十四条中“发包人欠付转包人或者违法分包人建设工程价款的数额”如何查明处理？

发包人主张已经与承包人进行结算的，由发包人承担举证证明责任。发包人未与承包人进行结算的，发包人应当举证证明已付工程款数额，人民法院根据实际施工人的施工量占总工程量的比重、已付款项涵盖的范围、转包或者违法分包的情形等具体情况合理分配举证证明责任，并根据查明的欠付工程款数额作出判决。

《四川高院施工合同解答》

13. 实际施工人主张欠付工程款的诉讼主体如何确定？发包人、转包人、违法分包人的责任如何承担？

《建工司法解释》第二十六条中的“发包人”应当理解为建设工程的业主，不应扩大理解为转包人、违法分包人等中间环节的相对发包人。

建设工程因转包、违法分包导致建设工程施工合同无效的，实际施工人以转包人、违法分包人为被告主张权利的，人民法院一般不主动依职权追加发包人作为共同被告参加诉讼。

实际施工人以发包人为被告主张权利的，人民法院应当追加与实际施工人存在直接合同关系的转包人、违法分包人作为共同被告参加诉讼，发包人在欠付工程价款范围内对实际施工人承担责任。

发包人以其未欠付工程价款为由提出抗辩的，应当承担举证责任。

实际施工人可以以发包人、转包人，违法分包人为共同被告主张权利，当事人之间依据相应的合同关系承担法律责任。

建设工程施工合同无效，实际施工人要求未与其建立合同关系的转包人、违法分包人对工程欠款承担支付责任的，不予支持。

《河南高院工程合同解答》

8. 实际施工人请求发包人承担责任，对发包人欠付工程款的数额应当由谁承担举证责任？

答：根据《最高人民法院关于民事诉讼证据的若干规定》第五条规定，对合同是否履行发生争议的，由负有履行义务的当事人承担举证责任。一般情况下，发包人作为向承包人支付工程款义务的当事人，应当对其是否欠付承包人工程款或者欠付工程款的具体数额作出抗辩，并承担相应的举证责任。但在实际施工人突破合同相对性原则向发包人主张欠付责任的情况下，实际施工人对发包人的抗辩不予认可的，仍由实际施工人对发包人欠付承包人工程款数额承担举证责任。如果无法查明发包人欠付承包人工程款具体数额，不应判决发包人对实际施工人承担责任。

《山东高院解决执行难的通知》

第九条　法律文书主文应当明确具体，具有可执行性。

支付抚养费、赡养费、扶养费的，应当明确支付数额、时间、方式等；离婚等案件需要交付、分割财产的，应当明确财产名称、权属、数量、数额、交付条件、交付方式、交付时间、逾期责任等；赔礼道歉的，应当明确道歉时间、道歉方式等；环境污染修复的，应当明确修复的期限、标准以及不能修复时的赔偿数额；执行异议之诉的，应当明确准许或者停止执行的标的的具体内容。

判令建设工程施工合同发包人在欠付工程款范围内对实际施工人承担责任的，应当明确欠付工程款的具体数额。判令在遗产继承范围内承担责任的，应当明确遗产继承的数额或者财产名称、数量等。

其他类型案件按照《最高人民法院关于人民法院立案、审判与执行工作协调运行的意见》第11条办理。

典型判决　尹某等与庆田公司等建设工程施工合同纠纷案[①]

【裁判要旨】

转包人认可发包人已向其付清工程款，实际施工人未能举证证明发包人欠付工程款的事实，应承担举证不能的后果。

① 参见最高人民法院民事判决书，(2017)最高法民终144号。

【裁判观点】

二审法院认为，本案中，尹某、袁某原则上应向转包方庆田公司主张工程款，其突破合同相对性原则行使诉权时，应提供证据证明发包人能源公司、团鱼山煤矿可能欠付庆田公司工程款，以及合同相对方庆田公司有破产等严重影响实际施工人权利实现的情形。但尹某、袁某在一审、二审中均未提供充分的证据予以证明，且庆田公司认可能源公司、团鱼山煤矿已向其付清案涉工程款，故尹某、袁某上诉请求能源公司、团鱼山煤矿在欠付工程款的范围内承担连带责任，缺乏事实和法律依据，不能成立，二审法院不予支持。

102. 发包人可否以未结算为由，抗辩实际施工人的付款请求？

实际施工人起诉发包人要求其在欠款范围内承担责任，发包人以尚未结算，尚不清楚具体造价为由抗辩付款请求的，法院应当结合具体案件中工程开发建设、工程款支付、结算条件等实际情况综合把握，需要查明未结算的主要原因和责任方。

审判意见

《河北高院施工合同审理指南》(2023 版)

23. 实际施工人向与其没有合同关系的转包人、分包人、总承包人、发包人提起的诉讼，发包人与承包人就工程款问题尚未结算的，原则上仍应坚持合同相对性，由与实际施工人有合同关系的前手承包人给付工程款。

如果发包人与承包人已就工程款进行结算或虽尚未结算，但欠款范围明确，可以确定发包人欠付承包人的工程款数额大于承包人欠付实际施工人的工程款数额，可以直接判决发包人对实际施工人在承包人欠付实际施工人的工程款数额范围内承担连带给付责任。

欠付工程款范围明确是指判决中必须明确发包人承担连带责任的范围和数额，不能简单表述为发包人在欠付工程款范围内承担连带责任。

典型判决 1 罗某雄、钢建公司等建设工程施工合同纠纷案[①]

【裁判要旨】

实际施工人有权请求发包人在欠付承包人价款范围内承担责任，但实际施工

① 参见最高人民法院民事判决书，(2021)最高法民终 394 号。

人请求发包人在承包人欠付实际施工人价款范围内承担责任的，不予支持。

【裁判观点】

二审法院认为，本案系罗某雄提起的建设工程施工合同纠纷，根据原《合同法》第269条①“建设工程合同是承包人进行工程建设，发包人支付价款的合同”的规定，在建设工程施工合同这一有名合同中，发包人向承包人支付工程价款的前提是双方之间存在建设工程施工合同关系，承包人按照合同约定对案涉工程进行施工后，其劳动成果物化为案涉工程，承包人据此可以依照建设工程施工合同向其劳动成果的享有者即发包人主张工程款债权。同理，无论承包人将其承包的工程进行合法分包、非法分包、转包，虽然其行为的效力各异，但其行为的完成均是通过订立合同的方式进行。作为承包人合法分包、非法分包、转包等行为的相对方，实际施工人在满足其实际施工的条件下，只能够向其合同相对人主张相应施工对价。原《最高院施工合同解释二》第24条②规定：“实际施工人以发包人为被告主张权利的，人民法院应当追加转包人或者违法分包人为本案第三人，在查明发包人欠付转包人或者违法分包人建设工程价款的数额后，判决发包人在欠付建设工程价款范围内对实际施工人承担责任。”据此，通过转包、违法分包等形式参与案涉工程并实际施工的主体，只能向转包人、违法分包人主张工程款。发包人和转包关系或违法分包关系下的实际施工人之间并不存在合同关系，实际施工人无权基于合同关系要求发包人向其支付工程款；如果发包人存在欠付承包人工程款的情况，进而导致承包人不能够支付实际施工人的包括农民工工资在内的工程款的，上述司法解释有条件地突破了合同相对性，规定了发包人应在欠付建设工程价款范围内对实际施工人承担责任。因此，本案罗某雄有权依照《项目内部承包合同》向案涉工程承包人即转包人钢建公司要求其支付工程款。钢建公司应该支付给罗某雄的工程款为92,788,125.27元，其已经支付给罗某雄60,152,900.55元，尚欠32,635,224.72元(92,788,125.27元－60,152,900.55元)。遵义开投公司作为发包人，对于罗某雄的工程款请求只在其欠付合同相对人钢建公司工程款范围之内承担责任。一审法院判令遵义开投公司在钢建公司欠付罗某雄工程款范围内承担责任，系适用法律错误，二审法院予以纠正。

---

① 相关规定参见《民法典》第788条。

② 相关规定参见《最高院施工合同解释一》第43条第2款。

典型判决 2 吴某全、丰都一建公司建设工程施工合同纠纷案[①]

【裁判要旨】

发包人与承包人尚未结算，有关发包人是否欠付承包人工程款及其金额尚未确定，实际施工人要求发包人承担责任的，不予支持。

【裁判观点】

再审法院认为，本案中，因福佑公司与丰都一建公司尚未完成结算，福佑公司是否欠丰都一建公司工程款以及欠款的具体金额尚未确定，不能确定吴某全在什么范围内对案涉工程享有优先受偿权，故其请求暂不能成立，吴某全应待福佑公司和丰都一建公司完成工程款结算后另行主张权利。

103. 转包人（违法分包人）与发包人尚未进行结算，实际施工人请求转包人（违法分包人）支付工程款的，是否应当支持？

判断转包人（违法分包人）是否承担付款责任，要根据实际施工人与转包人（违法分包人）就工程款结算支付的合同约定情况来分析。如果实际施工人与转包人（违法分包人）约定以发包人与承包人之间的结算为前提，但实际施工人起诉转包人（违法分包人）时，发包人与承包人尚未就讼争工程价款进行结算，实际施工人的请求权是否成立，应按"背靠背条款"问题处理。如果实际施工人与转包人（违法分包人）约定工程款支付期限已届满，实际施工人请求转包人（违法分包人）支付工程款的，则不受发包人与转包人（违法分包人）是否进行结算的限制。

法律依据

《民事诉讼法》

第一百二十七条 人民法院对下列起诉，分别情形，予以处理：

（一）依照行政诉讼法的规定，属于行政诉讼受案范围的，告知原告提起行政诉讼；

（二）依照法律规定，双方当事人达成书面仲裁协议申请仲裁、不得向人民法院起诉的，告知原告向仲裁机构申请仲裁；

（三）依照法律规定，应当由其他机关处理的争议，告知原告向有关机关申请解决；

① 参见最高人民法院民事判决书，（2019）最高法民再258号。

（四）对不属于本院管辖的案件，告知原告向有管辖权的人民法院起诉；

（五）对判决、裁定、调解书已经发生法律效力的案件，当事人又起诉的，告知原告申请再审，但人民法院准许撤诉的裁定除外；

（六）依照法律规定，在一定期限内不得起诉的案件，在不得起诉的期限内起诉的，不予受理；

（七）判决不准离婚和调解和好的离婚案件，判决、调解维持收养关系的案件，没有新情况、新理由，原告在六个月内又起诉的，不予受理。

《最高院民诉法解释》

第二百零八条第三款　立案后发现不符合起诉条件或者属于民事诉讼法第一百二十七条规定情形的，裁定驳回起诉。

典型判决　黄某盛、林某勇与江西通威公司、泉三高速公路公司建设工程分包合同纠纷案[①]

【裁判要旨】

实际施工人向转包人主张工程款，转包人以转包合同约定转包双方结算以发包人结算为前提抗辩的，不予支持。

【裁判观点】

二审法院认为，一审判决根据诉争工程已经竣工验收并交付使用的实际情况，依照原《最高院施工合同解释》第2条的规定，判令江西通威公司支付黄某盛、林某勇工程款，并自工程交付之日起承担尚欠工程款的利息，适用法律正确。上述司法解释条款规定的“参照合同约定支付工程价款”主要指参照合同有关工程款计价方法和计价标准的约定。江西通威公司主张“参照”应当包括合同对支付条件的约定，其与业主泉三高速公路公司未完成结算，本案所涉合同约定的工程款支付条件尚未成就，其应在付款条件成就时承担向黄某盛的付款义务，于法无据，二审法院不予支持。

① 参见最高人民法院民事判决书，（2013）民一终字第93号。

第三节 质量和基础关系

104. 实际施工人起诉承包人、发包人主张工程款，发包人提出质量不合格的抗辩或反诉，如何审查？

《民法典》第 799 条第 2 款规定："建设工程竣工经验收合格后，方可交付使用；未经验收或者验收不合格的，不得交付使用。"《民法典》第 793 条第 2 款第 2 项规定："修复后的建设工程经验收不合格的，承包人无权请求参照合同关于工程价款的约定折价补偿。"据此，实际施工人起诉承包人、发包人主张工程款的基本前提是建设工程质量合格。"质量合格"具体来说不仅应当符合施工合同约定，更应达到国家规定强制性标准。

实际施工人起诉承包人、发包人主张工程款，发包人提出质量不合格的抗辩或反诉时，应从以下方面审查：

(1)工程是否存在质量问题

工程竣工验收合格的，一般情况下认定施工质量合格。验收后，发包人提出质量问题的，应由其承担举证责任。如《浙江高院施工合同解答》第 7 条规定，发包人已组织验收合格，后又以工程质量存在瑕疵为由，拒付延付工程款的，原则上不成立。

对于发包人主张的质量问题，裁判者应区分是否在质保期内，以及是否属于地基基础、主体结构的质量问题。若审查后初步判断可能有质量问题且在质保期内，或属于地基基础、主体结构的质量问题，可征求双方意见确定是否申请工程质量鉴定。双方均不申请鉴定的，应当分配举证责任，并向负有举证责任的一方释明不申请鉴定的法律后果。

工程尚未验收合格且未交付的，应由承包人提供分部分项工程验收表、检验批质量验收表、混凝土强度检测报告等证据，用以证明已完工工程质量合格。

(2)审查工程质量的修复情况

因承包人原因造成工程质量问题的，应由承包人承担修复责任。若工程质量虽未达到约定标准或国家标准，但经修复后可以达到上述标准，发包人抗辩扣除修复费用或另诉要求承包人对质量问题修复或承担修复费用的，应予支持。

如工程不能修复但不影响结构安全性、功能适用性，发包人可要求减少相应工程款。若修复后依旧不合格的，发包人可拒付工程款。

（3）审查工程质量的原因

导致工程质量原因的主体有多种，包括勘察设计人、发包人、承包人、供应商等。如是多方主体原因导致工程质量不合格的，则应由有关各方分别承担相应责任。

法律依据

《民法典》

第七百九十三条　建设工程施工合同无效，但是建设工程经验收合格的，可以参照合同关于工程价款的约定折价补偿承包人。

建设工程施工合同无效，且建设工程经验收不合格的，按照以下情形处理：

（一）修复后的建设工程经验收合格的，发包人可以请求承包人承担修复费用；

（二）修复后的建设工程经验收不合格的，承包人无权请求参照合同关于工程价款的约定折价补偿。

发包人对因建设工程不合格造成的损失有过错的，应当承担相应的责任。

第七百九十九条　建设工程竣工后，发包人应当根据施工图纸及说明书、国家颁发的施工验收规范和质量检验标准及时进行验收。验收合格的，发包人应当按照约定支付价款，并接收该建设工程。

建设工程竣工经验收合格后，方可交付使用；未经验收或者验收不合格的，不得交付使用。

审判意见

《浙江高院施工合同解答》

七、发包人已经签字确认验收合格，能否再以质量问题提出抗辩，主张延期或不予支付工程价款？

发包人已组织验收并在相关文件上签字确认验收合格，后又以工程质量存在瑕疵为由，拒绝支付或要求延期支付工程价款的，该主张不能成立。但确因承包人施工导致地基基础工程、工程主体结构质量不合格的，发包人仍可以拒绝支付或要求延期支付工程价款。

八、如何把握工程质量鉴定程序的启动？

要严格把握工程质量鉴定程序的启动。建设工程未经竣工验收，发包人亦未擅自提前使用，发包人对工程质量提出异议并提供了初步证据的，可以启动鉴定程序。

九、发包人以工程质量为由提出的对抗性主张，究竟是抗辩还是反诉？

承包人诉请给付工程价款，发包人以工程质量不符合合同约定或国家强制性的质量规范标准为由，要求减少工程价款的，按抗辩处理；发包人请求承包人赔偿损失的，按反诉处理。

典型判决1 一万纺织公司、中厦建设公司建设工程施工合同纠纷案①

【裁判要旨】

工程质量不合格，发包人拒付工程款系行使先履行抗辩权，应予支持。

【裁判观点】

二审法院认为，本案纠纷起因于中厦建设公司建设施工的案涉工程质量不符合合同约定的合格标准。根据《建筑法》的相关规定，建筑施工企业对工程的施工质量负责。建设工程施工合同的施工单位交付质量合格的工程是其主要义务，也是其取得工程价款的前提。本案中，一万纺织公司之所以将案涉工程交由中厦建设公司施工，主要基于中厦建设公司是具有特级施工资质的专业建筑企业，但中厦建设公司自工程开工10日起即收到监理单位下达的停工整改通知，此后工程质量问题接连不断。双方在质量问题出现初期，尚能本着互谅互让、友好协商的原则，签订《补充协议》变更竣工日期及付款方式，中厦建设公司亦承诺“后期工程施工严格按照图纸及相关规范要求施工，超过相关规范允许的偏差，乙方无条件按甲方的意见进行整改或返工”。但在出现严重影响工程质量的施工缝和混凝土柱错位等主体结构缺陷问题导致工期延误后，中厦建设公司未按承诺配合一万纺织公司完成整改，而后更以停工行为进一步导致工期延长，致使一万纺织公司案涉合同目的不能实现，理应承担相应的违约责任。

典型判决2 李某、教育建筑公司建设工程施工合同纠纷案②

【裁判要旨】

发包人将工程发包给没有资质的个人，存有过错的，应对建设工程不合格造成的损失承担相应责任。

---

① 参见最高人民法院民事判决书，（2017）最高法民终666号。

② 参见最高人民法院民事判决书，（2017）最高法民再247号。

【裁判观点】

再审法院认为,《建筑法》第60条第1款规定:“建筑物在合理使用寿命内,必须确保地基基础工程和主体结构的质量。”颐园府邸A、B栋工程地基基础工程质量不合格,司某无权请求参照施工合同约定主张该部分工程款。李某将案涉工程发包给无建筑施工资质的个人即司某承包施工,其对合同无效及工程质量缺陷应当有所预见。本案中,环宇公司于2011年10月出具桩基检测报告证明桩基满足设计要求。根据一审法院查明的事实,直至2012年4月,颐园府邸A、B栋工程才停工撤场,即在案涉工程桩基检测后至停工前,工程还在陆续建设。根据本案现有证据,不足以证明案涉工程的发包方、施工方、监理方和设计单位对桩基部分严格履行了法定结构验收,发包人李某对于案涉颐园府邸A、B栋柱基质量不合格及造成的损失亦具有过错。原《最高院施工合同解释》第3条第2款规定,“因建设工程不合格造成的损失,发包人有过错的,也应承担相应的民事责任”。黑龙江省龙建司法鉴定所出具的鉴定意见书认定,颐园府邸A、B栋工程造价7,798,807.95元,扣除企业管理费、规费、利润、税金共计1,048,281.03元后,剩余6,750,526.92元为颐园府邸A、B栋的实际损失,应由李某和司某各自承担3,375,263.46元。

典型判决3 星月公司、成都建工建设工程施工合同纠纷案①

【裁判要旨】

建设工程质量发生争议时,发包人可基于合同关系单独起诉承包人,也可以将承包人、分包人和实际施工人作为共同被告提起诉讼,该纠纷不属于必要共同诉讼。

【裁判观点】

再审法院认为,关于案涉施工合同约定了仲裁条款而补充合同未约定纠纷主管的问题,首先,《仲裁法》第19条第1款规定,“仲裁协议独立存在,合同的变更、解除、终止或者无效,不影响仲裁协议的效力。”故施工合同的效力不影响仲裁条款的效力。其次,双方未在补充合同中约定纠纷主管问题,即未变更施工合同关于争议解决方式的约定。因此,双方在施工合同中约定的仲裁条款合法有效。

---

① 参见最高人民法院民事裁定书,(2019)最高法民申5011号。

关于星月公司能否依据原《最高院施工合同解释》第25条[①]的规定，突破其与成都建工的仲裁协议，提起本案诉讼的问题，根据原《最高院施工合同解释》第25条"因建设工程质量发生争议的，发包人可以以总承包人、分包人和实际施工人为共同被告提起诉讼"的规定，发包人可以基于与承包人之间的合同关系就建设工程质量争议提起诉讼，也可以将承包人、分包人和实际施工人作为共同被告提起诉讼，故星月公司关于本案属于必要共同诉讼的理由不能成立。本案中，虽然由于仲裁条款的存在，星月公司不能将成都建工、富德公司、张某伟作为共同被告提起诉讼，但是如经由生效仲裁裁决确认成都建工应就案涉工程质量承担责任，那么成都建工仍可依据分包合同追究分包人富德公司、张某伟的责任，不存在星月公司所称本案排除法院管辖必然造成免除分包人实体责任的后果。

105. 发包人以出借人身份起诉实际施工人归还借款，实际施工人抗辩双方之间属于工程款纠纷的，应当按照何种法律关系受理？

施工合同履行中，发包方常常会通过借款的形式向承包人支付工程款。具体操作过程为：发包方向承包人支付预付款、进度款时，并不是直接支付款项，而是由双方签订一份《借款合同》或由承包人出具借条注明借款金额和利息，通过借款的形式将工程款支付给施工方。如果工程顺利完工，发包人实现了合同目的，则这些所谓的借款就转换为已付工程款；如承包人工期延误或双方出现争议，发包人就会以借款合同、借条和汇款单等为依据，要求承包人或实际施工人归还借款本金并支付利息。这种操作模式被称为"借款名义支付工程款行为"。

根据《最高院民间借贷解释》第14条第1款的规定，法律关系的确定，应当探求真实意思表示，不能仅凭债权凭证的名称确定。换言之，发包人给承包人（实际施工人）的款项是工程款还是借款，合同有约定的，应依约定确定；约定不明时，应探求当事人的真意。具体包括：

（1）合同主体问题。当事人的一致性是法院分析合同性质的重要考量因素之一。如借款合同双方当事人与施工合同双方当事人一致，则确有可能存在以借款名义支付工程款的情况；反之，如借款合同主体和施工合同主体不一致，笔者倾向认为该类款项认定为借款为宜。

① 相关规定参见《最高院施工合同解释一》第15条。

（2）合同要素问题。一般来说，借款合同的内容应当包括当事人信息、借款种类、币种、用途、数额、利率、期限和还款方式等，若当事人之间的借款合同缺乏上述基本要素，笔者倾向认为该类款项认定为支付工程款行为为宜。

（3）合同关联性问题。我们可以从款项的支付条件、支付时间以及支付对象等方面进行分析。若借款合同约定以工程竣工或某节点等作为支付条件，显然与施工合同关联性更大，笔者倾向认为该类款项认定为支付工程款行为为宜。若某借款合同所借出款项全部打入承包人指定本工程供应商账户、农民工工资个人账户，该类款项认定为工程款为宜。

法律依据

《最高院民间借贷解释》

第十四条　原告以借据、收据、欠条等债权凭证为依据提起民间借贷诉讼，被告依据基础法律关系提出抗辩或者反诉，并提供证据证明债权纠纷非民间借贷行为引起的，人民法院应当依据查明的案件事实，按照基础法律关系审理。

当事人通过调解、和解或者清算达成的债权债务协议，不适用前款规定。

审判意见

《湖南高院施工合同解答》

十四、借款预支工程款应如何处理？

建设工程施工合同履行过程中，当事人出具借条预支工程进度款，发包人或承包人在结算工程价款过程中主张抵扣借款本金及利息的，应当一并处理。

典型判决　英雄公司、李某忠民间借贷纠纷案[①]

【裁判要旨】

承包人与实际施工人签订的《借款协议书》的相应款项均发生于施工期间，借款用途包括项目部周转资金、人工、材料费等，且与双方认可的付款明细表上记载的付款日期及金额一致。实际施工人提出此款项名为借款实为工程款的抗辩，应予支持。

① 参见最高人民法院民事裁定书，（2021）最高法民申6160号。

【裁判观点】

再审法院认为,《最高院民间借贷解释》第 14 条第 1 款规定:“原告以借据、收据、欠条等债权凭证为依据提起民间借贷诉讼,被告依据基础法律关系提出抗辩或者反诉,并提供证据证明债权纠纷非民间借贷行为引起的,人民法院应当依据查明的案件事实,按照基础法律关系审理。”经查,《借款协议书》记载的案涉 37 笔款项均发生于案涉工程施工期间,出借主体为英雄公司坤茂项目部与英雄公司,借款人均为李某忠,除 2012 年英雄公司出借的 3 笔款项外,其余 34 笔款项均由英雄松原分公司承担连带保证责任。《借款协议书》中约定的借款用途包括项目部周转资金、人工费(工资)、材料费等,且与原审中英雄公司和李某忠均认可的 2011 年度和 2012 年度英雄松原分公司坤茂大厦项目部班组付款明细表上记载的付款日期及金额一致。李某忠对案涉 37 笔款项实际发生无异议,但在原审中提出此款项实为工程款的抗辩。吉林省高级人民法院另案审理的英雄公司、英雄松原分公司与李某忠、松原新宇公司建设工程施工合同纠纷一案所作出的(2018)吉民终 510 号生效民事判决亦将本案所涉款项计入英雄公司已付工程款。据此,对于案涉 37 笔款项的性质,另案生效判决已认定为工程款,而非借款。

关于英雄公司认为案涉款项为借款的再审申请理由,经查,英雄公司与李某忠虽均认可案涉工程第一个付款节点时间为 2011 年 7 月 31 日,但双方在原审中均未能提供证据证明曾按约定的工程节点支付工程进度款,且直至 2018 年 10 月 18 日双方对账形成《往来核对清单》时,英雄公司仍欠付李某忠工程款 250 余万元。英雄松原分公司与李某忠之间的协议书虽经(2018)吉民终 510 号生效民事判决认定为无效,但依据原《最高院施工合同解释》第 2 条的规定,该协议书中关于工程进度款支付方式的约定并不当然无效,在英雄公司无法证明已按照合同约定的付款进度完成工程进度款付款义务的情况下,其仍负有向李某忠支付工程款的义务。因此,原审按照英雄公司与李某忠间的建设工程施工合同关系对本案进行审理,认定英雄公司与李某忠之间不属于民间借贷法律关系,案涉 37 笔款项系英雄公司以借款形式发放的工程款而不应计收利息,理据充分。再审法院对英雄公司的再审申请理由,依法不予支持。

106. 实际施工人对无效施工合同应承担的赔偿责任范围是什么?

在施工合同无效的情况下,合同相对人往往请求实际施工人对工期延误、质量不合格等造成的损失承担赔偿责任。在合同无效的情况下，有过错的一方应当赔偿的是对方"因此所受到的损失"，即对方因合同无效所致的财产上的减少，不包括合同履行后可以获得的利益。

一般来说，实际施工人对其合同相对人承担的赔偿责任范围包括以下几方面：(1)相对人因办理招投标手续支出的费用、合同备案支出的费用、订立合同支出的费用等实际支出损失；(2)实际施工人承建的工程不符合规定的质量标准造成的修复费用；(3)实际施工人承建的工程超出规定的合理期限造成的损失；(4)因实际施工人原因致使建设工程质量发生缺陷造成的相对人的人身和财产的损失；(5)因实际施工人过错导致的其他损失。

法律依据

《民法典》

第一百七十九条　承担民事责任的方式主要有：

(一)停止侵害；

(二)排除妨碍；

(三)消除危险；

(四)返还财产；

(五)恢复原状；

(六)修理、重作、更换；

(七)继续履行；

(八)赔偿损失；

(九)支付违约金；

(十)消除影响、恢复名誉；

(十一)赔礼道歉。

法律规定惩罚性赔偿的，依照其规定。

本条规定的承担民事责任的方式，可以单独适用，也可以合并适用。

《最高院施工合同解释一》

第六条　建设工程施工合同无效，一方当事人请求对方赔偿损失的，应当就对方过错、损失大小、过错与损失之间的因果关系承担举证责任。

损失大小无法确定，一方当事人请求参照合同约定的质量标准、建设工期、工程价款支付时间等内容确定损失大小的，人民法院可以结合双方过错程度、过错与损失之间的因果关系等因素作出裁判。

审判意见

《浙江高院施工合同解答》

二十、合同无效是否影响关于工程质量的约定、承诺的效力？

建设工程施工合同无效，不影响发包人按合同约定、承包人出具的质量保修书或法律法规的规定，请求承包人承担工程质量责任。

原《江苏高院施工合同解答》

5、建设工程施工合同无效，建设工程经竣工验收合格的，合同约定的哪些条款可以参照适用？

建设工程施工合同无效，建设工程经竣工验收合格的，当事人主张工程价款或确定合同无效的损失时请求将合同约定的工程价款、付款时间、工程款支付进度、下浮率、工程质量、工期等事项作为考量因素的，应予支持。

《四川高院施工合同解答》

31. 如何处理发包人提出的工程质量问题？

承包人诉请支付工程价款，发包人主张工程质量不符合合同约定或者国家强制性质量规范标准，要求减少工程价款的，按抗辩主张处理；发包人要求承包人赔偿损失的，应以反诉的方式提出或另行起诉。

建设工程已经竣工验收合格，或虽未竣工验收，但发包人已实际使用，如工程质量问题属于承包人施工原因导致的地基基础工程或工程主体结构质量问题，发包人要求拒付或延期支付工程价款的，应予支持；如发包人提出的工程质量问题属于保修范围，发包人要求拒付或减付工程款的，不予支持。

工程尚未进行竣工验收且未交付使用，发包人以工程质量不符合合同约定或者国家强制性质量规范标准为由要求拒付或减付工程款，经查证属实的，应予支持；发包人要求承包人支付违约金或者赔偿修理，返工或改建的合理费用等损失的，应以反诉的方式提出或另行起诉。

因承包人原因致使工程质量不符合合同约定，发包人要求承包人承担保修责任或者赔偿修复费用等实际损失的，按保修的相关规定处理。承包人拒绝修复、在合理期限内不能修复或者发包人有正当理由拒绝承包人修复，发包人另行委托他人修复后要求承包人承担合理修复费用的，应予支持。发包人未通知承包人或无正当理由拒绝由承包人修复而另请他人修复的，所发生的修复费用由发包人自行承担。

《深圳中院施工合同裁判指引》

十九、建设工程施工合同无效，但按照最高人民法院《关于审理建设工程施工合同纠纷案件适用法律问题的解释》第二条的规定可参照合同约定计算工程价款的，如承包人存在延期完工或者发包人存在延期支付工程款的情形，当事人要求参照合同约定赔偿因此造成的损失的，不予支持，应按照无效合同的处理原则确定损失，认定责任。

典型判决　陈某、东勇村经济合作社建设工程施工合同纠纷案[1]

【裁判要旨】

实际施工人无法举证证明因发包人逾期付款造成实际施工人损失的，由实际施工人承担此举证不能的不利后果。

【裁判观点】

二审法院认为，根据原《最高院施工合同解释二》第3条[2]的规定，建设工程施工合同无效，一方当事人请求对方赔偿损失的，应当就对方过错、损失大小、过错与损失之间的因果关系承担举证责任。损失大小无法确定，一方当事人请求参照合同约定的质量标准、建设工期、工程价款支付时间等内容确定损失大小的，法院可以结合双方过错程度、过错与损失之间的因果关系等因素作出裁判。

经查，陈某提供的工程款支付报表等并未经发包人审核确认，工作联系单中的建设单位经办栏仅有公章但无“经办人”签字和标注具体日期，且发包人否认收到前述材料。结合案涉工程停工前东勇村经济合作社已支付工程款5830万元的事实，如依照鉴定的已完成工程量的工程造价63,917,975元计算，已超过85%的比例。故现有证据不足以证明系东勇村经济合作社逾期不付款导致停工并造成陈某损失，此举证不能的不利后果应由陈某承担。一审以合同无效，各方均存在明显过错而酌情确定由东勇村经济合作社与陈某各半承担不当，二审法院予以更正。

---

① 参见浙江省高级人民法院民事判决书，(2020)浙民终268号。

② 相关规定参见《最高院施工合同解释一》第6条。

第十一章　诉讼程序

第一节　主　　体

107. 原告主张其为实际施工人，裁判者综合审查的主要内容有哪些？

只有符合实际施工人条件的当事人才能依据《最高院施工合同解释一》第43条的规定，向发包人提出相关请求。对于不属于实际施工人的当事人依据该规定以发包人为被告主张欠付工程款的，法院不予受理；已受理的，应当裁定驳回起诉。以仅有发包人、承包人、实际施工人三方主体为例，原告主张其为实际施工人的，裁判者一般会综合审查以下内容：

（1）审查是否参与施工合同签订。查明原告与承包人是否存在真实的劳动关系，有无作为承包人委托代理人身份参与发包人与承包人之间合同的磋商和签订。通过核实原告的劳动合同、社保记录、工资发放等事实，区别内部承包人与实际施工人。

（2）审查投标保证金、履约保证金交纳情况。在存在实际施工人的情况下，投标保证金及履约保证金大多源于实际施工人，应查明投标保证金、履约保证金是否由原告实际交纳。

（3）审查合同履行情况。实际施工人是实际履行施工义务的人，并享有对人、财、物的施工支配权。审查原告是否存在施工过程中发生劳务、材料、租赁机械等大量付款，签订多份合同的行为，是否持有大量的施工资料以及申报进度款的资料并实际参与结算，发包人、承包人有无向其付款等情况。

（4）审查实际施工人的类型。实际施工人包括转包、违法分包、挂靠等类型。但一些当事人在起诉状中并不明确实际施工人具体类型，其诉请常表述为“请求判令发包人×××、承包人×××向实际施工人×××支付工程款××万元及利息××万元”。裁判者应将实际施工人具体类型作为重要事实予以查明。

法律依据

《最高院施工合同解释一》

第四十三条 实际施工人以转包人、违法分包人为被告起诉的，人民法院应当依法受理。

实际施工人以发包人为被告主张权利的，人民法院应当追加转包人或者违法分包人为本案第三人，在查明发包人欠付转包人或者违法分包人建设工程价款的数额后，判决发包人在欠付建设工程价款范围内对实际施工人承担责任。

审判意见

《重庆高院四川高院施工合同解答》

九、建设工程施工合同纠纷中实际施工人范围如何确定？

答：实际施工人是指依照法律规定被认定无效的施工合同中，实际完成工程建设的主体。实际施工人身份的界定，应当结合最终实际投入资金、材料，组织工程施工等因素综合予以认定。仅从事建筑业劳务作业的农民工、劳务班组不属于实际施工人范畴，其依据《最高人民法院关于审理建设工程施工合同纠纷案件适用法律问题的解释(一)》第四十三条的规定向发包人、转包人、违法分包人主张权利的，人民法院不予支持。

《山东高院施工合同解答》

1、建设工程施工合同纠纷案件中，实际施工人如何认定？

实际施工人是指依照法律规定被认定为无效的施工合同中实际完成工程建设的施工主体，包括转承包人、违法分包的承包人等。当事人以实际施工人身份主张权利的，应当对其实际投入工程的资金、设备、材料、人工等事实进行举证。

《四川高院施工合同解答》

12.“实际施工人”的范围如何确定？

《建工司法解释》中的“实际施工人”是指转包、违法分包以及借用资质的无效建设工程施工合同的承包人。建设工程经数次转包或分包的，实际施工人应当是实际投入资金、材料和劳力进行工程施工的企业或个人。对于不属于前述范围的当事人依据《建工司法解释》第二十六条第二款规定以发包人为被告主张欠付工程款的，应当不予受理，已经受理的，应当裁定驳回起诉。

建筑工人追索欠付工资或劳务报酬的，按照劳动关系或雇佣关系妥善处理。

《北京高院施工合同解答》

18、《解释》中“实际施工人”的范围如何确定?

《解释》中的“实际施工人”是指无效建设工程施工合同的承包人,即违法的专业工程分包和劳务作业分包合同的承包人、转承包人、借用资质的施工人(挂靠施工人);建设工程经数次转包的,实际施工人应当是最终实际投入资金、材料和劳力进行工程施工的法人、非法人企业、个人合伙、包工头等民事主体。法院应当严格实际施工人的认定标准,不得随意扩大《解释》第二十六条第二款的适用范围。对于不属于前述范围的当事人依据该规定以发包人为被告主张欠付工程款的,应当不予受理,已经受理的,应当裁定驳回起诉。

建筑工人追索欠付工资或劳务报酬的,按照工资支付的相关法律、法规规定及《北京市高级人民法院关于依法快速处理建设领域拖欠农民工工资相关案件的意见》妥善处理。

典型判决1 汇邦公司、源泰公司等建设工程施工合同纠纷案①

【裁判要旨】

原告提交多份有关外包以及供货合同、工程款及材料款的付款凭证,并支付所组建的项目部技术人员、管理人员等工人的二资,据此认定其系实际施工人并无不当。

【裁判观点】

再审法院认为,关于案涉实际施工人的认定问题,根据一审、二审查明的事实,源泰公司虽与汇邦公司签订了相关施工合同,但并未实际组织施工,源泰公司提交的证据亦不足以证明原某系实际施工人之一;且原某对一审判决认定杨某系实际施工人且享有案涉未支付工程款亦未提出上诉。与之相对应,杨某提交了多份与案涉工程有关的外包以及供货合同、工程款及材料款的付款凭证,并支付所组建的项目部技术人员、管理人员等工人工资,一审、二审据此认定杨某系实际施工人,并不缺乏依据。

典型判决2 中豪公司、实践公司建设工程施工合同纠纷案②

【裁判要旨】

某个人实际签订施工合同并与发包人进行结算,工程款款项往来均发生在发

① 参见最高人民法院民事裁定书,(2021)最高法民申7068号。

② 参见最高人民法院民事裁定书,(2021)最高法民申1860号。

包人与该个人之间；承包人未提供实际施工资料，也无法提供雇佣该个人的任何证据，据此认定该个人为实际施工人，并无不当。

【裁判观点】

再审法院认为，中豪公司申请再审认为其对案涉工程进行了施工和管理，何某仅系其雇佣人员，并非案涉工程的实际施工人。经审查，一方面，虽中豪公司主张其系案涉工程的承包人，但其在原审中未提供对案涉工程实际施工的相关资料，就未能提供施工资料的问题其向法庭的陈述亦前后矛盾；保证金票据上虽显示该款项系中豪公司交纳，但其并不持有交款票据的原件；同时其称与何某之间存在雇佣关系，但并未提供能够证明双方之间存在雇佣关系的任何证据，据此中豪公司主张其对案涉工程进行了施工的证据不足。另一方面，何某实际签订案涉合同及相关协议，与实践公司进行结算，施工过程中的款项往来均在实践公司与何某之间进行。综合上述情况，原判决认定何某为案涉工程的实际施工人，事实依据充分，并无不妥。中豪公司认为何某并非实际施工人的理由不能成立，再审法院不予支持。因实践公司与实际施工人何某已就案涉工程进行结算，并向何某支付了全部款项，不存在欠付工程款的情形，中豪公司请求实践公司支付工程款及保证金等缺乏事实依据，原判决未予支持，并无不妥。

108. 实际施工人作为原告时，如何判断原告主体是否适格？

实际施工人是否为适格原告，取决于其是否为实体权利主体。实际施工人拥有两方面的权利：一是实际施工人向转包人（违法分包人）基于合同关系产生的请求权，实际施工人据此起诉的，原告主体适格；二是实际施工人依据《最高院施工合同解释一》第43条的规定起诉发包人在欠付工程款范围内的给付请求权，实际施工人据此起诉的，诉讼主体是否适格，取决于对实际施工人概念的判断。

实际施工人包括转包、违法分包、挂靠等类型的实际施工人。实际施工人应当是无效施工合同下以投入资金、材料和劳动力的方式组织施工、实施施工的承包人，是所涉工程施工权利义务的最终承受者。具体形式包括法人、非法人组织、个人合伙、自然人等。原告以实际施工人身份起诉发包人和转包人（违法分包人），应当首先解决实际施工人本身身份证明问题，即由原告提供有效的证据证明，且达到高度概然性的证明标准。如果原告不能举证证明其为实际施工人的，在没有其他有效证据证明的情况下，依据《最高院民诉法解释》第90条第2款之规定，应由其自行承担举证不能的法律后果。

具体而言，实际施工人主张工程款的举证责任范围如下：

第一，实际施工人应当举证证明其实际施工人地位，具体包括：(1)其与承包人之间存在违法分包、转包或挂靠等情形的证据，如合同约定、施工图纸、往来信函、微信短信记录等。实际施工人与承包人所签订施工合同名称多种多样，包括但不限于《内部承包协议》《项目管理目标责任书》《联营合同》等，用于证明其自主经营、独立核算、自负盈亏并约定缴纳管理费比例。(2)缴纳保证金的付款凭证，如自行缴纳或委托他人代为缴纳投标保证金、履约保证金的汇款单、付款委托书等证据。(3)发包人或监理公司等相关单位出具的案涉工程实际施工人的证明或情况说明，结合其他证据共同证明原告具体实际施工人身份。

第二，实际施工人应当举证证明其已履行施工合同义务，具体包括：(1)其组织人员进行了具体施工，有实际完成的工程量，施工节点明确，如工程量清单、现场签证单、施工日志、施工现场照片、确认函、邮件、录音记录等。(2)工程的全部材料设备购买合同(租赁合同)、发货单、提货单、入库单、付款单据、收据、工程款申领表等，证明案涉工程财务由其支配。(3)工程的全部分包协议、班组承包书，证明是由原告实际履行了本工程的各项义务。

第三，实际施工人应当证明其对案涉工程价款享有排他性权利，即提交结算依据、已付款项及应扣款项的证明，如竣工验收报告、结算报告、鉴定报告、欠款协议、付款凭证、银行打款记录、承兑汇票、领款单、取款记录、收据等；当然，还可提供案涉工程的全套技术资料、财务账簿、工程预算资料、工程签证和结算单，用于证明原告实际履行了工程的进度管理、质量监督等义务。

法律依据

《最高院施工合同解释一》

第四十三条 实际施工人以转包人、违法分包人为被告起诉的，人民法院应当依法受理。

实际施工人以发包人为被告主张权利的，人民法院应当追加转包人或者违法分包人为本案第三人，在查明发包人欠付转包人或者违法分包人建设工程价款的数额后，判决发包人在欠付建设工程价款范围内对实际施工人承担责任。

《最高院民诉法解释》

第九十条 当事人对自己提出的诉讼请求所依据的事实或者反驳对方诉讼请求所依据

的事实，应当提供证据加以证明，但法律另有规定的除外。

在作出判决前，当事人未能提供证据或者证据不足以证明其事实主张的，由负有举证证明责任的当事人承担不利的后果。

第九十一条 人民法院应当依照下列原则确定举证证明责任的承担，但法律另有规定的除外：

（一）主张法律关系存在的当事人，应当对产生该法律关系的基本事实承担举证证明责任；

（二）主张法律关系变更、消灭或者权利受到妨害的当事人，应当对该法律关系变更、消灭或者权利受到妨害的基本事实承担举证证明责任。

审判意见

《山东高院施工合同解答》

1、建设工程施工合同纠纷案件中，实际施工人如何认定？

实际施工人是指依照法律规定被认定为无效的施工合同中实际完成工程建设的施工主体，包括转承包人、违法分包的承包人等。当事人以实际施工人身份主张权利的，应当对其实际投入工程的资金、设备、材料、人工等事实进行举证。

《北京高院施工合同解答》

18、《解释》中“实际施工人”的范围如何确定？

《解释》中的“实际施工人”是指无效建设工程施工合同的承包人，即违法的专业工程分包和劳务作业分包合同的承包人、转承包人、借用资质的施工人（挂靠施工人）；建设工程经数次转包的，实际施工人应当是最终实际投入资金、材料和劳力进行工程施工的法人、非法人企业、个人合伙、包工头等民事主体。法院应当严格实际施工人的认定标准，不得随意扩大《解释》第二十六条第二款的适用范围。对于不属于前述范围的当事人依据该规定以发包人为被告主张欠付工程款的，应当不予受理，已经受理的，应当裁定驳回起诉。

建筑工人追索欠付工资或劳务报酬的，按照工资支付的相关法律、法规规定及《北京市高级人民法院关于依法快速处理建设领域拖欠农民工工资相关案件的意见》妥善处理。

《安徽高院施工合同指导意见》

1、因转包、分包建设工程发生纠纷，实际施工人起诉承包人索要工程款的，一般不追加发包人为案件当事人，但为查明案件事实需要，人民法院可追加发包人为第三人。

因建设工程质量发生纠纷，发包人仅起诉承包人或仅起诉实际施工人的，人民法院可依当事人申请，将实际施工人或承包人追加为共同被告。

《重庆高院四川高院施工合同解答》

十、实际施工人起诉转包人、违法分包人和发包人主张权利，将转包人、违法分包人和发包人作为共同被告，如何处理？

答：实际施工人向其合同相对方转包人或者违法分包人主张合同权利，同时请求发包人在欠付工程款范围内承担责任，人民法院应当依法受理。但多层转包和多次分包关系中的实际施工人依据《最高人民法院关于审理建设工程施工合同纠纷案件适用法律问题的解释（一）》第四十三条的规定向发包人主张权利的，不予支持。

典型判决 兴盛公司、王某建设工程施工合同纠纷案①

【裁判要旨】

原告主张实际施工工程，其应对工程由其施工的"法律关系存在"负有举证证明义务，未完成举证证明义务，原告依法承担举证不能的不利后果。

【裁判观点】

再审法院认为，本案中，2010年9月5日《建设工程施工合同》不包含消防工程，一审鉴定意见亦无消防工程造价相关内容。王某作为原告，主张实际施工消防工程，根据《最高院民诉法解释》第91条的规定，其对案涉消防工程由其施工的"法律关系存在"负有举证证明义务，并应达到"高度可能性"标准。本案中，王某并未提供消防工程签证单或消防工程交接验收手续等核心客观证据，其提交的证据均未能达到直接证明或间接形成链条证明其主张成立的"高度可能性"标准。王某未完成举证证明义务，依法应当承担举证不能的不利后果。

109. 实际施工人的合伙人可否以实际施工人的名义向发包人、承包人提出工程款请求？

实际施工人与他人合伙约定共同出资承建工程，因各合伙人之间属于合伙关系，而非转包（分包）关系，故实际施工人的合伙人与承包人、发包人之间无直接的合同关系，不属于实际施工人。实际施工人的合伙人一般无权以实际施工人的名义要求承包人、发包人支付工程款。

该合伙人应先请求对合伙财产进行清算，合伙财产中的工程款结算应由实际施工人向承包人、发包人提出支付请求，如实际施工人怠于行使工程款请求权，影响实际施工人合伙人权利的，该合伙人可根据《民法典》第535条的规定，以自己的名义代位向承包人、发包人行使工程款请求权。工程款结算完成后，如清偿合

① 参见最高人民法院民事判决书，（2021）最高法民再46号。

伙债务后有盈余的，由各合伙人依据合伙协议约定进行分配，合伙协议没有约定或约定不明的，根据《民法典》第 972 条的规定处理。

法律依据

《民法典》

第五百三十五条　因债务人怠于行使其债权或者与该债权有关的从权利，影响债权人的到期债权实现的，债权人可以向人民法院请求以自己的名义代位行使债务人对相对人的权利，但是该权利专属于债务人自身的除外。

代位权的行使范围以债权人的到期债权为限。债权人行使代位权的必要费用，由债务人负担。

相对人对债务人的抗辩，可以向债权人主张。

第九百七十二条　合伙的利润分配和亏损分担，按照合伙合同的约定办理；合伙合同没有约定或者约定不明确的，由合伙人协商决定；协商不成的，由合伙人按照实缴出资比例分配、分担；无法确定出资比例的，由合伙人平均分配、分担。

第九百七十八条　合伙合同终止后，合伙财产在支付因终止而产生的费用以及清偿合伙债务后有剩余的，依据本法第九百七十二条的规定进行分配。

《最高院施工合同解释一》

第四十三条　实际施工人以转包人、违法分包人为被告起诉的，人民法院应当依法受理。

实际施工人以发包人为被告主张权利的，人民法院应当追加转包人或者违法分包人为本案第三人，在查明发包人欠付转包人或者违法分包人建设工程价款的数额后，判决发包人在欠付建设工程价款范围内对实际施工人承担责任。

审判意见

《重庆高院四川高院施工合同解答》

九、建设工程施工合同纠纷中实际施工人范围如何确定？

答：实际施工人是指依照法律规定被认定无效的施工合同中，实际完成工程建设的主体。实际施工人身份的界定，应当结合最终实际投入资金、材料，组织工程施工等因素综合予以认定。仅从事建筑业劳务作业的农民工、劳务班组不属于实际施工人范畴，其依据《最高人民法院关于审理建设工程施工合同纠纷案件适用法律问题的解释（一）》第四十三条的规定向发包人、转包人、违法分包人主张权利的，人民法院不予支持。

典型判决 周某、川渝公司建设工程施工合同纠纷案[①]

【裁判要旨】

实际施工人与他人合伙约定共同出资承建工程,因各合伙人之间并非转包、分包关系,实际施工人的其他合伙人不能独立成为建工领域的实际施工人。

【裁判观点】

再审法院认为,本案中,川渝公司作为案涉项目的承包人,将项目整体转包给并无施工资质的陈某,由陈某履行川渝公司与聚源鑫发公司之间签订的《建设工程施工合同》,可见,陈某属于实际施工人。2016年6月6日,陈某与周某等5人签订《股东合作协议书》,约定5人共同出资承建案涉项目,周某负责降低资本投入的策划和实施,该合作协议并未将陈某承包的案涉工程分包或转包给周某,周某与陈某等人之间属于合伙关系,而非分包、转包关系,故周某不能独立成为建设工程领域所称的实际施工人。

110. 发包人明知挂靠关系时,诉讼主体如何确定?

发包人明知挂靠主要体现为发包人与被挂靠人(承包人,下同)签订了书面合同,双方是该合同的相对人,但在实际施工过程中,发包人直接向挂靠人(实际施工人,下同)支付进度款、提供材料、办理签证和结算等,在事实上替代了以被挂靠人名义所签订的合同,并与挂靠人形成事实上的施工合同关系。例如,在远大公司与王某某建设工程施工合同纠纷案中,法院指出,在招标前,挂靠人与发包人根据被挂靠人出具的授权委托书签订施工合同书并实际履行,发包人对挂靠人没有施工资质,系借用他们的名义承接工程是明知的。[②]

发包人明知挂靠,意味着发包人认可挂靠人为实际施工人以及被挂靠人收取挂靠费的事实,也意味着发包人明知应付工程款包括挂靠人的工程款以及被挂靠人的挂靠费。因此,挂靠人可以以自己的名义起诉发包人支付工程款,原告诉讼主体适格。被挂靠人以自己的名义起诉支付挂靠费的,原告诉讼主体适格。

在实际施工人起诉发包人的纠纷中,实际施工人主张发包人已知挂靠的情况下,应当追加承包人为第三人。法院在查明已知挂靠的情况下,则应判决由发包

① 参见最高人民法院民事裁定书,(2020)最高法民申3234号。

② 参见最高人民法院民事裁定书,(2013)民申字第100号。

人向实际施工人支付工程款。在承包人起诉发包人工程款的纠纷中，发包人抗辩已知挂靠的情况下，法院应当追加实际施工人为第三人。在查明已知挂靠的情况下，实际施工人提出工程款请求的，判决发包人向实际施工人支付；实际施工人不到庭应诉或者已到庭但未提出工程款主张，则判决发包人向承包人支付。

法律依据

《民法典》

第一百四十六条　行为人与相对人以虚假的意思表示实施的民事法律行为无效。

以虚假的意思表示隐藏的民事法律行为的效力，依照有关法律规定处理。

审判意见

《四川高院施工合同解答》

14. 如何确定借用资质（挂靠）人主张欠付工程款的诉讼主体及责任承担？

发包人知晓并认可实际施工人借用资质施工，能够认定发包人实际与实际施工人建立建设工程施工合同关系，实际施工人要求发包人直接承担工程价款支付责任的，应予支持。

《湖南高院施工合同解答》

二十三、挂靠人直接起诉发包人应如何处理？

借用资质的实际施工人起诉发包人要求支付工程款的，人民法院可在查明事实的基础上按以下两种情形处理：

（一）发包人明知实际施工人借用资质而未提出异议的，根据《中华人民共和国民法典》第一百四十六条、第四百九十条规定处理，实际施工人可直接向发包人主张权利。人民法院应追加被挂靠人为第三人。

（二）发包人对借用资质不知情的，出借资质方怠于向发包人主张权利，实际施工人可参照《最高人民法院关于审理建设工程施工合同的司法解释（一）》第四十四条规定行使代位权。人民法院应追加被挂靠人为第三人。

典型判决　华隆煤业公司、六十五公司等建设工程合同纠纷案[①]

【裁判要旨】

发包人明知实际施工人系挂靠施工的，其与实际施工人建立事实上的施工合

① 参见最高人民法院民事判决书，（2016）最高法民终 361 号。

同关系,应承担支付工程款的责任。

【裁判观点】

二审法院认为,首先,建设工程施工借用资质为法律、行政法规否定性评价的行为。《建筑法》第26条第2款规定,禁止建筑施工企业以任何形式允许其他单位或者个人使用本企业的资质证书、营业执照,以本企业的名义承揽工程。《工程质量条例》第25条第2款规定,禁止施工单位超越本单位资质等级许可的业务范围或者以其他施工单位的名义承揽工程。禁止施工单位允许其他单位或者个人以本单位的名义承揽工程。建筑工程施工企业出借资质一般存在两种情形,一是发包方不知道有关单位或个人以其他有资质的施工单位的名义参与投标、订立合同、办理有关施工手续、从事施工等活动;二是发包方明知、放任或者故意追求不具备资质的单位或者个人以具备资质的施工单位名义承揽工程行为。在后一种情形中,形式上存在两个法律关系,一是发包方与承包方之间的建设工程施工合同法律关系,该法律关系因双方虚假意思表示应为无效;二是承包方与实际施工人之间出借资质的法律关系,出借资质的承包方主要承担违反《建筑法》《建设工程质量管理条例》规定的行政责任,并根据《建筑法》第66条的规定,因承揽工程不符合规定的质量标准造成损失与使用其名义的单位或者个人承担连带赔偿责任。出借资质的建设工程施工合同中,如果建设工程发包方对于建筑工程施工企业出借资质、由实际施工人予以施工的事实明知,出借资质的建筑工程企业实际仅为名义上的承包方,在该工程价款的结算中,应当由实际施工人直接向发包方主张工程价款,出借资质的建筑工程施工企业承担其违反法律规定出借资质的法律责任。就本案而言,陈某等人系借用六十五公司资质,以六十五公司项目部的名义进行建设工程活动,是本案工程实际施工人,华隆煤业公司对此明知,并与陈某等人建立事实上的建设工程施工合同关系,应当承担支付工程价款的责任。六十五公司该项上诉主张成立,原判认定华隆煤业公司与六十五公司承担连带责任法律依据不足,二审法院予以纠正。

111. 挂靠人直接起诉发包人的,诉讼主体是否适格?

实际施工人以被挂靠人的名义与发包人签订协议后,实际上该工程由实际施工人(挂靠人)承包施工。该过程中存在三个合同关系:一是发包人与被挂靠人之间的建设工程合同关系;二是实际施工人(挂靠人)与被挂靠人之间的挂靠关系;

三是发包人与实际施工人(挂靠人)之间的关系。在第三层关系中,发包人明知实际施工人的挂靠行为的,实际施工人与发包人之间形成事实上的合同关系,该实际施工人有权直接请求发包人承担责任。

从合同履行情况看,实际施工人(挂靠人)以承包人(被挂靠人)名义施工,并以承包人名义办理竣工验收、备案、提交竣工结算。在发包人明知的情况下,实际施工人与发包人建立事实上的合同关系,实际施工人有权直接起诉发包人,而承包人只享有对该两者结算的知情权。

法律依据

《最高院施工合同解释一》

第四十三条 实际施工人以转包人、违法分包人为被告起诉的,人民法院应当依法受理。

实际施工人以发包人为被告主张权利的,人民法院应当追加转包人或者违法分包人为本案第三人,在查明发包人欠付转包人或者违法分包人建设工程价款的数额后,判决发包人在欠付建设工程价款范围内对实际施工人承担责任。

第四十四条 实际施工人依据民法典第五百三十五条规定,以转包人或者违法分包人怠于向发包人行使到期债权或者与该债权有关的从权利,影响其到期债权实现,提起代位权诉讼的,人民法院应予支持。

审判意见

《湖南高院施工合同解答》

二十三、挂靠人直接起诉发包人应如何处理?

借用资质的实际施工人起诉发包人要求支付工程款的,人民法院可在查明事实的基础上按以下两种情形处理:

(一)发包人明知实际施工人借用资质而未提出异议的,根据《中华人民共和国民法典》第一百四十六条、第四百九十条规定处理,实际施工人可直接向发包人主张权利。人民法院应追加被挂靠人为第三人。

(二)发包人对借用资质不知情的,出借资质方怠于向发包人主张权利,实际施工人可参照《最高人民法院关于审理建设工程施工合同的司法解释(一)》第四十四条规定行使代位权。人民法院应追加被挂靠人为第三人。

《重庆高院民事审判指导意见》

14、挂靠施工的结算。根据最高人民法院《关于审理建设工程施工合同纠纷案件适用法律问题的解释》第二十六条的规定,实际施工人可以直接起诉发包人,请求发包人在拖欠工程款的范围内承担清偿工程款的责任,并追加承包人、转包人或者违法分包人为共同被告或者第三人。此种保护实际施工人的规定在实践中不应过于泛化。如实际施工人未向发包人主张权利,被挂靠的施工企业基于合同关系向发包人请求支付工程款,发包人以施工企业不是实际施工人为由提出抗辩并拒绝支付工程款的,人民法院不必然追加实际施工人为第三人,但应将诉讼情况通知实际施工人;发包人要求扣除其向实际施工人的已付款,经审查确已支付且付款正当的,可以支持。

《北京高院施工合同解答》

20、不具有资质的挂靠施工人主张欠付工程款的,如何处理?挂靠人又将工程分包、转包给他人施工,施工人主张欠付工程款的,如何处理?

不具有资质的实际施工人(挂靠施工人)挂靠有资质的建筑施工企业(被挂靠人),并以该企业的名义签订建设工程施工合同,被挂靠人怠于主张工程款债权的,挂靠施工人可以以自己名义起诉要求发包人支付工程款,法院原则上应当追加被挂靠人为诉讼当事人,发包人在欠付工程款范围内承担给付责任。因履行施工合同产生的债务,被挂靠人与挂靠施工人应当承担连带责任。

挂靠人承揽工程后,以被挂靠人名义将工程分包、转包给他人施工,施工人主张欠付工程款的,按照《北京市高级人民法院审理民商事案件若干问题的解答之五》第四十七条规定处理。

典型判决 南通四建公司、岚世纪公司建设工程施工合同纠纷案①

【裁判要旨】

挂靠施工的实际施工人以自己名义向发包人主张权利的,法院应予支持。

【裁判观点】

二审法院认为,南通四建公司虽然与岚世纪公司签订《建设工程施工合同》及《补充协议》,实际是将其施工资质出借给黄某用于案涉工程的施工,南通四建公司并无签订、履行合同的真实意思表示;黄某借用南通四建公司的资质承揽案涉工程,是案涉工程的实际施工人。因此,原审依据原《最高院施工合同解释》第2条“建设工程施工合同无效,但建设工程经竣工验收合格,承包人请求参照合同约定支付工程价款的,应予支持”的规定,准许黄某以自己的名义向岚世纪公司主张相应施工价款,并无不当。本案中,黄某与岚世纪公司已于2016年8月27日签订

① 参见最高人民法院民事判决书,(2020)最高法民终1269号。

工程结算确认书，对工程施工范围、结算依据、工程造价，岚世纪公司的已付款数额、欠付工程款数额等进行了确认。在本案二审庭审中，岚世纪公司与黄某对原审认定的欠付工程款金额也均予以认可，二审法院亦予以确认。因南通四建公司并非施工主体，其虽对岚世纪公司支付情况提出异议，但未提供证据证明黄某与岚世纪公司之间就工程款结算的确认系虚假的意思表示，故原审认定岚世纪公司欠付黄某工程款数额为959,477.84元并无不当，二审法院予以维持。

112. 被挂靠人起诉发包人支付工程款的，诉讼主体是否适格？

通常情况下，被挂靠人（承包人，下同）以自己的名义与发包人订立合同，基于合同相对性原则，发包人不履行义务时，被挂靠人以自己的名义提起诉讼的，原告主体适格。具体理由如下：(1)被挂靠人是发包人签订施工合同的相对人，有权主张工程款。在挂靠施工关系中，挂靠人规避国家有关建筑市场主体准入的法律规定，与被挂靠人形成挂靠与被挂靠的关系，被挂靠人出借资质，但是享有施工合同主体地位，是施工合同的合同相对人。(2)判令发包人向被挂靠人支付工程款，不会加重其责任，更不会使得发包人支付两份工程款。(3)允许实际施工人主张工程款不意味着排除被挂靠人的权利。虽然司法解释赋予实际施工人突破合同相对性向发包人主张工程款的权利，但并不能因此排除被挂靠人向发包人主张工程款的权利，二者的请求权基础不同。根据《民法典》第793条"建设工程施工合同无效，但是建设工程经验收合格的，可以参照合同关于工程价款的约定折价补偿承包人"的规定，被挂靠人与发包人之间的合同效力瑕疵并不影响被挂靠人的原告主体地位。(4)判令发包人向被挂靠人支付工程款，并不会剥夺实际施工人的相关诉讼权利。如实际施工人不同意被挂靠人单独起诉发包人主张工程款，其可以主动加入诉讼，法院应当追加实际施工人为有独立请求权第三人，一起解决纠纷。

司法实践中需要注意，发包人明知挂靠行为的，发包人与挂靠人（实际施工人）建立了事实上的施工合同关系。为控制风险，发包人在进行工程价款结算时应当同时与挂靠人与被挂靠人结算为宜。

法律依据

《民法典》

第七百九十三条 建设工程施工合同无效，但是建设工程经验收合格的，可以参照合同关于工程价款的约定折价补偿承包人。

建设工程施工合同无效，且建设工程经验收不合格的，按照以下情形处理：

（一）修复后的建设工程经验收合格的，发包人可以请求承包人承担修复费用；

（二）修复后的建设工程经验收不合格的，承包人无权请求参照合同关于工程价款的约定折价补偿。

发包人对因建设工程不合格造成的损失有过错的，应当承担相应的责任。

《最高院施工合同解释一》

第四十三条 实际施工人以转包人、违法分包人为被告起诉的，人民法院应当依法受理。

实际施工人以发包人为被告主张权利的，人民法院应当追加转包人或者违法分包人为本案第三人，在查明发包人欠付转包人或者违法分包人建设工程价款的数额后，判决发包人在欠付建设工程价款范围内对实际施工人承担责任。

第四十四条 实际施工人依据民法典第五百三十五条规定，以转包人或者违法分包人怠于向发包人行使到期债权或者与该债权有关的从权利，影响其到期债权实现，提起代位权诉讼的，人民法院应予支持。

典型判决 宏达公司、静建公司等建设工程施工合同纠纷案①

【裁判要旨】

《最高院施工合同解释一》第43条规定，实际施工人可以突破合同相对性以发包人为被告主张权利；但该规定并不排除被挂靠人依据建设工程施工合同向发包人主张工程款的权利。

【裁判观点】

再审法院认为，根据原审查明的事实，李某勤、刘某借用静建公司资质开发案涉项目。李某虎借用宏达公司的名义承包案涉工程。经过招投标程序，宏达公司与静建公司就案涉工程签订了《建设工程施工合同》并进行备案。在《建设工程施工合同》签订后，李某勤与李某虎以及李某虎之子李某强分别就案涉工程签订了

① 参见最高人民法院民事判决书，（2021）最高法民再178号。

《施工合同书》。虽然《施工合同书》《建设工程施工合同》签订的主体不同，但基于以下理由，再审法院认为宏达公司作为案涉工程承包人，有权主张工程款。首先，李某虎借用宏达公司的名义承包案涉工程，其二者之间存在借用资质的挂靠关系。无论案涉《建设工程施工合同》是否有效，宏达公司均为该合同关系的当事人。实际施工人李某虎（以及李某强代其父李某虎）此后以其名义签订的《施工合同书》均系基于《建设工程施工合同》而签订，《施工合同书》与《建设工程施工合同》密切相关。其次，工程报验单等施工资料均加盖了宏达公司的印章，宏达公司办理了竣工验收事宜。由此可见，被挂靠方宏达公司参与了建设工程施工合同的履行，实际施工人李某虎亦认可宏达公司的承包人地位。静建公司于2018年6月以宏达公司为被告，起诉请求宏达公司向其移交工程竣工验收资料，配合办理工程验收备案手续，生效判决支持了静建公司的诉讼请求，静建公司的诉讼行为亦表明其认可宏达公司为案涉工程的承包人。最后，原《最高院施工合同解释二》规定，实际施工人以发包人为被告主张权利，突破合同相对性，系基于保护实际施工人权益的目的，该规定作为例外并不排除承包人依据建设工程施工合同主张工程款的权利。

综上，原判决以各方实际履行的是《施工合同书》，将各方签订《建设工程施工合同》的事实与其他事实割裂，错误认定宏达公司未履行合同，从而否定宏达公司的承包人地位，导致承包主体认定错误，二审法院予以纠正。宏达公司作为案涉工程的承包人，有权主张案涉工程款。

113. 转包（违法分包）的实际施工人如何选择被告主张工程款？

笔者认为，《最高院施工合同解释一》第43条赋予了转包（违法分包）的实际施工人突破合同相对性，直接向发包人主张工程款的权利。同时实际施工人依据合同向合同相对人即转包人（违法分包人）提起诉讼具备正当性，符合《民事诉讼法》第108条规定的案件受理条件。实际施工人可以根据实际需求依法选择合适的被告主体。

（1）实际施工人以转包人（违法分包人）为被告，符合合同相对性原则，按照《最高院施工合同解释一》第43条第1款的规定处理。一般情况下，法院不主动依职权追加发包人作为共同被告参加诉讼。

（2）实际施工人以发包人为被告主张权利的，按照《最高院施工合同解释一》

第43条第2款的规定处理。法院应当追加转包人或者违法分包人为本案第三人，在查明发包人欠付转包人或者违法分包人建设工程价款的数额后，判决发包人在欠付建设工程价款范围内对实际施工人承担责任。

(3)实际施工人如与发包人直接签订施工合同的，该合同对双方当事人有约束力。实际施工人可以直接起诉发包人，不受《最高院施工合同解释一》第43条第2款的限制。

(4)与转包(违法分包)的实际施工人不同的是，挂靠人作为实际施工人如与发包人建立事实施工合同关系，可根据《民法典》第793条"建设工程施工合同无效，但是建设工程经验收合格的，可以参照合同关于工程价款的约定折价补偿承包人"的规定，直接向发包人主张权利。

法律依据

《民法典》

第七百九十三条 建设工程施工合同无效，但是建设工程经验收合格的，可以参照合同关于工程价款的约定折价补偿承包人。

建设工程施工合同无效，且建设工程经验收不合格的，按照以下情形处理：

(一)修复后的建设工程经验收合格的，发包人可以请求承包人承担修复费用；

(二)修复后的建设工程经验收不合格的，承包人无权请求参照合同关于工程价款的约定折价补偿。

发包人对因建设工程不合格造成的损失有过错的，应当承担相应的责任。

《建筑法》

第六十七条第二款 承包单位有前款规定的违法行为的，对因转包工程或者违法分包的工程不符合规定的质量标准造成的损失，与接受转包或者分包的单位承担连带赔偿责任。

《最高院施工合同解释一》

第四十三条 实际施工人以转包人、违法分包人为被告起诉的，人民法院应当依法受理。

实际施工人以发包人为被告主张权利的，人民法院应当追加转包人或者违法分包人为本案第三人，在查明发包人欠付转包人或者违法分包人建设工程价款的数额后，判决发包人在欠付建设工程价款范围内对实际施工人承担责任。

第四十四条 实际施工人依据民法典第五百三十五条规定，以转包人或者违法分包人怠于向发包人行使到期债权或者与该债权有关的从权利，影响其到期债权实现，提起代位权诉讼的，人民法院应予支持。

审判意见

《安徽高院施工合同指导意见》

1、因转包、分包建设工程发生纠纷，实际施工人起诉承包人索要工程款的，一般不追加发包人为案件当事人，但为查明案件事实需要，人民法院可追加发包人为第三人。

因建设工程质量发生纠纷，发包人仅起诉承包人或仅起诉实际施工人的，人民法院可依当事人申请，将实际施工人或承包人追加为共同被告。

《四川高院施工合同解答》

13. 实际施工人主张欠付工程款的诉讼主体如何确定？发包人、转包人、违法分包人的责任如何承担？

《建工司法解释》第二十六条中的“发包人”应当理解为建设工程的业主，不应扩大理解为转包人、违法分包人等中间环节的相对发包人。

建设工程因转包、违法分包导致建设工程施工合同无效的，实际施工人以转包人、违法分包人为被告主张权利的，人民法院一般不主动依职权追加发包人作为共同被告参加诉讼。

实际施工人以发包人为被告主张权利的，人民法院应当追加与实际施工人存在直接合同关系的转包人、违法分包人作为共同被告参加诉讼，发包人在欠付工程价款范围内对实际施工人承担责任。

发包人以其未欠付工程价款为由提出抗辩的，应当承担举证责任。

实际施工人可以以发包人、转包人，违法分包人为共同被告主张权利，当事人之间依据相应的合同关系承担法律责任。

建设工程施工合同无效，实际施工人要求未与其建立合同关系的转包人、违法分包人对工程欠款承担支付责任的，不予支持。

典型判决　冷某、蒋某文等与合川城投集团公司建设工程施工合同纠纷案[①]

【裁判要旨】

原审法院认定实际施工人并非施工合同当事人并驳回起诉系适用法律错误，应予纠正。

【裁判观点】

再审法院认为，本案中，冷某、蒋某文和黄某是实际施工人，永存建筑公司是

① 参见最高人民法院民事裁定书，（2016）最高法民终750号。

承包人，合川城投集团公司是发包人，冷某、蒋某文和黄某提起本案诉讼，符合原《最高院施工合同解释》第26条①的规定，本案应予受理。原审裁定以冷某、蒋某文和黄某并非《投资建设合同》和《补充协议》的当事人，与本案争议标的不具有直接利害关系为由驳回起诉的处理结果，适用法律错误，应予纠正。

114. 转包人（违法分包人）与实际施工人，谁有权请求发包人给付工程款？

依据《民法典》第793条的规定，“建设工程施工合同无效，但是建设工程经验收合格的，可以参照合同关于工程价款的约定折价补偿承包人”。据此，合同无效但工程质量合格的，承包人可请求发包人就工程价款“折价补偿”。该规定是基于合同无效，自始无效，双方应各自返还因合同而取得的对方的财产，不能返还的折价补偿的原则。根据合同相对性原则，转包人（违法分包人）有权请求发包人给付工程款。

在转包人（违法分包人）未及时向发包人请求给付工程款的情况下，实际施工人有权依据《最高院施工合同解释一》第43条的规定向发包人请求给付工程款。这是基于保护农民工利益的考虑，依司法政策设立的特殊规定。

法律依据

《民法典》

第一百二十二条 因他人没有法律根据，取得不当利益，受损失的人有权请求其返还不当利益。

《最高院2021年第21次专业法官纪要》

承包人已起诉发包人支付工程款的，实际施工人可以在一审辩论终结前申请作为第三人参加诉讼，其另诉请求发包人在欠付工程款范围内承担责任的，不应受理

法律问题

承包人已经起诉请求发包人支付工程款的，实际施工人能否申请作为第三人参加诉讼或者另行起诉请求发包人在欠付工程款范围内承担责任？

法官会议意见

转包和违法分包涉及三方当事人两个法律关系。一是发包人与承包人之间的建设工程

① 相关规定参见《最高院施工合同解释一》第43条。

施工合同关系；二是承包人与实际施工人之间的转包或者违法分包关系。承包人有权依据与发包人之间的建设工程施工合同关系请求发包人支付工程款。实际施工人有权依据转包或者违法分包的事实请求承包人承担民事责任。

《最高人民法院关于审理建设工程施工合同纠纷案件适用法律问题的解释(一)》第四十三条第二款规定："实际施工人以发包人为被告主张权利的，人民法院应当追加转包人或者违法分包人为本案第三人，在查明发包人欠付转包人或者违法分包人建设工程价款的数额后，判决发包人在欠付建设工程价款范围内对实际施工人承担责任。"

本款解释是为保护农民工等建筑工人利益所作的特别规定。实践中存在承包人与实际施工人分别起诉请求发包人承担民事责任的情况。为防止不同生效判决判令发包人就同一债务分别向承包人和实际施工人清偿的情形，需要对承包人和实际施工人的起诉做好协调。

在承包人已经起诉发包人支付工程款的情况下，实际施工人可以在一审辩论终结前申请作为第三人参加诉讼，其另诉请求发包人在欠付工程款范围内承担责任的，不应受理。实际施工人作为第三人参加诉讼后，如果请求发包人在欠付工程款范围内承担责任，应当将承包人的诉讼请求和实际施工人的诉讼请求合并审理。

审判意见

《北京高院施工合同解答》

20、不具有资质的挂靠施工人主张欠付工程款的，如何处理？挂靠人又将工程分包、转包给他人施工，施工人主张欠付工程款的，如何处理？

不具有资质的实际施工人(挂靠施工人)挂靠有资质的建筑施工企业(被挂靠人)，并以该企业的名义签订建设工程施工合同，被挂靠人怠于主张工程款债权的，挂靠施工人可以以自己名义起诉要求发包人支付工程款，法院原则上应当追加被挂靠人为诉讼当事人，发包人在欠付工程款范围内承担给付责任。因履行施工合同产生的债务，被挂靠人与挂靠施工人应当承担连带责任。

挂靠人承揽工程后，以被挂靠人名义将工程分包、转包给他人施工，施工人主张欠付工程款的，按照《北京市高级人民法院审理民商事案件若干问题的解答之五》第四十七条规定处理。

115. 实际施工人是否只能起诉施工合同相对方？

从合同相对性看，实际施工人根据合同约定有权向合同相对人即转包人(违法分包人)主张权利。相对性是司法实践中应遵循的一项基本原则。合同相对性主要体现为以下3点：(1)合同主体的相对性，即合同关系只发生在合同的主体之间，合同当事人只能向另一方当事人提出请求。(2)合同内容的相对性，除法律规定及合同约定以外，只有合同当事人才能享有合同约定的权利，承担合同约定的义务。(3)合同责任的相对性，合同主体的相对性和合同内容的相对性，决定了合同责任的相对性。据此，实际施工人可以直接要求有合同关系的转包人（违法分包人）承担直接支付工程款的义务；但不能要求没有合同关系的转包人（违法分包人）承担工程款支付责任。

实际施工人还可以根据《最高院施工合同解释一》第43条的规定向没有合同关系的发包人主张相关责任。该法条存在的逻辑悖论是，无效合同的实际施工人反而获得比有效合同更多的保障，导致司法实践中施工人积极主动主张合同无效的反常现象。因此，司法实践中应对该法条的适用进行严格限制。一般来说，实际施工人在“突破相对性”时，应当具备下列条件：其一，行使权利的主体属于转包（违法分包）产生的实际施工人，挂靠的实际施工人无权根据该规定突破合同相对性追索工程款。其二，所涉工程质量必须合格，包括验收合格或鉴定合格。其三，工程款金额可以确定且履行期已届满。

法律依据

《最高院施工合同解释一》

第四十三条 实际施工人以转包人、违法分包人为被告起诉的，人民法院应当依法受理。

实际施工人以发包人为被告主张权利的，人民法院应当追加转包人或者违法分包人为本案第三人，在查明发包人欠付转包人或者违法分包人建设工程价款的数额后，判决发包人在欠付建设工程价款范围内对实际施工人承担责任。

审判意见

《深圳中院施工合同裁判指引》

二十七、最高人民法院《关于审理建设工程施二合同纠纷案件适用法律问题的解释》第二十六条第二款所称的“发包人”应当理解为第一手的发包人，不包括多次转包分包的转包人和分包人。

最高人民法院《关于审理建设工程施工合同纠纷案件适用法律问题的解释》第二十六条第二款所称的发包人在欠付工程款范围内对实际施工人承担的责任应当理解为补充清偿责任。

《重庆高院四川高院施工合同解答》

十、实际施工人起诉转包人、违法分包人和发包人主张权利，将转包人、违法分包人和发包人作为共同被告，如何处理？

实际施工人向其合同相对方转包人或者违法分包人主张合同权利，同时请求发包人在欠付工程款范围内承担责任，人民法院应当依法受理。但多层转包和多次分包关系中的实际施工人依据《最高人民法院关于审理建设工程施工合同纠纷案件适用法律问题的解释（一）》第四十三条的规定向发包人主张权利的，不予支持。

116. 实际施工人的债权受让人能否取得诉讼主体资格？

根据《民法典》第545条的规定，债权人可以将合同的权利全部或者部分转让给第三人，但根据债权性质不得转让的、按照当事人约定不得转让的、依照法律规定不得转让的除外。法律、法规并不禁止建设工程施工合同项下的债权转让，只要建设工程施工合同的当事人没有约定合同项下的债权不得转让，债权人向第三人转让债权并通知债务人的，债权转让合法有效，债权人无须就债权转让事宜取得债务人同意。

实际施工人有权依据合同向转包人（违法分包人）主张工程款，且依据《最高院施工合同解释一》第43条的规定，实际施工人有权要求发包人在欠付承包人工程款范围内向其支付工程款。实际施工人将其合同的权利全部转让给案外人，经通知债务人后，案外人基于从实际施工人处受让工程款债权，即取得诉讼主体资格，可以起诉转包人（违法分包人）或发包人主张工程款。因债权转让合同的无因性，是否支付对价不影响其合同效力。

法律依据

《民法典》

第五百四十五条 债权人可以将债权的全部或者部分转让给第三人，但是有下列情形之一的除外：

（一）根据债权性质不得转让；

（二）按照当事人约定不得转让；

（三）依照法律规定不得转让。

当事人约定非金钱债权不得转让的，不得对抗善意第三人。当事人约定金钱债权不得转让的，不得对抗第三人。

第五百四十六条 债权人转让债权,未通知债务人的,该转让对债务人不发生效力。

债权转让的通知不得撤销,但是经受让人同意的除外。

第五百四十七条 债权人转让债权的,受让人取得与债权有关的从权利,但是该从权利专属于债权人自身的除外。

受让人取得从权利不因该从权利未办理转移登记手续或者未转移占有而受到影响。

审判意见

《湖南高院施工合同解答》

一、建设工程施工合同纠纷案件专属管辖的范围应如何理解?

下列案件,由建设工程所在地人民法院管辖:

(一)建设工程施工合同纠纷、装饰装修合同纠纷、建设工程价款优先受偿权纠纷、建设工程监理合同纠纷、农村建房施工合同纠纷,建设工程分包合同纠纷及建设工程劳务分包合同纠纷;

(二)建设工程勘察合同纠纷、建设工程设计合同纠纷。

(三)工程款债权转让,债务人与受让人因债务履行发生的纠纷。

(四)建设工程总承包合同纠纷。

典型判决 建服中心、嘉鸿公司建设工程施工合同纠纷案①

【裁判要旨】

实际施工人的债权受让人以发包人为被告主张在欠付承包人款项范围内向其支付工程款,发包人对受让人主体资格提出异议的,不予支持。

【裁判观点】

再审法院认为,关于原判决认定嘉鸿公司享有本案原告主体资格适用法律是否错误的问题,建服中心作为发包人应当向承包人汉中公司支付工程款,段某为山河公司承包的案涉工程的实际施工人,依据原《最高院施工合同解释》第 26 条第 2 款②的规定,其有权在发包人建服中心欠付山河公司的工程款范围内请求建服中心向其支付工程款,而嘉鸿公司基于从段某、汉中公司受让案涉工程款债权取得本案诉讼主体资格,原判决认定嘉鸿公司是本案的适格主体,适用法律并无不当。建服中心关于嘉鸿公司不具有本案诉讼主体资格的再审申请事由不能成

---

① 参见最高人民法院民事裁定书,(2021)最高法民申 1020 号。

② 相关规定参见《最高院施工合同解释一》第 43 条第 2 款。

立,再审法院不予支持。

117. 挂靠人分别以被挂靠人和自己的名义起诉,是否构成重复诉讼?

实际施工人(挂靠人)以承包人(被挂靠人)的名义提起诉讼后,因胜诉判决未能执行完毕,其又以本人名义起诉发包人、承包人(被挂靠人),该前后两项诉讼是否构成重复诉讼?我们应从前后两案的当事人、诉讼请求、请求权基础等进行综合分析。首先,主体不同。前诉当事人为承包人(被挂靠人)与发包人;后诉当事人为实际施工人(挂靠人)和发包人、承包人(被挂靠人)。其次,法律关系不同。若挂靠人以被挂靠人的名义起诉发包人,其依据的是建设工程施工合同;若挂靠人以自己名义起诉承包人,其依据的是挂靠协议。

实际施工人启动前诉的风险较小、性价比高。其一,实际施工人作为诉讼利益享受者,举证更为便利。在以被挂靠人名义提出的诉讼中,大量基础证据都是实际施工人在以被挂靠人名义参与合同签约履行中形成。其二,以被挂靠人名义起诉,可淡化挂靠关系,规避合同效力被否定、相关主体被行政处罚的法律风险。其三,以被挂靠人名义起诉发包人,法律关系较为简单,只需要查实工程质量是否合格、工程价款如何确定等,并不涉及挂靠事实的查明。

实际施工人启动后诉的原因大多系情势所逼,如发包人无能力履行前诉生效判决或进入破产程序等,而实际施工人以牺牲诚信为代价起诉被挂靠人,希望由被挂靠人承担支付责任。这时前后两诉的当事人不同、诉讼请求、诉讼标的以及请求权基础等均不相同,不能因此认定为重复起诉。

法律依据

《最高院施工合同解释一》

第四十三条　实际施工人以转包人、违法分包人为被告起诉的,人民法院应当依法受理。

实际施工人以发包人为被告主张权利的,人民法院应当追加转包人或者违法分包人为本案第三人,在查明发包人欠付转包人或者违法分包人建设工程价款的数额后,判决发包人在欠付建设工程价款范围内对实际施工人承担责任。

《最高院民诉法解释》

第二百四十七条　当事人就已经提起诉讼的事项在诉讼过程中或者裁判生效后再次起

诉,同时符合下列条件的,构成重复起诉:

(一)后诉与前诉的当事人相同;

(二)后诉与前诉的诉讼标的相同;

(三)后诉与前诉的诉讼请求相同,或者后诉的诉讼请求实质上否定前诉裁判结果。

当事人重复起诉的,裁定不予受理;已经受理的,裁定驳回起诉,但法律、司法解释另有规定的除外。

典型判决 徐某某、重庆一建公司等建设工程施工合同纠纷案①

【裁判要旨】

挂靠人分别以被挂靠人和自己的名义起诉,因前后两诉主体不同、诉讼请求不同、诉讼标的不同以及请求权基础不同,不属于重复起诉。

【裁判观点】

二审法院认为,2014年4月29日,重庆一建公司作为承包人已向青海省高级人民法院提起诉讼,要求发包人豪都华庭公司支付工程款,并承担违约赔偿责任。该案审理中,徐某某担任重庆一建公司的委托代理人,发包人豪都华庭公司亦在该案诉讼中向重庆一建公司提出反诉。青海省高级人民法院作出(2014)青民一初字第13号一审判决后,双方当事人均向最高人民法院提起上诉。2017年8月30日,最高人民法院作出(2017)最高法民终208号民事判决,对双方争议的工程款、保证金、违约金等本诉和反诉请求均予以裁判。在上述案件中,徐某某以重庆一建公司委托诉讼代理人的身份全程参与了另案审理,足以说明其本人对案涉工程款、保证金以及违约金等款项数额的最终确定是知悉并认可的。本案是上述案件审理终结后,徐某某以实际施工人的身份,依据《内包合同》向重庆一建公司、重庆一建青海分公司、豪都华庭公司提起的另一民事诉讼案件,前后两案当事人、法律关系、诉讼请求均不相同,一审法院认定本案不属于重复起诉,并无不当。

118. 多人合伙实际施工,但实际起诉的只有其中一人,法院是否准许?

多人合伙实际施工,但实际起诉的只有其中一人,是否应予准许,应当根据合

① 参见最高人民法院民事判决书,(2020)最高法民终242号。

伙体成员是否有共同签约行为来判断。

多人合伙体共同作为实际施工人签订建设工程施工合同的，对外共同享有权利、共同承担义务。部分合伙人单独以实际施工人名义起诉请求合同权利的，应依据《最高院民诉法解释》第74条的规定追加其他合伙人作为共同诉讼当事人。应当追加的原告明确表示放弃实体权利的，可不予追加；既不愿意参加诉讼，又不放弃实体权利的，仍应追加为共同原告。

多人合伙体的某个人与相对人签订施工合同并实际履行的，该显名人员为实际施工人。实际施工人与其他合伙人签订合伙协议，约定共同出资承建项目并各有分工，彼此之间为合伙关系，并非分包关系，据此，非显名的合伙人不能独立成为实际施工人。其中，合伙关系的确认通常依据合伙协议、出资证明、财务账册等证据，结合共同出资和共同经营、共享收益和共担风险等合伙关系要件加以判断。

法律依据

《民事诉讼法》

第一百三十五条　必须共同进行诉讼的当事人没有参加诉讼的，人民法院应当通知其参加诉讼。

《最高院民诉法解释》

第七十三条　必须共同进行诉讼的当事人没有参加诉讼的，人民法院应当依照民事诉讼法第一百三十五条的规定，通知其参加；当事人也可以向人民法院申请追加。人民法院对当事人提出的申请，应当进行审查，申请理由不成立的，裁定驳回；申请理由成立的，书面通知被追加的当事人参加诉讼。

第七十四条　人民法院追加共同诉讼的当事人时，应当通知其他当事人。应当追加的原告，已明确表示放弃实体权利的，可不予追加；既不愿意参加诉讼，又不放弃实体权利的，仍应追加为共同原告，其不参加诉讼，不影响人民法院对案件的审理和依法作出判决。

审判意见

《河南高院工程合同解答》

14. 多人合伙的实际施工人在其他合伙人下落不明的情况下，能否以自己的名义单独主张工程款？

答：在其他合伙人下落不明的情况下，应当允许部分合伙人以自己的名义单独主张工程款。事后,其他合伙人可以依据与主张工程款的合伙人之间的内部关系另行主张权利。需要注意的是,参与施工合同签订和实际施工的合伙人,其上手转包人或违法分包人基于合同信赖利益一般不会对其诉讼主体资格提出异议,但未参与合同签订的合伙人以自己名义起诉,需要提供充分证据证明其合伙人身份。

典型判决 江西城建公司、江西城建厦门公司、赖某辉、赖某水、赖某塔、赖某兴等建设工程施工合同纠纷案[①]

【裁判要旨】

多人合伙的实际施工人在诉讼中并未放弃案涉工程款的实体权利,法院将其列为第三人,并无不当。

【裁判观点】

再审法院认为,《民事诉讼法》(2017年)第132条[②]规定:"必须共同进行诉讼的当事人没有参加诉讼的,人民法院应当通知其参加诉讼。"《最高院民诉法解释》(2020年)第60条规定:"在诉讼中,未依法登记领取营业执照的个人合伙的全体合伙人为共同诉讼人……"原审已查明,赖某塔与赖某水等人是合伙关系,赖某塔是案涉工程的实际施工人之一。据此,原审确定赖某塔为本案一审原告并无不当。

同时,《民事诉讼法》(2017年)第56条第1款[③]规定:"对当事人双方的诉讼标的,第三人认为有独立请求权的,有权提起诉讼。"《最高院民诉法解释》(2020年)第81条第1款规定:"根据民事诉讼法第五十六条的规定,有独立请求权的第三人有权向人民法院提出诉讼请求和事实、理由,成为当事人。"原审已查明,赖某兴既是与申请人签订协议的合同相对人,又是案涉工程的实际施工人,在原审中并未放弃案涉工程款的实体权利。据此,原审确定赖某兴为本案一审第三人亦无不当。故申请人主张原审确定赖某塔、赖某兴诉讼主体资格错误的理由,不符合法律规定,再审法院不予支持。

---

① 参见最高人民法院民事裁定书,(2021)最高法民申5116号。

② 相关规定参见2023年《民事诉讼法》第135条。

③ 相关规定参见2023年《民事诉讼法》第59条第1款。

119. 挂靠施工质量纠纷中,发包人可以列哪些主体为被告?

工程质量纠纷中,发包人应将合同相对人列为被告;如果其他单位也有责任,则可在起诉时直接列明或在诉讼中追加勘察、设计、监理、供应商等为共同被告。如涉及工程挂靠,诉讼主体的确定更为明确。挂靠承包是应受行政处罚的违法行为,根据《建筑法》第66条、《最高院施工合同解释一》第7条的规定,挂靠人与被挂靠人应当对工程质量负连带赔偿责任。发包人既可以向挂靠人、被挂靠人分别主张权利,也可以根据《最高院施工合同解释一》第7条的规定要求两个主体承担连带赔偿责任。根据《最高院民诉法解释》第54条的规定,挂靠人与被挂靠人为共同诉讼人。该条所称的共同诉讼,在诉讼法理论上称为类似的必要共同诉讼,而不是固有的必要共同诉讼。

法律依据

《建筑法》

第六十六条 建筑施工企业转让、出借资质证书或者以其他方式允许他人以本企业的名义承揽工程的,责令改正,没收违法所得,并处罚款,可以责令停业整顿,降低资质等级;情节严重的,吊销资质证书。对因该项承揽工程不符合规定的质量标准造成的损失,建筑施工企业与使用本企业名义的单位或者个人承担连带赔偿责任。

《最高院施工合同解释一》

第七条 缺乏资质的单位或者个人借用有资质的建筑施工企业名义签订建设工程施工合同,发包人请求出借方与借用方对建设工程质量不合格等因出借资质造成的损失承担连带赔偿责任的,人民法院应予支持。

第十二条 因承包人的原因造成建设工程质量不符合约定,承包人拒绝修理、返工或者改建,发包人请求减少支付工程价款的,人民法院应予支持。

第十三条 发包人具有下列情形之一,造成建设工程质量缺陷,应当承担过错责任:

(一)提供的设计有缺陷;

(二)提供或者指定购买的建筑材料、建筑构配件、设备不符合强制性标准;

(三)直接指定分包人分包专业工程。

承包人有过错的,也应当承担相应的过错责任。

第十四条 建设工程未经竣工验收,发包人擅自使用后,又以使用部分质量不符合约定为由主张权利的,人民法院不予支持;但是承包人应当在建设工程的合理使用寿命内对地基基础工程和主体结构质量承担民事责任。

第十五条 因建设工程质量发生争议的，发包人可以以总承包人、分包人和实际施工人为共同被告提起诉讼。

第十六条 发包人在承包人提起的建设工程施工合同纠纷案件中，以建设工程质量不符合合同约定或者法律规定为由，就承包人支付违约金或者赔偿修理、返工、改建的合理费用等损失提出反诉的，人民法院可以合并审理。

《最高院民诉法解释》

第五十四条 以挂靠形式从事民事活动，当事人请求由挂靠人和被挂靠人依法承担民事责任的，该挂靠人和被挂靠人为共同诉讼人。

审判意见

《四川高院施工合同解答》

15. 如何确定建设工程质量争议案件的诉讼主体和责任承担？

承包人经发包人同意将自己承包的部分工程交由第三人完成，因建设工程质量发生争议的，发包人可以以承包人、第三人为共同被告主张权利，承包人和第三人对工程质量向发包人承担连带责任。

承包人转包，违法分包建设工程，因建设工程质量发生争议的，发包人可以以转包人、违法分包人和实际施工人为共同被告主张权利，转包人、违法分包人和实际施工人对工程质量向发包人承担连带责任。

典型判决 刘某、松辽公司建设工程施工合同纠纷案①

【裁判要旨】

实际施工人并不是工程质量纠纷的必要诉讼参与人，如发包人只向相对人主张权利，应予支持。

【裁判观点】

二审法院认为，一审中，刘某未主张其将案涉工程劳务转包给顾某、田某，且依据原《最高院施工合同解释》第25条②关于“因建设工程质量发生争议的，发包人可以以总承包人、分包人和实际施工人为共同被告提起诉讼”的规定，实际施工人并不是工程质量纠纷的必要诉讼参与人。松辽公司基于合同相对性原则选择以刘某作为被告提起诉讼，系其对自身诉讼权利的处分。刘某关于本案应追加实

---

① 参见吉林省高级人民法院民事判决书，(2021)吉民终463号。

② 相关规定参见《最高院施工合同解释一》第15条。

际施工人顾某、田某为共同被告的主张,二审法院不予支持。

120. 银行对承包人提出的有关建设工程优先受偿权的生效裁判文书,可否提出第三人撤销之诉?

以建设工程设定抵押权的银行对承包人提出的有关建设工程优先受偿权的生效裁判文书可否提出第三人撤销之诉,实务中存有争议。

有观点认为,银行无权提出第三人撤销之诉,因建设工程施工合同纠纷案件中银行不属于第三人,银行对于建设工程价款优先受偿权提起第三人撤销之诉的,应予驳回。

笔者认为,银行作为建设工程抵押权人,与承包人起诉发包人的建设工程优先受偿权纠纷案件的处理结果有法律上的直接利害关系。银行为保护自身抵押权的实现,可以提出第三人撤销之诉。因为第三人撤销之诉的审理对象是原案生效裁判,为保障生效裁判的权威性和稳定性,第三人撤销之诉的立案审查比一般民事案件更为严格。根据《最高院民诉法解释》第290条的规定,第三人提起撤销之诉的,应当提供发生法律效力的判决、裁定、调解书的全部或者部分内容存在错误情形的证据材料,法院在受理阶段需对原生效裁判内容是否存在错误进行实质审查。

法律依据

《民事诉讼法》

第五十九条第二款 对当事人双方的诉讼标的,第三人虽然没有独立请求权,但案件处理结果同他有法律上的利害关系的,可以申请参加诉讼,或者由人民法院通知他参加诉讼。人民法院判决承担民事责任的第三人,有当事人的诉讼权利义务。

《最高院民诉法解释》

第二百九十条 第三人对已经发生法律效力的判决、裁定、调解书提起撤销之诉的,应当自知道或者应当知道其民事权益受到损害之日起六个月内,向作出生效判决、裁定、调解书的人民法院提出,并应当提供存在下列情形的证据材料:

(一)因不能归责于本人的事由未参加诉讼;

(二)发生法律效力的判决、裁定、调解书的全部或者部分内容错误;

(三)发生法律效力的判决、裁定、调解书内容错误损害其民事权益。

典型判决1 宜华建设公司、北首光源公司、建行青泥洼桥支行建设工程施工合同纠纷案[①]

【裁判要旨】

承包人就发包人贷款银行作出放弃优先受偿权的承诺书，该权利放弃的意思表示仅及于指定银行，而不及于其他债权人和发包人，即该权利放弃是相对放弃，而非绝对放弃。

【裁判观点】

再审法院认为，2010年7月15日，宜华建设公司向建行青泥洼桥支行出具《施工单位承诺书》，内容为："北首光源公司准备在贵行办理50000万元人民币本金贷款，贷款用途为大连北首节能光源产业基地项目，做为施工单位，同意并承诺：我公司放弃优先受偿权，项目资金优先偿还贵行贷款本金和利息，直至全部偿还完为止。"首先，依民法法理，在不违反法律的禁止性规定和社会公序良俗的前提下，民事权利主体可自由处分财产权利，包括放弃或者限制财产权利。本案无证据证明宜华建设公司放弃建设工程价款优先受偿权损害了建筑工人的利益，可认定其针对建行青泥洼桥支行作出的放弃优先受偿权的承诺有效。其次，宜华建设公司放弃优先受偿权的对象是建行青泥洼桥支行，此种权利放弃是有特定对象的放弃，该权利放弃的意思表示仅及于建行青泥洼桥支行，而不及于其他债权人，亦不及于发包人北首光源公司。此种权利放弃是相对放弃而非绝对放弃，宜华建设公司放弃的仅是其债权顺位优先于建行青泥洼桥支行贷款本息债权的部分，北首光源公司将案涉贷款本息偿还完毕后，宜华建设公司仍可主张建设工程价款优先受偿权。最后，宜华建设公司申请再审主张建行青泥洼桥支行发放的贷款未全部用于案涉工程且没有对贷款用途进行监管，没有满足宜华建设公司放弃优先权所附的条件。根据原《民法总则》第142条第1款[②]"有相对人的意思表示的解释，应当按照所使用的词句，结合相关条款、行为的性质和目的、习惯以及诚信原则，确定意思表示的含义"的规定，虽然宜华建设公司向建行青泥洼桥支行作出了放弃优先权的承诺，但结合上下文意思，案涉《施工单位承诺书》中关于贷款数额和用途的文字仅是宜华建设公司的单方陈述，建行青泥洼桥支行并未给予承诺，对宜华建设公司亦未设定任何义务，故不能得出该陈述系宜华建设公司承诺放弃优

---

① 参见最高人民法院民事判决书，(2021)最高法民再193号。

② 相关规定参见《民法典》第142条第1款。

先受偿权附加条件的结论。

典型判决 2　温州民生银行与山口建筑公司、青田依利高鞋业第三人撤销之诉案①

【裁判要旨】

第三人撤销之诉的立案审查比普通案件更为严格，申请人应当在受理阶段举证证明原生效裁判内容确实存在错误。

【裁判观点】

再审法院认为，第三人撤销之诉的审理对象是原案生效裁判，为保障生效裁判的权威性和稳定性，第三人撤销之诉的立案审查相比一般民事案件更加严格。正如山口建筑公司所称，依据《最高院民诉法解释》(2015 年)第 292 条②的规定，第三人提起撤销之诉的，应当提供存在发生法律效力的判决、裁定、调解书的全部或者部分内容错误情形的证据材料，即在受理阶段需对原生效裁判内容是否存在错误从证据材料角度进行一定程度的实质审查。但前述司法解释的规定本质上仍是对第三人撤销之诉起诉条件的规定，起诉条件与最终实体判决的证据要求存在区别，前述司法解释的规定并不意味着第三人在起诉时就要完成全部的举证义务，第三人在提起撤销之诉时应对原案判决可能存在错误并损害其民事权益的情形提供初步证据材料加以证明。

典型判决 3　建行新罗支行与惠一公司、富泰公司第三人撤销之诉案③

【裁判要旨】

银行作为在建工程的抵押权人，对于承包人和发包人之间确认建设工程价款优先受偿权的诉讼案件具有利害关系，属于法律规定的第三人，应按法律关于第三人的规定进行审理。

【裁判观点】

二审法院认为，在建工程设立抵押后，抵押权人对该在建工程享有优先受偿权并优先于普通金钱债权。如果房屋建设工程承包人与发包人之间发生确认建

① 参见浙江省高级人民法院民事裁定书，(2018)浙民申 3524 号。

② 相关规定参见 2022 年《最高院民诉法解释》第 290 条。

③ 参见最高人民法院民事裁定书，(2022)最高法民终 161 号。

设工程价款优先受偿权的诉讼，因建设工程价款优先受偿权优先于抵押权受偿，该案件一旦确认了承包人的建设工程价款优先受偿权，必然会影响抵押权的受偿顺序，而且在抵押物价值不足以同时覆盖二者的情况下，还会直接损害抵押权人的权益。因此，在建工程的抵押权人对于该房屋建设工程承包人和发包人之间确认建设工程价款优先受偿权的诉讼案件，具有法律上的利害关系，属于《民事诉讼法》(2021 年)第 59 条所规定的第三人。本案中，建行新罗支行作为案涉工程的抵押权人，在惠一公司已向其承诺放弃案涉工程价款优先受偿权的情况下，就惠一公司与富泰公司对案涉工程确认建设工程价款优先受偿权的诉讼，具备提起第三人撤销之诉的主体资格。

121. 供货人起诉承包人(转包人、违法分包人)的，是否应当追加实际施工人为当事人?

对于供货人起诉承包人(转包人、违法分包人)的，是否应当追加实际施工人为当事人的问题，以实际施工人以谁的名义进行交易为判断标准，可分为以下三种情形：

第一种情形：实际施工人受承包人(转包人、违法分包人)的委托，以承包人名义对外签订买卖合同，实际施工人并非合同一方当事人，不是合同关系的责任主体。承包人(转包人、违法分包人)的被告主体适格，诉讼中无须也不宜追加实际施工人为案件当事人。

第二种情形：实际施工人以自己名义与供货人交易，则实际施工人为该合同关系的签约主体与责任主体，应当以实际施工人为被告提起诉讼。供货人仅起诉承包人(转包人、违法分包人)的，被告主体不适格。

第三种情形：实际施工人以承包人(转包人、违法分包人)名义与供货人交易，不构成委托代理，也不构成表见代理，供货人仅起诉承包人(转包人、违法分包人)的，被告主体不适格。

从发起诉讼的角度分析，实际施工人以承包人(转包人、违法分包人)名义与第三人产生交易关系，如果供货人仅起诉承包人(转包人、违法分包人)或者仅起诉实际施工人，均存在较大的诉讼风险。即便是先单独起诉承包人(转包人、违法分包人)，被驳回后，再单独起诉实际施工人，由于前后两诉由不同的审判人员或审判组织审理，对于是否构成表见代理的判断可能有所差异，仍然存在前后两诉均被驳回诉请的可能。这不仅给当事人的权利救济带来困难,也容易产生裁判冲突。因此,供货人比较“安全”的做法是,将承包人(转包人、违法分包人)和实际施工人列为共同被告,一并起诉。

法律依据

《民法典》

第一百七十二条 行为人没有代理权、超越代理权或者代理权终止后,仍然实施代理行为,相对人有理由相信行为人有代理权的,代理行为有效。

《民事诉讼法》

第五十九条第二款 对当事人双方的诉讼标的,第三人虽然没有独立请求权,但案件处理结果同他有法律上的利害关系的,可以申请参加诉讼,或者由人民法院通知他参加诉讼。人民法院判决承担民事责任的第三人,有当事人的诉讼权利义务。

《最高院民诉法解释》

第二百二十二条 原告在起诉状中直接列写第三人的,视为其申请人民法院追加该第三人参加诉讼。是否通知第三人参加诉讼,由人民法院审查决定。

典型判决 地质公司与中宇公司、赣西分公司买卖合同纠纷案[①]

【裁判要旨】

实际施工人受承包人委托与供应商签约,供应商起诉承包人后,承包人请求追加实际施工人为当事人的,不予支持。

【裁判观点】

再审法院认为,本案中,马某只是受赣西分公司的委托,以赣西分公司的名义与中宇公司签订了案涉合同,其并非案涉合同的一方。法院未追加马某为本案当事人并无不当。马某是不是本案所涉工程的实际施工人、其与赣西分公司之间是否存在挂靠关系与本案所涉买卖合同无关,不属本案审理范围。地质公司关于应当追加马某为本案当事人的再审主张没有事实和法律依据,不能成立。

① 参见最高人民法院民事裁定书,(2014)民申字第1142号。

122. 转包(违法分包)的实际施工人提起工程款诉讼,哪些主体是适格被告?

实践中应当区分两种情形:(1)实际施工人仅起诉转包人(违法分包人)的,基于合同相对性原则,被告诉讼主体适格。但是需要明确的是,实际施工人只能向与其有合同关系的转包人(违法分包人)主张权利,不能向与其没有合同关系的转包人(违法分包人)主张工程款。(2)实际施工人仅起诉发包人的,由于转包人(违法分包人)与案件的处理结果有利害关系,应当追加转包人(违法分包人)为第三人,转包人(违法分包人)的诉讼地位不是共同被告。这是因为,总承包合同与转包合同(违法分包合同)的权利义务不同,发包人责任与转包人(违法分包人)责任也不同。因此,发包人与转包人(违法分包人)不是必要共同诉讼的被告。此外,原告没有起诉转包人(违法分包人),也不应将其列为被告。依据《民事诉讼法》第 59 条的规定,与案件处理有法律上的利害关系的只能列为第三人。

需要说明的是,发包人与转包人(违法分包人)支付工程款的责任形态并非连带责任,而属于不真正连带责任。发包人承担责任的法律基础是《最高院施工合同解释一》第 43 条,其性质为工程款欠付范围内的责任;而违法分包人、转包人承担责任的基础是与实际施工人的合同。

法律依据

《民事诉讼法》

第五十九条第二款 对当事人双方的诉讼标的,第三人虽然没有独立请求权,但案件处理结果同他有法律上的利害关系的,可以申请参加诉讼,或者由人民法院通知他参加诉讼。人民法院判决承担民事责任的第三人,有当事人的诉讼权利义务。

《最高院施工合同解释一》

第四十三条 实际施工人以转包人、违法分包人为被告起诉的,人民法院应当依法受理。

实际施工人以发包人为被告主张权利的,人民法院应当追加转包人或者违法分包人为本案第三人,在查明发包人欠付转包人或者违法分包人建设工程价款的数额后,判决发包人在欠付建设工程价款范围内对实际施工人承担责任。

《最高院民诉法解释》

第六十六条 因保证合同纠纷提起的诉讼,债权人向保证人和被保证人一并主张权利的,人民法院应当将保证人和被保证人列为共同被告。保证合同约定为一般保证,债权人仅起诉保证人的，人民法院应当通知被保证人作为共同被告参加诉讼；债权人仅起诉被保证人的，可以只列被保证人为被告。

审判意见

《安徽高院施工合同指导意见》

1、因转包、分包建设工程发生纠纷，实际施工人起诉承包人索要工程款的，一般不追加发包人为案件当事人，但为查明案件事实需要，人民法院可追加发包人为第三人。

因建设工程质量发生纠纷，发包人仅起诉承包人或仅起诉实际施工人的，人民法院可依当事人申请，将实际施工人或承包人追加为共同被告。

《北京高院施工合同解答》

19、违法分包合同、转包合同的实际施工人主张欠付工程款的，诉讼主体如何确定？发包人的责任如何承担？

实际施工人以违法分包人、转包人为被告要求支付工程款的，法院不得依职权追加发包人为共同被告；实际施工人以发包人为被告要求支付工程款的，应当追加违法分包人或转包人作为共同被告参加诉讼，发包人在其欠付违法分包人或转包人工程款范围内承担连带责任。发包人以其未欠付工程款为由提出抗辩的，应当对此承担举证责任。

123. 实际施工人只起诉发包人，是否必须追加转包人（违法分包人）？

根据《最高院施工合同解释一》第43条的规定，实际施工人只起诉发包人承担责任的，应当追加转包人（违法分包人）为第三人。

首先，发包人与转包人（违法分包人）签订的总承包合同内容与转包合同（违法分包合同）内容可能存在重叠或交叉，转包人（违法分包人）与实际施工人起诉的诉讼标的相同或者部分相同，因此，存在明显的利害关系。

其次，发包人与转包人（违法分包人）之间的合同关系不因实际施工人的诉讼而消灭，当转包人（违法分包人）因另案发生诉讼时，后诉案件事实的查明以及裁判结论的作出都可能受本案影响，为了防止裁判冲突，也应追加转包人（违法分包人）参加本案诉讼。

最后，转包人（违法分包人）追加为第三人参加本案诉讼之后，如认为对发包人享有权利或者对实际施工人享有权利，可以作为有独立请求权的第三人提出独立的诉讼请求，达到方便诉讼的目的。

法律依据

《民事诉讼法》

第五十九条第二款 对当事人双方的诉讼标的，第三人虽然没有独立请求权，但案件处理结果同他有法律上的利害关系的，可以申请参加诉讼，或者由人民法院通知他参加诉讼。人民法院判决承担民事责任的第三人，有当事人的诉讼权利义务。

《最高院施工合同解释一》

第四十三条 实际施工人以转包人、违法分包人为被告起诉的，人民法院应当依法受理。

实际施工人以发包人为被告主张权利的，人民法院应当追加转包人或者违法分包人为本案第三人，在查明发包人欠付转包人或者违法分包人建设工程价款的数额后，判决发包人在欠付建设工程价款范围内对实际施工人承担责任。

第四十四条 实际施工人依据民法典第五百三十五条规定，以转包人或者违法分包人怠于向发包人行使到期债权或者与该债权有关的从权利，影响其到期债权实现，提起代位权诉讼的，人民法院应予支持。

审判意见

《安徽高院施工合同指导意见》

2、实际施工人以被挂靠单位名义签订建设工程施工合同，实际施工人或被挂靠单位单独起诉发包人索要工程款的，发包人可申请人民法院追加被挂靠单位或实际施工人为案件当事人；发包人起诉实际施工人或被挂靠单位的，人民法院可依被挂靠单位或实际施工人的申请，追加被挂靠单位或实际施工人为案件当事人。

124. 实际施工人请求发包人在欠付工程款范围内承担责任，追加转包人（违法分包人）后，转包人（违法分包人）请求实际施工人支付管理费，发包人能否反诉请求转包人（违法分包人）承担质量瑕疵责任？

通常情形下，反诉实质上是本诉被告针对本诉原告提出反请求，其目的是吞并或抵消本诉原告的诉讼请求，因此反诉被告应当是本诉原告，不包括其他诉讼主体。但是，在追加第三人参加诉讼时，上述情形将发生变化。

有独立请求权的第三人提出独立请求时，无论该独立请求是针对本诉原告还是针对本诉被告提出的，只要是针对本诉提出的，就应为本诉被告反诉有独立请求权的第三人提供机会。就反诉主体而言，《最高院民诉法解释》第 233 条第 1 款规定，“反诉的当事人应当限于本诉的当事人的范围”，据此，反诉只需满足“本诉的当事人范围”即可。反诉被告包括但不限于本诉原告，还可包括有独立请求权的第三人。在反诉与本诉的牵连性方面，《最高院民诉法解释》第 233 条第 2 款规定，“反诉与本诉的诉讼请求基于相同法律关系、诉讼请求之间具有因果关系，或者反诉与本诉的诉讼请求基于相同事实的，人民法院应当合并审理”，可见，对牵连性的要求并不十分严格。

而现行法除赋予实际施工人可突破合同相对性的权利外，建设工程质量产生的责任也可以突破合同相对性原则，发包人可以反诉请求转包人（违法分包人）、实际施工人承担质量瑕疵责任。

法律依据

《最高院民诉法解释》

第二百三十三条 反诉的当事人应当限于本诉的当事人的范围。

反诉与本诉的诉讼请求基于相同法律关系、诉讼请求之间具有因果关系，或者反诉与本诉的诉讼请求基于相同事实的，人民法院应当合并审理。

反诉应由其他人民法院专属管辖，或者与本诉的诉讼标的及诉讼请求所依据的事实、理由无关联的，裁定不予受理，告知另行起诉。

125. 存在多层转包关系时，实际施工人仅起诉发包人的，是否应当追加各转包人（违法分包人）为第三人？

鉴于多层转包情况下法律关系复杂，个案具体情形并不相同，《最高院施工合同解释一》第 43 条并未规定多层转包（违法分包）时如何诉讼的问题。

笔者认为，为了查明案件事实，对本条应作扩张解释，即应当追加各转包人（违法分包人）参加诉讼。在多层转包（违法分包）的情形下，各转包人基于各自合同享有相应权利、承担相应义务。就工程款而言，各合同之间存在一定的差价。即便各转包合同均为无效合同，在工程价款可以参照合同约定的司法政策下，只要工程质量合格，合同效力对于工程价款确定的影响并不大。在法理上，追加次转包人为第三人与追加转包人为第三人的理由完全相同，因此，次转包人参加诉讼具有法律依据。

法律依据

《最高院施工合同解释一》

第四十三条 实际施工人以转包人、违法分包人为被告起诉的，人民法院应当依法受理。

实际施工人以发包人为被告主张权利的，人民法院应当追加转包人或者违法分包人为本案第三人，在查明发包人欠付转包人或者违法分包人建设工程价款的数额后，判决发包人在欠付建设工程价款范围内对实际施工人承担责任。

审判意见

《北京高院施工合同解答》

19、违法分包合同、转包合同的实际施工人主张欠付工程款的，诉讼主体如何确定？发包人的责任如何承担？

实际施工人以违法分包人、转包人为被告要求支付工程款的，法院不得依职权追加发包人为共同被告；实际施工人以发包人为被告要求支付工程款的，应当追加违法分包人或转包人作为共同被告参加诉讼，发包人在其欠付违法分包人或转包人工程款范围内承担连带责任。发包人以其未欠付工程款为由提出抗辩的，应当对此承担举证责任。

126. 实际施工人能否同时起诉转包人与发包人共同承担或连带承担支付工程款责任？

笔者认为，实际施工人可以同时起诉转包人与发包人各自承担相应的责任，但应按不真正连带责任进行审理和裁判。

根据《最高院施工合同解释一》第43条的规定，实际施工人可以向发包人、有合同关系的转包人主张工程款，但没有规定发包人责任与转包人责任的性质以及两者之间的关系。从性质上讲，实际施工人请求转包人支付工程款，其请求权基础是无效合同责任或者是不当得利返还责任。而实际施工人请求发包人在“欠付工程价款范围内”承担的责任，是一种基于特殊政策考量而产生的工程款支付责任。这两种责任既不是连带责任也不是共同责任，因为连带责任与共同责任都是法定责任，而现行法并无相应规定。

法律依据

《最高院施工合同解释一》

第四十三条　实际施工人以转包人、违法分包人为被告起诉的，人民法院应当依法受理。

实际施工人以发包人为被告主张权利的，人民法院应当追加转包人或者违法分包人为本案第三人，在查明发包人欠付转包人或者违法分包人建设工程价款的数额后，判决发包人在欠付建设工程价款范围内对实际施工人承担责任。

审判意见

《重庆高院四川高院施工合同解答》

十、实际施工人起诉转包人、违法分包人和发包人主张权利，将转包人、违法分包人和发包人作为共同被告，如何处理？

答：实际施工人向其合同相对方转包人或者违法分包人主张合同权利，同时请求发包人在欠付工程款范围内承担责任，人民法院应当依法受理。但多层转包和多次分包关系中的实际施工人依据《最高人民法院关于审理建设工程施工合同纠纷案件适用法律问题的解释（一）》第四十三条的规定向发包人主张权利的，不予支持。

127. 在实际施工人与转包人（违法分包人）之间存在代理关系不明确时，供货人能否同时起诉实际施工人和转包人（违法分包人）？

实际施工人以转包人（违法分包人）名义与供货人交易，如果代理关系存在争议时，供货人仅起诉转包人（违法分包人）或仅起诉实际施工人的，往往存在较大的诉讼风险。例如，供货人单独起诉实际施工人时，实际施工人抗辩自己的行为构成代理或表见代理并得到法院认可的，法院将驳回原告的诉讼请求。供货人再次起诉转包人（违法分包人）时，如转包人（违法分包人）抗辩不构成代理或表见代理并得到法院认可的，可能再次被驳回诉讼请求。由于前后两诉系由不同审判人员或审判组织审理，并且两个案件相互独立，上述裁判结果完全可能发生。当然，上述案件审理中，为查明买卖、租赁等事实，法院可向当事人释明，申请追加另一方主体为当事人参加诉讼，或依职权进行追加。

据此，对供货人来说，较为“安全有效”的做法是同时将转包人（违法分包人）和实际施工人列为共同被告。在实务中，无论判决转包人（违法分包人）和实际施工人之间的责任形态是共同责任还是连带责任，抑或是单一责任，供货人同时起诉实际施工人和转包人（违法分包人）都更为有利。

法律依据

《民法典》

第一百六十五条 委托代理授权采用书面形式的，授权委托书应当载明代理人的姓名或者名称、代理事项、权限和期限，并由被代理人签名或者盖章。

第一百七十一条 行为人没有代理权、超越代理权或者代理权终止后，仍然实施代理行为，未经被代理人追认的，对被代理人不发生效力。

相对人可以催告被代理人自收到通知之日起三十日内予以追认。被代理人未作表示的，视为拒绝追认。行为人实施的行为被追认前，善意相对人有撤销的权利。撤销应当以通知的方式作出。

行为人实施的行为未被追认的，善意相对人有权请求行为人履行债务或者就其受到的损害请求行为人赔偿。但是，赔偿的范围不得超过被代理人追认时相对人所能获得的利益。

相对人知道或者应当知道行为人无权代理的，相对人和行为人按照各自的过错承担责任。

第一百七十二条 行为人没有代理权、超越代理权或者代理权终止后，仍然实施代理行为，相对人有理由相信行为人有代理权的，代理行为有效。

审判意见

《山东高院民一庭施工合同解答》

4. 项目经理以承包人名义实施确认工程量、签订买卖合同或租赁合同、对外借款等行为，效力如何认定？

承包人对项目经理授权不明，或者项目经理在承包人授权范围外从事的相关行为，应当适用表见代理的法律规定，审查承包人是否对项目经理行为承担民事责任。合同相对人主张构成表见代理的，应当承担举证证明责任。

对于项目经理确认工程量的行为，一般应认定为有效，但承包人明确项目经理无确认工程量的授权，且发包人明知的除外。

对于签订买卖、租赁合同的行为，应当结合购买材料或租赁设备的品类、用途、交货地点，是否用于涉案工程以及施工合同履行习惯，相对方是否善意等情况，认定是否由承包人承担责任。

对于对外借款行为效力的认定要从严掌握，应当对借款流向、用途以及出借人是否善意等事实进行实质性审查，并结合承包人与项目经理之间关于涉案工程的资金投入、结算方式等约定，综合认定是否由承包人承担还款责任。

《河南高院工程领域买卖租赁疑难问题解答》

04　行为人以建筑企业名义签订合同，但建筑企业否认其签订并履行合同，或者行为人虽以个人名义签订合同但有证据证明代表建筑企业，但建筑设备的出租方、建筑材料的出卖方只将建筑企业或行为人列为被告，这种情况下是否需要追加另一方主体参加诉讼？

答：行为人以建筑企业名义签订合同或者虽以个人名义签订合同但有证据证明其代表建筑企业，相对人只起诉建筑企业或行为人的，为查明买卖、租赁等事实，法院可以向当事人释明，申请追加另一方主体为当事人参加诉讼，或依职权进行追加。

典型判决　鑫雁公司与国基公司、赵某中买卖合同纠纷案①

【裁判要旨】

相对人在签订合同时未尽到审慎的注意义务，法院判决不构成表见代理，转包人（违法分包人）不承担相应责任。

【裁判观点】

再审法院认为，本案中，案涉合同系赵某中以自己名义与鑫雁公司签订，合同上仅有赵某中签名，国基公司及该公司漯河项目部均未在该合同上加盖印章，鑫雁公司未能提供证据证明国基公司向赵某中出具过委托书或介绍信等授权手续。虽然根据合同实际履行情况及国基公司二审中关于赵某中为漯河项目内部承包人且自负盈亏的陈述可知，赵某中是国基公司漯河项目的实际施工人，另案判决亦认定国基公司将漯河项目交给赵某中负责，赵某中在国基公司漯河项目工地劳务外包过程中代表国基公司签订劳务分包合同，但无法据此推断鑫雁公司在本案合同签订和合同履行过程中对此知情，且上述证据均未显示赵某中有代表国基公司对外购买钢材的权限。因此，鑫雁公司所提供的证据不能证明其在订立合同时有理由相信赵某中有权代表国基公司，不能证明赵某中签订《钢筋购销合同》的行为系履行职务行为。鑫雁公司作为相对人，在签订合同时未尽到审慎的注意义务，未审查赵某中身份及有无代理权，未要求国基公司在《钢筋购销合同》上加盖

① 参见最高人民法院民事裁定书，(2020)最高法民申2212号。

印章,在合同履行过程中也未要求国基公司予以确认或追认,应当自行承担风险与后果。二审判决认定赵某中的行为不构成代表国基公司的职务行为,国基公司无须承担本案合同义务,并无不当。

第二节 诉讼协调

128. 实际施工人起诉发包人承担责任,转包人(违法分包人)另案起诉发包人支付工程款,两个诉讼应如何协调?

实际施工人有权根据《最高院施工合同解释一》第43条的规定起诉发包人承担责任。同时,转包人(违法分包人)有权依据承包合同起诉发包人,依据合同相对性原则,发包人应当基于承包合同承担相应的责任。换言之,实际施工人起诉发包人,并不排斥转包人根据承包合同起诉发包人。但发包人不能因为转包(违法分包)支付两次工程款。这时,需要协调两个不同的诉讼。

(1)承包人先起诉发包人支付工程款的,实际施工人可以在一审辩论终结前申请作为第三人参加诉讼,其另诉请求发包人在欠付工程款范围内承担责任的,不应受理。

按照诉讼法理论,实际施工人系利害关系人,应当追加其作为第三人参加诉讼。如果实际施工人提出独立诉讼请求的,应当合并审理,一并解决实际施工人的诉讼请求。合并审理有助于避免法院认定工程造价产生的冲突,更有助于避免发包人就同一债务向承包人和实际施工人重复清偿的情形。

如果实际施工人不提出独立请求的,实际施工人不得另案再向发包人提起诉讼,而只能向转包人(违法分包人)提起诉讼。这是因为,实际施工人对发包人的诉讼请求不同于转包人(违法分包人)对发包人的诉讼请求,前者是特别法赋予的,后者则是基于合同关系产生的。

(2)如果实际施工人先提起诉讼,则根据《最高院施工合同解释一》第43条的规定,应当追加转包人(违法分包人)为本案当事人,对于转包人(违法分包人)是作为有独立请求权的第三人或者是无独立请求权的第三人参加诉讼,该条没有明确规定。

如果转包人(违法分包人)提出独立诉讼请求的,其为独立请求权的第三人。

此时，同一案件需一并解决两个诉讼请求，不存在另案再诉的问题。原告实际施工人与第三人转包人（违法分包人）的诉求并不相同。实际施工人依据上述司法解释第 43 条的规定，突破合同相对性，已表明该规定优先于合同约定，故实际施工人向发包人的工程款请求应当优先于承包人向发包人的工程款请求。

如果转包人（违法分包人）没有提出独立请求权，则因转包人（违法分包人）参与了实际施工人提起诉讼的案件，该案的裁判结果对转包人（违法分包人）产生既判力，即便转包人（违法分包人）之后另案提起诉讼，也应当扣除前诉中实际施工人已获判决部分。

综上，按照民事诉讼法的规定，无论是由转包人（违法分包人）或者是实际施工人提起支付工程价款的诉讼，都可以在一个诉讼程序中解决双方诉求，不会产生两个诉讼。只有在极少数情形下产生两个独立的诉讼，应当区分两种不同的情形分别解决。

法律依据

《民事诉讼法》

第五十九条第二款　对当事人双方的诉讼标的，第三人虽然没有独立请求权，但案件处理结果同他有法律上的利害关系的，可以申请参加诉讼，或者由人民法院通知他参加诉讼。人民法院判决承担民事责任的第三人，有当事人的诉讼权利义务。

《最高院施工合同解释一》

第四十三条　实际施工人以转包人、违法分包人为被告起诉的，人民法院应当依法受理。

实际施工人以发包人为被告主张权利的，人民法院应当追加转包人或者违法分包人为本案第三人，在查明发包人欠付转包人或者违法分包人建设工程价款的数额后，判决发包人在欠付建设工程价款范围内对实际施工人承担责任。

《最高院 2021 年第 21 次专业法官纪要》

承包人已起诉发包人支付工程款的，实际施工人可以在一审辩论终结前申请作为第三人参加诉讼，其另诉请求发包人在欠付工程款范围内承担责任的，不应受理

法律问题

承包人已经起诉请求发包人支付工程款的，实际施工人能否申请作为第三人参加诉讼或者另行起诉请求发包人在欠付工程款范围内承担责任？

法官会议意见

转包和违法分包涉及三方当事人两个法律关系。一是发包人与承包人之间的建设工程施工合同关系；二是承包人与实际施工人之间的转包或者违法分包关系。承包人有权依据

与发包人之间的建设工程施工合同关系请求发包人支付工程款。实际施工人有权依据转包或者违法分包的事实请求承包人承担民事责任。

《最高人民法院关于审理建设工程施工合同纠纷案件适用法律问题的解释(一)》第四十三条第二款规定:"实际施工人以发包人为被告主张权利的,人民法院应当追加转包人或者违法分包人为本案第三人,在查明发包人欠付转包人或者违法分包人建设工程价款的数额后,判决发包人在欠付建设工程价款范围内对实际施工人承担责任。"

本款解释是为保护农民工等建筑工人利益所作的特别规定。实践中存在承包人与实际施工人分别起诉请求发包人承担民事责任的情况。为防止不同生效判决判令发包人就同一债务分别向承包人和实际施工人清偿的情形,需要对承包人和实际施工人的起诉做好协调。

在承包人已经起诉发包人支付工程款的情况下,实际施工人可以在一审辩论终结前申请作为第三人参加诉讼,其另诉请求发包人在欠付工程款范围内承担责任的,不应受理。实际施工人作为第三人参加诉讼后,如果请求发包人在欠付工程款范围内承担责任,应当将承包人的诉讼请求和实际施工人的诉讼请求合并审理。

审判意见

《安徽高院施工合同指导意见》

2、实际施工人以被挂靠单位名义签订建设工程施工合同,实际施工人或被挂靠单位单独起诉发包人索要工程款的,发包人可申请人民法院追加被挂靠单位或实际施工人为案件当事人;发包人起诉实际施工人或被挂靠单位的,人民法院可依被挂靠单位或实际施工人的申请,追加被挂靠单位或实际施工人为案件当事人。

典型判决 鑫华公司、瑞家公司建设工程施工合同纠纷案①

【裁判要旨】

实际施工人依据《最高院施工合同解释一》的规定突破合同相对性向发包人提起诉讼,并未排除或者限制合同约定的承包人向发包人起诉主张工程款的权利。

【裁判观点】

二审法院认为,原《最高院施工合同解释》第26条②关于"实际施工人以转包人、违法分包人为被告起诉的,人民法院应当依法受理。实际施工人以发包人为

① 参见最高人民法院民事裁定书,(2018)最高法民终77号。

② 相关规定参见《最高院施工合同解释一》第43条。

被告主张权利的，人民法院可以追加转包人或者违法分包人为本案当事人。发包人只在欠付工程价款范围内对实际施工人承担责任”的规定虽赋予实际施工人突破合同相对性向发包人提起诉讼的权利，但该条规定并未排除或者限制合同约定的承包人向发包人起诉主张工程款的权利。因此，一审法院在受理本案长达4年之久后，作出鑫华公司作为本案原告不适格的认定，裁定驳回该公司起诉，于法无据，存在严重错误，二审法院依法予以纠正。

129. 在转包人（违法分包人）请求发包人给付工程款的诉讼中，实际施工人参加并提出给付工程款的独立请求的，能否合并审理？

在诉讼法理论上，对他人之间争议的诉讼标的享有全部或部分独立的实体权利的，可以以有独立请求权的第三人的身份参加诉讼。有独立请求权的第三人参加诉讼之后，形成两个独立的诉讼，一个是原告与被告之间的本诉，另一个是有独立请求权的第三人与原告、被告之间形成的参加之诉。有独立请求权的第三人的诉讼地位相当于原告。对本诉的诉讼标的有独立的请求权，并不是指与本诉的诉讼标的同一。与本诉的诉讼标的同一，是必要共同诉讼的构成要件，而不是有独立请求权的第三人诉讼的构成要件。因此，第三人对于本诉的诉讼标的享有独立的请求权，并不表示诉讼标的必须同一。

依据《民事诉讼法》第59条第1款的规定，对当事人双方的诉讼标的，第三人认为有独立请求权的，有权提起诉讼。实际施工人提出独立请求，符合有独立请求权的第三人的诉讼条件，产生有独立请求权的第三人参加之诉。法院应当对转包人（违法分包人）与发包人之间的本诉与实际施工人提起的参加之诉合并审理。第三人提出独立诉讼请求，既可以向本诉原告提出，也可以向本诉被告提出。

在建设工程领域，实际施工人既可向发包人提出独立请求，也可向转包人（违法分包人）提出独立的诉讼请求。即实际施工人可根据《最高院施工合同解释一》第43条的规定向发包人提起独立诉讼请求，请求发包人在欠付范围内支付工程款，也可根据合同约定请求转包人（违法分包人）支付工程款。

实际施工人作为第三人参加诉讼后，如果请求发包人在欠付工程款范围内承担责任，应当将转包人（违法分包人）的诉讼请求和实际施工人的诉讼请求合并审理。

法律依据

《民事诉讼法》

第五十九条第一款 对当事人双方的诉讼标的，第三人认为有独立请求权的，有权提起诉讼。

《诉讼费用交纳办法》

第十八条 被告提起反诉、有独立请求权的第三人提出与本案有关的诉讼请求，人民法院决定合并审理的，分别减半交纳案件受理费。

《最高院民诉法解释》

第八十一条第一款 根据民事诉讼法第五十九条的规定，有独立请求权的第三人有权向人民法院提出诉讼请求和事实、理由，成为当事人；无独立请求权的第三人，可以申请或者由人民法院通知参加诉讼。

第二百三十二条 在案件受理后，法庭辩论结束前，原告增加诉讼请求，被告提出反诉，第三人提出与本案有关的诉讼请求，可以合并审理的，人民法院应当合并审理。

130. 在实际施工人请求发包人承担责任的案件中，转包人（违法分包人）参加诉讼并对发包人或实际施工人提出独立请求的，能否合并审理？

实际施工人请求发包人承担责任的纠纷案件中，转包人（违法分包人）被追加为第三人时，有权提出自己的独立请求。例如，转包人（违法分包人）有权向发包人提出给付工程款请求，有权向实际施工人提起给付管理费的请求。此时，产生两个相互独立的诉，一个是实际施工人请求发包人在欠付款范围内给付工程款的诉讼，为本诉。另一个是转包人（违法分包人）作为有独立请求权的第三人向发包人或实际施工人提起的诉讼，为第三人参加之诉。这两个诉讼，法院应当合并审理。

（1）对于实际施工人发起的本诉，应当根据实际施工人起诉的请求权基础展开审理，实际施工人向发包人提起诉讼的请求权基础规范共有两个：一是实际施工人根据《最高院施工合同解释一》第 44 条提起代位诉讼；二是实际施工人根据《最高院施工合同解释一》第 43 条提起突破合同相对性的诉讼。发包人对实际施工人承担责任的基础是发包人对承包人（违法分包人、转包人）欠付工程款，这意味着发包人责任的确定依附于总承包合同的约定。因此，法院应当以发包人与转包人(违法分包人)之间签订的总承包合同作为基础,结合转包合同(违法分包合同)的约定,分别查明发包人对承包人的欠付款金额和承包人对实际施工人的欠付款金额。

(2)转包人(违法分包人)向实际施工人提出的最常见请求系由实际施工人给付管理费。转包人(违法分包人)提出的给付管理费的诉讼,应当与实际施工人请求发包人给付工程款的诉讼合并审理。上述诉讼形态不同于发包人同时起诉转包人(违法分包人)与实际施工人质量瑕疵的合并诉讼,不同于实际施工人直接起诉发包人与转包人(违法分包人)不真正连带承担支付工程款合并诉讼,也不同于本诉与反诉的合并审理。追加第三人产生的合并诉讼,必须考虑到提出具体请求的第三人的身份。审理中应保护第三人的诉讼权利,将第三人提出独立请求之诉作为一个完整、独立的诉讼,赋予当事人举证、质证以及辩论的权利。

法律依据

原《最高院合同法解释一》

第二十一条　在代位权诉讼中,债权人行使代位权的请求数额超过债务人所负债务额或者超过次债务人对债务人所负债务额的,对超出部分人民法院不予支持。

第二十二条　债务人在代位权诉讼中,对超过债权人代位请求数额的债权部分起诉次债务人的,人民法院应当告知其向有管辖权的人民法院另行起诉。

债务人的起诉符合法定条件的,人民法院应当受理;受理债务人起诉的人民法院在代位权诉讼裁决发生法律效力以前,应当依法中止。

审判意见

《山东高院2005年民事审判会议纪要》

二、关于建设工程施工合同纠纷案件的处理问题。……第二、要坚持依法保护双方当事人合法权益的原则。人民法院在审理建设工程施工合同纠纷案件时,要依法平等保护双方当事人的合法权益。对建设单位无正当理由拖欠工程款的,在确定支付工程款或者利息时,都要充分注意保护承包人的合法权益。对因承包人的原因,造成建设工程施工合同无效的,如果工程已经经过竣工验收且质量合格的,应参照合同约定支付工程价款;对承包人将建设工程转包或者非法分包给实际施工人的,实际施工人可以直接起诉发包人,请求发包人在拖欠工程款的范围内承担清偿工程款的责任,并追加承包人、转包人或者非法分包人为共同被告或者第三人……

131. 发包人与转包人（违法分包人）进行结算，由于转包人（违法分包人）没有通知或者发包人不同意，导致实际施工人未参加结算的，实际施工人能否提出撤销结算协议诉讼？

实际施工人与转包人（违法分包人）对双方之间的结算有约定的，按照双方约定处理。转包人（违法分包人）与实际施工人之间没有就结算作出明确约定的，应当根据发包人是否知情，分别处理。

如发包人不知道转包（违法分包）的，发包人与转包人（违法分包人）的结算即便没有实际施工人的参加，实际施工人提出异议也未必有效。理由是，基于合同相对性原则，发包人与承包人之间就建设工程进行结算不受第三人干预和限制。

在发包人明知转包（违法分包）时，转包人（违法分包人）应当通知实际施工人参与结算，发包人应当允许实际施工人参与结算。一方面，对于转包人（违法分包人）而言，基于转包（违法分包）合同关系，转包人（违法分包人）负有通知实际施工人参与结算的义务。另一方面，对于发包人而言，基于诚实信用原则，为避免对实际施工人权利的侵害，其不得拒绝实际施工人参与结算。如果转包人（违法分包人）未尽通知义务，或者发包人拒绝实际施工人参与结算，并给实际施工人利益带来损害的，实际施工人有权行使债权人撤销权，请求撤销该结算协议或者由实际施工人另行根据其与转包人（违法分包人）约定的条款进行结算。

审判意见

《安徽高院施工合同指导意见》

13、非法转包、违法分包建设工程，实际施工人与承包人约定以承包人与发包人之间的结算价款作为双方结算依据的，应按该约定确定实际施工人应得的工程价款；实际施工人举证证明承包人与发包人之间的结算结果损害其合法权益的，人民法院可根据实际施工人的申请，依据承包人与发包人之间的合同及相关签证确定实际施工人应得的工程价款。

132. 实际施工人可否主动加入承包人与发包人的工程款纠纷诉讼当中？

转包（违法分包）涉及三方当事人，表现为两个法律关系：一是发包人与承包人之间的建设工程施工合同关系；二是承包人与实际施工人之间的转包（违法分包）关系。承包人有权依据与发包人之间的建设工程施工合同关系请求发包人支付工程款，而实际施工人则有权依据转包合同（违法分包合同）请求承包人承担民事责任。

《最高院民诉法解释》第 81 条第 1 款规定："根据民事诉讼法第五十九条的规定，有独立请求权的第三人有权向人民法院提出诉讼请求和事实、理由，成为当事人；无独立请求权的第三人，可以申请或者由人民法院通知参加诉讼。"《最高院 2021 年第 21 次专业法官纪要》已明确，在承包人已经起诉发包人支付工程款的情况下，实际施工人可以在一审辩论终结前申请作为第三人参加诉讼，其另诉请求发包人在欠付工程款范围内承担责任的，不予受理。

实际施工人参加诉讼后，如请求发包人在欠付工程款范围内承担责任的，应当将承包人的诉讼请求和实际施工人的诉讼请求合并审理。合并审理有助于防止同一工程出现两个造价的冲突，更避免了生效判决判令发包人就同一债务向承包人和实际施工人重复清偿的情形。

法律依据

《最高院民诉法解释》

第八十一条　根据民事诉讼法第五十九条的规定，有独立请求权的第三人有权向人民法院提出诉讼请求和事实、理由，成为当事人；无独立请求权的第三人，可以申请或者由人民法院通知参加诉讼。

第一审程序中未参加诉讼的第三人，申请参加第二审程序的，人民法院可以准许。

《最高院 2021 年第 21 次专业法官纪要》

承包人已起诉发包人支付工程款的，实际施工人可以在一审辩论终结前申请作为第三人参加诉讼，其另诉请求发包人在欠付工程款范围内承担责任的，不应受理

法律问题

承包人已经起诉请求发包人支付工程款的，实际施工人能否申请作为第三人参加诉讼或者另行起诉请求发包人在欠付工程款范围内承担责任？

法官会议意见

转包和违法分包涉及三方当事人两个法律关系。一是发包人与承包人之间的建设工程施工合同关系；二是承包人与实际施工人之间的转包或者违法分包关系。承包人有权依据与发包人之间的建设工程施工合同关系请求发包人支付工程款。实际施工人有权依据转包或者违法分包的事实请求承包人承担民事责任。

《最高人民法院关于审理建设工程施工合同纠纷案件适用法律问题的解释(一)》第四十三条第二款规定:“实际施工人以发包人为被告主张权利的,人民法院应当追加转包人或者违法分包人为本案第三人,在查明发包人欠付转包人或者违法分包人建设工程价款的数额后,判决发包人在欠付建设工程价款范围内对实际施工人承担责任。”

本款解释是为保护农民工等建筑工人利益所作的特别规定。实践中存在承包人与实际施工人分别起诉请求发包人承担民事责任的情况。为防止不同生效判决判令发包人就同一债务分别向承包人和实际施工人清偿的情形,需要对承包人和实际施工人的起诉做好协调。

在承包人已经起诉发包人支付工程款的情况下,实际施工人可以在一审辩论终结前申请作为第三人参加诉讼,其另诉请求发包人在欠付工程款范围内承担责任的,不应受理。实际施工人作为第三人参加诉讼后,如果请求发包人在欠付工程款范围内承担责任,应当将承包人的诉讼请求和实际施工人的诉讼请求合并审理。

典型判决 金庆公司、西关乡政府对外追收债权纠纷案①

【裁判要旨】

承包人起诉发包人后,实际施工人申请以第三人身份参与二审诉讼的,应予支持。

【裁判观点】

二审法院认为,关于高某申请以第三人身份参加诉讼是否应予准许的问题,2020年9月21日,高某向二审法院提交第三人参加诉讼申请书,申请参加本案第二审程序,为支持其主张,高某向二审法院提交《建设施工承包合同》、《沈阳市康平县西关乡高标准农田建设项目第五标段结算审核报告》、《工程结算审核定案表》、交纳项目工程投标保证金银行电子回单、中国农业银行银行卡交易明细清单等证明材料,证明其与金庆公司系挂靠关系,其系案涉工程项目的实际施工人,与西关乡政府完成工程结算审核,一审判决驳回金庆公司的诉讼请求正确。对于高某参加诉讼的申请,《最高院民诉法解释》(2015年)第81条规定:“根据民事诉讼法第五十六条的规定,有独立请求权的第三人有权向人民法院提出诉讼请求和事实、理由,成为当事人;无独立请求权的第三人,可以申请或者由人民法院通知参加诉讼。第一审程序中未参加诉讼的第三人,申请参加第二审程序的,人民法院可以准许。”本案中,高某已经提交证据证明其与本案处理结果存在法律上的利害

① 参见辽宁省高级人民法院民事判决书,(2020)辽民终1057号。

关系，一审法院认定高某为案涉工程项目实际施工人，并依此驳回金庆公司的诉讼请求。对于高某参加本案第二审程序的申请，依照前述法律规定，二审法院予以准许。

133. 在发包人、实际施工人提起的诉讼中，追加转包人(违法分包人)为无独立请求权的第三人参加诉讼，能否判决第三人承担责任？

我国无独立请求权第三人制度的主要目的是“一次性解决纠纷”，在原告提起的本诉中，一并将第三人与一方当事人间的实体关系进行审理和裁判，可以避免第三人与该方当事人另行提起诉讼，从而达到一次诉讼彻底解决纠纷的效果。

被追加的无独立请求权第三人是否承担责任，法院可以依职权决定。根据《最高院民诉法解释》第82条的规定，第三人被判决承担民事责任的，有权提起上诉。但毕竟第三人的诉讼地位不同于被告，相比被告缺少了“管辖异议”等诉讼权，并且还存在“无诉受理”的现象，有违背“不告不理”原则的嫌疑。为弥补上述缺陷，法官应当在合并审理中通过释明、询问等手段，引导第三人针对原告对其提出的请求进行应对，在诉讼程序中充分保障第三人的举证、质证以及辩论等诉讼权利。如无独立请求权第三人被判决承担责任的，有权提起上诉。

法律依据

《最高院民诉法解释》

第八十二条　在一审诉讼中，无独立请求权的第三人无权提出管辖异议，无权放弃、变更诉讼请求或者申请撤诉，被判决承担民事责任的，有权提起上诉。

审判意见

《重庆高院民事审判指导意见》

14、挂靠施工的结算。根据最高人民法院《关于审理建设工程施工合同纠纷案件适用法律问题的解释》第二十六条的规定，实际施工人可以直接起诉发包人，请求发包人在拖欠工程款的范围内承担清偿工程款的责任，并追加承包人、转包人或者违法分包人为共同被告或者第三人。此种保护实际施工人的规定在实践中不应过于泛化。如实际施工人未向发包人主张权利，被挂靠的施工企业基于合同关系向发包人请求支付工程款，发包人以施工企业不是实际施工人为由提出抗辩并拒绝支付工程款的，人民法院不必然追加实际施工人为第三人，但应将诉讼情况通知实际施工人；发包人要求扣除其向实际施工人的已付款，经审查确已支付且付款正当的，可以支持。

134. 违法分包的多个实际施工人可否同时起诉发包人承担责任？

违法分包时，往往存在多个分包合同关系，同时存在多个实际施工人。违法分包中的每个实际施工人，都应当以与自己建立合同关系的违法分包人为被告提起诉讼，请求支付工程款。当然，也都有权根据《最高院施工合同解释一》第43条的规定，将发包人列为被告，请求其在欠付款范围内承担责任。

从审判实践看，多个实际施工人可能同时起诉，也可能分别起诉。从诉讼标的角度分析，尽管各个合同同属一个工程，但实际施工人对发包人所享有的权利是金钱给付债权，不存在同一诉讼标的的问题，因此不属于固有意义上的必要共同诉讼。据此，各个实际施工人并非必须作为共同原告提起诉讼。但是，由于属于同一个工程且发包人承担责任的范围为同一个工程中的“欠付工程款范围内”，当多个实际施工人已经起诉的，属于类似必要共同诉讼，多个裁判应当分别作出。

法律依据

《民事诉讼法》

第五十五条 当事人一方或者双方为二人以上，其诉讼标的是共同的，或者诉讼标的是同一种类、人民法院认为可以合并审理并经当事人同意的，为共同诉讼。

共同诉讼的一方当事人对诉讼标的有共同权利义务的，其中一人的诉讼行为经其他共同诉讼人承认，对其他共同诉讼人发生效力；对诉讼标的没有共同权利义务的，其中一人的诉讼行为对其他共同诉讼人不发生效力。

《最高院施工合同解释一》

第四十三条 实际施工人以转包人、违法分包人为被告起诉的，人民法院应当依法受理。

实际施工人以发包人为被告主张权利的，人民法院应当追加转包人或者违法分包人为本案第三人，在查明发包人欠付转包人或者违法分包人建设工程价款的数额后，判决发包人在欠付建设工程价款范围内对实际施工人承担责任。

135. 发包人请求转包人（违法分包人）与实际施工人共同承担质量赔偿责任的案件中，转包人（违法分包人）提出由实际施工人赔偿请求的，能否一并审理？

通常情况下，原告提起多被告诉讼中，被告之间的权利义务关系与原告提起诉讼的法律关系不同，应当另行诉讼解决。但是，在一些特殊情形下，被告附带提出的被告之间的权利义务关系可以一并解决。这种“被告告被告”诉讼，在学理上被称为交叉诉讼。

交叉诉讼在我国民事诉讼立法上没有明确规定，司法解释及规范性文件中也没有明确这类诉讼。但是，这类诉讼在实务中有作出判决的现实意义，并且也有类似的规定。例如，担保人对主债务人提出的追偿请求，在债权人起诉主债务人及担保的诉讼中，根据原《最高院担保法解释》第42条的规定，法院可以在判决主文中明确保证人对主债务人享有追偿权。这种裁判方式就是“被告对被告”承担责任，其实质是认可“被告告被告”。

在发包人请求转包人（违法分包人）与实际施工人共同承担质量赔偿责任的纠纷中，如产生质量责任的原因明确，即实际施工人应负最终责任，并且转包人（违法分包人）已向发包人履行或者部分履行的，为避免另行提起追偿之诉产生的讼累，可在本案诉讼中就已履行部分直接判决由实际施工人赔偿转包人（违法分包人）。

法律依据

《民法典》

第七百条 保证人承担保证责任后，除当事人另有约定外，有权在其承担保证责任的范围内向债务人追偿，享有债权人对债务人的权利，但是不得损害债权人的利益。

《担保法》

第三十一条 保证人承担保证责任后，有权向债务人追偿。

原《最高院担保法解释》

第四十二条 人民法院判决保证人承担保证责任或者赔偿责任的，应当在判决书主文中明确保证人享有担保法第三十一条规定的权利。判决书中未予明确追偿权的，保证人只能按照承担责任的事实，另行提起诉讼。

保证人对债务人行使追偿权的诉讼时效，自保证人向债权人承担责任之日起开始计算。

《最高院民诉法解释》

第二百二十一条 基于同一事实发生的纠纷，当事人分别向同一人民法院起诉的，人民法院可以合并审理。

136. 供货人等第三人请求实际施工人承担责任的，是否应追加转包人（违法分包人）参加诉讼？

《最高院施工合同解释一》第43条明确规定，实际施工人向发包人主张权利时，应当追加转包人（违法分包人）为第三人参加诉讼，但并未规定供货人等第三人向实际施工人主张权利时是否可以或者应当追加转包人（违法分包人）参加。我们应结合实体法和程序法的相关规定加以确定。

实体法上，对于实际施工人所拖欠的材料款、租赁费等应由谁承担的问题，主要有以下几种裁判观点：（1）由实际施工人承担付款责任，转包人（违法分包人）不承担付款责任。其法理依据是合同相对性原则，即买卖合同关系相对人只是实际施工人，所以材料商应向实际施工人要求清偿。（2）实际施工人不承担付款责任，转包人（违法分包人）承担付款责任。其理由是供应材料已物化于工程中，同时，基于外观主义，转包人（违法分包人）作为承建工程的名义上的当事人应当对外承担责任，实际施工人作为内部关系当事人，对外不应承担责任。（3）实际施工人承担付款责任，转包人（违法分包人）承担连带责任。由于违法分包、转包行为非法，合同双方对外应当承担连带清偿责任。至于转包人（违法分包人）与实际施工人之间的内部关系，应当根据转包合同（违法分包合同）另行处理。（4）实际施工人承担付款责任，转包人（违法分包人）承担补充责任。其理由是，基于连带责任的法定性，两者之间不应连带承担责任，但是，由于违法分包与转包行为系违法行为，故应承担与其违法性相当的补充责任。

笔者认为，上述几种观点均有所偏颇，第一种观点没有考虑代理和表见代理的情况；第二种观点忽视了合同相对性原则，并存在外观主义误用的情况；第三种观点因连带责任的法定性而不能成立；第四种观点因缺乏法律依据而不能成立。事实上，实际施工人与第三人之间的交易行为受《民法典》调整，应根据《民法典》的规定加以确定。具体区分以下两种情形：一是实际施工人对外以自己名义签订合同的，根据合同相对性原则，交易第三人应当以实际施工人为被告提起诉讼，因而无须追加转包人（违法分包人）为第三人。二是实际施工人以转包人（违法分包人)的名义签订合同的,应当追加转包人(违法分包人)为第三人参加诉讼。如果实际施工人的行为构成代理或表见代理,实际施工人从事交易的法律后果由转包人(违法分包人)承担;如果不构成代理,也不构成表见代理,则应当由实际施工人承担责任。

程序法上,是否追加第三人,取决于该第三人与案件的处理结果是否有法律上的利害关系。如实际施工人抗辩认为自己的行为属于转包人(违法分包人)代理行为,或者自己的行为构成表见代理,从而主张不承担责任,意味着转包人(违法分包人)与本案的处理结果存在利害关系,应当追加转包人(违法分包人)为第三人参加诉讼。

法律依据

《最高院施工合同解释一》

第四十三条　实际施工人以转包人、违法分包人为被告起诉的,人民法院应当依法受理。

实际施工人以发包人为被告主张权利的,人民法院应当追加转包人或者违法分包人为本案第三人,在查明发包人欠付转包人或者违法分包人建设工程价款的数额后,判决发包人在欠付建设工程价款范围内对实际施工人承担责任。

审判意见

《山东高院民一庭施工合同解答》

4. 项目经理以承包人名义实施确认工程量、签订买卖合同或租赁合同、对外借款等行为,效力如何认定?

承包人对项目经理授权不明,或者项目经理在承包人授权范围外从事的相关行为,应当适用表见代理的法律规定,审查承包人是否对项目经理行为承担民事责任。合同相对人主张构成表见代理的,应当承担举证证明责任。

对于项目经理确认工程量的行为,一般应认定为有效,但承包人明确项目经理无确认工程量的授权,且发包人明知的除外。

对于签订买卖、租赁合同的行为,应当结合购买材料或租赁设备的品类、用途、交货地点,是否用于涉案工程以及施工合同履行习惯,相对方是否善意等情况,认定是否由承包人承担责任。

对于对外借款行为效力的认定要从严掌握,应当对借款流向、用途以及出借人是否善意等事实进行实质性审查,并结合承包人与项目经理之间关于涉案工程的资金投入、结算方式等约定，综合认定是否由承包人承担还款责任。

《河南高院工程领域买卖租赁疑难问题解答》

04 行为人以建筑企业名义签订合同，但建筑企业否认其签订并履行合同，或者行为人虽以个人名义签订合同但有证据证明代表建筑企业，但建筑设备的出租方、建筑材料的出卖方只将建筑企业或行为人列为被告，这种情况下是否需要追加另一方主体参加诉讼？

答：行为人以建筑企业名义签订合同或者虽以个人名义签订合同但有证据证明其代表建筑企业，相对人只起诉建筑企业或行为人的，为查明买卖、租赁等事实，法院可以向当事人释明，申请追加另一方主体为当事人参加诉讼，或依职权进行追加。

05 行为人以自己的名义与相对方签订租赁或买卖合同，应如何认定该行为性质和责任主体，应否判令建筑企业承担责任？

答：不应判令建筑企业承担责任。根据《民法典》第一百六十二条的规定，代理人在代理权限内，以被代理人名义实施的民事法律行为，对被代理人发生效力。委托代理、职务代理、表见代理均适用于行为人以建筑企业的名义与相对方签订合同的情形，如果行为人以自己名义与相对人签订合同，一般应认定为行为人的个人行为，应由行为人承担责任，判令建筑企业承担责任明显违背合同相对性原则。

此外，有一些合同中，虽然合同文本首部记载的签订主体为建筑企业或项目部，但尾部只有行为人个人签名而未加盖建筑企业或项目部印章，也没有其他证据证明行为人代表建筑企业的，也应认定为行为人的个人行为。

典型判决 王某华、刘某贤等建筑设备租赁合同纠纷案[①]

【裁判要旨】

实际施工人采购时已向供货商披露挂靠事实，供货商主张承包人支付材料款的，不予支持。

【裁判观点】

二审法院认为，王某华与康勇公司之间并无合同，与刘某贤之间亦未有书面合同，而王某华提交的微信聊天记录中均系与刘某贤个人进行沟通，刘某贤介绍自己时称“江苏悦道刘某贤”，向其提供了刘某贤个人的身份证及“江苏悦道建设工程有限公司”的公司名称，同时刘某贤已将其与康某公司的挂靠协议及《承诺书》发送给王某华，向王某华披露了其与康勇公司之间的关系为挂靠关系，挂靠协议及承诺书中均明确载明了刘某贤系独立核算，自负盈亏，自主负责解决施工设

① 参见山东省青岛市中级人民法院民事判决书，(2021)鲁02民终15140号。

备,项目资金由刘某贤个人负责等内容,故王某华明确知道刘某贤是案涉合同的相对方,是案涉建筑设备的使用人,向王某华付款也是由刘某贤支付,从王某华提交的现场结算表、现场签证表中“发包方单位”为刘某贤个人也可佐证。故王某华主张康勇公司承担本案诉争款项的付款责任无事实与法律依据,一审法院未予支持并无不当,二审法院依法予以确认。

第三节 管辖与仲裁

137. 实际施工人是否受总包合同中仲裁条款的约束?

对于此问题应当区分两种情形进行分析:

(1)在转包(违法分包)的情形下,发包人与承包人签订合同约定了仲裁条款,但根据合同相对性的原则,该仲裁条款只能约束合同双方当事人,并不适用于实际施工人。实际施工人并非发包人与承包人签订的施工合同的当事人,亦未与发包人、承包人订立有效仲裁协议,不应受发包人与承包人的仲裁条款约束。实际施工人有权根据《最高院施工合同解释一》第43条的规定起诉承包人、发包人主张工程款。

(2)在挂靠情形下,实际施工人是以被挂靠人企业的名义参与投标或签订施工合同的,特别是发包人明知挂靠的情况下,实际施工人即为总承包合同的一方当事人,应受被挂靠人与发包人的总承包合同中仲裁条款的约束。但即使在此种情形下,实际施工人以自己的名义向仲裁机构对发包人提出仲裁申请,仍有不予受理或受理后被驳回申请的可能,除非发包人同意。

法律依据

《仲裁法》

第四条 当事人采用仲裁方式解决纠纷,应当双方自愿,达成仲裁协议。没有仲裁协议,一方申请仲裁的,仲裁委员会不予受理。

第十九条 仲裁协议独立存在,合同的变更、解除、终止或者无效,不影响仲裁协议的效力。

仲裁庭有权确认合同的效力。

审判意见

《湖南高院施工合同解答》

二、建设工程施工合同中仲裁条款涉及管辖等相关问题应如何认定?

发包人与承包人在建设工程施工合同中约定仲裁条款的,除非实际施工人表示认可或表示受发包人与承包人之间的仲裁条款约束,否则仲裁条款仅对合同双方具有约束力。实际施工人、合法分包人起诉承包人或直接起诉发包人的,人民法院应当审理。如果本案诉讼需要以发包人与承包人之间的仲裁结果作为依据的,可中止审理,待仲裁程序结束后再恢复审理。人民法院对已为仲裁机构的生效裁决所确认的事实应根据《最高人民法院关于民事诉讼证据的若干规定》第十条之规定予以认定。

实际施工人、合法分包人与承包人约定了仲裁条款,又以发包人为被告提起诉讼的,不予受理,已经受理的,裁定驳回起诉。实际施工人、合法分包人与承包人之间的仲裁已终结后,又起诉发包人的(包含发包人与承包人在建设工程施工合同中亦约定了仲裁条款情形),人民法院应当审理。

典型判决 工行岳阳分行与刘某申请撤销仲裁裁决案[①]

【裁判要旨】

实际施工人并非发包人与承包人签订施工合同的当事人,不受该合同中仲裁条款的约束;但其依据该仲裁条款申请仲裁并由仲裁机构作出仲裁裁决,发包人请求撤销裁决的,应予支持。

【裁判观点】

再审法院认为,仲裁协议是当事人达成的自愿将他们之间业已产生或可能产生的,有关特定的无论是契约性还是非契约性的法律争议的全部或特定争议提交仲裁的合意。仲裁协议是仲裁机构取得管辖权的依据,是仲裁合法性、正当性的基础,其集中体现了仲裁自愿原则和协议仲裁制度。本案中,工行岳阳分行与巴陵公司签订的《装修工程施工合同》第15.11条约定,“本合同发生争议时,先由双方协商解决,协商不成时,向岳阳仲裁委员会申请仲裁解决”。故工行岳阳分行与巴陵公司之间因工程款结算及支付引起的争议应当通过仲裁解决。但刘某作为实际施工人,其并非工行岳阳分行与巴陵公司签订的《装修工程施工合同》的当事

---

① 参见湖南省岳阳市中级人民法院民事裁定书,(2018)湘06民特1号。此案例系最高人民法院发布第36批指导性案例之三(指导性案例198号)。

人，刘某与工行岳阳分行及巴陵公司之间均未达成仲裁合意，不受该合同中仲裁条款的约束。除非另有约定，刘某无权援引工行岳阳分行与巴陵公司之间《装修工程施工合同》中的仲裁条款向合同当事方主张权利。刘某以巴陵公司的名义施工，巴陵公司作为《装修工程施工合同》的主体仍然存在并承担相应的权利义务，案件当事人之间并未构成《最高院仲裁法解释》第 8 条规定的合同仲裁条款“承继”情形，亦不构成上述解释第 9 条规定的合同主体变更情形。原《最高院施工合同解释》第 26 条①虽然规定实际施工人可以发包人为被告主张权利且发包人只在欠付工程款的范围内对实际施工人承担责任，但其仅规定了实际施工人对发包人的诉权以及发包人承担责任的范围，不应视为实际施工人援引《装修工程施工合同》中仲裁条款的依据。综上，工行岳阳分行与刘某之间不存在仲裁协议，岳阳仲裁委员会基于刘某的申请以仲裁方式解决工行岳阳分行与刘某之间的工程款争议无法律依据。实际施工人依据发包人与承包人的仲裁协议申请仲裁，仲裁机构作出仲裁裁决后，发包人请求撤销仲裁裁决的，法院应予支持。

138. 仲裁条款可否排除《最高院施工合同解释一》第 15 条的管辖？

《最高院施工合同解释一》第 15 条规定，因建设工程质量发生争议的，发包人可以以总承包人、分包人和实际施工人为共同被告提起诉讼。若发包人与总承包人约定发生纠纷通过提交仲裁解决，当建设工程质量发生争议时，发包人以总承包人为被申请人提交仲裁无可厚非，但发包人是否能同时以总承包人、分包人和实际施工人为共同被告向法院提起诉讼？

笔者认为，依据《最高院施工合同解释一》第 15 条的规定，法院在有管辖权的前提下，发包人就建设工程质量发生的纠纷，可以总承包人、分包人和实际施工人为共同被告提起民事诉讼，并不意味着发包人可突破与总承包人达成的仲裁协议，直接向法院提起民事诉讼。倘若发包人与承包人之间存在有效仲裁协议，发包人只能向承包人提出有关工程质量方面的仲裁请求，同时也不能以分包人、实际施工人作为共同被申请人要求其承担责任。

① 相关规定参见《最高院施工合同解释一》第 43 条。

法律依据

《仲裁法》

第十九条 仲裁协议独立存在,合同的变更、解除、终止或者无效,不影响仲裁协议的效力。

仲裁庭有权确认合同的效力。

《最高院施工合同解释一》

第十五条 因建设工程质量发生争议的,发包人可以以总承包人、分包人和实际施工人为共同被告提起诉讼。

审判意见

《湖南高院施工合同解答》

二、建设工程施工合同中仲裁条款涉及管辖等相关问题应如何认定?

发包人与承包人在建设工程施工合同中约定仲裁条款的,除非实际施工人表示认可或表示受发包人与承包人之间的仲裁条款约束,否则仲裁条款仅对合同双方具有约束力。实际施工人、合法分包人起诉承包人或直接起诉发包人的,人民法院应当审理。如果本案诉讼需要以发包人与承包人之间的仲裁结果作为依据的,可中止审理,待仲裁程序结束后再恢复审理。人民法院对已为仲裁机构的生效裁决所确认的事实应根据《最高人民法院关于民事诉讼证据的若干规定》第十条之规定予以认定。

实际施工人、合法分包人与承包人约定了仲裁条款,又以发包人为被告提起诉讼的,不予受理,已经受理的,裁定驳回起诉。实际施工人、合法分包人与承包人之间的仲裁已终结后,又起诉发包人的(包含发包人与承包人在建设工程施工合同中亦约定了仲裁条款情形),人民法院应当审理。

典型判决 中交公路公司、兰渝铁路公司与杰出建筑公司建设工程施工合同纠纷案①

【裁判要旨】

实际施工人与转包人约定了仲裁条款,后实际施工人向法院起诉转包人、发包人的,法院没有管辖权。

① 参见最高人民法院民事裁定书,(2014)民申字第1591号。

【裁判观点】

再审法院认为，关于原裁定是否存在法律适用错误的问题，原《最高院施工合同解释》第 26 条[①]规定："实际施工人以转包人、违法分包人为被告起诉的，人民法院应当依法受理。实际施工人以发包人为被告主张权利的，人民法院可以追加转包人或者违法分包人为本案当事人。发包人只在欠付工程价款范围内对实际施工人承担责任。"本条司法解释第 1 款确立了实际施工人工程价款请求权的一般规则，即实际施工人可以依法起诉与其具有合同关系的转包人、违法分包人；第 2 款明确了实际施工人工程价款请求权的例外救济，即实际施工人可以要求发包人在欠付工程价款范围内对实际施工人承担责任。本案中，杰出建筑公司主张工程价款的基础法律关系是其与中交公路公司之间的合同关系，而双方在合同中约定了仲裁条款，排除了法院管辖权。杰出建筑公司将兰渝铁路公司、中交公路公司作为共同被告起诉至甘肃省陇南市中级人民法院，违背了杰出建筑公司与中交公路公司通过仲裁处理双方争议的约定。原裁定书中虽有不甚准确的表述，但适用上述规定并不存法律适用错误的问题。

139. 补充合同约定争议解决方式与施工合同不一致，但补充合同的仲裁条款无效的，如何确定主管？

司法实践中，发包人与承包人签订施工合同后，常常会再约定补充合同（名称包括但不限于补充合同、备忘录、会议纪要等）。依据《民法典》第 543 条的规定，当事人协商一致，可以变更合同。但补充合同约定的争议解决方式与主合同约定不一致的，根据意思自治原则，一般以后期达成的补充合同为准。后期达成的补充合同中仲裁条款存在无效事由的，则不能以补充协议无效仲裁条款为准。如果主合同约定争议解决方式并不明确，应适用不动产专属管辖原则。

法律依据

《民法典》

第五百四十三条　当事人协商一致，可以变更合同。

① 相关规定参见《最高院施工合同解释一》第 43 条。

《仲裁法》

第十九条 仲裁协议独立存在，合同的变更、解除、终止或者无效，不影响仲裁协议的效力。

仲裁庭有权确认合同的效力。

《最高院民诉法解释》

第二十八条 民事诉讼法第三十四条第一项规定的不动产纠纷是指因不动产的权利确认、分割、相邻关系等引起的物权纠纷。

农村土地承包经营合同纠纷、房屋租赁合同纠纷、建设工程施工合同纠纷、政策性房屋买卖合同纠纷，按照不动产纠纷确定管辖。

不动产已登记的，以不动产登记簿记载的所在地为不动产所在地；不动产未登记的，以不动产实际所在地为不动产所在地。

典型判决1 江苏金厦公司、山西谊融公司建设工程合同纠纷案[①]

【裁判要旨】

补充合同约定争议解决方式与主合同不一致的，应以补充合同为准，但补充合同的仲裁条款无效的，应由工程所在地法院主管。

【裁判观点】

二审法院认为，2016年4月16日，江苏金厦公司与山西谊融公司签订《晋中市建设工程施工合同书》，约定将双方在合同履行过程中发生的纠纷提交晋中仲裁委员会仲裁。2017年3月23日，双方签订《数码电影汇展中心项目建设工程施工补充合同》，约定甲乙双方在执行协议过程中如发生分歧，可协商解决；协商达不成一致时，均可申请相关部门调解；调解不成，向晋中市仲裁委员会提起仲裁；如仲裁调解不成，可由合同签订地法院诉讼解决。双方于《晋中市建设工程施工合同书》签订之后，经协商重新签订《数码电影汇展中心项目建设工程施工补充合同》，该两份合同就争议解决方式约定不一致的，应以《数码电影汇展中心项目建设工程施工补充合同》为准。《数码电影汇展中心项目建设工程施工补充合同》中虽然约定将纠纷提交仲裁机构仲裁，但同时约定如仲裁调解不成，可由合同签订地法院诉讼解决，并未将仲裁作为纠纷的最终解决方式。故《数码电影汇展中心项目建设工程施工补充合同》约定的仲裁条款无效。一审法院以案涉仲裁协议有

① 参见最高人民法院民事裁定书，(2019)最高法民终279号。

效，双方的工程结算纠纷应当向仲裁机构申请仲裁为由，裁定驳回江苏金厦公司的起诉不当，二审法院予以纠正。

典型判决2　能信热电公司、中国电建公司建设工程施工合同纠纷案①

【裁判要旨】

施工合同约定合同争议由当地仲裁机构进行裁决，因对当地仲裁机构存在不同理解，如双方对此无法达成一致意见，该仲裁条款应认定无效，案涉纠纷应属法院主管范畴。

【裁判观点】

二审法院经审查认为，《最高院仲裁法解释》第5条规定："仲裁协议约定两个以上仲裁机构的，当事人可以协议选择其中的一个仲裁机构申请仲裁；当事人不能就仲裁机构选择达成一致的，仲裁协议无效。"《最高院民诉法解释》（2015年）第215条规定："依照民事诉讼法第一百二十四条第二项的规定，当事人在书面合同中订有仲裁条款，或者在发生纠纷后达成书面仲裁协议，一方向人民法院起诉的，人民法院应当告知原告向仲裁机构申请仲裁，其坚持起诉的，裁定不予受理，但仲裁条款或者仲裁协议不成立、无效、失效、内容不明确无法执行的除外。"据此，当事人虽然在书面合同中约定了仲裁条款，但仲裁条款无效的，法院对案件仍有管辖权。本案中，中国电建公司与能信热电公司签订的《建筑安装施工合同》在第一部分通用条款第19.2条中约定："如果发生争端业主方及承包商双方不能协商解决，合同双方可选定双方认可的当地仲裁机构进行裁决。"仲裁条款约定的争端裁决机构须为双方当事人认可的当地仲裁机构，仅从上述条款不能看出双方约定了确定的仲裁机构，需进一步对"当地"进行明确并由双方当事人认可。能信热电公司主张合同的签订地与履行地均为许昌市，而许昌市只有一个仲裁机构，故该仲裁条款并无争议，本案应当移送至许昌仲裁委员会审理。中国电建公司则认为，仲裁条款约定的当地应为中国电建公司所在地武汉市，仲裁机构应为武汉仲裁委员会。双方的主张表明双方对"当地"存在不同解释，通过对仲裁条款进行解释可指向不同的仲裁机构，在双方对仲裁机构的选择不能达成一致的情况下，案涉《建筑安装施工合同》中约定的仲裁条款应为无效，本案应属法院主管范畴。

---

① 参见最高人民法院民事裁定书，（2019）最高法民辖终319号。

140. 挂靠人与被挂靠人之间对挂靠协议存在的争议，是否适用专属管辖？

挂靠，是指挂靠者通过借用被挂靠者的资质证书、营业执照、银行账户等资质，以被挂靠企业名义对外开展业务，挂靠者一般自负盈亏，被挂靠者收取固定管理费或者挂靠费。与挂靠相比，内部承包一方主体通常为施工单位的人员，与施工单位有合法的人事、劳动合同关系，施工单位通常还提供工程所需的必要技术，进行必要的安全、质量管理。

挂靠协议是挂靠人与被挂靠人就挂靠相关法律关系进行约定的合同，其不是建设工程施工合同，两者适用法律不同，权利义务责任也并不相同。因履行挂靠协议所发生的争议并非发包人与承包人、转包人或分包人之间发生的建设工程施工合同纠纷，不适用有关专属管辖的规定，应当按照被告住所地和合同履行地的法定管辖原则确定管辖法院。

法律依据

《民事诉讼法》

第二十二条 对公民提起的民事诉讼，由被告住所地人民法院管辖；被告住所地与经常居住地不一致的，由经常居住地人民法院管辖。

对法人或者其他组织提起的民事诉讼，由被告住所地人民法院管辖。

同一诉讼的几个被告住所地、经常居住地在两个以上人民法院辖区的，各该人民法院都有管辖权。

第三十七条 人民法院发现受理的案件不属于本院管辖的，应当移送有管辖权的人民法院，受移送的人民法院应当受理。受移送的人民法院认为受移送的案件依照规定不属于本院管辖的，应当报请上级人民法院指定管辖，不得再自行移送。

《最高院施工合同解释一》

第四十三条 实际施工人以转包人、违法分包人为被告起诉的，人民法院应当依法受理。

实际施工人以发包人为被告主张权利的，人民法院应当追加转包人或者违法分包人为本案第三人，在查明发包人欠付转包人或者违法分包人建设工程价款的数额后，判决发包人在欠付建设工程价款范围内对实际施工人承担责任。

审判意见

《湖南高院施工合同解答》

一、建设工程施工合同纠纷案件专属管辖的范围应如何理解?

下列案件,由建设工程所在地人民法院管辖:

(一)建设工程施工合同纠纷、装饰装修合同纠纷、建设工程价款优先受偿权纠纷、建设工程监理合同纠纷、农村建房施工合同纠纷,建设工程分包合同纠纷及建设工程劳务分包合同纠纷;

(二)建设工程勘察合同纠纷、建设工程设计合同纠纷。

(三)工程款债权转让,债务人与受让人因债务履行发生的纠纷。

(四)建设工程总承包合同纠纷。

典型判决1　力筑公司与邵某合同纠纷案①

【裁判要旨】

挂靠协议相关争议并非建设工程施工合同纠纷,不适用有关专属管辖的规定。

【裁判观点】

法院认为,本案属于挂靠人与被挂靠人之间在挂靠过程中履行挂靠协议所发生的争议,并非发包人与承包人、转包人或分包人之间发生的建设工程施工合同纠纷,不适用有关专属管辖的规定,应当按照被告住所地和合同履行地的法定管辖原则确定管辖法院。本案被告住所地位于江苏省镇江市丹徒区,江苏省镇江市丹徒区人民法院对案件有管辖权,其将案件移送安徽省淮北市杜集区人民法院不当。需要指出的是,安徽省淮北市杜集区人民法院在收到江苏省镇江市丹徒区人民法院移送案件后,认为不属于该院管辖的,应当报请其上级人民法院指定管辖,其自行移送不妥。

典型判决2　中扶建设公司等与陈某某合同纠纷案②

【裁判要旨】

挂靠人向被挂靠人主张工程款不属于建设工程施工合同纠纷,不适用有关专

① 参见最高人民法院民事裁定书,(2020)最高法民辖12号。

② 参见北京市第一中级人民法院民事裁定书,(2022)京01民辖终247号。

属管辖的规定，而应适用合同纠纷管辖规定。

【裁判观点】

二审法院经审查认为，根据《民事诉讼法》(2021 年)第 22 条的规定，对公民提起的民事诉讼，由被告住所地法院管辖；对法人或者其他组织提起的民事诉讼，由被告住所地法院管辖。本案中，陈某某以其、余某、赵某某与中扶建设公司之间存在挂靠关系为由，主张被挂靠方中扶建设公司向挂靠方陈某某、余某、赵某某支付工程款及利息，故本案系合同纠纷而非建设工程施工合同纠纷，一审法院认定案由正确，并根据合同纠纷管辖规定确定对本案享有管辖权正确，二审法院予以维持。中扶建设公司所持本案系建设工程施工合同纠纷，应由工程所在地法院管辖的上诉理由不能成立，二审法院不予采纳。

第十二章　风险控制与刑事犯罪

第一节　破　　产

141. 转包人破产，实际施工人是否有权向发包人主张权利？

《最高院施工合同解释一》第 43 条规定，实际施工人以发包人为被告主张权利的，法院应当追加转包人或者违法分包人为本案第三人，在查明发包人欠付转包人或者违法分包人建设工程价款的数额后，判决发包人在欠付建设工程价款范围内对实际施工人承担责任。

笔者认为，对该条款应作限缩适用，不能随意扩大该法条适用范围。浙江省高级人民法院明确了在适用该条款时应当以实际施工人的合同相对人破产、下落不明、资信状况严重恶化，或实际施工人至总承包人之间的合同均无效为前提。最高人民法院亦有裁判观点认为，实际施工人应当提供发包人欠付工程款的初步证据，或存在不提起以发包人为被告的诉讼会严重影响实际施工人权利实现的情形，才可以适用该条款。① 据此，当转包人出现破产时，实际施工人有权以发包人为被告提起诉讼主张权利。具体分析如下：

（1）实际施工人对发包人的工程款请求权具有独立性，区别于转包人的请求权。依据《最高院施工合同解释一》第 43 条的规定，实际施工人既可以请求转包人支付工程款，也可以请求发包人支付工程款，实际施工人请求发包人支付工程款不必同时向转包人提出主张，并非代位行使转包人的请求权。

（2）发包人在欠付范围内向实际施工人支付工程款并非对转包人债务的个别清偿，不违反债权平等原则。依据《最高院施工合同解释一》第 43 条第 2 款的规

---

① 参见最高人民法院民事裁定书，（2015）民申字第 120 号。

定，发包人在欠付工程款范围内对实际施工人负有相应债务，应由发包人向实际施工人支付工程款，并非转包人向实际施工人清偿债务，不构成《企业破产法》第16条所禁止的个别清偿。

（3）转包人破产的情况下，实际施工人向发包人主张权利符合立法宗旨。实际施工人实际投入资金、材料和劳力进行了工程施工，其劳动成果已物化成工程实体。实际施工人向发包人请求支付工程款的，相应工程款不应纳入转包人的破产财产范畴，发包人因此向实际施工人支付工程款不应视为使用转包人财产清偿债务。若因转包人破产否定实际施工人对发包人的工程款请求权，将导致司法解释给予实际施工人特别保护的目的落空，有违立法本意。

法律依据

《企业破产法》

第十六条 人民法院受理破产申请后，债务人对个别债权人的债务清偿无效。

《最高院施工合同解释一》

第四十三条 实际施工人以转包人、违法分包人为被告起诉的，人民法院应当依法受理。

实际施工人以发包人为被告主张权利的，人民法院应当追加转包人或者违法分包人为本案第三人，在查明发包人欠付转包人或者违法分包人建设工程价款的数额后，判决发包人在欠付建设工程价款范围内对实际施工人承担责任。

审判意见

《浙江高院施工合同解答》

二十三、实际施工人可以向谁主张权利？

实际施工人的合同相对人破产、下落不明或资信状况严重恶化，或实际施工人至承包人（总承包人）之间的合同均为无效的，可以依照最高人民法院《关于审理建设工程施工合同纠纷案件适用法律问题的解释》第二十六条第二款的规定，提起包括发包人在内为被告的诉讼。

《昆明中院房产破产审理指引》

23. 建设工程价款债权，可由承包人、转包人、分包人、实际施工人分别申报各自债权，并根据建设工程施工情况、验收情况、审理建设工程案件相关法律规定以及司法解释，对各申报主体的债权性质、债权金额作出认定。

典型判决1 创绿公司、苏州园林局等建设工程施工合同纠纷再审案①

【裁判要旨】

法院已受理转包人破产清算申请的，不影响发包人在欠付工程款范围内对实际施工人承担责任。

【裁判观点】

再审法院认为，本案中，大宁公司自苏州园林局承建案涉工程后将工程转包，由创绿公司实际施工，该工程已经通过竣工验收。一审法院在创绿公司诉大宁公司建设工程施工合同纠纷一案中作出的（2017）苏0508民初4027号生效民事判决，认定大宁公司欠付创绿公司案涉工程工程款1,987,842.3元，而本案原审期间，三方当事人对于苏州园林局结欠该工程的工程款1,987,842.3元并无异议，苏州园林局结欠工程款数额与大宁公司欠付创绿公司工程款数额相当。虽然实际施工人创绿公司提起本案诉讼时，苏州市工业园区人民法院已经受理案外人对转包人大宁公司的破产清算申请，但不影响发包人苏州园林局在欠付工程款范围内对创绿公司承担责任。苏州市工业园区人民法院作出的（2016）苏0591执775号履行到期债务通知书的被执行人系大宁公司，且该案执行中苏州园林局并未实际支付该笔工程款，该通知书不影响苏州园林局向实际施工人创绿公司履行债务。

典型判决2 弘达路桥公司与李某某、核工业中南公司建设工程合同纠纷案②

【裁判要旨】

实际施工人突破合同相对性原则向发包人行使诉权，应证明其实际施工人地位，并提供起诉证据证明发包人可能欠付工程款，或者其合同相对方有破产、下落不明等严重影响其权利实现的情形。

【裁判观点】

再审法院认为，原《最高院施工合同解释》第26条③规定："实际施工人以转包人、违法分包人为被告起诉的，人民法院应当依法受理。实际施工人以发包人为被告主张权利的，人民法院可以追加转包人或者违法分包人为本案当事人。发

① 参见江苏省高级人民法院民事判决书，（2021）苏民再139号。

② 参见最高人民法院民事裁定书，（2015）民申字第120号。

③ 相关规定参见《最高院施工合同解释一》第43条。

包人只在欠付工程价款范围内对实际施工人承担责任。"据此,实际施工人在一定条件下可以突破合同相对性原则向发包人主张权利。但实际施工人起诉索要工程款的,首先应当向其合同相对方主张权利,这是实际施工人主张权利的主渠道,而不应直接向发包人(业主)主张权利。考虑到建设行政主管部门监管制度的健全及建筑市场发生的客观变化,同时为防止实际施工人对发包人诉权的滥用及虚假诉讼的发生,实际施工人原则上不应向与其没有合同关系的转包人、分包人、总承包人、发包人提起诉讼。对实际施工人向与其没有合同关系的转包人、分包人、总承包人、发包人提起诉讼的,要严格依照法律、司法解释的规定进行审查;不能随意扩大上述解释第26条第2款的适用范围,并且要严格依据相关司法解释的规定明确发包人只在欠付工程款范围内对实际施工人承担责任。因此,具体到本案中,弘达路桥公司向核工业中南公司突破合同相对性原则行使诉权,应证明其实际施工人地位,并提供起诉证据证明发包人可能欠付工程款,或者其合同相对方有破产、下落不明、法人主体资格灭失等严重影响实际施工人权利实现的情形。从双方签订的《设备租赁合同》来看,并不必然可以认定弘达路桥公司的实际施工人地位。同时,《民事诉讼法》(2012年)第119条①规定:"起诉必须符合下列条件:(一)原告是与本案有直接利害关系的公民、法人和其他组织;……(四)属于人民法院受理民事诉讼的范围和受诉人民法院管辖。"由于弘达路桥公司与核工业中南公司并无直接的合同关系,因此,原审法院裁定驳回弘达路桥公司对核工业中南公司提起的诉讼,并无不妥。

典型判决3 明业公司、袁某忠建设工程施工合同纠纷案②

【裁判要旨】

转包人破产后,转包人、实际施工人均有权向发包人主张权利,但实际施工人基于《最高院施工合同解释一》第43条的规定要求发包人在欠付款范围内承担责任,更具有优先性。

【裁判观点】

再审法院认为,关于崇贤街道办能否将案涉工程款支付给袁某忠的问题,原

---

① 相关规定参见2023年《民事诉讼法》第122条。

② 参见最高人民法院民事裁定书,(2020)最高法民申2906号。

《最高院施工合同解释》第26条第2款[①]规定，实际施工人以发包人为被告主张权利的，法院可以追加转包人或者违法分包人为本案当事人。发包人只在欠付工程价款范围内对实际施工人承担责任。原《最高院施工合同解释二》第24条[②]规定，实际施工人以发包人为被告主张权利的，法院应当追加转包人或者违法分包人为本案第三人，在查明发包人欠付转包人或者违法分包人建设工程价款的数额后，判决发包人在欠付建设工程价款范围内对实际施工人承担责任。本案中，明业公司依据案涉《施工合同》向崇贤街道办主张权利并无不当，但袁某忠作为实际施工人，依据上述司法解释的规定，要求崇贤街道办在欠付建设工程价款范围内承担责任，必然导致明业公司无法充分主张上述债权。在一审、二审的审理过程中，袁某忠并非直接向崇贤街道办主张债权，一审、二审法院是在查明崇贤街道办尚欠明业公司工程款4,728,894元的基础上，依据上述司法解释判决崇贤街道办在欠付建设工程价款范围内对袁某忠承担责任，并无不当。

典型判决4 金庆公司、西关乡政府对外追收债权纠纷案[③]

【裁判要旨】

被挂靠人破产的，挂靠人以被挂靠人名义进行施工的工程款不属于破产债务人财产。

【裁判观点】

二审法院认为，金庆公司管理人于2020年1月10日提起本案诉讼，其案由为对外追收债权纠纷，提起诉讼的法律依据主要是《企业破产法》第17条。依照《企业破产法》第30条、最高人民法院《关于适用〈中华人民共和国企业破产法〉若干问题的规定（二）》（2013年）第1条的规定，对外追收债权的范围应系破产债务人可行使的财产权利，属于破产债务人财产的组成部分。本案中，《项目工程施工合同》虽为金庆公司与西关乡政府签订，但经审理查明，实际系没有资质的实际施工人高某阳借用金庆公司名义与西关乡政府签订并履行。现高某阳以金庆公司项目部名义与西关乡政府已对案涉工程项目进行了工程结算，西关乡政府抗辩尚有工程款1,745,749.39元未付，因金庆公司出借公司资质，该款项的权利主体应为

---

① 相关规定参见《最高院施工合同解释一》第43条第2款。

② 相关规定参见《最高院施工合同解释一》第43条第2款。

③ 参见辽宁省高级人民法院民事判决书，（2020）辽民终1057号。

实际施工人高某阳有事实依据，一审法院判决驳回金庆公司诉讼请求并无不当。至于已经发生法律效力的康平县人民法院(2017)辽0123民初1368号民事判决，该案诉讼起因系金庆公司未按约定将西关乡政府已付工程款转付给向高某阳，存在违约行为。现金庆公司并未履行判决确认的给付义务，因工程结算审核变更工程结算价款，上述民事判决认定的事实、法律关系均已发生变化。在金庆公司进入破产清算程序后，高某阳未向金庆公司管理人申报该笔债权，一审判决驳回金庆公司的诉讼请求并未损害其他债权人权益。对此二审法院予以维持。

142. 承包人破产受理后，其事先约定的仲裁条款是否仍具有约束力？

《企业破产法》第21条规定："人民法院受理破产申请后，有关债务人的民事诉讼，只能向受理破产申请的人民法院提起。"该条仅规定债务人破产后，有关债务人诉讼由破产法院集中管辖。

据此，笔者认为，法院裁定受理承包人(建筑企业，下同)破产案件后，有关承包人的民事诉讼只能由受理破产申请的法院管辖。但在破产受理前，承包人与其他当事人对争议事项约定了仲裁条款或仲裁协议的，应由选定的仲裁机构解决争议。诉讼与仲裁系两种不同的纠纷解决机制，从《企业破产法》第21条的规定不能得出有关债务人的仲裁案件亦由受理破产申请的法院管辖的结论。当事人以此为由主张约定仲裁委员会没有管辖权的观点并不成立。反之，法院受理破产申请后，双方当事人明知债务人已进入破产程序，当事人为规避专属管辖而作出仲裁条款的，应认定无效。

法律规定

《企业破产法》

第二十条 人民法院受理破产申请后，已经开始而尚未终结的有关债务人的民事诉讼或者仲裁应当中止；在管理人接管债务人的财产后，该诉讼或者仲裁继续进行。

第二十一条 人民法院受理破产申请后，有关债务人的民事诉讼，只能向受理破产申请的人民法院提起。

《最高院破产法规定三》

第八条 债务人、债权人对债权表记载的债权有异议的，应当说明理由和法律依据。经管理人解释或调整后，异议人仍然不服的，或者管理人不予解释或调整的，异议人应当在债权人会议核查结束后十五日内向人民法院提起债权确认的诉讼。当事人之间在破产申请受理前订立有仲裁条款或仲裁协议的，应当向选定的仲裁机构申请确认债权债务关系。

审判意见

《四川高院破产案件解答》

10. 破产案件受理后，当事人在先约定的仲裁条款是否仍具有约束力，是否能够排除破产案件受理法院对有关债务人诉讼的专属管辖？

答：有关债务人的仲裁条款效力不受影响。《企业破产法》第二十一条规定："人民法院受理破产案件申请后，有关债务人的民事诉讼，只能向受理破产申请的人民法院提起"。受理破产案件的人民法院对有关债务人的民事诉讼享有专属管辖权，受案的前提是案件应属人民法院主管的民事诉讼范围，当事人之间达成的合法有效的仲裁条款可以排除人民法院的管辖权。如果相关当事人直接向受理破产案件的人民法院提起诉讼，或是管理人代表债务人向受理破产案件的人民法院提起诉讼，对方当事人在首次开庭前未对人民法院受理该案提出异议的，视为放弃仲裁协议，人民法院应当依法继续审理。

《江苏高院审理破产案件问题纪要》

三、审理企业重整案件应当把握的基本问题

……

（六）重整程序与相关民事诉讼、执行程序

债权人和债务人直接向法院申请重整的，根据破产法第十九条、第二十条、第二十一条规定，自人民法院裁定重整之日起，有关债务人的民事诉讼只能向受理重整申请的人民法院提起；有关债务人财产的保全措施应当解除，执行程序应当中止；已经开始而尚未终结的有关债务人的民事诉讼或者仲裁应当中止，直至管理人接管债务人财产或者经人民法院批准债务人自行管理财产和营业事务时为止。

……

《山东高院破产案件审理指引》

第八条 当事人之间在破产申请受理前订立有仲裁条款或者仲裁协议的，人民法院受理破产申请后，有关债务人的仲裁条款或者仲裁协议的效力不受影响。

《广东高院破产案件指引》

第四十一条 【受理破产后民事案件的管辖】人民法院受理破产案件后，以债务人为当事人新提起的民事诉讼，不适用民事诉讼法、海事特别诉讼法以及有关司法解释关于地域管辖、级别管辖和专属管辖的规定，由受理破产申请的人民法院管辖。

海事纠纷、专利纠纷、证券期货纠纷、申请撤销和不予执行仲裁裁决案件，破产受理法院不能行使管辖权的，报请上级人民法院指定管辖。职工债权确认纠纷、适用小额诉讼程序审理的案件、房地产企业破产中购房合同纠纷案件，可以在开庭前径行裁定交下级法院审理。

与债务人相关民事纠纷，当事人在破产案件受理前就争议的解决约定明确有效仲裁条款的，应当通过仲裁方式解决。

人民法院受理破产申请后，与债务人有关的行政诉讼、刑事诉讼以及特别程序案件，按照行政诉讼法、刑事诉讼法以及民事诉讼法的有关规定确定管辖。

《北京高院破产案件审理规程》

59、（新发生的有关债务人民事案件的集中管辖）人民法院受理破产申请后，以债务人为原告、被告或者第三人的新提起的第一审民事诉讼，由受理破产申请的人民法院管辖，不受民事诉讼法、海事特别诉讼法及有关司法解释关于地域管辖、级别管辖和专属管辖规定的限制。但确认仲裁条款效力、申请撤销仲裁裁决的案件除外。

上述由受理破产申请的人民法院管辖的第一审民事案件，在受理法院内部根据案件类型和法院内部分工由相关审判庭进行审理。

人民法院受理破产申请后，与债务人相关的民事权利义务争议，如果当事人双方就解决争议约定有明确有效的仲裁条款，则应当按照约定通过仲裁方式解决。

操作指引

《全国律协破产业务操作指引》

第二十七条 代表债务人参加诉讼、仲裁或者其他法律程序

……

27.3 人民法院受理破产申请后，有关债务人的民事诉讼，只能向受理破产申请的人民法院提起。但债务人与相对人之间有仲裁条款约定的，从其约定。

……

《河北破产债权申报审查工作指引》

第四十四条 【破产债权异议的诉讼或仲裁救济】经债权人会议核查，债权人、债务人对债权表记载的债权有异议的，应当在债权人会议核查结束后十五日内向人民法院提起破产债权确认诉讼。当事人在破产申请受理前订立有仲裁条款的，应向选定的仲裁机构申请确认债权债务关系。逾期未起诉或未申请仲裁的，视为对债权表记载的债权无异议。

第二节　实际施工人风险应对

143. 实际施工人自身法律风险有哪些?

所谓的实际施工人,是指依法被认定为无效的施工合同中实际完成工程建设的主体,包括施工企业、施工企业分支机构、工头等法人,非法人团体,公民个人等。实际施工人基于无效施工合同进行施工。根据现行法律和司法解释的规定,施工合同常见无效情形包括因违反招标投标领域法律行政法规而无效、因违反建筑领域资质管理规定而无效、转包、违法分包,因违反工程建设审批手续而无效等情形。基于无效合同的实际施工人在承包施工过程中可能会面临以下法律风险:

(1)违反行政管理方面的法律风险。作为转包(违法分包)、挂靠方的实际施工人将面临行政处罚的风险。根据《建筑法》第 65 条第 3 款的规定,未取得资质证书承揽工程的,予以取缔,并处罚款;有违法所得的,予以没收。

(2)工程质量方面的法律风险。实际施工人为获取更大的利润空间,可能存在牺牲工程质量的情况,容易引发纠纷。根据《最高院施工合同解释一》第 7 条、第 15 条的规定,实际施工人与被借用资质的建筑施工企业、转包人、违法分包人就工程质量不合格造成的损失共同承担民事责任。

(3)工伤赔偿方面的法律风险。实际施工人对聘用人员的工伤赔偿最终承担责任。根据《最高院工伤保险行政案件规定》的规定,用工单位违反法律、法规规定将承包业务转包给不具备用工主体资格的组织或者自然人,该组织或者自然人(实际施工人)聘用的职工从事承包业务时因工伤亡的,用工单位为承担工伤保险责任的单位;个人挂靠其他单位对外经营,其聘用的人员因工伤亡的,被挂靠单位为承担工伤保险责任的单位。承担工伤保险责任的单位承担赔偿责任或者社会保险经办机构从工伤保险基金支付工伤保险待遇后,有权向实际施工人追偿。

(4)证据固定方面的法律风险。以自然人为主的实际施工人因大多缺乏证据意识,对增量工程、工程交付、竣工验收、结算程序等无法及时通过签证单等书面证据固定,导致发生争议时举证困难。

(5)承接工程方面的法律风险。一些实际施工人可能因未签订书面施工合同,或者施工合同文本不规范、其主要条款约定不明而引发争议。在当前经济形势下，实际施工人应采取保守型经营战略，充分做好签约前尽职调查工作，充分考察相对人资信与建设工程项目，重点关注结算与支付条款，涉及垫资条款的应量力而行。

（6）欠薪带来的法律风险。不具备用工主体资格的单位或者个人，违法用工且拒不支付劳动者的劳动报酬，数额较大，经政府有关部门责令支付仍不支付的，依照《刑法》第276条之一的规定，将以拒不支付劳动报酬罪追究刑事责任。

法律依据

《刑法》

第二百七十六条之一 【拒不支付劳动报酬罪】以转移财产、逃匿等方法逃避支付劳动者的劳动报酬或者有能力支付而不支付劳动者的劳动报酬，数额较大，经政府有关部门责令支付仍不支付的，处三年以下有期徒刑或者拘役，并处或者单处罚金；造成严重后果的，处三年以上七年以下有期徒刑，并处罚金。

《建筑法》

第六十五条 发包单位将工程发包给不具有相应资质条件的承包单位的，或者违反本法规定将建筑工程肢解发包的，责令改正，处以罚款。

超越本单位资质等级承揽工程的，责令停止违法行为，处以罚款，可以责令停业整顿，降低资质等级；情节严重的，吊销资质证书；有违法所得的，予以没收。

未取得资质证书承揽工程的，予以取缔，并处罚款；有违法所得的，予以没收。

以欺骗手段取得资质证书的，吊销资质证书，处以罚款；构成犯罪的，依法追究刑事责任。

《农民工工资支付条例》

第三十条 分包单位拖欠农民工工资的，由施工总承包单位先行清偿，再依法进行追偿。

工程建设项目转包，拖欠农民工工资的，由施工总承包单位先行清偿，再依法进行追偿。

《最高院施工合同解释一》

第七条 缺乏资质的单位或者个人借用有资质的建筑施工企业名义签订建设工程施工合同，发包人请求出借方与借用方对建设工程质量不合格等因出借资质造成的损失承担连带赔偿责任的，人民法院应予支持。

第十五条 因建设工程质量发生争议的，发包人可以以总承包人、分包人和实际施工人为共同被告提起诉讼。

《最高院工伤保险行政案件规定》

第三条　社会保险行政部门认定下列单位为承担工伤保险责任单位的，人民法院应予支持：

（一）职工与两个或两个以上单位建立劳动关系，工伤事故发生时，职工为之工作的单位为承担工伤保险责任的单位；

（二）劳务派遣单位派遣的职工在用工单位工作期间因工伤亡的，派遣单位为承担工伤保险责任的单位；

（三）单位指派到其他单位工作的职工因工伤亡的，指派单位为承担工伤保险责任的单位；

（四）用工单位违反法律、法规规定将承包业务转包给不具备用工主体资格的组织或者自然人，该组织或者自然人聘用的职工从事承包业务时因工伤亡的，用工单位为承担工伤保险责任的单位；

（五）个人挂靠其他单位对外经营，其聘用的人员因工伤亡的，被挂靠单位为承担工伤保险责任的单位。

前款第（四）、（五）项明确的承担工伤保险责任的单位承担赔偿责任或者社会保险经办机构从工伤保险基金支付工伤保险待遇后，有权向相关组织、单位和个人追偿。

144. 实际施工人如何应对发包人、转包人有关质量方面的主张？

根据《最高院施工合同解释一》第 7 条的规定，实际施工人需与被借用资质的承包人对工程质量不合格等因出借资质造成的损失承担连带赔偿责任。发包人、转包人就质量方面提出诉讼主张的，实际施工人可从如下几方面提出抗辩：

（1）发生质量问题的原因。根据《建设工程质量管理条例》第 3 条的规定，建设单位、勘察单位、设计单位、施工单位、工程监理单位依法对建设工程质量负责。据此，工程质量瑕疵应当按照各方行为与质量瑕疵之间的因果关系及参与程度认定各方当事人的责任，包括是否属于设计方面的缺陷造成（设计图纸和设计文件的错误会从根本上影响工程建筑质量）；是否属于发包人、转包人提供的材料缺陷或其分包的工程质量缺陷引起；是否属于发包人使用不当或维修不当造成。

（2）发包人、转包人所主张的损失依据是否充分。对于竣工验收工程提出质量异议的，举证责任归于发包人。发包人为证明工程质量不符合约定而主张修复费用或抗辩减少工程价款的，一般应对工程质量状况、修复方案、修复费用等一并进行鉴定。

法律依据

《建设工程质量管理条例》

第九条 建设单位必须向有关的勘察、设计、施工、工程监理等单位提供与建设工程有关的原始资料。

原始资料必须真实、准确、齐全。

第十条 建设工程发包单位不得迫使承包方以低于成本的价格竞标,不得任意压缩合理工期。

建设单位不得明示或者暗示设计单位或者施工单位违反工程建设强制性标准,降低建设工程质量。

第十一条 施工图设计文件审查的具体办法,由国务院建设行政主管部门、国务院其他有关部门制定。

施工图设计文件未经审查批准的,不得使用。

第十四条 按照合同约定,由建设单位采购建筑材料、建筑构配件和设备的,建设单位应当保证建筑材料、建筑构配件和设备符合设计文件和合同要求。

建设单位不得明示或者暗示施工单位使用不合格的建筑材料、建筑构配件和设备。

行政规定

《工程质量保修办法》

第三条 本办法所称房屋建筑工程质量保修,是指对房屋建筑工程竣工验收后在保修期限内出现的质量缺陷,予以修复。

本办法所称质量缺陷,是指房屋建筑工程的质量不符合工程建设强制性标准以及合同的约定。

第十七条 下列情况不属于本办法规定的保修范围:

(一)因使用不当或者第三方造成的质量缺陷;

(二)不可抗力造成的质量缺陷。

典型判决1 古典公司、广州公司建设工程施工合同纠纷案①

【裁判要旨】

工程质量问题必然导致工程安全隐患,是造成损失的不可推卸的原因之一,

① 参见最高人民法院民事裁定书,(2018)最高法民申2584号。

法院对相关损失酌定发包人、承包人按照比例分摊,并无不当。

【裁判观点】

再审法院认为,由于诉争除险加固费是发生在案涉工程遭遇洪水之后,相关鉴定不能区分问题是由于洪水造成的还是因施工质量不合格造成的。但工程质量存在问题必然导致工程抵抗洪水的安全隐患,是造成损失的不可推卸的原因之一。原判决酌定长洲公司对除险加固费承担60%的主要责任,广州公司、梧州项目经理部承担40%的次要责任,损失数额依据中国正意价格评估集团出具的意见书确定,不违反法律规定,结果并无不当。

典型判决2　筑诚公司、赵某伟建设工程合同纠纷案[①]

【裁判要旨】

建设单位使用不合格的建材造成工程质量问题,应承担主要责任。

【裁判观点】

再审法院认为,经查,原审法院委托陕西省建筑工程质量检测中心对酒泉黎明综合楼主体结构工程进行鉴定,鉴定意见指出,"MH16钢筋的屈服强度和抗拉强度均不满足规范要求""综合楼地下一层至三层钢筋混凝土梁中有部分不满足规范要求"。该鉴定意见鉴定程序合法、鉴定人员与鉴定机构符合相关资质,且该鉴定意见经过原审质证、认证,应当作为认定工程质量的依据。结合三家检测中心对工程质量的鉴定意见,即"混凝土施工质量有明显缺陷""使用MH16螺纹钢是造成重大质量问题的主要原因"等结论,原审认定案涉工程出现质量瑕疵的主要原因为三建公司作为建设单位使用不合格的建材所致,故原审判决三建公司承担案涉工程质量瑕疵的主要责任,于法有据。

第三节　承包人风险应对

145. 承包人主张工程款是否应同时主张工程优先权?

为了更好地保障自身权益,承包人在起诉状中罗列诉讼请求时,不仅要主张

① 参见最高人民法院民事裁定书,(2017)最高法民申4603号。

工程款债权本金利息,还应请求确认工程价款优先受偿权。

(1)虽然行使工程价款优先受偿权的方式多样,但在诉状中作为一项诉讼请求单独列明的行为表明了权利的行使,更容易得到法院认可。根据《民法典》第807条的规定,承包人可以与发包人协议将工程折价,也可以请求法院将工程依法拍卖,建设工程的价款就该工程折价或者拍卖的价款优先受偿。承包人行使优先受偿权,可以采用诉讼(申请仲裁)方式,也可通过直接向发包人主张权利的方式实现。但直接向发包人主张权利的,承包人有着非常重的举证责任,以诉讼方式行使优先受偿权的,法院可以判决确认。

(2)是否享有优先权需要由法院根据《最高院施工合同解释一》的相关规定全面审查。首先,审查原告是否属于有权主体。《最高院施工合同解释一》第35条规定,与发包人订立建设工程施工合同的承包人,依据《民法典》第807条的规定请求其承建工程的价款就工程折价或者拍卖的价款优先受偿的,法院应予支持。其次,审查原告是否在法定期限内行使。《最高院施工合同解释一》第41条规定,承包人应当在合理期限内行使建设工程价款优先受偿权,但最长不得超过18个月,自发包人应当给付建设工程价款之日起算。该合理期限为除斥期间,当事人逾期行使则权利消灭。再次,审查案涉工程是否符合优先权的条件,即工程质量是否合格。至于合同有效或工程完工则并非享有优先权的必备前提。最后,审查工程是否属于不宜支持优先权的工程范围。工程优先权的对象可以折价、拍卖的工程,并不适用于违法建筑、工程质量不合格且无法修复的工程以及《民法典》第399条规定的学校、医疗机构等以公益目的成立的非营利法人的教育设施、医疗卫生设施和其他不得抵押的公益设施等财产。

据此可见,并非当事人存在工程款债权就必然享有工程价款优先受偿权。当事人起诉工程款时必须主张建设工程价款优先受偿权并为实现该权利创造条件。

法律依据

《民法典》

第八百零七条 发包人未按照约定支付价款的,承包人可以催告发包人在合理期限内支付价款。发包人逾期不支付的,除根据建设工程的性质不宜折价、拍卖外,承包人可以与发包人协议将该工程折价,也可以请求人民法院将该工程依法拍卖。建设工程的价款就该工程折价或者拍卖的价款优先受偿。

《最高院施工合同解释一》

第三十五条　与发包人订立建设工程施工合同的承包人，依据民法典第八百零七条的规定请求其承建工程的价款就工程折价或者拍卖的价款优先受偿的，人民法院应予支持。

第三十六条　承包人根据民法典第八百零七条规定享有的建设工程价款优先受偿权优于抵押权和其他债权。

第四十一条　承包人应当在合理期限内行使建设工程价款优先受偿权，但最长不得超过十八个月，自发包人应当给付建设工程价款之日起算。

典型判决　港口公司、工商银行台江支行执行分配方案异议之诉案[①]

【裁判要旨】

承包人行使工程优先受偿权超过法定期限的，不予支持。

【裁判观点】

再审法院经审查认为，原《最高院施工合同解释二》第22条[②]规定，承包人行使建设工程价款优先受偿权的期限为6个月，自发包人应当给付建设工程价款之日起算。因此，建设工程价款优先受偿权虽系法定优先权，承包人仍应在法律规定的期限内行使。且工程款债权与建设工程价款优先受偿权在概念、性质及效力上均有区别，主张工程款债权并不等同于主张建设工程价款优先受偿权，港口公司称申请执行工程款当然包含优先受偿的主张缺乏法律依据。本案中，港口公司于2015年5月向厦门海事法院起诉主张案涉工程款时并没有同时主张建设工程价款优先受偿权，该案判决于2015年9月生效，发包人此时即应当给付建设工程价款。港口公司于2015年11月向法院申请强制执行，在执行程序中亦没有主张优先受偿权。厦门海事法院于2016年5月作出终本裁定后，港口公司仍然没有主张对案涉工程折价或拍卖的款项优先受偿，直至2018年9月另案执行拍卖后才向一审法院提出优先受偿的主张。此时距港口公司主张工程款债权的判决生效之日早已超过法定的6个月期限，原审法院据此认为港口公司主张建设工程价款优先受偿权已经超过了行使期限，对其主张不予支持，并无不当。

---

① 参见最高人民法院民事裁定书，(2020)最高法民申1579号。

② 相关规定参见《最高院施工合同解释一》第41条。

146. 承包人如何应对实际施工人印章管理风险?

当前建筑领域实际施工人私刻印章、滥用印章的现象十分普遍,给承包人造成了各种管理隐患和重大法律风险,承包人应采取下列有效措施进行防范与应对:

(1)规范印章刻制。为有效控制合同风险,承包人应当出台《印章管理规定》,明确印章刻制权限、刻制程序、适用范围等,尤其要严禁刻制项目章,对于公司公章、合同专用章、技术专用章、财务专用章等的使用,应当按照其使用范围、使用权限作严格管理。

对于工程所使用的技术专用章,应当以显著的外形特征提示相对人履行注意义务,可用规范的文字在技术专用章上注明"资料专用其他一律无效"等字样,明确印章使用的具体权限,亦可考虑在省一级媒体报刊公告和声明。行为人凭借技术专用章与相对人签订租赁合同、购销合同,相对人没有尽到谨慎注意义务的,不能视其为善意第三人。一般情况下,项目经理对外签订的合同使用技术专用章等非合同专用章的,对建筑施工企业不具有约束力。

(2)规范印章使用。领章人签字留样,并由其出具用印管理承诺书,明确具体用印的材料内容。对于一些重要印章,由印章保管人缴纳一定金额的押金,保证工程竣工后合理期限内及时交回该印章。

(3)主动责任追究。承包人发现实际施工人涉嫌伪造印章的,不可姑息养奸,应当及时向公安机关报案。实际施工人伪造或私刻的印章,一般情况下不代表承包人的真实意思表示,不对承包人发生法律效力。但是,如果综合全案其他证据,能够认定实际施工人的行为构成有权代理行为或表见代理行为的,仍应由承包人承担相应的合同责任。

对于承包人自行刻制的技术专用章等重要印章,承包人应主动到公安机关、工商登记部门备案,避免发现假章时却无法提供作为鉴定样本的印章模板。

法律依据

《刑法》

第二百八十条第二款 【伪造公司、企业、事业单位、人民团体印章罪】伪造公司、企业、事业单位、人民团体的印章的,处三年以下有期徒刑、拘役、管制或者剥夺政治权利,并处罚金。

审判意见

《浙江高院施工企业人员犯罪纪要》

四、关于建筑领域伪造印章犯罪的定性处罚问题。

伪造印章犯罪是建筑领域较为常见的犯罪，通常不单独出现，而是作为伪造证据、虚假诉讼等行为的一种手段。根据刑法第二百八十条规定，伪造公司、企业、事业单位、人民团体印章罪的印章，不仅包括公司公章，还包括公司项目部章、合同专用章、技术专用章、财务专用章等印章。

项目经理、承包人伪造一枚上述有关印章且直接获利6万元以上或造成30万元以上经济损失的，或伪造三枚以上印章的，可以伪造公司印章罪追究刑事责任。

对项目经理、承包人实施违规利用（伪造、偷盖、修改粘贴方式）建筑施工企业印章、虚假诉讼以及损害建筑施工企业利益的其他行为，构成其他犯罪的，宜根据从一重罪处断等原则依法处理。

《浙江高院施工项目疑难问题解答》

6. 合同上的印章是项目经理、实际施工人或其他人伪造或私刻，签订的合同是否对建筑施工企业发生法律效力？

一般情况下，合同上加盖项目经理、实际施工人或其他人伪造或私刻的印章，其不代表建筑施工企业的真实意思表示，不对建筑施工企业发生法律效力。但是，如果综合全案其他证据，能够认定行为人的行为构成有权代理行为或表见代理行为的，仍应由建筑施工企业承担相应的合同责任。

典型判决1　东怡酒店、宝业集团建设工程施工合同纠纷案[①]

【裁判要旨】

承包人的执行经理无处理工程款授权，其使用伪造印章与发包人办理以房抵债相关手续，该行为明显有别于常见履行方式，在承包人不追认的情况，因此造成的损失与承包人无关。

【裁判观点】

再审法院经审查认为，温某某2011年12月28日出具的《东怡金融广场B座房产购买交款事项说明》和2013年5月15日出具的《关于请求继续以工程款抵付认购项目房款的函》虽记载有以应退履约保证金和应收工程款代案外人谢某

① 参见最高人民法院民事裁定书，(2020)最高法民申4982号。

某、楚某某、吕某某等向东怡酒店支付购房款3250万元的内容,且该说明和函件上确实盖有刻制为"宝业集团"字样的印章,但该印章已经浙江省绍兴市柯桥公安局鉴定为伪造。温某某虽系宝业集团案涉项目的执行经理,但并未获得处理工程款的授权,亦未获得用工程款抵付案外人房款的授权,事后也未得到宝业集团追认,且该工程款支付方式与双方的约定及实际履行的方式迥异。经查,东怡酒店通过银行直接付至宝业集团账户工程款21,895万元,表明东怡酒店直接向宝业集团账户支付工程款应为双方认可的常用支付方式。案涉3250万元属于案外人温某某以宝业集团名义单方要求东怡酒店以工程款抵付案外人购房款,且所涉购房人员均是温某某指定的人员,所涉交易的目的包括方便办理按揭贷款,并非单纯以购房款抵付工程款。该3250万元债务是否为温某某为案涉工程所负以及该3250万元债务是否真实发生均缺乏充分证据证明。在此情况下,东怡酒店作为工程款支付方,理应谨慎对待温某某要求以工程款抵付购房款的行为。在温某某的授权中未明确包括处理工程款事项相关权限,且温某某主张的付款方式明显有别于向宝业集团账户汇款支付工程款这一常用支付方式的情形下,东怡酒店应当进一步审慎审查温某某是否具有相应的授权,必要时应与宝业集团进行核实。但是从东怡酒店处理以案外人购房款抵付工程款的过程来看,对于该反常的抵付方式,东怡酒店并未对温某某是否具有相应授权进行审查,而且在宝业集团于2013年6月3日及时发函明确告知东怡酒店温某某存在恶意挪用工程款行为进而取消温某某一切授权的情形下,东怡酒店仍然仅依据案外人谢某某、楚某某、吕某某的申请向谢某某、楚某某和吕某某退还了所谓的购房款,东怡酒店对此存在明显过错,由此造成的损失不应由宝业集团承担。原判决已经认定《东怡金融广场B座房产购买交款事项说明》《关于请求继续以工程款抵付认购项目房款的函》上的"宝业集团"字样的印章系伪造,本案并不存在东怡酒店提出的"未对宝业集团加盖公章的行为进行审查"的情形。故原判决认为不能认定宝业集团对该抵款行为签章认可,该3250万元不予认定为东怡酒店的已付工程款,不存在缺乏证据证明的情形。

典型判决2 天成公司与裕兴公司等民间借贷纠纷案[①]

【裁判要旨】

承包人驻工地全权代表多次用项目部专用章代表承包人向发包人发函,承包

① 参见最高人民法院民事裁定书,(2015)民申字第1189号。

人认为该印章系其私刻而否定印章的对外效力的,不予支持。

【裁判观点】

再审法院认为,关于曹某是否私刻项目专用章问题。曹某为天成公司委派的驻工地全权代表,多次代表天成公司与发包人景港公司进行业务往来,往来函件也加盖有项目部专用章,天成公司对此并未提出异议,其主张项目专用章为曹某私刻或伪造,但并未提供证据证明;且即使存在曹某私刻行为,亦难以否认项目部专用章的对外效力。

147. 实际施工人加盖技术专用章的合同效力如何认定?

建筑企业的技术专用章为内部施工用章,一般不作为对外公章使用,不能用于签约与结算,而是常用于管理、报送工程项目内部资料。但一些实际施工人为工作便利,常将该章用于各类合同签订以及对外结算,甚至于对外借款、引进合伙人等非技术用途;而承包人并不认可该类印章效力,从而引起纠纷。

笔者认为,有关实际施工人加盖技术专用章的合同效力认定问题,应当具体情况具体分析:

(1)原则上视为实际施工人个人行为。实际施工人使用技术专用章对外签订合同,其个人分别在合同与结算单上签名的,若该个人无法提供充足证据证明其签订合同系职务行为或构成表见代理,该实际施工人应认定为合同相对方。换言之,不能仅凭技术专用章就认定承包人为合同相对人。

(2)一些特殊情况下也可以视为承包人行为。例如,双方使用技术专用章签订购销(租赁)合同,此后承包人按合同实际接受货物、签收发票、支付货款的,应视为承包人对合同效力的追认。又如,承包人在工程施工中的多份合同上均重复使用技术专用章,基于此行为产生的公信力,该枚印章将产生相应对外效力。

审判意见

《绍兴中院建筑领域民商事纠纷纪要》

六、有下列情形之一的,项目经理对外签订的合同对建筑施工企业不具有约束力:

(一)项目经理以个人署名签订合同或者虽以企业、项目部名义但个人签署,并无其他证据证明有权代理的;

(二)合同相对人知道或者应当知道项目经理未取得企业授权的;

（三）合同相对人知道或者应当知道项目经理代理权已经终止的；

（四）项目经理与合同相对人签订的合同明显损害企业权益的；

（五）签订合同时所盖印章为技术专用章等非合同专用章的；

（六）合同上所盖印章是项目经理伪造而合同相对人未尽到合理注意义务的。

典型判决 王某与总承包公司建设工程施工合同纠纷案①

【裁判要旨】

承包人将技术专用章多次用于工程技术资料、班组承包协议、结算单等，相对人对加盖该印章即能够代表承包人行为产生信赖，故应认定承包人与相对人形成合同关系。

【裁判观点】

再审法院认为，《分包协议书》甲方处加盖的印章为“青海省建筑工程总承包有限公司泰和祥小区项目技术资料专用章”，系总承包公司项目部内部施工用章，一般不作为对外公章使用。但根据二审查明的事实，总承包公司向西宁市建设委员会、城西区环保局及监理单位出具的《土方拉运申请》、《塔吊安全分项验收申请表》，以及总承包公司项目部与油漆班组签订的《安全生产责任书》均使用过该技术资料专用章，且数次在王某已完工工程量确认证明上加盖该技术资料专用章，可以证明上述加盖印章的行为应系总承包公司的真实意思表示，其他施工各方对加盖该技术资料专用章即能够代表总承包公司行为均已产生信赖，王某亦有理由相信其系与总承包公司签订《分包协议书》。故总承包公司与王某订的《分包协议书》是双方真实意思表示，总承包公司对王某进行了工程施工亦不否认。虽然总承包公司称王某与建设方禾木公司直接签订施工合同，但未提交王某与禾木公司所签订的书面合同，其所提交的证人证言与王某提交的《分包协议书》相比不具有证据优势，尚不能推翻《分包协议书》的内容。一审、二审法院认定总承包公司与王某存在分包合同关系，并无不当。

148. 承包人如何应对管理费可能不被支持的风险？

主流观点认为，转包（违法分包）、挂靠情形下的管理费实质上并非承包人对

① 参见最高人民法院民事裁定书，（2016）最高法民申 1131 号。

建设工程施工进行管理的对价,而是属于通过转包(违法分包)出借资质等方式的违法获利所得,不受法律保护。承包人应当采取有效措施,积极应对管理费可能不被支持的风险。具体措施如下:

(1)承包人应选择适合自己的合法经营模式,如企业自营、内部承包等。建筑公司承接工程后交付个人施工,可能构成违法的转包(违法分包)、挂靠,也可能是合法的内部承包。转包与内部承包的主要区别在于项目老板是否为承包人公司员工,公司有无与其建立劳动合同、社保关系,公司有无实际支付工资,公司有无对该项目部提供资金、技术、人员等各方面支持。

(2)承包人全面支持内部承包人、实际施工人施工。总承包人不能只收管理费,不负责具体工作,应当对实际承包人的工程有所支持,包括资金、技术、人员等各方面。

(3)管理费约定明确具体,且不能约定管理费在工程结束后一次性收取。如果约定在施工中分期支付管理费,且已支付完毕的,实际施工人要求返还的被支持难度会更大些。可以在每一期工程进度款支付时扣除管理费,并交由承包责任人书面确认。

法律依据

《公司法》

第十九条 公司从事经营活动,应当遵守法律法规,遵守社会公德、商业道德,诚实守信,接受政府和社会公众的监督。

第二十条 公司从事经营活动,应当充分考虑公司职工、消费者等利益相关者的利益以及生态环境保护等社会公共利益,承担社会责任。

国家鼓励公司参与社会公益活动,公布社会责任报告。

审判意见

《浙江高院施工合同解答》

一、如何认定内部承包合同?如何认定其效力?

建设工程施工合同的承包人与其下属分支机构或在册职工签订合同,将其承包的全部或部分工程承包给其下属分支机构或职工施工,并在资金、技术、设备、人力等方面给予支持的,可认定为企业内部承包合同;当事人以内部承包合同的承包方无施工资质为由,主张该内部承包合同无效的,不予支持。

149."管理费"应否收缴?

对承包人因转包、违法分包建设工程合同而已经取得的利益,或者建筑施工企业因出借施工资质而已经取得的利益,如"挂靠费""管理费"等,在此前的司法实践中,法院可以根据原《民法通则》第134条和原《最高院施工合同解释》第4条予以收缴,但建设行政机关已经对此予以行政处罚的,法院不应重复予以制裁。例如,原《江苏高院施工合同解答》第6条、《四川高院施工合同解答》第30条、《深圳中院施工合同裁判指引》第28条等均持该观点。

原《最高院施工合同解释》第4条规定:"人民法院可以根据民法通则第一百三十四条规定,收缴当事人已经取得的非法所得。"但2017年10月1日实施的原《民法总则》对原《民法通则》第134条进行了修正,取消了"人民法院审理民事案件,除适用上述规定外,还可以予以训诫、责令具结悔过,收缴进行非法活动的财物和非法所得,并可以依照法律规定处以罚款"的规定,故在原《民法总则》实施后,有关收缴非法所得的规定已不再适用。《民法典》第179条对原《民法总则》的上述规定亦予以沿袭。司法实践中,法院对施工合同无效情形下建筑施工企业收取的管理费不再予以收缴。

法律依据

《民法典》

第一百五十七条 民事法律行为无效、被撤销或者确定不发生效力后,行为人因该行为取得的财产,应当予以返还;不能返还或者没有必要返还的,应当折价补偿。有过错的一方应当赔偿对方由此所受到的损失;各方都有过错的,应当各自承担相应的责任。法律另有规定的,依照其规定。

原《最高院施工合同解释》

第四条 承包人非法转包、违法分包建设工程或者没有资质的实际施工人借用有资质的建筑施工企业名义与他人签订建设工程施工合同的行为无效。人民法院可以根据民法通则第一百三十四条规定,收缴当事人已经取得的非法所得。

审判意见

原《江苏高院施工合同解答》

6、出借资质的一方或者转包人要求按照合同约定支付管理费的,如何处理?

出借资质的一方或者转包人要求按照合同约定支付管理费的，根据《建设工程司法解释》第4条的规定，不予支持。

《四川高院施工合同解答》

30. 对转包、违法分包、借用资质非法所得如何处理？

承包人转包、违法分包建设工程或者没有资质的实际施工人借用有资质的建筑施工企业名义与他人签订的建设工程施工合同被认定无效后，人民法院可以根据《中华人民共和国民法通则》第一百三十四条的规定，对承包人转包、违法分包建设工程已经取得的非法所得、出借资质的建筑施工企业因出借行为已经取得的非法所得，实际施工人因承建工程已经取得的非法所得予以收缴。

《深圳中院施工合同裁判指引》

二十八、当事人因非法转包、违法分包建设工程或者借用、出借建筑施工企业资质所取得的非法所得不受法律保护。如果行政主管部门没有对违法行为人进行行政处罚的，可以根据民法通则第一百三十四条的规定，收缴当事人已经取得的非法所得，也可以向行政主管部门发出司法建议书，建议行政主管部门依法查处。

典型判决　河南四建建设工程施工合同纠纷审判监督案①

【裁判要旨】

当事人请求对尚未实际取得财产适用收缴制裁的，不予支持。

【裁判观点】

复议法院认为，原《建设工程施工合同司法解释》第4条②规定，承包人非法转包、违法分包建设工程或者没有资质的实际施工人借用有资质的建筑施工企业名义与他人签订建设工程施工合同的行为无效。法院可以根据原《民法通则》第134条③的规定，收缴当事人已经取得的非法所得。该司法解释条款将非法所得的范围限定在已经实际取得的财产范围内，其理由为在合同被认定无效的情况下，如果对约定取得的财产采用收缴的制裁措施，等同于无效合同被强制履行，不仅与合同无效的法律后果相悖，亦会导致收缴范围的不当扩大。由此该司法解释明确规定对已经取得的非法所得予以收缴，对于约定取得但没有实际取得的财产不适用收缴的民事制裁措施。从本案查明的事实看，虽然河南四建将其承包的云

---

① 参见最高人民法院民事决定书，(2014)民一复字第3号。
② 相关规定参见《最高院施工合同解释一》第1条。
③ 相关规定参见《民法典》第179条。

南大唐红河发电有限责任公司开远电厂 2 × 300mw 工程中的 210/8.0 米烟囱建设工程非法转包给潘某个人进行施工,并约定了按工程结算价款的 5% 收取潘某的管理费,但该项非法收益仅为约定取得,而非实际取得。质言之,河南四建作为约定取得方并未因其非法转包行为获得上述管理费,而潘某作为约定支付方,亦没有因为无效合同获得利益。因此,在该项管理费没有约定交付时间,河南四建亦未予主张的情况下,二审判决将该笔管理费从山西电建二公司应付河南四建的工程款中直接扣除并收缴,与司法解释的规定相违背,适用法律不当,复议法院予以纠正。

150. 实际施工人可否请求减免或返还管理费?

实际施工人申请减免管理费的实质就是对转包(违法分包)、挂靠所签订的施工合同中管理费条款的认定问题。

司法实践中,转包(违法分包)、挂靠所签订的施工合同应认定无效。该管理费实质上并非承包人、出借资质的企业对建设工程施工进行管理的对价,而是一种通过转包、违法分包和出借资质违法套取利益的行为,不受法律保护。如承包人仅给予工程或出借资质但没有实施具体的施工管理行为,对承包人提出的支付管理费的请求,法院一般不予支持;对实际施工人提出的减免、返还管理费的请求,法院一般给予支持。

承包人也实施了一定施工行为或管理行为的,应当考虑其支出成本、合同各方的过错程度、实现利益平衡等因素综合判定。在分配合同无效的后果时,应遵循诚信原则,不能使不诚信的当事人因合同无效而获益。

法律依据

《民法典》

第一百五十五条 无效的或者被撤销的民事法律行为自始没有法律约束力。

第一百五十六条 民事法律行为部分无效,不影响其他部分效力的,其他部分仍然有效。

第一百五十七条 民事法律行为无效、被撤销或者确定不发生效力后,行为人因该行为取得的财产,应当予以返还;不能返还或者没有必要返还的,应当折价补偿。有过错的一方应当赔偿对方由此所受到的损失;各方都有过错的,应当各自承担相应的责任。法律另有规定的,依照其规定。

《最高院2021年第21次专业法官纪要》

合同无效,承包人请求实际施工人按照合同约定支付管理费的,不予支持

法律问题

合同无效,承包人请求实际施工人按照合同约定支付管理费的,是否应予支持?

法官会议意见

转包合同、违法分包合同及借用资质合同均违反法律的强制性规定,属于无效合同。前述合同关于实际施工人向承包人或者出借资质的企业支付管理费的约定,应为无效。

实践中,有的承包人、出借资质的企业会派出财务人员等个别工作人员从发包人处收取工程款,并向实际施工人支付工程款,但不实际参与工程施工,既不投入资金,也不承担风险。实际施工人自行组织施工,自负盈亏,自担风险。承包人、出借资质的企业只收取一定比例的管理费。

该管理费实质上并非承包人、出借资质的企业对建设工程施工进行管理的对价,而是一种通过转包、违法分包和出借资质违法套取利益的行为。此类管理费属于违法收益,不受司法保护。因此,合同无效,承包人或者出借资质的建筑企业请求实际施工人按照合同约定支付管理费的,不予支持。

审判意见

《湖南高院施工合同解答》

十一、建设工程施工合同无效,当事人之间约定的管理费如何处理?

建设工程施工合同无效,合同约定的管理费原则上不予支持。当事人主张的,法院可以根据合同系借用资质或转包、违法分包等不同类型,结合出借资质人、转包人、违法分包人是否履行管理职责因素予以适当支持,一般不宜超过总工程款的3%。

《重庆高院四川高院施工合同解答》

六、无效建设工程施工合同中约定的管理费如何处理?

答:转包人、违法分包人、出借资质的建筑施工企业已经收取了管理费,实际施工人以建设工程施工合同无效为由请求返还的,人民法院不予支持。

未实际参与施工、组织管理协调的转包人、违法分包人、出借资质的建筑施工企业请求实际施工人按照无效建设工程施工合同约定支付管理费,人民法院不予支持。

实际施工人请求转包人、违法分包人、出借资质的建筑施工企业支付的工程款中包含管理费的,对于管理费部分不予支持。

《四川高院施工合同解答》

30. 对转包、违法分包、借用资质非法所得如何处理?

承包人转包、违法分包建设工程或者没有资质的实际施工人借用有资质的建筑施工企

业名义与他人签订的建设工程施工合同被认定无效后，人民法院可以根据《中华人民共和国民法通则》第一百三十四条的规定，对承包人转包、违法分包建设工程已经取得的非法所得、出借资质的建筑施工企业因出借行为已经取得的非法所得，实际施工人因承建工程已经取得的非法所得予以收缴。

典型判决 许某庄、开滦建设公司建设工程施工合同纠纷案[①]

【裁判要旨】

承包人实施了对账、代付材料款、协调发放工资等管理行为，对实际施工人请求不支付管理费的，不予支持。

【裁判观点】

再审法院认为，关于管理费的问题，许某庄主张《内部承包协议书》无效且开滦建设公司未实施管理行为，二审法院参照无效合同判令许某庄支付管理费，缺乏证据证明。经查，双方签订的《内部承包协议书》第4条第2项约定许某庄向开滦建设公司缴纳工程总造价的13%作为管理费。虽然《内部承包协议书》因许某庄不具备建筑施工企业资质而无效，但无效的原因在于主体不适格而非意思表示瑕疵，且在许某庄施工期间，开滦建设公司实施了对账、代付材料款、协调发放工人工资等管理行为。在《内部承包协议书》无效但建设工程已投入使用的情形下，参照合同约定处理双方纠纷，能最大限度平衡各方当事人利益，具有公平性与合理性。一审、二审判令许某庄参照协议约定向开滦建设公司支付管理费，并无明显不当。

151. 如何应对实际施工人恶意讨薪事件？

2020年5月1日起施行的《保障农民工工资支付条例》为农民工工资支付提供了强大保护措施。如因建设单位未按照合同约定及时拨付工程款导致农民工工资拖欠的，建设单位应当以未结清的工程款为限先行垫付被拖欠的农民工工资。分包单位对所招用农民工的实名制管理和工资支付负直接责任，施工总承包单位对分包单位劳动用工和工资发放等情况进行监督。分包单位拖欠农民工工资的，由施工总承包单位先行清偿，再依法进行追偿。工程建设项目转包，拖欠农

① 参见最高人民法院民事裁定书，(2017)最高法民申2153号。

民工工资的，由施工总承包单位先行清偿，再依法进行追偿。

但实践中，一些实际施工人为获得不当利益采取恶意讨薪行为，具体包括：(1)违反社会治安管理相关规定，采取拉横幅、堵塞道路、阻碍交通、封锁出入口等方式，造成严重影响的；(2)采取爬楼、爬吊塔、切断水电、冲击施工现场等方式，妨碍正常施工现场管理、办公秩序，造成严重损失的；(3)采取敲诈、勒索、胁迫索取建设领域工程款、材料款、劳务款或农民工工资等方式，涉嫌欺诈或以合同纠纷为由蓄意闹事的；(4)组织农民工或非工地人员参加聚集或闹事的，如围堵国家机关，冲击办公区域等；(5)不服从政府部门管理，威胁相关政府工作人员等严重影响政府调处的行为。

实际施工人的恶意讨薪行为势必造成承包人经济损失，更会损害承包人良好的社会形象及其公众认可度。建筑企业可以依法采取如下有效应对措施：

(1)厘清工程概况，做到心中有底。承包人应梳理工程项目相关主体及其法律关系、资金收支情况，已完成工程量、已支付资金等关键信息。

(2)邀请法务参与，打击恶意讨薪的实际施工人的嚣张气焰，有效处理突发事件。

(3)抓住关键人物，制定不同策略，对于通情达理者给予优待并各个击破。

(4)核对基础数据，排除虚假金额。承包人应将梳理数据与讨薪人员提供数据逐一对比，找到差距和原因。征得对方同意，同步录音或录像。从了解劳务人员身份、进退场时间、工作范围和具体时间、已完成工作量、工资标准、民工已领工资、与实际施工人有无亲属关系等方面进行排查。

(5)商请政府协调，提高协调效果。劳动主管部门经验较为丰富，再结合建筑企业提供的调查资料，对实际施工人提交的欠薪名册等事实进行复核与甄别。

(6)刑事控告有效震慑。实际施工人如恶意讨薪，情节严重的，可能面临多项刑事犯罪，如寻衅滋事罪、敲诈勒索罪、聚众扰乱公共场所秩序罪。若其讨要薪酬后又未支付给劳动者，还涉嫌构成拒不支付劳动报酬罪。

(7)引导民事诉讼，交由法院裁判，避免相关人员恶意讨薪获得不当利益。

法律依据

《农民工工资支付条例》

第十条　被拖欠工资的农民工有权依法投诉，或者申请劳动争议调解仲裁和提起诉讼。

任何单位和个人对拖欠农民工工资的行为，有权向人力资源社会保障行政部门或者其他有关部门举报。

人力资源社会保障行政部门和其他有关部门应当公开举报投诉电话、网站等渠道,依法接受对拖欠农民工工资行为的举报、投诉。对于举报、投诉的处理实行首问负责制,属于本部门受理的,应当依法及时处理;不属于本部门受理的,应当及时转送相关部门,相关部门应当依法及时处理,并将处理结果告知举报、投诉人。

第十六条 用人单位拖欠农民工工资的,应当依法予以清偿。

第二十九条 建设单位应当按照合同约定及时拨付工程款,并将人工费用及时足额拨付至农民工工资专用账户,加强对施工总承包单位按时足额支付农民工工资的监督。

因建设单位未按照合同约定及时拨付工程款导致农民工工资拖欠的,建设单位应当以未结清的工程款为限先行垫付被拖欠的农民工工资。

建设单位应当以项目为单位建立保障农民工工资支付协调机制和工资拖欠预防机制,督促施工总承包单位加强劳动用工管理,妥善处理与农民工工资支付相关的矛盾纠纷。发生农民工集体讨薪事件的,建设单位应当会同施工总承包单位及时处理,并向项目所在地人力资源社会保障行政部门和相关行业工程建设主管部门报告有关情况。

第三十条 分包单位对所招用农民工的实名制管理和工资支付负直接责任。

施工总承包单位对分包单位劳动用工和工资发放等情况进行监督。

分包单位拖欠农民工工资的,由施工总承包单位先行清偿,再依法进行追偿。

工程建设项目转包,拖欠农民工工资的,由施工总承包单位先行清偿,再依法进行追偿。

《刑法》

第二百七十四条 【敲诈勒索罪】敲诈勒索公私财物,数额较大或者多次敲诈勒索的,处三年以下有期徒刑、拘役或者管制,并处或者单处罚金;数额巨大或者有其他严重情节的,处三年以上十年以下有期徒刑,并处罚金;数额特别巨大或者有其他特别严重情节的,处十年以上有期徒刑,并处罚金。

第二百九十一条 【聚众扰乱公共场所秩序、交通秩序罪】聚众扰乱车站、码头、民用航空站、商场、公园、影剧院、展览会、运动场或者其他公共场所秩序,聚众堵塞交通或者破坏交通秩序,抗拒、阻碍国家治安管理工作人员依法执行职务,情节严重的,对首要分子,处五年以下有期徒刑、拘役或者管制。

第二百九十三条 【寻衅滋事罪】有下列寻衅滋事行为之一,破坏社会秩序的,处五年以下有期徒刑、拘役或者管制:

(一)随意殴打他人,情节恶劣的;

(二)追逐、拦截、辱骂、恐吓他人,情节恶劣的;

(三)强拿硬要或者任意损毁、占用公私财物,情节严重的;

(四)在公共场所起哄闹事,造成公共场所秩序严重混乱的。

纠集他人多次实施前款行为，严重破坏社会秩序的，处五年以上十年以下有期徒刑，可以并处罚金。

行政规定

《山西农民工工资支付办法》

第十七条 拖欠农民工工资案件发生地县级人民政府主要负责人是解决拖欠农民工工资问题的第一责任人。设区的市人民政府负责督办工作。

用人单位、实际施工人应当承担拖欠农民工工资的清偿责任。

第十八条 用人单位、实际施工人不得以拖欠农民工工资为由组织、唆使、雇用农民工讨要工程款、劳务费或者其他赔偿补偿费。

152. 实际施工人串通材料供应商等虚构债务并提出民事诉讼的，承包人如何应对?

承包人收到材料欠款等应诉材料后，应当核实基础合同关系、交易事实、交易金额等真实信息，以判断是否存在实际施工人或其他工程工作人员虚构债务（包括虚构法律关系、虚构案件事实、虚增债权金额等）的情况。承包人应积极举证，证明真实合同关系和真实交易金额，视需要申请鉴定机构对本工程实际材料用量等进行司法鉴定；为查明案件事实，申请追加实际施工人为本案当事人。

经过证据交换，案件确实涉嫌虚假诉讼的，申请法院将有关线索移送公安机关侦查处理或直接向公安机关报案。

法律规定

《刑法》

第三百零七条之一第一款 **【虚假诉讼罪】**以捏造的事实提起民事诉讼，妨害司法秩序或者严重侵害他人合法权益的，处三年以下有期徒刑、拘役或者管制，并处或者单处罚金；情节严重的，处三年以上七年以下有期徒刑，并处罚金。

审判意见

《江苏高院打击“套路贷”虚假诉讼指南》

3.【“套路贷”的常见犯罪手法和步骤】“套路贷”放贷人的“套路”手法和步骤包括但不

限于以下情形：

……

(4)“套路”第三人承担“还款”责任。放贷人在借款人无力偿还“借款”时，安排关联关系人提供“过桥资金”为借款人“偿还借款”，并诱使或迫使借款人让他人为“过桥资金”提供担保，将“债务”恶意转嫁给担保人。放贷人明知是企业分公司负责人的个人虚假或虚高债务，但通过诱使或迫使借款人在“借贷”协议上加盖分公司印章等方式，将“债务”恶意转嫁给企业。放贷人明知是建设工程实际施工人的个人虚假或虚高债务，但通过制造“表见代理”“表见代表”假象，将“债务”恶意转嫁给有关建筑企业。

……

《绍兴中院建筑领域民商事纠纷纪要》

十一、严格防止涉及建筑施工企业的虚假诉讼。在审理民商事纠纷时，要从严审查项目经理是否存在以下情形：

(一)与分包人等恶意串通，销毁或者伪造签证、联系单、合同等结算资料后，由分包人等提起民事诉讼，向建筑施工企业索取或者拒付、少付相关款项的；

(二)与材料商、设备租赁商等勾结，签订虚高价格、数量等条款后，由材料商、设备租赁商等提起民事诉讼，向建筑施工企业索取相关款项的；

(三)与第三人恶意串通，伪造借据或者采取工程款债权转让等手段，由假债权人、假受让人提起民事诉讼，向建筑施工企业索取相关款项的。

十二、在审理民商事纠纷时，发现项目经理有下列情形之一的，应及时与侦查机关联系，将案件或者案件线索移送侦查机关处理：

(一)以公司、项目部名义对外签订经济合同，未按合同约定支付材料款或者设备租赁款等费用，携款潜逃、转移的；

(二)以公司、项目部名义采用骗取手段向第三人借款或者为自己借款作担保，携款潜逃、转移的；

(三)与第三人勾结伪造合同、联系单、签证等虚假结算资料向建筑施工企业套取虚高的工程相关款项并进行侵吞，或者携款潜逃、转移的。

对上述情形，建筑施工企业已向侦查机关报案，侦查机关已立案侦查的，法院不应受理；已受理的，中止审理或者移送侦查机关处理。

《河南高院工程领域买卖租赁疑难问题解答》

16 行为人与相对人恶意串通，虚构债权债务或者将另一工程的债权债务转移到建筑企业承包的工程，侵害建筑企业利益的，应该如何防范和处理？

答：应着重审查债权的真实性。在相对人仅以行为人出具或者加盖项目部印章的欠条、结算单等凭证向建筑企业主张货款、租赁费的情况下，应对欠款凭证的来源、债权数额的依据、合同履行情况等基础合同关系进行审查，防止侵害建筑企业利益的虚假诉讼发生。

153. 承包人如何应对实际施工人的起诉风险？

因《最高院施工合同解释一》第43条、第44条规定在客观上突破了合同相对性，实际施工人可能获得比有效合同更多的诉讼利益。实践中，存在一些实际施工人会起诉承包人和发包人，主动要求确认合同无效，诉请承包人支付工程款的同时，还要求发包人在欠款范围内承担责任的情况。而合法分包的施工单位只能遵循合同相对性原则起诉合同相对人。另外，承包人与实际施工人之间的合同无效后，实际施工人在工程质量合格的情况下可向承包人主张工程款，但合同无效导致承包人无法追究实际施工人的违约责任。

承包人可以采取下列方法预防、应对实际施工人的起诉风险：

(1)采取合法经营模式，压缩实际施工人的生存空间。特别是要推行自营模式或内部承包模式。笔者认为，可以参照浙江省高级人民法院、北京市高级人民法院等的司法审判意见规定来把握内部承包必要要件，主要包括双方是否存在劳动合同关系，如劳动合同、社保关系、工资发放关系等，以及承包人对项目经理给予资金、技术、设备、人力等方面的支持且能提出充分证据予以证明。

(2)合理限制实际施工人相关权限，减少被诉风险。首先，合理限制实际施工人权利范围。例如，承包人在与实际施工人签订合同时，应约定材料采购时采取双重签收＋总价限价方式，工程款支付采用“背靠背条款”进行限制；合同履行时，通过工程概况牌明示工地任何个人签字均应加盖承包人公章才可生效。其次，规范项目部印章管理。承包人不刻制项目部行政印章，所刻制的技术专用章注明详尽用途，如加注“用于签订合同、经济往来一律无效”等文字，避免表见代理之风险。最后，合适时机由实际施工人出具放弃相关权利或不再主张相关权利的承诺书。

(3)承包人掌握熟悉工程所在地法院的司法审判意见。司法实践中，各地法院对实际施工人的认识并不相同，裁判尺度有所差异。例如，对于实际施工人可否起诉没有合同关系的总承包人的问题，有法院认为，总承包人因转包(违法分包)工程存有过错，其应当对没有合同关系的实际施工人的工程款请求承担责任。如江苏省高级人民法院发布的原《江苏高院施工合同意见》第23条第2款规定，实际施工人要求转包人、违法分包人和发包人对工程欠款承担连带责任的，法院应予支持。此后发布的《江苏高院施工合同解答》第 23 条将相关规定修正为“实际施工人要求转包人、违法分包人对工程欠款承担连带责任的，应予支持。前手转包人、违法分包人举证证明其已付清工程款的，可以相应免除其给付义务。”也有法院认为，实际施工人无权向没有合同关系的转包人（违法分包人）主张工程款，如《河北高院施工合同审理指南》（2018 版）第 31 条规定，实际施工人向与其没有合同关系的转包人、分包人、总承包人、发包人提起的诉讼，发包人与承包人就工程款问题尚未结算的，原则上仍应坚持合同相对性，由与实际施工人有合同关系的前手承包人给付工程款。

（4）运用仲裁条款规避建设工程所在地法院专属管辖。依据《最高院民诉法解释》第 529 条的规定，属于中国法院专属管辖的案件，当事人不得协议选择外国法院管辖，但协议选择仲裁的除外。该条款明确了仲裁协议排除法院对建设工程纠纷的专属管辖。据此，承包人所签订的内部承包合同可以约定，有关合同一切争议交由某地仲裁委员会仲裁，比专属管辖更为便利。

法律依据

《最高院民诉法解释》

第五百二十九条 涉外合同或者其他财产权益纠纷的当事人，可以书面协议选择被告住所地、合同履行地、合同签订地、原告住所地、标的物所在地、侵权行为地等与争议有实际联系地点的外国法院管辖。

根据民事诉讼法第三十四条和第二百七十三条规定，属于中华人民共和国法院专属管辖的案件，当事人不得协议选择外国法院管辖，但协议选择仲裁的除外。

154. 承包人如何应对实际施工人的投诉？

当前，实际施工人投诉现象较为普遍，常与利益驱动有一定程度的关系。承包人遇到实际施工人的投诉，可以采取以下方法应对。

（1）厘清概念，甄别转包、违法分包、出借资质等法律概念。转包，是指施工单位承包工程后，不履行合同约定的责任和义务，将其承包的全部工程转给其他单位或个人施工，或者将其承包的全部工程肢解后以分包的名义分别转给其他单位或个人施工的行为。违法分包，是指施工单位承包工程后违反法律法规规定或者施工合同关于工程分包的约定，把单位工程或分部分项工程分包给其他单位或个人施工的行为。出借资质又称挂靠，是指单位或个人以其他有资质的施工单位的名义承揽工程的行为，包括参与投标、订立合同、办理有关施工手续、从事施工等活动。

(2)自查自纠，做到心中有数。企业须主动自查，主动收集并整理项目部的各项合同、付款记录等证据，对基础合同合法性与双方权利义务作出判断。如可认定内部承包合同关系，则基本上可以否定实际施工人有关挂靠、转包等方面的投诉主张。

(3)了解投诉动机。实际施工人投诉的动机比较复杂，既有合理讨债或伸张正义，也有无理取闹或敲诈勒索，应根据投诉动机判断是否符合刑事报案的条件。

(4)聘请专家诊断。围绕投诉焦点，收集有利证据，聘请法律、造价、质量等专业人员进行综合分析并提出会诊意见。

审判意见

《浙江高院施工合同解答》

一、如何认定内部承包合同？如何认定其效力？

建设工程施工合同的承包人与其下属分支机构或在册职工签订合同，将其承包的全部或部分工程承包给其下属分支机构或职工施工，并在资金、技术、设备、人力等方面给予支持的，可认定为企业内部承包合同；当事人以内部承包合同的承包方无施工资质为由，主张该内部承包合同无效的，不予支持。

155. 建设工程招投标过程中收取“居间费”“介绍费”，合法吗？

当前法律并未禁止在建设工程招投标领域开展居间服务，但对于能否收取“居间费”“介绍费”，司法实践中的裁判口径并不一致。

笔者认为，法律并未禁止建设工程招投标中的居间行为，公开招投标过程中也存在向他人报告投标和订立合同机会的情形。据此，工程招投标活动中可以存在居间行为，但不能以保证中标为前提，否则有违反《招标投标法》之嫌，将导致居间合同之无效。具体分析如下：

(1)居间行为不得违反《建筑法》《招标投标法》等的规定。《建筑法》第16条规定，建筑工程发包与承包的招投标活动，应当遵循公正、公开、平等竞争的原则，择优选择承包单位。建筑工程的招投标，《建筑法》没有规定的，适用有关招标投标法律的规定。《招标投标法》第 6 条规定，任何单位和个人不得违法限制或者排斥本地区、本系统以外的法人或者其他组织参加投标，不得以任何方式非法干涉招投标活动。据此，居间人不得以不正当手段或其他违法行为干预、影响中标，促成双方签订建设工程施工合同。如建设工程施工合同无效将影响居间服务合同的效力。不得约定居间人确保中标条款，发包方工作人员不应作为居间人。

（2）居间费用约定比例应合理。一般来说，居间人提供了签约媒介服务或相关信息，居间义务完成后，委托人应支付居间费用。但约定的居间费用不能过高，否则法院将依法予以调整。

（3）收取居间费的单位或个人应开具有效发票。《发票管理办法》第 19 条规定，销售商品、提供服务以及从事其他经营活动的单位和个人，对外发生经营业务收取款项，收款方应当向付款方开具发票。故提供服务的居间人应向付款方开具有效发票。

法律依据

《建筑法》

第十六条 建筑工程发包与承包的招标投标活动，应当遵循公开、公正、平等竞争的原则，择优选择承包单位。

建筑工程的招标投标，本法没有规定的，适用有关招标投标法律的规定。

《招标投标法》

第六条 依法必须进行招标的项目，其招标投标活动不受地区或者部门的限制。任何单位和个人不得违法限制或者排斥本地区、本系统以外的法人或者其他组织参加投标，不得以任何方式非法干涉招标投标活动。

第三十八条 招标人应当采取必要的措施，保证评标在严格保密的情况下进行。

任何单位和个人不得非法干预、影响评标的过程和结果。

审判意见

《广东高院民商事疑难问题解答》

一、适用合同法疑难问题

……

（十五）支付居间费用的条件的确定

根据《中华人民共和国合同法》第四百二十四条的规定，居间合同是指居间人和委托人约定，由居间人向委托人报告订约机会或提供订立合同的媒介服务，委托人向居间人给付报酬的合同，居间合同为有偿合同。对于委托人向居间人给付报酬的条件，如果居间人和委托人签订的居间合同对居间费的支付有约定，则应依当事人的约定作出认定。如果居间合同没有约定，按照《中华人民共和国合同法》第四百二十六条和四百二十七条的规定，居间人促成合同成立的，委托人应当支付报酬，居间人未促成合同成立的，不得要求支付报酬。因此，判决支付居间费的依据为是否促成合同成立，而不是合同是否履行。而居间人虽未促成合同成立，但为履行居间合同而支出的必要费用仍可请求委托人支付。此外，判决支付居间费应否考虑所签合同的效力问题，应结合具体案情分析。如果影响合同效力的因素是居间人为履行居间合同所提供的，则居间人不得请求委托人支付报酬；如果影响合同效力的因素与居间人提供的服务无关，则不应影响居间费的支付。

……

典型判决　张某国与红战公司等居间合同纠纷案[①]

【裁判要旨】

促成签订违反法律法规强制性规定的无效建设工程施工合同的，该居间合同应属无效合同，居间费用不予支持。

【裁判观点】

二审法院认为，当事人订立、履行合同，应当遵守法律、行政法规，尊重社会公德，不得扰乱社会经济秩序，损害社会公共利益。本案的争议焦点为，张某国与红战公司于2018年9月5日就汤山G 81地块工程招标签订的《居间协议》是否合法有效。根据查明的事实，涵田公司将位于汤山美泉路与延祥陆路口汤山G 81地块项目的土建及水电安装工程发包给省建公司施工。省建公司承接上述工程后，制作了G 81地块项目土建安装工程内部承包招标文件，将自涵田公司处承包的土方、土建及水电安装施工交由他人施工，违反了法律法规的强制性规定。而张某国与红战公司签订的《居间协议》约定的居间事项是由张某国为红战公司与省建公司促成签订上述违反法律法规的强制性规定的合同。根据法律规定，违反法律、行政法规的强制性规定，合同无效。因此，一审法院认定张某国与红战公司签订的《居间协议》无效，符合法律规定。

① 参见江苏省南京市中级人民法院民事判决书，(2020)苏01民终10148号。

第四节 刑事犯罪

156. 如何把握建筑领域项目经理虚假诉讼行为的定性处罚?

根据原《项目经理资质管理办法》第2条的规定,项目经理是指受企业法定代表人委托对工程项目施工过程全面负责的项目管理者,是建筑施工企业法定代表人在工程项目上的代表人。但实践中,项目经理是个广义概念,包括了三种类型:第一类是承包人(建筑施工企业,下同)在册员工,受企业委派担任工程项目经理,负责工程管理;第二类是承包人不在册员工,未与企业签订劳动合同,但对外以企业名义承接工程,企业任命其为该工程的项目经理,该项目经理与企业签订挂靠经营性质的内部承包合同;第三类为除上述两类人员外,通过向承包人转包或者分包承接工程的实际施工人。

虚假诉讼是指民事诉讼各方当事人恶意串通,采取虚构法律关系、捏造案件事实的方式提起民事诉讼,或者利用虚假仲裁裁决、公证文书申请执行,使法院作出错误裁判或执行,以获取非法利益的行为。《刑法修正案(九)》实施后,对于项目经理的虚假诉讼行为,可按以下原则加以把握:

(1)对于项目经理与他人恶意串通进行虚假诉讼的行为,一般以虚假诉讼罪定罪处罚。实践中需要区别虚假诉讼行为是个人行为还是单位行为。若项目经理以其个人名义,以捏造的事实提起民事诉讼,并将违法所得归个人所有的,项目经理构成个人犯罪。若项目经理以其所在单位名义进行虚假诉讼,且违法所得归单位所有的,可构成单位犯罪,并应对其直接负责的主管人员和其他直接责任人员追究刑事责任。

(2)项目经理实施虚假诉讼,非法占有他人财产或者逃避合法债务,同时构成诈骗罪、职务侵占罪等其他犯罪的,依照处罚较重的规定定罪从重处罚。

法律规定

《刑法》

第二百六十六条 【诈骗罪】诈骗公私财物,数额较大的,处三年以下有期徒刑、拘役或者管制,并处或者单处罚金;数额巨大或者有其他严重情节的,处三年以上十年以下有期徒刑，并处罚金；数额特别巨大或者有其他特别严重情节的，处十年以上有期徒刑或者无期徒刑，并处罚金或者没收财产。本法另有规定的，依照规定。

第二百七十一条 【职务侵占罪】公司、企业或者其他单位的工作人员，利用职务上的便利，将本单位财物非法占为己有，数额较大的，处三年以下有期徒刑或者拘役，并处罚金；数额巨大的，处三年以上十年以下有期徒刑，并处罚金；数额特别巨大的，处十年以上有期徒刑或者无期徒刑，并处罚金。

【贪污罪】国有公司、企业或者其他国有单位中从事公务的人员和国有公司、企业或者其他国有单位委派到非国有公司、企业以及其他单位从事公务的人员有前款行为的，依照本法第三百八十二条、第三百八十三条的规定定罪处罚。

第三百零七条之一 【虚假诉讼罪】以捏造的事实提起民事诉讼，妨害司法秩序或者严重侵害他人合法权益的，处三年以下有期徒刑、拘役或者管制，并处或者单处罚金；情节严重的，处三年以上七年以下有期徒刑，并处罚金。

单位犯前款罪的，对单位判处罚金，并对其直接负责的主管人员和其他直接责任人员，依照前款的规定处罚。

有第一款行为，非法占有他人财产或者逃避合法债务，又构成其他犯罪的，依照处罚较重的规定定罪从重处罚。

《保障农民工工资支付条例》

第五十二条 单位或者个人编造虚假事实或者采取非法手段讨要农民工工资，或者以拖欠农民工工资为名讨要工程款的，依法予以处理。

《虚假诉讼刑事案件解释》

第一条 采取伪造证据、虚假陈述等手段，实施下列行为之一，捏造民事法律关系，虚构民事纠纷，向人民法院提起民事诉讼的，应当认定为刑法第三百零七条之一第一款规定的"以捏造的事实提起民事诉讼"：（三）与公司、企业的法定代表人、董事、监事、经理或者其他管理人员恶意串通，捏造公司、企业债务或者担保义务的；

第四条 实施刑法第三百零七条之一第一款行为，非法占有他人财产或者逃避合法债务，又构成诈骗罪，职务侵占罪，拒不执行判决、裁定罪，贪污罪等犯罪的，依照处罚较重的规定定罪从重处罚。

第八条 单位实施刑法第三百零七条之一第一款行为的，依照本解释规定的定罪量刑标准，对其直接负责的主管人员和其他直接责任人员定罪处罚，并对单位判处罚金。

审判意见

《浙江高院施工企业人员犯罪纪要》

六、关于建筑领域项目经理、承包人虚假诉讼行为的定性处罚问题。

《刑法修正案(九)》实施后,对于项目经理、承包人虚假诉讼行为,可按以下原则加以把握:

(1)对于项目经理、承包人与他人恶意串通进行虚假诉讼的行为一般以虚假诉讼罪定罪处罚;

(2)项目经理、承包人实施虚假诉讼,非法占有他人财产或者逃避合法债务,同时构成诈骗罪、职务侵占罪等其他犯罪的,依照处罚较重的规定定罪处罚。

典型判决 程某、李某华虚假诉讼案①

【裁判要旨】

行为人为归还个人对外债务与债权人商定由其提供了伪造欠条等证据,并由债权人以拖欠劳务费形式起诉,致使法院作出由承包单位承担连带偿还责任的错误判决,该行为构成虚假诉讼罪。

【裁判观点】

原审判决认定,因分承包北京市西城区××路77号院工地工程事宜,被告人程某分别欠被告人张某林工程材料款16万元、欠被告人李某华工程材料款67万余元。后程某分别与张某林、李某华商定让二人以拖欠工人劳务费名义提起民事诉讼,意图让兴润建设集团等单位与程某承担连带偿还责任。后张某林将所借的未在工地施工干活的石某赞等11人的身份证连同自己的身份证交与程某,李某华将所借的未在工地施工干活的张某华等9人的身份证连同自己的身份证交与程某,程某利用上述身份信息分别伪造了与所欠张某林、李某华工程材料款数额一致的工人工资表和考勤表。2015年5~6月,张某林等12人、李某华等10人分别以拖欠劳务费为名向北京市西城区人民法院提起民事诉讼,致使法院分别作出兴润建设集团等连带清偿张某林等12人(张某林、石某赞、张某2、张某振、李某1、崔某、孙某根、何某、薛某、张某1、程某超、石某)劳务费共计159,640元、连带清偿李某华等10人(李某华、张某华、余某金、丁某福、曹某琼、李某2、曹某、李某3、曹某荣、张某)劳务费共计511,000元的错误判决。

原审法院认为,被告人程某等人以捏造的事实提起民事诉讼,妨害司法秩序,严重侵害他人合法权益,其行为已构成虚假诉讼罪。

经二审审理查明的事实、证据与一审相同。二审法院认为,上诉人程某等人

① 参见山东省泰安市中级人民法院刑事裁定书,(2017)鲁09刑终162号。

以捏造的事实提起民事诉讼，妨害司法秩序，严重侵害他人合法权益，其行为已构成虚假诉讼罪，应依法处罚。

157. 实际施工人涉嫌合同诈骗等犯罪的，第三人能否以该实际施工人为被告，提起民事诉讼？

涉合同诈骗的合同纠纷能否通过民事程序审理的问题，是典型的刑民交叉问题。同一主体基于同一事实，是否必须按照"先刑后民"的原则处理？在民事实体法上，实际施工人与第三人之间的合同关系，是否会因为实际施工人构成合同诈骗罪而消灭？这涉及民事法律关系是否仍然成立的判断。在实体法上，民事案件的法律事实是基于民法规范作出判断的，行政案件、刑事案件中的法律事实则是根据行政法、刑法作出判断的，即便是同一事实产生不同的责任，也是各自在诉讼程序中适用实体法的结果。因此，原则上，民事责任与行政责任、刑事责任的审理应当贯彻"民刑并行"原则。除非现行法有明确规定或者现行司法政策有明确要求。

从合同关系角度分析，尽管犯罪行为人的目的并不是订立真正的合同关系，但是合同相对人是确定无疑地想订立合同，故应当认定合同关系成立。但是，这个合同因为构成刑法上的诈骗，当然构成民事欺诈，属于可撤销合同。因此，在实体法上，第三人作为民事权利主体提起诉讼，以诈骗者作为责任主体，原告、被告主体适格。

法律依据

《民法典》

第一百四十八条 一方以欺诈手段，使对方在违背真实意思的情况下实施的民事法律行为，受欺诈方有权请求人民法院或者仲裁机构予以撤销。

《刑法》

第二百二十四条 【合同诈骗罪】有下列情形之一，以非法占有为目的，在签订、履行合同过程中，骗取对方当事人财物，数额较大的，处三年以下有期徒刑或者拘役，并处或者单处罚金；数额巨大或者有其他严重情节的，处三年以上十年以下有期徒刑，并处罚金；数额特别巨大或者有其他特别严重情节的，处十年以上有期徒刑或者无期徒刑，并处罚金或者没收财产：

（一）以虚构的单位或者冒用他人名义签订合同的；

（二）以伪造、变造、作废的票据或者其他虚假的产权证明作担保的；

（三）没有实际履行能力，以先履行小额合同或者部分履行合同的方法，诱骗对方当事人继续签订和履行合同的；

（四）收受对方当事人给付的货物、货款、预付款或者担保财产后逃匿的；

（五）以其他方法骗取对方当事人财物的。

《刑事诉讼法》

第一百零一条 被害人由于被告人的犯罪行为而遭受物质损失的，在刑事诉讼过程中，有权提起附带民事诉讼。被害人死亡或者丧失行为能力的，被害人的法定代理人、近亲属有权提起附带民事诉讼。

如果是国家财产、集体财产遭受损失的，人民检察院在提起公诉的时候，可以提起附带民事诉讼。

第一百零四条 附带民事诉讼应当同刑事案件一并审判，只有为了防止刑事案件审判的过分迟延，才可以在刑事案件审判后，由同一审判组织继续审理附带民事诉讼。

审判意见

《浙江高院施工项目疑难问题解答》

9. 相对人依据项目经理或实际施工人出具的结算凭证主张权利，人民法院是否还应当对合同的具体交易情况进行审查？

相对人依据项目经理、实际施工人出具的结算凭证，要求建筑施工企业承担合同责任的，人民法院应当就合同的具体履行情况一并进行审查。如建筑施工企业就合同标的物的使用工地、使用时间、价格、标准、数量、签约时间等内容提出合理性怀疑的，人民法院可以要求相对人提供除结算凭证外的其他证据予以佐证；也可以向有关部门和人员主动进行调查取证。相对人能够提供而拒不提供结算凭证以外的其他证据，人民法院也无法通过调查取证予以查明的，由相对人承担不利后果。

相对人与项目经理、实际施工人或其他人恶意串通，伪造签证单、结算单等结算资料或合同、借条、债权转让协议等文书故意损害建筑施工企业合法权益的，人民法院应当按照《中华人民共和国民事诉讼法》的有关规定，予以训诫、罚款或拘留；可能构成刑事犯罪的，依法移送公安机关查处。

158. 如何认定建筑领域项目经理职务犯罪主体身份？

广义的项目经理既包括承包人（建筑施工企业，下同）依法设立的企业内部的承包人员，也包括挂靠、转包、违法分包等情形下的项目实际负责人。有的与建筑施工企业先前签订了劳动合同，有的补签了劳动合同，有的根本没签订劳动合同，对其能否成为职务侵占、挪用资金等职务类犯罪的主体,既要做形式审查,又要做实质判断,不宜一概而论。一般情况下,对项目经理的主体身份问题,可按以下几个原则加以把握:

(1)对于项目经理与建筑施工企业签订劳动合同或者存在事实上的劳动关系的情形,由于二者之间存在合法的劳动关系,项目经理由建筑施工企业任命,且以建筑施工企业的名义施工,符合职务类犯罪的主体要件,可以成为职务侵占、挪用资金等职务类犯罪的主体。

(2)对于不存在劳动关系的挂靠、转包情形,对项目经理的主体身份问题,可以按"授权型项目经理"和"非授权型项目经理"作进一步区分。

所谓授权型项目经理,是指建筑施工企业通过签订内部承包协议、出具任命文件、介绍信、委托书或者其他授权方式,赋予与建筑施工企业不存在劳动关系的项目经理以建筑施工企业的名义对外行为的权限,建筑施工企业愿意对外承担责任的情形。授权型项目经理可以成为职务侵占、挪用资金等职务类犯罪的主体。

所谓非授权型项目经理,是指与建筑施工企业不存在劳动关系的项目经理,其与建筑施工企业之间既没有内部承包协议、任命书等文件,也不存在其他足以证明其已获建筑施工企业明确授权的情况,而其对外擅自以建筑施工企业的名义从事相关行为。非授权型项目经理不宜成为职务侵占、挪用资金等职务类犯罪的主体。

法律依据

《刑法》

第二百七十一条　【职务侵占罪】公司、企业或者其他单位的工作人员,利用职务上的便利,将本单位财物非法占为己有,数额较大的,处三年以下有期徒刑或者拘役,并处罚金;数额巨大的,处三年以上十年以下有期徒刑,并处罚金;数额特别巨大的,处十年以上有期徒刑或者无期徒刑,并处罚金。

【贪污罪】国有公司、企业或者其他国有单位中从事公务的人员和国有公司、企业或者其他国有单位委派到非国有公司、企业以及其他单位从事公务的人员有前款行为的,依照本法第三百八十二条、第三百八十三条的规定定罪处罚。

第二百七十二条　【挪用资金罪】公司、企业或者其他单位的工作人员,利用职务上的便利,挪用本单位资金归个人使用或者借贷给他人,数额较大、超过三个月未还的,或者虽未超过三个月，但数额较大、进行营利活动的，或者进行非法活动的，处三年以下有期徒刑或者拘役；挪用本单位资金数额巨大的，处三年以上七年以下有期徒刑；数额特别巨大的，处七年以上有期徒刑。

【挪用公款罪】国有公司、企业或者其他国有单位中从事公务的人员和国有公司、企业或者其他国有单位委派到非国有公司、企业以及其他单位从事公务的人员有前款行为的，依照本法第三百八十四条的规定定罪处罚。

有第一款行为，在提起公诉前将挪用的资金退还的，可以从轻或者减轻处罚。其中，犯罪较轻的，可以减轻或者免除处罚。

审判意见

《浙江高院施工企业人员犯罪纪要》

二、关于建筑领域职务犯罪的主体认定问题。

对于项目经理、承包人与建筑施工企业签订劳动合同或内部承包合同，并负责管理工程项目或分公司的，相关成员可以成为职务侵占、挪用资金等职务类犯罪的主体。

对于项目经理、承包人与建筑施工企业既不存在劳动关系，又无内部承包合同、任命书等文件足以证明其已获建筑施工企业明确授权，擅自以建筑施工企业的名义从事活动的，相关成员不宜成为针对该企业的职务侵占、挪用资金等职务类犯罪的主体。构成其他犯罪的，应依法追究刑事责任。

《绍兴中院建筑领域民商事纠纷纪要》

十四、对项目经理以逃匿、去向不明等方式拒不支付劳动报酬的，对涉嫌犯罪的应移送侦查机关处理：

（一）依据最高人民法院《关于审理拒不支付劳动报酬刑事案件适用法律若干问题的解释》第二条、第七条规定，拒不支付劳动报酬罪犯罪主体的认定与行为人是否具备用工主体资格并不相关。本罪的犯罪主体包括用工单位或者用工个人；

（二）当建筑施工企业为用人单位时，项目经理（包括“合法的项目经理”与“挂靠的项目经理”）不具备用工主体资格，以逃匿、去向不明等方式拒不支付劳动报酬的行为实为职务侵占行为，宜以涉嫌侵犯财产犯罪移送侦查机关处理；

（三）当项目经理作为“包工头”为用工个人时，具备用工主体资格，以逃避支付劳动者的劳动报酬为目的而转移财产、逃匿、去向不明的，宜以涉嫌拒不支付劳动报酬罪移送侦查机关处理。

典型判决 1　隋某职务侵占罪案[①]

【裁判要旨】

建筑企业工作人员利用职务上的便利将本单位财物非法占为己有，数额较大，该行为构成职务侵占罪。

【裁判观点】

再审法院认为，2014 年 5 月至 2016 年 1 月，隋某在担任河北嘉润公司驻大连庄河武警交通第七支队一大队新建营房项目材料经理期间，利用职务之便，在与材料供货商签订合同的过程中，采取加大商品价格、提高工程造价、虚列支出等手段，侵吞河北嘉润公司资金共计 473，638. 92 元，用于偿还隋某个人贷款等支出。隋某作为公司人员，利用职务上的便利，将本单位财物非法占为己有，数额较大，其行为构成职务侵占罪。

典型判决 2　王某兴、博泰公司建设工程合同纠纷案[②]

【裁判要旨】

判断建筑领域项目经理是否构成职务犯罪主体，要审查其与建筑企业是否存在劳动关系、有无内部承包合同或任命书，以及足以证明其已获建筑企业明确授权等的材料。若没有相应证据证明，则其不能构成对该企业的职务侵占、挪用资金等职务类犯罪的主体。

【裁判观点】

再审法院认为，本案争议的焦点是王某兴是田源新城项目的实际施工人还是作为博泰公司工作人员参与该项目的管理。王某兴涉嫌非国家工作人员受贿罪、挪用资金罪案涉及王某兴身份的认定，该案尚未作出生效判决。依据本案现有证据尚不足以认定王某兴系案涉工程的实际施工人，具备原告主体资格。若刑事案件作出生效判决后，王某兴依据新的证据材料足以证明自己确系案涉工程的实际施工人，可通过另行提起诉讼以获得权利救济。

---

① 参见河北省高级人民法院刑事通知书，(2020)冀刑申 188 号。

② 参见最高人民法院民事裁定书，(2019)最高法民申 5989 号。

159. 实际施工人将施工项目资金、工程材料等财物占为己有或者将工程款挪作他用是否可构成职务侵占、挪用资金等犯罪?

依法准确认定施工项目资金等财物所有权归属,是审查认定职务犯罪和经济犯罪的前提和基础。如果项目资金全部由实际施工人自筹解决,则其不能构成对建筑施工企业的职务侵占、挪用资金等职务类犯罪的主体。如果项目资金由建筑施工企业与实际施工人共同出资,实际施工人将施工项目资金、工程材料等财物占为己有或者将工程款挪作他用,则有可能构成职务侵占、挪用资金等犯罪。

法律规定

《刑法》

第二百七十一条 【职务侵占罪】公司、企业或者其他单位的工作人员,利用职务上的便利,将本单位财物非法占为己有,数额较大的,处三年以下有期徒刑或者拘役,并处罚金;数额巨大的,处三年以上十年以下有期徒刑,并处罚金;数额特别巨大的,处十年以上有期徒刑或者无期徒刑,并处罚金。

【贪污罪】国有公司、企业或者其他国有单位中从事公务的人员和国有公司、企业或者其他国有单位委派到非国有公司、企业以及其他单位从事公务的人员有前款行为的,依照本法第三百八十二条、第三百八十三条的规定定罪处罚。

第二百七十二条 【挪用资金罪】公司、企业或者其他单位的工作人员,利用职务上的便利,挪用本单位资金归个人使用或者借贷给他人,数额较大、超过三个月未还的,或者虽未超过三个月,但数额较大、进行营利活动的,或者进行非法活动的,处三年以下有期徒刑或者拘役;挪用本单位资金数额巨大的,处三年以上七年以下有期徒刑;数额特别巨大的,处七年以上有期徒刑。

【挪用公款罪】国有公司、企业或者其他国有单位中从事公务的人员和国有公司、企业或者其他国有单位委派到非国有公司、企业以及其他单位从事公务的人员有前款行为的,依照本法第三百八十四条的规定定罪处罚。

审判意见

《浙江高院施工企业人员犯罪纪要》

三、关于施工项目资金所有权归属及相关行为的定性问题。

依法准确认定施工项目资金等财物所有权归属,是审查认定职务犯罪和经济犯罪的前提和基础。在项目经理内部承包责任制下,对施工项目资金所有权的归属,可根据在案的事实证据情况按下列原则处理：

（1）建筑施工企业与项目经理、承包人对资金归属和使用等问题有明确约定的，从约定。

（2）对于项目经理、承包人垫付范围内的施工项目资金，垫付并不改变其财产所有权的归属，即应确定施工项目资金的所有权仍归属于项目经理、承包人。但在认定项目经理、承包人垫付工程款时，应当由项目经理、承包人提供明确规范的资金往来财务凭证，并向建筑企业与项目经理、承包人核实确认。在此情形下，项目经理、承包人"侵占""挪用"施工项目资金未超出其垫付数额的，一般不宜以职务侵占、挪用资金等犯罪定罪处罚。

（3）对于项目经理、承包人垫付范围外的施工项目资金，工程没有完工的，应当以工程结算节点为界。结算以前或者无法进行结算的，施工项目资金的所有权归属于建筑施工企业，结算以后施工项目资金的所有权归属于项目经理、承包人。

典型判决　吴某、程某金伪造公司、企业、事业单位、人民团体印章、职务侵占、非国家工作人员受贿案①

【裁判要旨】

内部承包人在接受承包人公司任命期间，虚构借款获取借款利息，数额较大，该行为构成职务侵占罪。

【裁判观点】

二审法院认为，对于职务侵占罪的定罪，原审被告人程某金、吴某担任该公司项目执行经理、实际负责人，在两个项目工程施工期间管理山河建设公司财产，因工程进度款不能及时发放，影响工程进度而退场，在退场后虚构借款利息192万元以代办条方式在山河建设公司报账，骗取山河建设公司财产占为己有，其行为亦符合职务侵占罪的构成要件，构成职务侵占罪。

160. 实际施工人可否构成拒不支付劳动报酬罪的主体？

根据《劳动法》《劳动合同法》等法律的规定，劳动报酬是基于用人单位和劳动者之间建立劳动关系所产生的工资收入。劳务报酬纠纷属于普通民事法律关系调整的范畴。立法规定拒不支付劳动报酬罪，是为了强化对弱势地位劳动者的保护；原则上对于平等民事主体之间的劳务报酬纠纷，应通过民事程序解决。

根据《最高院劳动报酬刑事案件解释》第7条的规定，不具备用工主体资格的

①　参见湖北省黄冈市中级人民法院刑事判决书，（2021）鄂11刑终18号。

单位或者个人,违法用工且拒不支付劳动者的劳动报酬,数额较大,经政府有关部门责令支付仍不支付的,应当依照《刑法》第276条之一的规定,以拒不支付劳动报酬罪追究刑事责任。据此,对于不具备用工主体资格的实际施工人,仍然可以拒不支付劳动报酬罪追究其刑事责任。

法律依据

《刑法》

第二百七十六条之一 【拒不支付劳动报酬罪】以转移财产、逃匿等方法逃避支付劳动者的劳动报酬或者有能力支付而不支付劳动者的劳动报酬,数额较大,经政府有关部门责令支付仍不支付的,处三年以下有期徒刑或者拘役,并处或者单处罚金;造成严重后果的,处三年以上七年以下有期徒刑,并处罚金。

单位犯前款罪的,对单位判处罚金,并对其直接负责的主管人员和其他直接责任人员,依照前款的规定处罚。

有前两款行为,尚未造成严重后果,在提起公诉前支付劳动者的劳动报酬,并依法承担相应赔偿责任的,可以减轻或者免除处罚。

《劳动法》

第九十一条 用人单位有下列侵害劳动者合法权益情形之一的,由劳动行政部门责令支付劳动者的工资报酬、经济补偿,并可以责令支付赔偿金:

(一)克扣或者无故拖欠劳动者工资的;

(二)拒不支付劳动者延长工作时间工资报酬的;

(三)低于当地最低工资标准支付劳动者工资的;

(四)解除劳动合同后,未依照本法规定给予劳动者经济补偿的。

《劳动合同法》

第八十五条 用人单位有下列情形之一的,由劳动行政部门责令限期支付劳动报酬、加班费或者经济补偿;劳动报酬低于当地最低工资标准的,应当支付其差额部分;逾期不支付的,责令用人单位按应付金额百分之五十以上百分之一百以下的标准向劳动者加付赔偿金:

(一)未按照劳动合同的约定或者国家规定及时足额支付劳动者劳动报酬的;

(二)低于当地最低工资标准支付劳动者工资的;

(三)安排加班不支付加班费的;

(四)解除或者终止劳动合同,未依照本法规定向劳动者支付经济补偿的。

《最高院劳动报酬刑事案件解释》

第二条 以逃避支付劳动者的劳动报酬为目的,具有下列情形之一的,应当认定为刑法

第二百七十六条之一第一款规定的"以转移财产、逃匿等方法逃避支付劳动者的劳动报酬":

(一)隐匿财产、恶意清偿、虚构债务、虚假破产、虚假倒闭或者以其他方法转移、处分财产的;

(二)逃跑、藏匿的;

(三)隐匿、销毁或者篡改账目、职工名册、工资支付记录、考勤记录等与劳动报酬相关的材料的;

(四)以其他方法逃避支付劳动报酬的。

第七条 不具备用工主体资格的单位或者个人,违法用工且拒不支付劳动者的劳动报酬,数额较大,经政府有关部门责令支付仍不支付的,应当依照刑法第二百七十六条之一的规定,以拒不支付劳动报酬罪追究刑事责任。

第八条 用人单位的实际控制人实施拒不支付劳动报酬行为,构成犯罪的,应当依照刑法第二百七十六条之一的规定追究刑事责任。

第九条 单位拒不支付劳动报酬,构成犯罪的,依照本解释规定的相应个人犯罪的定罪量刑标准,对直接负责的主管人员和其他直接责任人员定罪处罚,并对单位判处罚金。

审判意见

《绍兴中院建筑领域民商事纠纷纪要》

十四、对项目经理以逃匿、去向不明等方式拒不支付劳动报酬的,对涉嫌犯罪的应移送侦查机关处理:

(一)依据最高人民法院《关于审理拒不支付劳动报酬刑事案件适用法律若干问题的解释》第二条、第七条规定,拒不支付劳动报酬罪犯罪主体的认定与行为人是否具备用工主体资格并不相关。本罪的犯罪主体包括用工单位或者用工个人;

(二)当建筑施工企业为用人单位时,项目经理(包括"合法的项目经理"与"挂靠的项目经理")不具备用工主体资格,以逃匿、去向不明等方式拒不支付劳动报酬的行为实为职务侵占行为,宜以涉嫌侵犯财产犯罪移送侦查机关处理;

(三)当项目经理作为"包工头"为用工个人时,具备用工主体资格,以逃避支付劳动者的劳动报酬为目的而转移财产、逃匿、去向不明的,宜以涉嫌拒不支付劳动报酬罪移送侦查机关处理。

161. 如何把握建筑领域伪造印章犯罪的定性处罚?

伪造印章犯罪是建筑领域较为常见的犯罪,往往不单独出现,而是作为伪造证据、实施虚假诉讼等犯罪行为的一种手段。根据《刑法》第 280 条的规定,伪造公司印章罪的印章不仅包括公司公章，还包括公司项目部章、合同专用章、技术专用章、财务专用章等印章。实际施工人、项目经理伪造上述有关印章的，可认定为伪造公司印章的行为。对实际施工人、项目经理利用伪造建筑施工企业印章进行虚假诉讼以及损害建筑施工企业利益的其他行为，构成其他犯罪的，宜根据从一重罪处断等原则依法处理。

法律规定

《刑法》

第二百八十条第二款 【伪造公司、企业、事业单位、人民团体印章罪】伪造公司、企业、事业单位、人民团体的印章的，处三年以下有期徒刑、拘役、管制或者剥夺政治权利，并处罚金。

《最高院经济纠纷涉及犯罪嫌疑问题的规定》

第一条 同一自然人、法人或非法人组织因不同的法律事实，分别涉及经济纠纷和经济犯罪嫌疑的，经济纠纷案件和经济犯罪嫌疑案件应当分开审理。

第十条 人民法院在审理经济纠纷案件中，发现与本案有牵连，但与本案不是同一法律关系的经济犯罪嫌疑线索、材料，应将犯罪嫌疑线索、材料移送有关公安机关或检察机关查处，经济纠纷案件继续审理。

审判意见

《浙江高院施工企业人员犯罪纪要》

四、关于建筑领域伪造印章犯罪的定性处罚问题。

伪造印章犯罪是建筑领域较为常见的犯罪，通常不单独出现，而是作为伪造证据、虚假诉讼等行为的一种手段。根据刑法第二百八十条规定，伪造公司、企业、事业单位、人民团体印章罪的印章，不仅包括公司公章，还包括公司项目部章、合同专用章、技术专用章、财务专用章等印章。项目经理、承包人伪造一枚上述有关印章且直接获利 6 万元以上或造成 30 万元以上经济损失的，或伪造三枚以上印章的，可以伪造公司印章罪追究刑事责任。对项目经理、承包人实施违规利用（伪造、偷盖、修改粘贴方式）建筑施工企业印章、虚假诉讼以及损害建筑施工企业利益的其他行为，构成其他犯罪的，宜根据从一重罪处断等原则依法处理。

《绍兴中院建筑领域民商事纠纷纪要》

十三、对项目经理伪造印章的行为，涉嫌犯罪的，应把握以下几点：

（一）《刑法》第二百八十条“伪造公司、企业、事业单位、人民团体印章罪”，并非“伪造公司、企业、事业单位、人民团体公章罪”，遵从字面解释的方法，将本罪名所称的“印章”理解为包括：公司公章、项目部章、合同专用章、技术专用章、财务专用章、法定代表人私章等印章；

（二）《刑法》第二百八十条属于行为犯，项目经理虽然没有利用伪造印章实施犯罪行为，但伪造印章数量已达3枚的，可以涉嫌犯罪移送侦查机关查处；对于项目经理伪造印章、虚构事实并通过非法手段获取非法利益的行为，造成严重后果或者恶劣影响的，符合《刑法》关于犯罪本质和该个罪构成要件的规定，可以不受3枚的限制，移送侦查机关查处；

（三）项目经理通过违规利用（伪造、偷盖、修改粘贴方式）建筑施工企业印章、虚假诉讼以及损害企业利益的其他手段，为获取非法利益而实施其他行为，可能构成其他犯罪的，应移送侦查机关一并查处。

典型判决　东怡酒店、宝业集团建设工程施工合同纠纷案[①]

【裁判要旨】

利用伪造的印章形成的证据材料，不能作为定案依据。

【裁判观点】

再审法院认为，温某某2011年12月28日出具的《东怡金融广场B座房产购买交款事项说明》和2013年5月15日出具的《关于请求继续以工程款抵付认购项目房款的函》，虽记载有以应退履约保证金和应收工程款代案外人谢某某、楚某某、吕某青等向东怡酒店支付购房款3250万元的内容，且该说明和函件上确实盖有刻制为“宝业集团”字样的印章，但该印章已经浙江省绍兴市柯桥公安局鉴定为伪造。温某某虽系宝业集团案涉项目的执行经理，但并未获得处理工程款的授权，亦未获得用工程款抵付案外人房款的授权，事后也未得到宝业集团追认，且该工程款支付方式与双方的约定及实际履行的方式迥异。经查，东怡酒店通过银行直接付至宝业集团账户工程款21,895万元，表明东怡酒店直接向宝业集团账户支付工程款应为双方认可的常用支付方式。案涉3250万元属于案外人温某某以宝业集团名义单方要求东怡酒店以工程款抵付案外人购房款，且所涉购房人员均是温某某指定的人员，所涉交易的目的包括方便办理按揭贷款，并非单纯以购房款抵付工程款。该3250万元债务是否为温某某为案涉工程所负以及该3250万元债务是否真实发生均缺乏充分证据证明。在此情况下，东怡酒店作为工程款支付方，理应谨慎对待温某某要求以工程款抵付购房款的行为。在温某某的授权中未明确包括处理工程款事项相关权限，且温某某主张的付款方式明显有别于向宝业

---

① 参见最高人民法院民事裁定书，（2020）最高法民申4982号。

集团账户汇款支付工程款这一常用支付方式的情形下,东怡酒店应当进一步审慎审查温某某是否具有相应的授权,必要时应与宝业集团进行核实。但是从东怡酒店处理以案外人购房款抵付工程款的过程来看,对于该反常的抵付方式,东怡酒店并未对温某某是否具有相应授权进行审查,而且在宝业集团于2013年6月3日及时发函明确告知东怡酒店温某某存在恶意挪用工程款行为进而取消温某某一切授权的情形下,东怡酒店仍然仅依据案外人谢某某、楚某某、吕某青的申请向谢某某、楚某某和吕某青退还了所谓的购房款,东怡酒店对此存在明显过错,由此造成的损失不应由宝业集团承担。原判决已经认定《东怡金融广场B座房产购买交款事项说明》《关于请求继续以工程款抵付认购项目房款的函》上的"宝业集团"字样的印章系伪造,本案并不存在东怡酒店提出的"未对宝业集团加盖公章的行为进行审查"的情形。故原判决认为不能认定宝业集团对该抵款行为签章认可,该3250万元不予认定为东怡酒店的已付工程款,不存在缺乏证据证明的情形。

参 考 文 献

1. 李明:《最高人民法院建设工程施工合同纠纷案解》,法律出版社 2020 年版。

2. 应秀良、应旭升主编:《建设工程常见法律实务问题全解答》,法律出版社 2021 年版。

3. 贾劲松主编:《建设工程施工合同案件裁判要点与观点》,法律出版社 2016 年版。

4. 邬砚:《建设工程合同纠纷:254 个裁判规则深度解析》,法律出版社 2019 年版。

5. 林一主编:《建设工程施工合同纠纷案件审判实务》,法律出版社 2015 年版。

6. 应旭升编著:《建筑业企业法务指南》,法律出版社 2013 年版。

7. 应旭升主编:《建筑业企业清欠 36 计》,法律出版社 2017 年版。

8. 林镥海:《〈建设工程施工合同司法解释〉操作指南:建筑商之孙子兵法》,法律出版社 2005 年版。

9. 林镥海主编、浙江沪鑫律师事务所编:《建设工程法律服务操作实务》,北京大学出版社 2012 年版。

10. 王勇:《建设工程施工合同纠纷实务解析》,法律出版社 2017 年版。

11. 杜万华主编、最高人民法院民事审判第一庭编:《民事审判指导与参考》(总第 72 辑),人民法院出版社 2018 年版。

12. 应旭升、叶炳荣:《合同管理筑起民企维权防线》,载《施工企业管理》2006 年第 9 期。

13. 最高法院民一庭:《最高法院民一庭建设工程合同纠纷案件法官会议纪要汇编》,载《建筑时报》2022 年 10 月 17 日,A03 版。

14. 最高法:《最高法民一庭关于建设工程施工合同纠纷专业法官会议纪要》,载《建筑时报》2023 年 3 月 30 日,A03 版。